ARIS FIORETOS
VIDDEN AV EN FOT

ARIS FIORETOS
VIDDEN AV EN FOT

NORSTEDTS

AV ARIS FIORETOS HAR TIDIGARE UTGIVITS:

På Norstedts Förlag

Delandets bok, 1991
Det kritiska ögonblicket, 1991
Den grå boken, 1994
En bok om fantomer, 1996
Vanitasrutinerna, 1998
Stockholm noir, 2000
Sanningen om Sascha Knisch, 2002

På annat förlag

Word Traces, 1994
The Solid Letter, 1999
Skallarna, 2001 (med Katarina Frostenson)
Re: the Rainbow, 2004
Berlin över och under jorden, 2007

ISBN 978-91-1-301803-4
© Aris Fioretos, 2008
Omslag: Lotta Kühlhorn
Omslagsbild: Tre karlar på våren 1966
Bild innerpärm: Jan Svenungsson, "Test 63" (olja på duk, 60x80 cm), 1994
Tryckt hos ScandBook AB, Falun
www.norstedts.se
www.arisfioretos.com
*
Norstedts ingår i
Norstedts Förlagsgrupp AB,
grundad 1823

Innehåll

Förord, 7

I

Barbariska minnen, 11 · Fältstudier i anatomi, 24 · Världens navel, ca. 1965, 28 · Svartskallekonster, 34 · Manna från himlen, 46 · Countdown, 49 · Skrivmaskinsgud, 54 · Oh, Vienna, 57 · Scener ur ett skakigt liv, 63

II

Veka intervaller, 77 · Mitt febrila bibliotek, 87 · Osorterat, 109 · Daniel Paul Schreber nr 2 anhåller om audiens, 147 · Urmakarens kärlek till fladdermusen, 151 · Under hundstjärnan, 157 · Plaidoyer för kyla, 163 · Inkubation, 167 · Hallå-å?, 168 · Litet försök att bevisa själens existens, 173 · Associationer kring en möbel, 176 · Noter till en fot, 181 · Litteraturens biologi, 188

III

Utanför, 221 · Celans fraktur, 239 · Poesins x, 243 · Frostensons mun, 257 · Efterord till Durs Grünbein, 279 · Kl!ng, 293 · Min orkidéhiskliga manlighet, 304

IV

Rader från Ryssland, 325 · Nattens industri, 343 · Hälsningar från höglandet, 347 · Sen eftermiddag i evolutionen, 376 · Ur hjärtats historia, 377 · Gåshudselegier, 393 · Spår... glömska..., 406 · Kärleksförklaring till fröken Ur, 409

Anmärkningar, 411

Bildhänvisningar, 420

Förord

Året var 1970, dagen en söndag, då Amanda Feilding hängde en borrmaskin från taket i sitt badrum i London, injicerade bedövningsmedel vid hårfästet och borrade ett hål i huvudet. Närvarande under ingreppet var maken Joey, redan trepanerad, samt Birdie, en duva som paret hittat något tidigare. Från ett angränsande rum ljöd musik av Mozart. "Det hela var tämligen brittiskt och återhållet", rapporterade Feilding efteråt.

Hennes försök att höja graden av kosmisk frid kan te sig självrådigt ur medicinsk synvinkel, och antagligen är det inte alldeles föredömligt som artistisk metod. Men även för den som nöjer sig med att borra med ord består konsten i att lätta på trycket med så mycket egensinne som möjligt. På de följande sidorna presenteras resultaten av ett antal provborrningar. Läsaren gör klokt i att inte läsa från pärm till pärm, utan saxa mellan texter efter lynne och lust. Alstren har tillkommit under ett kvarts sekel, vid sidan om arbetet på enskilda böcker, och skrivits för olika sammanhang. (De tre fjärdedelar som utelämnats önskas härmed en lång, lycklig glömska.) För enkelhetens skull har materialet delats in i fyra avdelningar som motsvarar dess skiftande karaktär. I tur och ordning talar privatmannen, essäisten, kritikern och berättaren. Om de av och till byter hatt med varandra, är det säkert som det ska. Kronologiska hänsyn spelar mindre roll än vissa invärtes samband. Någon gång har ett hugskott strukits, en upprepning avlägsnats eller en iakttagelse lagts till som ursprungligen inte fick plats. Men på det stora hela har inga viktiga förändringar gjorts. En avslutande anmärkning redogör för texternas bakgrund och innehåller även information av underordnad betydelse. Trots materialets olikartade beskaffenhet kan en röd tråd skönjas. Oviljan att finna sig i yttre påtryckningar går igen. Förkärleken för De Yttersta Tingen hör till tjänstebeskrivningen. Och den emfatiska ton som emellanåt gör sig gällande är nog bara tecken på den ursprungligaste impuls som den skrivande känner: att själv få bestämma den första söndagen och skapa sin egen tideräkning. Det kan låta bakvänt, men i sista hand tror jag att det handlar om att fira kroppens 37 grader. Det vill säga om att vara besatt av tiden. Eller med den unge Schillers ord i sin avhandling i medicin: att utröna "kroppens märkvärdiga bidrag till själens aktioner". Denna förmodan har varit grund nog att samla disparata skriverier från anmärkningar om fötter, små som stora, till en dikt om kraniet i Feildings efterföljd. Om de har en gemensam nämnare bör det vara ilningen utmed ryggraden som tillkännager: nu bränns det.

I

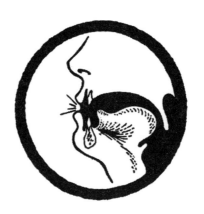

Barbariska minnen

I

Mellan mun och minne är du, post mortem men rörlig. Skuggan, en annan bluff, är vad den alltid varit: en eftersägare. Ändå säger den mer om ditt nya liv än du vågar tro. I denna vinterns ordning, kall och torr, tycks tillvaron bara ta form som avvikelse. Betrakta dina utandningar. Tysta, svarta detonationer. "Försvinna", tänker du, och har alltid gjort det. "Det gäller att försvinna." Hur spelar ingen roll; man använder de trick man kan. Den sanningen förblir, även om du snart ska saknas. Din kropp, ett kadmiskt under, är förskingringens argument.

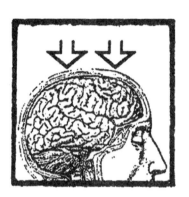

2

Psychofolie läste du vid något tillfälle i en bok på tyska och föreställde dig omedelbart själen som ett metalliskt membran, en silvrig hinna som skyddade hjärnan från att bli blott djurisk. Inslagen i sitt psykiska pansar, några pund att förvalta, var den grå substansen ditt enda kapital. Att du ägde namn var tecken nog på vad Hölderlin kallade "psyche bland vänner". Du var del av den själsliga kommersen. Sedan gick en tid. Så slog det dig plötsligt, bokstavligt talat från blå himmel, att ordet, en bastard, till hälften var franskt.

3

För inte så länge sedan, kanske tio tolv år tillbaka, trodde du under en period att du kunde minnas din ålderdom. Det mesta var osammanhängande. Du höll på att skingras. Narig hud, värkande rygg – och avtagande, urinfärgat ljus. Ingenting ovanligt. Ändå förvånas du fortfarande. Men det enda som borde förundra dig är evolutionens mjuka hand. Vad annars? Den tror ännu att det är bättre att förekommas. Mer behöver inte sägas om *den* framtiden.

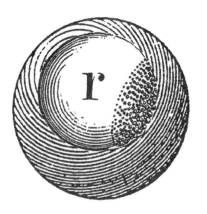

4

Som tonåring tillbringade du några år norr om framtiden, på en ort till vilken du aldrig återvänt. Bland dina egenheter – svart skalle, främmande namn – fanns också ett språk med *r* knarrande som skosulor. Du var en solecism. Numera minns du inte när det gick förlorat. Men efter några års slirande hade munnen bestämt sig. Tungan blev lika spetsig som tråkningarna redan länge hunnit vara. Bara när du talar utländska kan du, ännu barbarisk, uppleva att åren gått. *Vergehen*, säger din mun, och du tänker på tidens tand. Eller *blessure*, och känner, med ens, dess ärr.

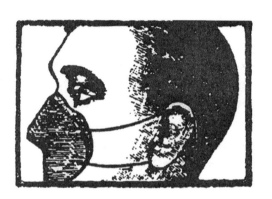

5

I barndomen gällde det att få sista ordet. Den ene sade något, den andre sade emot. Uthållighet var det verkliga kriteriet. En dag gjorde du i smyg en katalog över dessa ord. Vid jämna mellanrum viskade du den för dig själv, elvaårig och långsint. "Nej", "ja", "aldrig" ... Med tiden blev listan betydande. "Därför", "alltid", "nej", "ja" ... Detta var din motsträviga ordskatt. Men en dag slutade du. Var du rädd för att fortsätta? (En enda förskjutning hade kunnat göra "ja" till "nej", "därför" till "varför".) Kanske insåg du att tystnaden, den ofaira, satte punkt för varje diskussion? Eller är det något annat, glömskan möjligen, denna lena, luciferska färdighet som fått orden att dröja i strupen tills nu? De sista har hunnit bli de första.

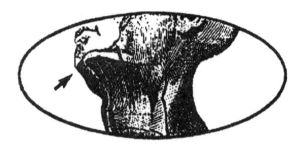

6

När du var fyra eller fem hörde du för första gången ordet "själ". Hur kunde barnet veta vad det betydde? Byns elektriker hade kommit för att utföra något i huset: en trasig ledning, ett nytt uttag, kanske en säkring som gått. Möjligen var han där med tjuvfiskade kräftor, ett annat område där hans hermiska kunnande gjorde sig gällande. I dina ögon var han Den-som-kunde-allt. Vid ett tillfälle ville han ge eftertryck åt något. Med den redan djupa stämman sänkt ytterligare ett stycke nedåt svalg och skugga betonade han: "Min själ." Två stavelser skinande som smutsiga byxben. Samtidigt tog han sig för hakan. Det skulle gå flera år innan barnet lärde sig vad ordet betydde. Men sedan dess är det där den sitter för dig. Ett annat Hades, under tungan. Alltid mer en svordom.

7

"Heissi" heter det att jag sade att jag hette. Kanske rörde det sig om ett ärvt och förvrängt smeknamn, kanske om en utsaga om värme. Världen var i alla fall en annan då. Men det tog inte lång tid förrän jag blev vad jag gjorde när jag sade vem jag var. Oförskämt påstod jag att namnet betydde "Heterja'" – eller *Heiß' i'* på wiensk dialekt. Senare kom de många påhittade benämningarna, en legion bland andra. Varför dessa alias och alter egon? Hade jag nog av mig själv? Eller hade jag redan lärt mig att hålla god min, etc.? Spelar det någon roll? Förr, när strupen vilade i varmt mörker, fanns inga masker, sak samma vad ironin kan invända. Munnen gav namn åt den som talade. Återstår den förryckta frågan med vilken mimik jag sedan dess, kallare och metonymisk, försöker anlända till mig själv.

Fältstudier i anatomi

Kaninerna

De främre hörntänderna var ett rovdjurs. Ursprungligen var deras skådeplats ett fuktigt hålrum på några kubikcentimeter. På den tiden fanns där bara en köttig välvning som likt sagornas drake ruvade över outtalade skatter, tryggt förskansad bakom ett bålverk av mjölkfärgat tandben. Ville djuret roa eller luras kunde det svepa med spetsen över balustraden; kände det rädsla eller vrede drog det sig undan med tippen höjd och darrande. Men efter fem sex år föll de första posteringarna och ersattes av en andra generation. Vaktbytet hade något förödmjukande över sig – han insåg ju att de ursprungliga soldaterna inte stupat i strid. Under en kort period förvandlades hålan till en mjuk, skyddslös grotta, osäker på sin verkliga funktion. Så skött det nya gardet upp.

Ännu var det glest mellan leden, men på framträdande plats reste sig fyra hörnstoder med knoppar längst ut. Till utseendet påminde de om det pålverk han brukade göra om sommaren: sittande vid sjön anlade han slott som han försåg med förskansningar genom att droppa våt sand ur sin slutna näve. Det krävdes inte mycket fantasi för att förstå att de nya formationerna var av samma stalagmitiska ursprung. När han fick veta att de kallades "caniner" fick han klart för sig vad harar hade i munnen – och varför de kunde tugga i sig vad som helst på rekordfart. Hans egna hörntänder var så spetsiga att han utan vidare kunde bära föremål eller skada fiender med dem.

Att de stundom sargade munhålans insida var bevis nog på att de inte förljög sin natur bara för att han någon gång inte befann sig i strid med omgivningen. Gapande framför badrumsspegeln kunde han se dem tre steg från mitten av varje käkhalva, likt heroer ur en tidigare era av evolutionen, närmare både gudar och djur än sina grannar. I ett fall, uppe till vänster, saknades den gadd som skilde hörn- från framtand, vilket gjorde att försvarslinjen framstod som mindre kompakt än önskvärt, ja, rentav gav tänderna ett barnsligt drag. Som krigare visste han dock att caninerna hade rottrådar som löpte upp i gomhimlen och ned i hakans underjord. Med sådana anor skulle de inte ge vika i första taget. Halvt celesta, halvt ktoniska blev de tungans livgarde.

Guds fingertoppar

Varje gång röjdes han av två urgröpningar uppe på kinderna, symmetriskt placerade ett par centimeter nedanför ögonen och lika långt från vardera sida av näsryggen. Eftersom skrattgroparna endast blev synliga i samband med glädje eller ledsnad, ansträngning eller vrede, kände han sig alltid förrådd av dem. Åter hade Gud tryckt sina pekfingrar mot kinderna – till förmaning.

Moln

Naglarna var, föga förvånande, tio till antalet och mestadels smutsiga. De var varken breda eller smala, tunna eller tjocka. Det enda som utmärkte dem var kalkslöjorna som steg likt tröga moln över matta himlar, nedifrån och upp. Hur han än försökte lyckades han aldrig följa en av dessa formationer från det ögonblick då den lösgjorde sig ur den andra nageln som gömde sig längst ned, likt en vit invärtes skugga, och gled upp mot den olycksbådande horisont som förr eller senare alltid snyggades till av modern. När naglarna blivit alltför långa tog hon hans hand i sina, klämde fast armen under armbågen och klippte med lugna och metodiska, halvmåneformade rörelser medan han protesterade. I hemlighet njöt han dock av behandlingen, eftersom den fick honom att känna sig som ny. Hade modern inte sagt att hår och naglar egentligen var död materia? Varannan vecka utrustades han plötsligt med tio nya fingrar, redo att beröra världen som för första gången.

En dag bestämde han sig för att komma tillrätta med molnen. Uppenbarligen gick det inte att följa den långsamma processen med blotta ögat. Han letade rätt på en linjal, fann en blyertspenna och mätte omsorgsfullt avståndet mellan nagelbädd och nagelkant på varje enskilt finger på högra handen. Varannan millimeter satte han ett märke i kanten och under de första dagarna tvättade han sig inte. På kvällen bättrade han på blyertsmarkeringarna, förvissad om att han äntligen skulle få bevis på att kroppen levde även på de ställen där den egentligen var död. Första och andra dagen kunde han inte se något, på den tredje tyckte han sig märka en knappt synlig förändring. Fjärde dagen hade han hunnit glömma syftet med undersökningen, och erinrade sig det först flera dagar senare, när modern åter klämde armen under armbågen. Men då var det för sent. Kvällstvättens skyfall hade sköljt undan hans stege upp i himlen.

Kratern

Kratern var rund och mycket djup, med en vridning längst ned, där den skrynklade ihop sig likt ett sviskon. När han böjde sig fram för att skärskåda den föreställde han sig att kroppen virvlade in i sitt eget inre, likt vattnet när modern drog ur ploppen i badkaret. Vad han kunde se fanns där ingen bortre ände. Om han bara var djärv nog skulle han alltså kunna ta sig ned i naveln med huvudet före, försiktigt och akrobatiskt, och dyka in i sitt eget inre – tills han var helt omsluten av sin utsida.

Världens navel, ca. 1965

En tickande väckarklocka, ett stort dunbolster, en svettig pyjamaströja som åkt upp och veckat sig i nacken likt valkarna på en sköldpadda – samt två ögon som inte gick att öppna, hur tappert han än försökte. Från köket hördes det oregelbundna ljudet av klackar mot kakelgolv. Hårda klackar, kallt golv. Mormodern. Hon verkade ensam. Av ljuden att döma förberedde hon frukost.

De hade anlänt dagen före, i en Ford Zodiac som sviktat under bagaget, med baksätet fullt av leksaksbilar. Eftersom mormodern haft svårt med trappor hade hon blivit stående i fönstret, vinkande tills de burit in den sista väskan i portuppgången. Hon bodde fortfarande i den gamla lägenheten i sjunde *Bezirk* där hans mor vuxit upp. När de gick uppför trappan förklarade modern att lägenheten en gång hyst inte bara en familj på tre barn, utan även en "MODELLATELJÉ FÖR FIN DAMBEKLÄDNING". På tredje våningen kunde han se märket intill ringklockan som mässingsskylten efterlämnat. När de hälsat på grannfrun som suttit vid köksbordet och som innan hon ens hunnit hälsa på hans föräldrar givit honom en avlång ask inslagen i glänsande papper, visade Omi var de skulle sova. Lägenhetens inventarier hade något hemlighetsfullt över sig, som om de kände till något om honom som han själv ännu inte var medveten om. Asken visade sig innehålla tunna chokladblad som dammade och vägrade att lösas upp när han placerade dem på tungan, likt mörka oblater. Han svalde tappert, men fick tårar i ögonen. Omi räckte honom ett glas mjölk. Chokladen efterlämnade ett slirigt spår då han spottade ut den i vasken.

Han bestämde sig för att gå på upptäcktsfärd så fort fru Groddek lämnat dem. Det skedde en kvart senare. Soffgruppen i brunt läder, den glänsande flygeln med sina gyllene små fötter, elegantare än en konkubins skodon, den knarrande parketten, de väldoftande kakelugnarna och kranvattnet som var kallare än han föreställt sig att vatten någonsin kunde bli – allt ruvade på sin svårtåtkomliga betydelse. Soffgruppen intill hortensiorna och det slokande gummiträdet förvandlades till ett hanterligare Afrika med fastland och två öar som han av någon anledning utnämnde till "Mammabaskar" och "Kanarisön". Med hjälp av en filt och dunbolstren från föräldrarnas säng omvandlades flygeln till en grotta, möblerad med stolar tillverkade av Nietzsches samlade verk och ett bord av Tagores dikter. Sten- och snäcksamlingen i förrummet blev den perfekta öknen, ty här dallrade den nakna glödlampans skoningslösa sol över ett förhistoriskt landskap. Och på toaletten ute i hallen hade en naturtrogen Nordpol inhysts. Inte ens en vitkaklad igloo eller gurglande gejser saknades.

Men den upptäcktsresande i raggsockor och en äldre dams käpp i handen som önskade lokalisera den dolda mittpunkten i denna värld insåg snart att han måste söka annanstans. I vad som en gång varit "herrummet", och fortfarande kallades så, stod ett myndigt skrivbord med lådor i vilka han uppdagade ständigt nya skatter: mässingsdosor innehållande främmande mynt i tenn och svarta knappar med trådar i, trasiga reservoarpennor och gem i långa kedjor, stenhårda radergummin och bärnstensbitar som bara lät sig avlockas sin glans om han polerade dem med saliv och en bit av tröjan. Runt spjälan i ryggen på skrivbordsstolen knöt han garnnystan, vars ändar löpte kors och tvärs genom rummet och fästes i dörr- eller fönsterhandtag, virades kring flygelns ena ben eller någon av kuddarna i soffan. Därefter kunde fjärran kontinenter upprätta kontakt med varandra tack vare telegraftrådar i gult och orange. Och bakom glasdörrarna i bokskåpet framlevde morfaderns privatbibliotek dagar i instängt lugn. Bara ett par av de teckningar som han skickat till mormodern i utbyte mot de "Finn fem fel"-teckningar som hon klippte ur kvällstidningen hade fått äran av att göra böckerna sällskap. Lätta, nästan sorglösa vilade de ovanpå klotbanden med deras färgade blad och frakturstil inpräglad i ryggarna, allvarsamma som endast tyska böcker kunde vara.

Ändå skulle ingen minderårig upptäcktsresande ha hittat tillvarons mörka hjärta i detta rum, där de flesta av dess affärer ännu avhandlades. Först när han vågade sig in i lägenhetens innersta gemak upptäckte han dess sanne härskare. Omis sovrum luktade anis och malkulor och gammal kvinna. Över en stolskarm låg ett par livlösa bruna nylonstrumpor, tunna som fenorna på akvariefiskar, mot väggen stod en krycka lutad. Förr hade rummet tjänat som syateljé – och där, i dess mörkaste hörn, intill symaskinen som fick honom att tänka på en mekanisk spindel och därför gjorde honom både rädd och fascinerad, fann han provdockan.

Den uppstoppade överkroppen var klädd i mörkbrunt linne och hade monterats på en träställning som skruvats fast i en fot av metall. Armar, ben och huvud saknades, men de mjuka höfterna, de gracila skuldrorna och de eleganta kullarna i brösthöjd avslöjade att det bara kunde röra sig om en kvinna. Han gissade att hon var i tjugoårsåldern. Siktade han tillräckligt noga med den damhatt som han hittade på en trave skokartonger seglade den genom luften, över sängen och in i den dunkla vrån – där den studsade mot dockans kapade hals och föll i golvet. Innan han plockade upp hatten kunde han inte låta bli att pressa handflatorna mot dockans bål. Under tyget kände han otaliga håligheter. Han tryckte in pekfingret i en av urgröpningarna och tänkte att den var som en navel. Ja, här hade världen sitt ursprung.

Under natten måste John Blund ha murat igen ögonen. Hur han än försökte öppna dem gick det inte. Nu låg han i föräldrarnas säng och pressade varsamt fingrarna mot förhårdnaderna. Han försökte krafsa bort lite av beläggningen med ena nageln, men det gjorde ont. Sakta kände han paniken stiga. Tänk om han aldrig skulle kunna se igen! Detta var faktiskt hans enda ögon! När han sträckte ut handen och famlade i tomma luften bestämde han sig emellertid för att inte ropa på hjälp. Ingen skulle ändå höra något. Med handen på moderns tomma plats visste han att större omvälvningar ägt rum under natten.

"Heissi." Plötsligt kände han mormodern sätta sig på sängkanten. "Hur är det fatt?"

"Ögonen. Jag har blivit blind."

"Hm." Omi tryckte sina svala fingertoppar mot hans ögonlock. "Hm." Fingertopparna vandrade, mjuka men fasta, över till pannan. Strax kände han hela hennes handflata. "Hm", upprepade hon när han frågade var föräldrarna var någonstans. Så reste hon sig och lämnade rummet utan att säga något mer. Han hörde henne tappa upp vatten i köket, sedan slamra vid spisen. När hon återvände några minuter senare förklarade hon: "Den lytta får leda den blinde. Omis händer blir Heissis ögon. Här. Och här." Hon hjälpte honom att köra fötterna i ett par alltför stora tofflor. När hon lett ut honom i köket rättade hon till en stol, bad honom att sätta sig med huvudet böjt över bordet och placerade en handduk över honom. Skållheta ångor slog upp i ansiktet. De luktade mint och något annat, kanske kamomill.

Sakta började mormodern berätta om provdockan. När bombardemangen ökat under krigets sista år hade hon tagit med sig barn och sybehör ut på landet. I en by ett par timmars tågresa utanför huvudstaden hyrde man in sig på en bondgård. Morfadern, som redan var märkt av sjukdom, stannade kvar i staden och gjorde vad han kunde för att förse dem med pengar. "Dockan stod i fönstret där vi var inackorderade. Den 20 april lämnade jag barnen ensamma för första gången. Fru Groddek som du träffade hade varit på besök och glömt sin kofta. Jag tog tåget till närmaste ort, där jag visste att hon måste tillbringa några timmar i väntan på anslutning till staden. Knut fick i uppdrag att passa flickorna." Medan mormodern varit borta hade tyska trupper anlänt till byn, på återmarsch från fronten. På idrottsplatsen hade ortens ledning ställt i ordning bänkar och hissat flaggor. Framåt kvällen tänkte man fira Führerns födelsedag. Barnen hade diskuterat om de skulle gå dit. Knut ville, men modern hade sagt att de inte fick. Till slut enades man om att besöka idrottsplatsen, men inte säga något. Knappt hade barnen anlänt med muggar i händerna (det skulle bjudas på varm choklad och kasperteater), förrän muller hördes över trädtopparna. Strax skymtade de första ryska planen. Med största hast avbröts festligheterna. Kvinnor och barn beordrades att gömma sig i skogen, soldaterna gick i försvarsställning. Helvetet bröt ut.

I flera timmar irrade hans mor runt med Edith i ena handen och en mugg i den andra. Vart Knut tagit vägen visste de inte. Till slut upptäckte de något rött inne bland träden. Det visade sig vara en kvinna från byn som gömt sig under en omkullvräkt gran. Hon tog hand om de båda flickorna. Först framåt natten, när planen för länge sedan försvunnit, vågade de återvända till byn. Där stod allt i lågor. När hans mor och Edith hittade hem visade sig deras hus vara det enda som klarat sig i grannskapet. I rummet på andra våningen fann de brodern, ihopkrupen i ett hörn, gråtande som om han aldrig skulle upphöra. Överallt låg murbruk och krossat glas. Möblerna hade vräkts omkull och skadats. I köket gapade ett stort hål i väggen genom vilket de kunde se hönsen irra runt på gården.

"Alla våra tillhörigheter förstördes. Bara dockan klarade sig. Under bombardemanget hade den stått i fönstret. Först när vi röjde upp nästa morgon upptäckte Lily kulhålen."

Med snorig näsa undrade han vad *Habseligkeiten* – "tillhörigheter" – var för något. Mormodern hällde på ytterligare hett vatten och förklarade att det var saliga ting – som dockan i sovrummet. De påminde en om vad som gått förlorat.

"Men du har ju allt det här", protesterade han och pekade snörvlande lite varstans med handen över sitt höljda huvud.

"Men inget som påminner mig om hur jag förlorade min förtröstan."

Ju längre mormodern talade, desto mer av sömnens murbruk löste ångorna upp. Snart kunde han åter se. När han dragit av sig handduken sprang han in i sovrummet. Vattendunsterna rann utmed kinderna. Ett kort ögonblick blev han stående på tröskeln, tvekande, osäker på vad han redan visste att han skulle göra. Sedan gick han fram till provdockan och slog armarna om den. Efter ångbadet behövde han inte längre bita ihop tänderna.

Svartskallekonster

Ombudsmän

De första dockorna är skyddsandar från en okänd kontinent, varelser från en tid och plats före skapelsen. Med dem spelar barnet endast upp myter. Ännu anar det inte att dockorna en dag ska slängas eller samla damm på en hylla i källaren, med huvuden lagda åt sidan på det onaturliga sätt som bara döda har.

Om dockorna har tur blir de behandlade som relikter när de hittas i en flyttlåda många år senare. Då förvandlas de från skamfilade klenoder till kära presenter som barnet, numera självt förälder, skänker sin avkomma i hopp om att den ignoranta lycka som en gång var drivkraften i dess eget drama ska återuppstå. Men en sådan föryngringsprocess genomlever ingen docka utan offer. Ena armen måste slitas av, nosen förlora sin ditsydda plastpärla eller så spricker magsömmen och ur det inre väller träullens blonda inälvor till påminnelse om det förflutnas sår. I gengäld kan dockan delta i en yngre generations obekymrade lekar, även om det bara blir som en invalidiserad vålnad som hemsöker en ny värld utan uppdrag eller budskap. Om dockorna har otur blir de dock reliker. Då heligförklaras de. Varje lem, hårstrå och glasöga är nu lika okränkbar som de gulnade knotorna och sotiga tygresterna i kyrkornas relikvarier, eftersom figurerna betraktas som kurirer från ett förkommet paradis. Outgrundligt visar de tillbaka på en enklare tid, före vuxenlivets eftergifter och förargliga klarsyn. Så blir de det förflutnas gisslan, placerade mellan ett inramat bröllopsfoto och några släktklenoder – oftast i sovrummet och alltid till den äkta hälftens förtret.

Under hans första år tillverkade fadern två figurer av delar som blivit över när moderns vävstol monterats ihop. Dockorna gick förlorade bara ett par år senare, vid nästa station på det ändlösa flyttåget genom det nya landet. Men han minns dem ännu som två portalfigurer, hängande utom räckhåll för hans knubbiga fingrar. Det vita stycket vägg mellan dem utgjorde porten till en oskriven historia. Trädockorna var enkla, hade armar, ben och huvud. De enda kroppsdelarna som evolutionen ännu inte försett dem med fann fadern i hans leklåda: ett par färgade klossar fick tjänstgöra som kön. På den ena figuren stack en trubbig kloss ut, röd, rasande och rund, på den andra sattes en gul med ett motsvarande hål. Kort efter det att han lärt sig att gå lyckades han kravla upp på en stol och plocka ned de åtråvärda lyckobringarna. Hädanefter stod det honom fritt att skapa sin egen historia och återföda sig själv.

Avgudaskymning

Vid ett av sina besök berättade mormodern att världen innan den delats upp i natt och dag, blivit till tid och rum, varit ett brinnande eldklot. Redan som barn försökte han framkalla denna materia, i hopp om att komma begynnelsen nära. Men han var bara en måttligt framgångsrik Prometheus. Om han gnuggade ögonen tillräckligt hårt bredde en mörk himmel ut sig bakom ögonlocken, full av gnistrande stjärnor. Om han i gengäld tänkte intensivt nog på något sorgligt (som att hela familjen förolyckats och bara han själv överlevt) tårades ögonen och strax kunde han släcka himlen med det mjukaste vatten. Likväl förmådde varken stjärnor eller skyfall återskapa det besynnerliga ursprung som mormodern talat om. Det lyckades bara när han tog hjälp av ett redskap som han upptäckte en kväll när han skulle lägga sig. Han råkade sätta sig intill den med klisterdekaler täckta sänglampan och blundade instinktivt. Nu hände något magiskt. Plötsligt skimrade en konstgjord sol, ljummen och oförvägen, genom ögonlocken. Snart hettade kinderna och han måste vända bort ansiktet. Ändå hade han sett nog för att förstå att ögonen brann som eldar. Äntligen hade han blivit Solaris, en okänd titan som kunde sätta världen i brand med blotta blicken.

Krigsskådeplats

Av barnets otåliga kropp är det inte myggbetten han först minns, inte kalkbristens moln som svävade uppåt naglarnas blanka himlar med sådant plågsamt saktmod, inte sårskorporna på knän och armbågar som alltid pillades av en dag för tidigt eller den absurt runda, absurt djupa naveln som han hävdade att fadern knutit, trots att hans bror – som haft turen att förlossas av fadern – visste att den åstadkommits av en kollega. Det han omedelbart minns är munnen.

Han använde den till det mesta: att öppna förpackningar, tugga sönder tröjärmar och leksaker, bära föremål som inte fick plats i de redan upptagna händerna. Mjölktänderna var hans vapendragare, en trupp gula och skarpa, glest spridda och ytterst stryktåliga soldater. När de föll några år senare ersattes de av två ojämna tandrader flankerade av osannolikt spetsiga hörntänder, mer ett djurs än en människas och mycket användbara. Med sådana förutsättningar är det inte underligt att munnen snabbt blev en krigsskådeplats. Så ofta han kunde bets eller nöps han – som om världen måste avlockas en reaktion för att han skulle tro på den. I samband med hans andra födelsedag skrev modern, som fortfarande hyste förhoppningar om att utvecklingen skulle arta sig, till mormodern: "Har jag redan berättat för dig att hans nyp och bett nästan försvunnit? Troligen försvinner de snart helt." Ännu anade hon inte att han bara gjort ett uppehåll för att låta de sista tänderna växa fram. Ty samma sommar som garnityret var komplett anställdes vad som kom att bli den första i raden av barnflickor. I likhet med de flesta av efterträdarna var E. en ung grekinna som just anlänt till det nya landet. Liksom senare tog det honom inte många dagar att fördriva inträngningen med de håriga underarmarna, konstiga kläderna och besynnerliga tonfallen. När de återvände hem från en utflykt hade hon alltid tårar i ögonen. Han hade stretat emot under hela utflykten, spottat och slagits med pinnar. Vid kvällsbadet såg han till att barnflickans försök att försonas med hjälp av tvättlapp och ren pyjamas kontrades med bett och nyp. När han väl somnat fann modern E. vanligen vid köksbordet. Snyftande räckte hon fram armarna som bevis på hans vrede. På blåmärkenas färg gick det att avgöra vilken dag i veckan som angreppet hade skett.

Men munnen var inte bara ett vapen i hans outtröttliga kamp mot inkräktare. Den användes också för att stänga ute ett arv som aldrig lämnade honom ifred. I likhet med andra barn vägrade han ofta att äta vad som ställdes fram. Tidigt insåg han att det var något grundläggande fel på maten hemma. Sällan lagades samma rätter hos honom som hos kamraterna. Med undantag av *lalangides* smakade grekisk mat av princip aldrig. Alla dessa måltider med tomater tillagade på olika sätt kränkte honom – som om de kryddade såserna, risfyllda grönsakerna och oljiga klyftorna i salladen tillhörde samma blodomlopp som fadern: avlägset, främmande, på något sätt alltför känsligt. Med österrikiska rätter gick det lättare, även om han endast fick något i sig när det rörde sig om schnitzel med äppelmos eller pudrade pannkakor med mormoderns *Marillenmarmelade* rullad i tunna lager. Han kunde peta i maten i all oändlighet, bara för att skylla på att den hunnit bli kall och låta bli att äta upp. Helst föredrog han "riktig" mat: blodpudding med lingonsylt, korv och potatismos, makaroner eller fiskpinnar …

När han var fyra upptäcktes att han hade hål i samtliga tänder.

Paniskt rädd för tandläkaren vägrade han att låta laga dem. Visserligen skulle de snart falla ut, men hålen gjorde så ont att man ansåg det värt att åtgärda dem. Problemet var bara att få honom att öppna munnen. Till slut lyckades modern övertala honom att följa med till lasarettet i närmaste stad. När de anlände insåg han att hon förberett sig noga. På kliniken väntade en tandkirurg och fyra anestesibiträden. Tappert kämpade han emot, men till slut blev motståndet övermäktigt: tankarna gled isär, lemmarna domnade, huvudet fylldes med bomull tung som bly. Fortfarande minns han hur självklar moderns närvaro kändes när han vaknade ur narkosen, trots att hon gjort gemensam sak med fienden. Till tröst fick han för första gången sitta fram i bilen på vägen hem. Medan han undersökte handskfacket for han med den luddiga tungan över tänderna och insåg att han fått betala dyrt för att ha släppt in främmande makter i munnen. Men tänderna värkte ännu och udda fick vara jämnt. Så slöt han sin första vapenvila.

Munnens tredje uppgift var att tala. Fast hur? Länge talade han bara tyska med föräldrarna, under faderns tunga dolde sig grekiskan och utanför familjen kommunicerades på bredaste skånska. Som de flesta barn med snarlik bakgrund insåg han att inget som sades någonsin var naturligt. Ett föremål hette skilda saker beroende på vilket språk som användes, tonfall och ordalag växlade i förhållande till vem man vände sig till. "Morbror" och "moster", "farbror" och "faster" var roller lika abstrakta som "Ulla" eller "Britta", "Gert-Inge" eller "Göran", medan *Onkel* och *Tante*, *theios* och *theia* var varelser av kött och blod. När han satt i badkaret var han alltid *nackabatsi*, den som släppte sig *pritsade* och bara om någon ropade *Ela!* kunde han tänka sig att komma. Olika språk beskrev inte bara en och samma person, utan delade även upp känslor och åsikter i det som hörde till familjen och det som angick även utomstående. Och i sista hand bekräftade de ens hemhörighet.

Betydde det att han som barn hade tre olika identiteter? Omöjligt att säga. Trots att munnen aldrig skulle bli ett neutralt territorium tog det många år innan det gick upp för honom att frågan ens kunde ställas.

Vapenmärke

På den matta som låg framför sängen i hans rum fanns två initialer broderade: Φ A, "Fioretos, Antonis". En gång hade de tillhört hans farfar; enligt vandrande folks vanor utgjorde de sedan en tid hans egna. Bokstäverna var allt han behövde se där han låg med hakan mot kanten av sängen för att veta att han tillhörde ett nomadfolk. Påminde den ena inte om ett tält, medan den andra såg ut som en indian med händerna i fickorna? Visserligen var den förra bokstaven alltings början, den anfang som utgjorde porten till en möjligen rikare, förvirrande värld. Men egentligen intresserade honom den senare mer. Till formen påminde tecknet om en jordglob spetsad på en souvlakipinne. Den som ville kunde betrakta det som två tecken i ett, såväl *I* som *O*, vilket erinrade om de ombudsmän han lekt med några år tidigare. Hur han än lade sig på sängen, med huvudet uppåt eller nedåt, såg bokstaven åtminstone alltid likadan ut: på en gång enkel och dubbel, ömtålig och oomkullrunkelig. Det avgjorde saken: det rörde sig om en amfora.

Kanske var det inte så konstigt att han utnämnde Φ till sitt vapenmärke. Han ritade tecknet i imman på glas, i sanden på stranden och ibland med en kulspetspenna på underarmen. Cirkeln stod för fulländning, strecket för ändlighet. När han slog sig för bröstet visste han var bokstaven egentligen hörde hemma: tre centimeter under huden. Där pumpade två kammare dyrbar vätska genom spetsarna upp- och nedtill – in och ut, i ett evigt kretslopp som likväl skulle ta slut en dag. Det flytande ämnet både skilde och förenade honom med övriga familjemedlemmar, och varje gång han slog eller skar sig

förstod han att kroppen var just det: en behållare. Bekräftelsen kom något år efter det att han lärt sig att läsa även på grekiska. Då tog modern ett foto på verandan till deras hus. Framför henne poserade hennes "tre karlar", som hon skulle säga ytterligare några månader, tills familjen fick tillökning. Klädd i skepparkavaj och kaptensmössa, vit t-tröja, splitternya, uppkavlade blåjeans och de enda gymnastikskorna som han någonsin ägt, vita som snö, stod fadern i mitten likt en korsning mellan redare och hamnbuse. Han höjde ena näven mot betraktaren, höll den andra gömd i sidan och gjorde sitt bästa för att ta rollen på allvar. Vid hans sida stod sönerna. Båda hade jeans och mörkblå plyschtröjor på sig. På huvudena bar de matrosmössor som mest påminde om kakformar i tyg. Genom panoramafönstret kunde modern – och senare betraktaren av fotot – skymta sjön, gråblå och vårlik, innan den i höjd med mellersta fönsterkarmen övergick i en mjölkvit himmel. Detta var paradisets beskyddare.

När filmen framkallats och de tittade på porträttet skrattade alla, även han själv. Brodern hade intagit samma ställning som fadern, lyft högra näven och foten och försökt anlägga en min som inte tålde invändningar. Tillsammans såg de ut att ha situationen under kontroll. Själv hade han vinklat mössan på matrosers manér och rentav givit sig i kast med att le. På fötterna bar han mockasiner – tecken nog på att han var indian och egentligen föredrog landbacken. På grund av verandabordet hade modern inte kunnat fotografera sina män rakt framifrån, vilket gjorde att de nu stod i lätt vinkel mot universum. Trots denna dokumentation av en tidig vårdag 1966 visste han att fotot inte talade sanning. Om det fanns någon i familjen som hade för vana att knyta nävarna var det varken brodern eller fadern. Var det därför han kände sådan lycka när han betraktade bilden? Hade han för ett kort ögonblick överlistat verkligheten? Omöjligt att säga. Men det var inte svårt att se att faderns hotfulla apparition var en pose och att brodern bara gjorde sitt bästa för att leva upp till hans exempel. Eller att han själv, förbindligt vänd i helfigur mot kameraögat och med händerna nedstuckna i fickorna, mest av allt påminde om ett Φ.

Självständighetsförklaring

En höstdag skulle modern hämta fadern från jobbet. Sedan han fått tänderna lagade omgavs dessa resor av äventyr. Han fick sitta i framsätet och under en kvart spela rollen som vuxen. När de anlände till staden hjälpte han vanligen till med inköp innan det blev dags att uppsöka lasarettet, där fadern väntade utanför akutmottagningen. Denna gång ville modern dock att han skulle ta på sig den vita parkas som han fått inför skolstarten ett par månader tidigare. Förargad vägrade han att lyda. Begrep hon inte att han knappast kunde samtycka nu när han var vuxen nog att sitta fram? Då modern insåg att han inte skulle ge med sig gjorde hon det enda raka och bad honom att stanna hemma. Under ett par minuter satt han vid köksbordet, ångande av vrede, medan hon gjorde sig klar. Hade han avgått med segern eller ej? Å ena sidan hade han fått som han velat, å den andra hade han inte vunnit något alls. När han förstod att han dragit det kortare strået kände han sig kränkt. Knappt hade bilen försvunnit på andra sidan järnvägsspåren förrän beslutet var fattat. Det var hög tid att lämna världen för en bättre.

I garderoben hittade han sin olle, vid köksingången fann han halsduk och stövlar. Någonstans grävde han fram en ryggsäck som han fyllde med bröd, saft och en rulle toalettpapper. Så skrev han ett meddelande, sitt första till världen – "Till Mamma. Jag har rymmt." –, och gav sig av. Han hade inte hunnit planera flykten, men instinktivt valde han järnvägen ut ur byn. På så vis riskerade han inte att stöta på vänner eller bekanta. Rutten gav honom dessutom möjlighet att ta farväl av sina gömställen i byn. Med bestämda steg gick han förbi skrotupplaget, garaget bakom livsmedelshandeln och elektrikerns förvildade trädgård. Visserligen kände han oro vid tanken på att aldrig återse dessa platser, men för varje ny station på uttåget kände han trotset växa. Om världen bara visste till vilka uppoffringar han var beredd för att bevara sin stolthet. Han om någon levde upp till familjens hemliga motto: "Mod." När han kom förbi familjen L:s hus och upptäckte B. vid gungorna insåg han hur högt priset verkligen var: inte heller sin bäste vän skulle han få återse.

Knappt hade han hunnit läsa ortsskylten vid infarten till samhället förrän han kom av sig. Vart skulle han ta vägen? En sak var att försvinna, en annan att ha någonstans att styra stegen. Plötsligt bredde en okänd värld ut sig, oändligt mycket större än den hittills förtrogna. Det enda han kunde lita på, det enda han ägde rymdes i ryggsäcken och ena bakfickan. (Han kände efter att mynten han plockat ur spargrisen låg kvar.) Trots glädjen över att vara sig själv nog gjorde den nyvunna friheten honom förvirrad. Sakta gick det upp för honom att livet ställde krav som han inte räknat med. Till och med så självklara saker som sovplats och tvättmöjligheter skulle bli till problem. Utan familj fanns inga ansvarslösa ögonblick i tillvaron.

Efter att ha sneddat över en lerig åker gömde han sig i ett skogsbryn några stenkast från landsvägen. Medan han drack av saften och åt av brödet funderade han på alternativen. Antingen kunde han lifta in till staden och ta tåget till Wien. Eller så kunde han vänta på lantbussen och ta den till någon av klasskamraterna i grannorterna. Fast han hade aldrig besökt dem och visste inte var de bodde. Och när han tänkte efter tvivlade han på att 3:25 skulle räcka hela vägen till Österrike. Möjligen var det alltså klokare att slå en lov kring byn och i hemlighet knacka på hos B.? Kamraten skulle säkert kunna gömma honom, åtminstone till dess han tänkt ut nästa steg. Plötsligt upptäckte han familjens olivgröna Ford på landsvägen. Utan vidare förkastade han samtliga alternativ. Vid tanken på att bli vittne till föräldrarnas förtvivlan var det inte svårt att bestämma sig: han skulle smyga tillbaka och spionera på sin egen frånvaro. Men det gällde att ha tålamod. Först måste han vara säker på att föräldrarna upptäckt lappen på köksbordet. Omsorgsfullt packade han om ryggsäcken, räknade åter tillgångarna i bakfickan och passade på att göra bruk av den tredje förnödenheten han tagit med sig. Sedan blev otåligheten alltför stor och han gav sig av – tillbaka till det hem som inte längre var något.

För att undvika att bli upptäckt valde han den övre vägen in i byn. När han kom till åkern med utsikt över fotbollsplanen och deras hem nedanför tog han täckning bakom en höbal. Det gick en stund och skymningen föll, men till slut skönjde han föräldrarna i trädgården. Vissheten om att vara orsaken till deras oro fyllde honom med trotsig stolthet. Från att ha varit offer blev han nu rättskipare. Utan att inse det började han föreställa sig sin återkomst, så när B. hittade honom en timme senare var det inte svårt att låta sig övertalas. Vännens försäkran om att modern lagat hallontårta avgjorde saken.

När de anlände hem var det första han ville se beviset på sin triumf. Men det fanns ingen tårta. Istället skickades han omgående till badrummet, där varmt vatten tappades upp. Det tog några minuter, sedan löstes besvikelsen över den uteblivna trofén upp i det mjuka, glatta skummet. Trots allt behandlades han som en förlorad son. När han steg ur badet kunde ingen klandra honom om han betraktade sig som en ny människa.

Flygande matta

Varje sommar kom Omi på besök. Vanligen stannade hon i en månads tid. Det enda som kunde konkurrera med hennes pannkakor var sagorna. En eftermiddag återvände han hem efter att ha lekt hos B. Det visade sig att familjen åkt iväg, bara mormodern var kvar. Efter att ha svalt förtreten insåg han att detta var den bästa av världar. Med Omi talade han alltid tyska och med gott samvete bad han henne nu om *Palatschinken mit Märchen*. Medan hon förberedde maten började det regna. När hon blivit klar satte de sig vid matsalsbordet, öppnade dörren till altanen och lyssnade på dropparna som slog mot cementplattorna. Sand och löv flöt iväg i rännilar. Medan han stoppade munnen full berättade mormodern en saga om ett regn som blev ett skyfall som blev en flod som blev ett hav som snart täckte hela kontinenter. På bordsduken som strax omvandlades till en flygande matta lyckades de sätta sig i säkerhet. Berättelsen frammanade något i samma takt som den lät något annat försvinna, och han var som förtrollad. För mormodern tycktes det självklart att fantasin kunde väva ihop det påhittade med det verkliga. Sittande på dess tunna farkost gick det att flyga vart som helst. Paradiset var passé.

Sånglektion

En februaridag firade de hans tioårsdag. Hans vita parkas var sedan länge undanhängd, men oförrätterna ingalunda glömda. I skolan hade han fått önska sig något av klassen och när tiden nu kom för att blåsa ut ljusen hemma önskade han sig detsamma av föräldrarna: kunde de vara snälla och sjunga den svenska nationalsången? Själv tyckte han bra om den, men naturligt nog visade det sig att modern och fadern inte behärskade vare sig text eller melodi. När allt kom omkring behövde två vuxna människor som invandrat från Österrike och Grekland inte lära sig nationalsången för att räknas som svenskar.

Länge frågade han sig om han såsom tioåring skämdes över sin bakgrund och ville tvinga föräldrarna att bekänna färg. Var detta det första tecknet på den avighet som han senare skulle utnämna till sina "svartskallekonster"? Under några år misstänkte han till och med att det rörde sig om ett intuitivt försök till förödmjukelse. Kanske begrep han omedvetet att föräldrarna inte kunde uppfylla hans önskan. Ville han alltså visa dem att han var svenskare än de och något litet återgälda oförrätterna? Han vet inte. Numera finner han den sortens förklaring alltför barbarisk. Det enda han med säkerhet kan säga är att han än idag tycker om nationalsången.

Manna från himlen

Hans rum råkade bli detsamma som fadern föddes i mer än fyrtio år tidigare, en marsdag när ingen visste om lyckan skulle stanna eller gå. Själv var han fjorton denna första sommar efter juntans fall och för det mesta irriterad. Om natten fick hans ilska sitt oväntade soundtrack. Så fort han lagt sig hörde han termiterna äta sig igenom takbjälkarna. Medan han vred och vände sig på den stenhårda madrassen, tuggade de blinda djuren stoiskt vidare. Deras metodiska gnagande lät sig inte bekommas av vare sig nattvärme eller dagsljus, och allra minst av den tillfälliga gästen med handflatorna tryckta mot öronen. Sakta och systematiskt skapade de en osynlig labyrint i takstolen, vindlande gångar som löpte kors och tvärs genom bjälkarna och parodierade hans förvirrade tankar mellan midnatt och morgon. I den ställföreträdande himlen däruppe rådde flit och framåtanda, i hjärnan härnere rundgång och desperation. Mellan de båda världarna härskade snart öppet krig. Om han bara hade haft lite större tur, tänkte han bittert, och fått sova med resten av familjen i rummen därnere. Men föräldrarna ville undvika besvär och för den delen var det han själv som envisats med att bo ensam. Som det nu var gjorde han klokast i att hålla tyst – och rycka på axlarna när han någon gång, efter en dov duns mot lakanet, insåg att en av termiterna tappat bettet. Mot övergrepp hjälpte bara behärskning.

Strax innan åsnorna i trakten började väsnas och man slamrade med kokkärlen i köket lyckades han ändå somna. Under några förryckta timmar var allt som det skulle. Han hade slutit fred med världen och kunde drömma den dröm som var hans äldsta. Den handlade om en färg, ingenting annat. Färgen var röd, som vin eller blod med utrört blått bläck i. Han visste inte varifrån den kom, men så länge han kunde minnas associerade han till det värmande stoffet under krigsgudens kalla, glänsande rustning. Kanske rörde det sig om den varma kroppsvätskan som han blind som en kattunge ändå uppfattat i moderns buk, kanske om de filtar som brukat täcka föräldrarnas säng. Men han misstänkte att färgen egentligen stammade från den matta som legat i hans rum tills modern befarat att den skulle gå sönder. Vilande i farföräldrarnas gamla bädd, så märkvärdigt trång och doftande, som av malkulor, blev han alltmer övertygad om att detta måste vara det rum i vilket mattan tillkommit. Kanske var det alltså inte underligt att färgen fick liv denna natt. Först såg han det inte, men i dunklet inne i drömmen skönjde han rörelser. Gradvis blev de tydligare. Efter en stund kunde han se ett par händer metodiskt utföra samma rörelser, om och omigen. När han följde dem bakåt, inåt det vildare mörkret, upptäckte han att de tillhörde en kvinna. Hon satt med böjd rygg och det gråsvarta håret benat och uppsatt till en knut i nacken. Kinderna var insjunkna, händerna verkligen gamla. På fötterna bar hon tofflor, den svarta klädnaden luktade svett. De uppskjutna skuldrorna fick henne att likna en fågel. Till hans förvåning verkade det inte som om hon höll en skyttel eller spole i händerna, utan ljud. Jo, nu hörde han det. När kvinnan förde dem fram och tillbaka uppfångade han ett stillsamt men idogt, liksom skavande buller. Som avlägsen åska.

Först när han slog upp ögonen insåg han varifrån det tuktade ovädret stammade. Nu upptäckte han även spåren av nattens tålmodiga arbete. Här och var på golvet låg ansamlingar av sågspån, gravhögar lika. Uppenbarligen var det nattens fabrikat. Medan han frigjorde sig från de svettiga lakanen försökte han intala sig att det bara rörde sig om harmlöst trämjöl. Men säker var han knappast. Han reste sig upp på ungefärliga ben och undersökte saken. När han tryckte fingret mot en av hoparna upptäckte han att mjölet var oerhört fint, nästan som puder. Han sopade ihop det med ena foten och låtsades som om han inte kunde höra de likgiltiga djuren fortsätta gnaga ovanför honom. Av färgen han drömt om återstod så gott som inget – bara lite morgonljus skimrande i ett plastskynke som en släkting lagt över deras resväskor.

Sista dagen före avfärden infann sig ändå stillheten. Med posten anlände oväntat ett par gula pluggar från landet i norr. Med dem i öronen sov han äntligen som ett barn, sött och fanatiskt, som om vare sig öde eller olycka kunde göra honom något för när. Himlen kunde störta in när den önskade, han skulle ändå försova sig till evigheten.

Countdown

Dagen var ovanligt varm. Hon hade frågat om han ville följa med, utan att vänta på svar. Snabbt hade han dragit på sig tröjan och sprungit bort till cykeln. För varje tramp med pedalen kände han bröstet vidgas av jubel. Gruset knastrade torrt och behagligt under däcken. Av och till, när kedjan skavde, tvingades han stiga av och sparka till skyddet. Hon cyklade oberört vidare, möjligen något långsammare, med hakan lyft och händerna så hårt om handtagen att de fräkniga knogarna vitnade. Hennes klänning fladdrade, i ansiktet glittrade svett. Av och till slängde hon med huvudet så att den tjocka flätan flyttade sig mellan skulderbladen. Den såg ut som en vetelängd. Ryggmusklerna arbetade likt ett urverk. Så fort han kommit upp på cykeln igen sköt hon fart. När de korsade asfalt hummade hjulen, strax därpå knastrade de åter. Dikesrenen var full av ormbunkar och hundlokor. Fjun från maskrosbollar svävade i luften. Solen framför dem fick de glänsande, viktlösa dunen att försvinna – tills de plötsligt klistrade i ansiktet. De skrattade. Men ingen sade något.

En vindil förde med sig brus från havet. Ur en trädkrona lyfte fåglar, från en åker hördes en traktor. Tyst och målmedvetet cyklade de ut ur samhället, rullade förbi jordgubbsodlingarna och kom till det ställe där hennes far och bror så när omkommit året före. Hon bromsade så att en skåra bildades i gruset vid vägrenen. Han gjorde detsamma. När hon talade kunde han se vitt saliv i mungiporna. "Lastbilen kom med full fart. Pappa hann precis väja undan. De åkte rakt ut på åkern, mot trädet därborta." Han följde hennes finger och begrundade kubben som syntes på fältet. "Bilen kvaddades. De fick skära loss pappa och Leo. Men båda klarade sig. Leo hade en skråma i pannan, det var allt." Hon drog med händerna fram och tillbaka över överarmarna. "Jag får gåshud bara jag tänker på det. Varje gång jag ser trädet är jag glad att det inte var äldre."

Hon berättade att hon besökt olycksplatsen med brodern några dagar efter tillbudet. Bilen hade fraktats bort och trädet kapats. Tillsammans hade de räknat ringarna på stubben och kommit fram till att trädet var trettio år. Femton år till och det hade varit för tjockt för att knäckas vid kollisionen. Medan hon såg på honom lekte hon med ringklockan på styret. Den lät inte som den skulle. "När jag är ledsen tänker jag på vad som skulle ha hänt om olyckan inträffat om femton år. Det är rysligt. Men då känns det som om varje dag är en present från framtiden." Hennes blick var frånvarande, som om hon sökte föreställa sig fördärvet. Sedan vände hon på cykeln. "Äsch, jag är inte klok. Kom." Han trampade ifatt henne, ville säga något, bestämde sig för att låta bli.

Efter någon kilometer svängde de av från landsvägen. De cyklade genom en sval tallskog, sedan bredde åkrar ut sig i raps- och vetegula färger. På en klättrade en man just ned för en skördetröska. På en annan låg balar utspridda i oförklarliga mönster, som om någon kastat tärning. En bil kom farande mot dem. Bilen virvlade upp damm som fick dem att spotta. Ur det nedvevade fönstret strömmade glittrande musik. De cyklade vidare, så pekade han på solen som nu befann sig till höger om dem och förklarade att om de inte hittade något att dricka snart skulle de se hägringar.

"Det gör bara araber på kameler." Hon andades med öppen mun. En hårslinga klibbade mot halsen.

"Nej, det gör vem som helst. Bara det är tillräckligt varmt. Titta", sade han och pekade. "Vatten." I ett gupp några hundra meter framför dem glimmade det.

"Synvilla." Hon knyckte med huvudet så att den tjocka flätan for fram och tillbaka. Men när de nådde svackan såg hon att han hade

rätt. Någon måste ha riktat en bevattningsspruta fel. "Min själ ..."
Han försökte retas för att hon inte trott honom, men hon verkade immun. De rullade förbi en bondgård. Ur det låga, vitmenade stallet steg en doft av gödsel och kyla. En vägskylt förklarade att det var fem kilometer till nästa by. Han föreslog att de skulle ta en paus. "Slöfock." Hon såg sig om. "Titta där."
Hon pekade mot en skogsdunge. Knappt hade han vänt på huvudet förrän hon slängde cykeln i diket, klättrade över den rostiga taggtråden och gick över den vildvuxna ängen. Han sprang ifatt henne. Det meterhöga gräset vajade torrt. Här och var satt fjärilar. När de närmade sig lyfte djuren och fladdrade iväg likt tillknycklad cellofan. Då hon förde undan gräset kände han fjunen på hennes arm mot sin. Så fort de korsat ängen vände han sig om. Bakom dem slingrade sig två gångar. Ibland korsade de varandra.
"Som jag trodde." Hon pekade på en förfallen gärdsgård längre bort. Överallt syntes röda fläckar. "Hallon." Hon sökte med blicken och fann ett lämpligt strå. Strax började hon trä på bär. Han gjorde detsamma. De höll räkningen genom att ropa till varandra. "Tio!" "Sju." "Fjorton!" "Nio." Båda undvek att äta några bär innan de samlat tillräckligt många. När de inte hittade flera sade hon att det fick räcka. Han tyckte att de skulle fortsätta, men hon tog några steg tillbaka i gräset, föll baklänges och försvann. Han ropade. Hon svarade bara: "Inte här." Han ropade och låtsades leta, ena gången utmed gärdsgården, andra uppe vid dungen. Men sedan tröttnade han och lade sig intill henne. De låg tysta och betraktade molnen. Tungan kändes torr och svullen i munnen, ett främmande djur. Han grävde i fickan och erbjöd henne ett tuggummi. Hon skakade på huvudet. Hallon var bättre. Himlen var blå med mycket vitt i. "Det är 56 miljoner mil till Mars."

"Jaså ... Bara?"

Inget svar. Efter en stund: "Vet du hur lång tid det skulle ta att åka dit?"

"Med cykel eller raket?"
"Raket, så klart." Magen skälvde.
"Nej..."
"Hundra år!" Hon vände sig om för att se om han hört vad hon sagt. Han kunde inte tolka hennes ansiktsuttryck. När hon åter lade sig på rygg darrade magen, så exploderade hon i skratt. "Dig kan man ju lura vart man vill!" Hon höll upp sitt strå och lät det sista hallonet glida ned i munnen. "Vet du vad? Jag skulle aldrig kunna lämna jorden." Han svarade inte. "Här finns precis allt. Till och med hägringar." Hennes bror, som var intresserad av astronomi, hade förklarat att Mars befann sig längre bort från solen än jorden. Därför tog det nästan dubbelt så lång tid för ljuset att nå planeten. Medan hon berättade höll han för ögonen. När hon avslutat redogörelsen lyfte han händerna. Ljuset som strömmade in i pupillerna fick honom att känna sig yr – som om ögonen plötsligt förvandlats till hallonfärgade maskrosbollar. Hon bad om ett nytt strå. Han räckte henne sitt sista. Medan hon drog av det översta bäret upprepade hon vad hon sagt. "Jorden räcker. Här finns allt. Och inget riskerar att försvinna medan man väntar på att det ska synas." Han sade att just det sista väl ändå inte stämde? Folk flyttade stup i kvarten, försvann eller dog. Bilar skrotades. Blommor vissnade, träden tappade löv. "Kanske", sade hon efter så lång tid att han inte kunde avgöra vad hon syftade på. "Men allt som försvinner finns kvar. Här." Hon slog sig för bröstet. "Eller här. I huvudet." Hon lade sin hand på hans panna. Den var svettig. Underligt nog fick beröringen honom att frysa. När hon åter lyfte handen hade han en hallonslamsa i hårfästet. "Tror du mig inte?"
"Vet inte." Han visste verkligen inte.
"Jaha." Hon lät besviken. "Jag lovar att inget av detta kommer att försvinna. Inte ängen, inte grässtrået, inte hallonen, inte fjärilen på din fot" – han vickade på foten; den försvann – "inte himlen. Inte ens du. Vi har just upplevt något som vi ska minnas om... om..."
"Femton år?"

Det gick en minut. När hon inte sade något vände han sig om, stödd på ena armbågen. Hon höll grässtrået i båda händer, som ett stearinljus. Det vajade lätt. Magen hävde och sänkte sig. Ljudlöst lutade han sig fram och drog av ett hallon. Det smälte i munnen med en varm, däven smak. Nästa bär var svårare att dra loss, men han lirkade och lyckades. Hon sade inget. För varje hallon han tog kom han närmare knogarna. Fortfarande hade han inte svalt. Nu var munnen så fylld med mosat fruktkött att han inte lyckades hindra den sliriga, blodröda saliven från att rinna ur mungipan, över de återstående bären och ned mellan hennes fingrar. Likväl öppnade hon inte ögonen. Till slut var även det sista bäret borta. Grässtrået blänkte i solen. Han skulle just torka sig och svälja när hon, nästan omärkligt, viskade: "Ge hit."

Hans skugga täckte hennes ansikte. Solen kändes stor och luddig i nacken, magen var ett moln. Sakta öppnade hon läpparna. Framtänderna var taggiga. Han grymtade och hon öppnade munnen ytterligare. Ögonlocken darrade, men han var säker på att hon inte tittade. Några millimeter till och hans läppar skulle nudda vid hennes. Försiktigt särade han på dem. Den varma, fjuniga massan gled ur munnen med ett kluckande ljud. Klumpvis föll hallonen ned i hennes mun. Hon kippade efter andan, spärrade upp käkarna och verkade under ett kort ögonblick instinktivt vilja svälja. Men gjorde det inte. Först när han lyfte huvudet och sade: "Varsågod", vände hon sig om och började tugga. När hon svalt och hostat och svalt lade hon sig på rygg och såg upp i himlen. "Äckligt. Gud, vad äckligt." Leende förde hon händerna fram och tillbaka över armarna. Sedan låg hon stilla, som för att förvissa sig om att han betraktade henne. "Tror du mig nu då?"

Skrivmaskinsgud

Det var på våren 1977 och allt började med ett missförstånd. Första gången han hörde ordet tänkte han på skiljetecken. Förmodligen berodde det på den allmänna nervositeten under denna tid av grönskande träd, gräs och stenar. Han var en sjuttonåring med hjärtat fullt av uppror. I stadsparken drack studenterna te och gick barfota, luktade svett och talade om "naturlighet". Blotta tanken ingav honom panik. Han slog vida lovar kring parken och skrev dikter nattetid, fyllda av ruiner och marionetter. Även om han inte begrep sig på sig själv visste han åtminstone detta: med lapsang souchong och jordnära kollektivism ville han inte ha något att skaffa. För honom fanns bara ett sätt att förhålla sig till omvärlden på, och det var att lära sig leva med sin skillnad från den.

Enda sällskapet under dessa timmar var radion. Kring midnatt fylldes etern av den underfundige programledarens röst. Egentligen kände han sig lite för gammal för humorn. Men det fanns något betryggande i gliringarna, och musiken som spelades var elektriska paradiset för någon som inte kände sig hemma bland blonda spelmän och behålösa damer. Kanske var det inte så konstigt att han missuppfattade David, som jobbade på en av stadens skivavdelningar, när han en dag lutade sig över disken och berättade att programledaren var den förste som insett att träskofioler var ute. Så använde han det där ordet som han uppfattade fel. Plattan som vännen tänkte lägga på skivtallriken var "punk". Automatiskt antog han att musiken satte p för något.

Samma natt funderade han på missförståndet. Kanske kunde man ändå tolka rockens historia alfabetiskt – från Animals till Zappa, över Beatles, Cream och Dylan, ända bort till de namn som trängdes i slutet av evolutionen: Roxy Music, Stooges och T. Rex, Uriah Heep, Velvet Underground och Who? I så fall satte den explosion av bejakelse och förstörelselusta som David spelat stopp för en utveckling som definitivt spårat ur med Yes och ZZ Top. Nu började något annat, bortom punkten.

Gruppen hette Sex Pistols och när han spelade singeln hemma insåg han att man på fullt allvar tänkte skjuta både folk och rock i sank. Var upptakten till "Anarchy in the UK" något annat än en nedräkning? Steve Jones taggtrådsriff, sekunderade av Paul Cooks feta trumslag och Glen Matlocks bombmatta till bas, tog farväl av en musikkultur som för länge sedan förlorat känslan för revolt. När Johnny Rotten så började väsa *"Right ... Now ..."*, följt av ett skratt som var på en gång lustfyllt och diaboliskt, rågat med både löfte och åska, insåg han vad han lyssnade på: ett liktal. Rocken var död, leve punken.

De flesta han spelade singeln för delade inte hans uppfattning. De kunde inte uppfatta någon frigörelse i rader som *"I am an antichrist / I am an anarchist"* eller *"Get pissed / Destroy"*. Och hur de än ansträngde sig fann de inga förmildrande omständigheter i en sångare med måttlig musikalisk talang, glasaktiga ögon och dåliga tänder, klädd ena gången i bondage-gear, andra gången i skolpojksuniform. För honom blev denne marionettartade Oliver Twist, född farlig och sarkastisk, dock en uppenbarelse. Äntligen någon som gjorde upp med hippieerans kvävande tal om kärlek, fred och så vidare. Äntligen någon som fick desperation att klinga som jubel. Och Rottens komplicerade förhållande till sin egen kropp var inte precis någon nackdel. De spastiska rörelserna talade direkt till en sjuttonåring som kunde allt utom att vara naturlig.

Än idag kokar låten över av lust och vrede, buren av samma kraft och hjälplöshet som en förtidig utlösning. Men den rock & rollsvindel som följde på gruppens enda LP, koketterandet med hakkors och en alltmer mekanisk upproriskhet, dikterad av lika delar profit och slentrian, färgar av sig. Numera är det inte sångernas blasfemiska utfall och tuktade oväsen som berör honom. Utan de självklara melodislingorna, en suverän känsla för tajming och plötsliga inslag av lyrism – som *"We're the flowers in the dustbin"*, det säkraste beviset på att punken ville vara en ny början.

Samtidigt som Pistols upplöstes våren 1978 sålde han sin samling. Några rader på B-sidan av första singeln, "I Wanna Be Me", avgjorde saken:

> Wanna be someone
> Need to be someone
> You wanna be me
> Ruin me
> A typewriter god

När han väl vände på "Anarchy in the UK" upptäckte han att revoltens andra sida bestod i att vara sig själv. Sex Pistols blev hans första lektion i dekonstruktion. Upplösning och frigörelse, ruin och skapelse: för den som sökte ett språk bortom det redan sagda, bortom punkten, räckte det att sätta egna tecken. Fanns det något bättre sätt att leva på än att dela sin skillnad med andra? Den sanne punkaren var en "skrivmaskinsgud".

Oh, Vienna

Hösten 1982 anlände han till Wien i förhoppningen om att räknas som österrikisk författare – plus/minus några vitala procent. Han hade försökt något liknande ett par år tidigare, fast då som halvgrek i Aten, med beskedlig framgång. Nu ville han revanschera sig i en kultur som han antog ställde färre krav på anpassning, åtminstone alfabetiskt sett. När han steg av tåget på Westbahnhof denna septemberdag insåg han dock att det var lättare sagt än gjort att bli landsman till Trakl, Kraus och Falco. Hans tyska var ett barns och minnena från tidigare vistelser i staden måttligt hjälpsamma. Där fanns en provdocka som stått i moderns barndomshem; där fanns teckningarna som klippts ur *Kronenzeitung* varje vecka och skickats till honom, det äldsta barnbarnet i den höga Nord; och där fanns provdockans ägare och tillika teckningarnas avsändare, en pensionerad sömmerska med käpp och höftproblem som hette Hedwig, men aldrig kallades annat än Hedi av vännerna. Därutöver mindes han bara de rostade kastanjerna som såldes i strutar på gatuhörnen av människor som alltid saknade något (en arm, några framtänder, ett ben); präster plågade av snäva kragar och kommunistskräck; samt det kaklade golvet på Omis toalett som tycktes brinna av kyla då han barfota och sömnig hade borstat tänderna innan Kindergarten under en vinter på 60-talet. Vem som helst kunde se att sådana minnen var alltför oförargliga för att göra honom till österrikare – för att inte tala om wienare. Eller författare. Mest irriterade honom emellertid att dessa upplevelser saknade den *Weltschmerz* och air av ljuvt förfall som fanns på Ultravox' *Vienna*, en skiva som släppts året före och under ett återfall till rockmusiken bildat soundtrack till hans drömmar.

Det var inte lätt att spela "*A man in the dark in a picture frame / So mystic and soulful*" om ens repertoar bestod av barndomsminnen från Burggasse. Och släktingarna gjorde det inte nödvändigtvis lättare att ge sig i stadens suggestiva våld. För hans del var de knappa dussinet till antalet: Omis båda halvsyskon Tante Mitzi och Onkel Wicki, hans mors äldre bror K. och yngre syster E. med respektive makar, samt deras barn – två per vardera par. Uppdelningen var lika logisk och tvingande som något av Wienkretsens teorem. Och lika filosofiskt relevant. Ty i likhet med den kultur som modern brutit upp från i mitten av 50-talet, för att följa en tuberkulossjuk grek till Sverige, bestod släkten av två läger. På den ena sidan fanns de goda borgarna: framstående revisorer, höga banktjänstemän och framtida meteorologer som satte värde på lodenkläder, eftermiddagskaffe på Dehmel och skidlov. På den andra fanns bohemerna: urmakare, sydamerikaresenärer och konstnärer som klippte håret själva, lyssnade på Janis Joplin och såg en naturlig förbindelse mellan magnetisk strålning, kristaller och Leo Navratils studier i det konstnärliga uttryckets psykopatologi. Det mest djupsinniga man kunde säga om denna skillnad var att släktens plus- och minussida växlade beroende på om "svenskarna" talade med någon ur Herrengasse/Tuchlauben- eller Praterstern-falangen. Samt att man inte behövde ha läst Hegel för att inse att den österrikiska själen var dialektisk till sitt väsen.

När han lyfte ned väskan på perrongen denna höstdag var Omi död sedan åtta år tillbaka och han kunde inte retirera till den enda instans som höjt sig över en kluven värld – eller åtminstone det mankeistiska Wien, vilket möjligen var en ordning av något högre filosofisk rang. Framför honom låg fyra månaders vistelse i en tom lägenhet i andra *Bezirk*. Där tänkte han med reseskrivmaskinens hjälp utröna huruvida det fanns ett tredje sätt att vara österrikare på som inte bekräftade något av de alternativ som släkten redan tagit i anspråk. I väskan låg ett ännu oläst exemplar av Thomas Bernhards *Frost*, som han hittat i en tysk boklåda i Paris och tänkte skulle bli hans guide till den österrikiska dialektiken. Han hade slagit upp boken på måfå och fastnat för ett ställe på sidan 11, där författaren talade om *erhöhte Tätigkeit* och *herabgesetzte Leistung* – "förhöjd skaparkraft" och "nedsatt prestation". Vad kunde bättre beskriva de båda polerna, prakten och förfallet, i den kultur som han ville bli ett exempel på denna höst?

Den första besvikelsen lät inte vänta på sig. Under tågresan från Frankrike hade han delat kupé med en präst som läst biltidskrifter och en elegant dam i svart som stigit på i München. Han hade suttit vid fönstret och gjort sitt bästa för att verka på en gång drömsk och demonisk – härjad av genialitet eller åtminstone huvudvärk. När de närmade sig slutdestinationen kunde han konstatera att han lyckats. Medan han stoppade undan tidning och cigarretter fick han intryck av att den kvinnliga medresenären – var hon spion? skådespelerska? psykoanalytiker? – såg på honom med undrande blick. Dessvärre hindrade hans blyghet honom från att få ett ord över läpparna. Nedkommen på perrongen förstod han att det var nu eller aldrig. Han vände sig mot kvinnan med dramatiska ögon och skulle just presentera sig då någon ropade hans namn med hög och irriterande glad röst. Med långa kliv kom hans formidable morbror, banktjänstemannen, gående mot honom. Knappt hade han nått hans resväska förrän han lutade sig över den och kysste honom på kinderna enligt återseendets alla regler. Så tog han ett steg tillbaka samtidigt som han med händerna vilande på systersonens axlar mönstrade först hans skor, sedan den tunna kavajen han inhandlat på loppmarknaden vid Porte de Clignancourt. "Inget för Wien", förkunnade han så att samtliga avstigande passagerare kunde höra det. "Vi hittar något bättre i min garderob." Medan svensken sjönk genom perrongen, het, stum och dödligt generad, såg han sin stora kärlek vandra bort mellan människorna, ut ur hans liv.

Onkel K. förklarade att han tänkte skjutsa honom till systerns bostad vid Praterstern. Under den ryckiga färden genom kvällstrafiken, utförd än på första, än på andra växeln, utredde han vad han menade måste betraktas som de begränsade fördelarna med att bo i ett kvarter där lättillgängliga damer stod posterade utanför hotellen, gästarbetare sänkte priset på lägenheter och ett skamfilat pariserhjul förgyllde horisonten. "Bort, bort, bort!" dundrade han över den trilskande motorn. "Allt måste saneras, från källare till tak!" När de slutligen fått motorstopp utanför mosterns portuppgång väntade nästa besvikelse. Medan blodtrycket återvände till normala värden förklarade onkel K. att han inte kunde ge honom några nycklar till våningen. Tant E. hade bestämt sig för att inte tillbringa hösten på landet, som planerat, utan bli kvar i staden. Men om han kom över och hälsade på hans egen gren av släkten nästa kväll – på livets plussida, så att säga – skulle han se till att systersonen fick kläder som bekom en nyanländ wienare. När svensken tryckte på mosterns ringklocka insåg han att han kunde glömma det där med *mystic and soulful*. Knappa timmen i staden, och redan var hans estetiska autonomi hotad.

Tre trappor upp väntade andra delen av släkten – som på grund av den framtid som morbrodern just ställt i utsikt plötsligt tycktes befinna sig på livets plussida även den. Efter soppa och snaps inkvarterades han i sin kusins före detta sovrum. Under de följande dagarna möblerade han visserligen om och städade undan dockor och skolböcker. Men sanning att säga krävdes det bättre förträngningsmekanismer än så för att i det ljusa flickrummet skönja de passande förutsättningarna för *the dark in a picture frame*. Räddningen blev det skrivbord där hans kusin en gång gjort latinläxan. Han sköt in det i det dunklaste hörnet av rummet och arrangerade en hög A4:or, sin Halda och det ännu olästa exemplaret av *Frost* på ett konstnärligt sätt. Under fyra månader framåt skulle bordets båda kvadratmeter yta utgöra hans temporära hemland – ett möjligen begränsat, men likafullt autonomt territorium. Här kunde tillvaron få konstnärlig metod och han bli vad han trodde sig vara.

Om morgnarna vaknade han till ljudet av en skrällande transistorradio och mosterns andfådda gymnastikövningar; framåt natten somnade han till det lågmälda köpslåendet nedifrån gatan. Däremellan låg tio timmar noga indelade i rådlöshet och lösdriveri. Efter att ha tillbringat förmiddagen hukande över det vita arket nedskruvat i skrivmaskinen, begav han sig ut på vandringar genom staden. Ena veckan uppsökte han kvarteren kring Stadtpark, andra veckan det nybyggda UNO-City öster om staden. Ibland gjorde han oväntade upptäckter (Museum für Bestattungswesen), ibland mer väntade (Café Bräunerhof). Fast oftast gick han vilse i någon förort och fick ta spårvagnen hem. Av skäl som förmodligen har en patologisk beteckning betraktade han det som omöjligt att konsultera en karta eller stanna och rådfråga någon om vägen. Vilket betydde att han gick tills han tappade känseln i både näsa och haka. Han vågar inte svära på att han slog rekord, men när han återvände till Sverige strax efter nyår hade han slitit ut två par skor – det ena på riktigt och det andra, morbroderns, på låtsas.

Ur ett filosofiskt perspektiv är det svårt att avgöra om timmarna i kusinens sovrum och timmarna tillbringade på staden skilde sig på något instruktivt sätt från varandra. Hans framgångar som wienare var i alla fall lika betydande som de han rönte vid skrivbordet. Ändå lärde han sig i takt med att vintern närmade sig leva med sig själv. I avsaknad av Omi tjänade *Frost* som högre instans. Under morgnarna fanns det alltid stunder när han bläddrade i boken och hittade en passage att begrunda eller, oftare, stjäla för eget bruk. Som exempelvis iakttagelsen att målaren Strauch var "en fotgängartyp, det vill säga en människa som känner rädsla". Ställen som detta gjorde honom både upprymd och desperat, fylld av såväl missmod som styrka. När han några timmar senare smög sig ut på den dagliga promenaden för att pröva vilken typ av människa han själv var stoppade han boken i fickan på den överrock som den omtänksamme morbrodern givit honom, i den händelse han skulle samla mod nog att uppsöka ett kafé. För det mesta upptäckte han den först när han med spårvagnsnätets hjälp tråcklade sig hem framåt kvällen. Med glädje begrundade han då en beskrivning som: "Frukosten innebär alltför mycket ceremoni i hans ögon. Hela löjligheten kommer till uttryck när jag tar skeden i min hand. Hela meningslösheten. Sockerbiten är ju ett angrepp på mig. Brödet. Mjölken. En katastrof. Så börjar dagen med förslagen gullighet." Stället förde tankarna till morgontimmarnas fåfängliga hänryckning, och med ens blev hans modlöshet oväntat munter.

Till skillnad från Omi erbjöd *Frost* varken vila eller visdom. Trots att han aldrig läste boken från pärm till pärm, och alltså bara lyckades skaffa sig en vag uppfattning om vad texten egentligen handlade om, gav passagerna han begrundade injektioner av rent, skärt liv. Bernhard hade upptäckt det komiska i tillvaron som tragedi. Hans barocka karghet och slapstickartade självupptagenhet, hans intill det groteska stegrade mottaglighet och dystra lättsinne lyckades mot alla odds förmedla en känsla av överdådig vitalitet. För en tjugotvååring var det en upplevelse lika skrämmande som euforisk. I *Frost* bejakades förfallet på ett sätt som hade tycke av frihet. Till slut kunde till och med en svensk fatta galoppen. Han skulle aldrig bli österrikare, än mindre skriva som Bernhard, trots att det inte undgick honom att de fem bokstäverna i boktiteln faktiskt var misstänkt lika en förkortning av hans eget efternamn. Men kanske var det rådvilla rus han upplevde vid kusinens skrivbord och på stadens gator, denna lika förutsägbara som oundgängliga "rannsakan av sig själv", ändå wiensk till själva sitt väsen? När han efter fyra månader lämnade Westbahnhof i riktning norrut kunde han le världsvant och överseende då han tryckte in örsnäckorna och satte på sin Walkman.

This means nothing to me
Oh, Vienna

Scener ur ett skakigt liv

I

I första ring blev den piprökande docenten i svenska hans viktigaste lärare. På skolgården ryktades det att R. i unga år tagit ohälsosamma intryck av riket söder om Trelleborg. Ingen lyckades ta reda på hur det förhöll sig med de politiska sympatierna, men alla kunde märka att han var auktoritär på ett sätt som annars bara den kommunisthatande samhällskunskapsläraren T. var. Möjligen var T. den större excentrikern. Han hade deltagit i finska vinterkriget, var omutlig ungkarl och prenumererade på sovjetiska tidningar för att hålla sig informerad om vad "ryssen" hade för sig. På stora planscher i rosa, grönt och gult som beställdes från Försvarsstaben demonstrerade han de truppförflyttningar som kunde leda till en invasion av fosterlandet. En senvinterdag i tredje ring störtade T. från sin häst på Österlen och bröt nacken. Något senare dök hans bibliotek upp på ett av antikvariaten och av pietet köpte han några volymer militärhistoria. Flera av dem visade sig vara osprättade. Genom sina uttalade egenheter var samhällskunskapsläraren dock lättare att placera än kollegan i svenska. R. visste ingen av eleverna var de hade, och på något sätt fick läraren honom att överföra denna osäkerhet på litteraturen.

Bland eleverna fastnade han för J. Sedan föräldrarna skilt sig bodde han som enda barn hos modern. Från en klasskamrat som följt honom genom åren fick han höra att J. mobbats. Det förundrade knappast. J. var den arketypiske plugghästen. Under en tid när ingen klippte håret högre än till örsnibben bar han sitt militäriskt kort. Han hade alltid en av två skjortor på sig – antingen den pistagegröna eller den laxrosa (båda med kragar svarta av smuts) – och ansiktet pryddes av pubertetsutslag som han behandlade med en tjock vit pasta. Dessutom bar han tunga glasögon i bakelit som liknade TV-rutor, och uppvisade en kroppsmotorik som möjligen inte tillhörde den vanligare sorten.

Förmodligen blev J. inte bättre anpassad till klasskamraternas krav på normalitet av att hänga i skjortkragen från klädhängare eller få huvudet nedkört i toalettstolar. Men den verkliga irritationen måste hans intressen ha vållat. Först på gymnasiet, när pinoandarna valt andra utbildningsvägar, fick de fritt utlopp. Där blev de nya kamraterna snabbt förtjusta i honom – trots att han var övertygad moderat och de flesta i klassen förmodligen befann sig i andra ändan av den politiska skalan. Till J.:s egenheter hörde att han sedan han första gången hört *Valkyrian* vid tio års ålder var lidelsefull wagnerian och gärna sjöng arior på rasterna. Samtidigt som han höjde sin ovanligt vackra basröst rörde han sig runt skolgården i en besynnerlig marsch. Han lyfte knäna nästan rakt upp, först det ena, sedan det andra, och travade på detta sätt med korta, omständliga steg runt skolgården likt en sentida kentaur – alltmedan han höll armarna utsträckta framför sig och med jämna mellanrum anslog takten med långa, smutsiga pekfingrar. Varje gång han stakade sig, vilket skedde ungefär varannan meter, var han tvungen att börja om.

Det som fascinerade honom hos J. var emellertid inte dessa idiosynkrasier – som tycktes ha uppstått naturligt, som summan av fysionomi, intelligens och något okänt tredje – utan hans intresse för antik mytologi. Som halvgrek stod en del på spel för honom, men vad klasskamraten visste trotsade allt förnuft. J. var ett vandrande uppslagsverk och de kunskaper som han själv stoltserade med reducerades snabbt till fotnoter. Under rasterna brukade kamraten ta svarta tavlan i besittning. På tio minuter hann han teckna större delen av gudarnas genealogiska träd. Förgreningarna var många och komplicerade och J.:s handstil inte den lättast dechiffrerbara. Redan efter ett par minuter antog stamträden följaktligen drag av urskog. I några ämnen satt de bredvid varandra och efter att ha sett J.:s framfart på tavlan förundrades han inte över att kamraten aldrig suddade ut ett ord i sitt kollegieblock. Istället skrev han över det redan skrivna genom att rita öglor tills hela arket var ett vildvuxet snår av kulspetsbläck.

I andra ring valde båda latin. Med sitt sinne för dramatiska utspel och sin demoniska apparition blev G. den tredje favoriten bland lärarna. Redan efter några veckor kände sig den lilla gruppen som medlemmar i ett hemligt förbund för bevarandet av döda språk. Utan tvivel var J. den bästa eleven. Det tog ett par månader, sedan hade han tillgodogjort sig grammatiken, hade inga svårigheter med ablativus absolutis och verkade dessutom ha tröttnat på att ordna upp de grekiska gudarnas förbindelser med de romerska. Alltså bestämde han sig för att skapa ett eget språk, "jesperanto" kallat, som hade egenheten att inte innehålla ord med färre än sex stavelser. Samtliga verb var naturligtvis oregelbundna. Det enda som verkade någorlunda traditionellt var kasussystemet, som på det stora hela följde latinets. Under rasterna brukade J. deklinera verb på svarta tavlan, det ena mer fantastiskt än det andra, medan han med praktfull bas nynnade någon aria ur *Parzifal*.

I sista ring menade de flesta, inklusive lärarna, att J. borde fortsätta med klassiska språk på universitetet. Med sina oroväckande kunskaper skulle han bli professor före trettio. Men istället valde han att ägna sig åt sin stora lidelse. Uppfylld av drömmar om en internationell karriär for han till Bayreuth, där han skulle ta sånglektioner för en berömd pedagog. Själv flyttade han till Aten efter sista ring. De växlade några brev, men förlorade snart kontakten. Genom gemensamma bekanta fick han regelbundet rapporter om hur det gick för kamraten i Bayern. Ett par år senare ringde en av dem upp honom. Han berättade att J. hade återvänt hem från Tyskland och gjort kryptiska anspelningar i samtal. Dagen därpå hängde han sig i en park inte långt från föräldrahemmet.

2

I andra ring fördrev han den mesta tiden i skivaffärer eller på stadens kaféer. Hans skolkande antog snart så beryktade proportioner att inte bara han själv förundrades över att det gick att få betyg trots att man tillbringade mer än hälften av tiden utanför klassrummet. På detta sätt träffade han Jo., som gick på en annan skola och gjort samma bedömning som han själv: det fanns viktigare saker för sjuttonåringar än *passé simple* och fotosyntesen. De träffades på en lunchrestaurang och vänskapen som uppstod innebar att de gemensamt läste sig genom litteraturhistorien. På stadens antikvariat köpte och stal de på kort tid ihop två ansenliga samlingar. Namn och titlar ledde till nya namn och titlar; snabbt växte deras privata bibliotek. En sommar reste de till Stockholm, och återvände med 20 kilo böcker i bagaget, de flesta stulna. Än idag kan han inte ta fram någon av dessa olagligt införskaffade volymer – en diktsamling av Petter Bergman, ett band med Endre Nemes-reproduktioner, en Ekelöf-avhandling – utan att känna sig generad. Han minns inte längre varför, men vid något tillfälle började de räkna antalet titlar och vid runda tal firade de. En högtid kunde gå till så här: de träffades efter nio på kvällen (båda hade flyttat hemifrån; den ene till en rivningskåk, den andre bodde inackorderad), satte sig framför bokhyllorna och tände några stearinljus. Sedan tog en av dem i blindo ut en bok och slog upp den på en godtycklig sida. Efter att ha läst ett par rader diskuterade de det skrivna med den sortens allvar som endast slumpen, och möjligen haschen de rökte, har rätt till. Naturligtvis skrev de också själva. Senare skulle han bränna denna juvenilia. Det enda han ångrar är dramatiken med vilken det skedde.

Till de komiska ingredienserna i denna senpubertala tillvaro hörde ett kranium som under en tid låg på hans skrivbord. Han hade lånat det av fadern som skaffat sig det under studierna i Wien. Naturligtvis var det en trofé för en tonåring redan ohälsosamt intresserad av Kubin och Lautréamont. Vid flera tillfällen uttryckte Jo. önskemål om att skaffa sig ett eget. En vinterdag berättade han att han gjort en upptäckt. Ett parkeringshus skulle byggas i närheten av hans skola och man hade just påbörjat utgrävningarna. På gatan fanns sedan en tid en lerig grop. Han hade lyft på presenningen och urskilt några benknotor. Nu föreslog han att de skulle återvända till fyndstället på natten.

Det regnade när de gav sig av. Medan han höll upp presenningen halkade vännen nedför gropen och började gräva. En kvart förflöt; långsamt kände han sig nedkyld och trött. Men till slut kravlade Jo. åter upp ur hålet – med ett och ett halvt kranium i händerna. Nu kunde de döda tala med varandra.

3

Efter gymnasiet for han runt Peloponnesos. Under dessa sista veckor före vuxenlivet uppehöll han sig främst i Mani, den mellersta av halvöns spetsar. Där inkvarterade han sig i en före detta garderob på ett hotell i Geroliména. Av och till förirrade sig turister till byn, men på det stora hela var han ensam med lokalbefolkningen och sin Halda. En eftermiddag anlände en tysk. Han hade gått till fots från Würzburg och ville nå den sydligaste udden av kontinenten innan han åter ställde siktet mot norr. Den kvällen åt och drack de i för honom ovanliga mängder. I takt med att berusningen tilltog berättade han för tysken om sina försök att bemästra landet. Han var dock ovan vid spriten och sina egna utgjutelser, så på natten fick tysken torka upp efter honom på toaletten. När han framåt eftermiddagen nästa dag kravlade sig upp var mannen försvunnen. På en lapp han lämnat efter sig önskade han honom lycka till "*mit der Heimat*". Lyckönskningarna visade sig behövas förr än han trott. På hösten erbjöds han tillbringa ett år i det "hemland" som han inte förmått göra till sitt eget. Efter juntans fall hade familjen börjat besöka landet regelbundet, och han kunde numera göra mer än beställa mat på en taverna och spela fotboll på stranden. Men sommaren hade visat att han trots framsteg var ur stånd att föra ett intelligent samtal. Ändå for han till Aten med blandade känslor. Visserligen var han glad över att slippa de planerade medicinstudierna, men han upplevde resan som en odyssé som ännu alltför tydligt bar en främmande signatur. För honom rörde det sig knappast om någon hemfärd, även om Grekland i ordets ursprungliga bemärkelse var hans fädernesland. Han betraktade sin nostalgi som "tom" och var mån om att bevara den sådan.

Efter några månader bodde han redan i lägenhet nummer två, hade i praktiken slutat att äta och ansattes av en skön samling grubblerier. Till sitt försvar kunde han bara säga att han gjorde sitt bästa för att upprätthålla skenet av att ta hand om sig själv. In i det sista ville han att tillvaron skulle verka under kontroll. I praktiken innebar det att han inte låtsades om sin förvildade ensamhet eller dåliga matvanor. Men en nybliven tjugoåring vill också stoltsera med unika känslor och drömmar. Han förmår inte föreställa sig att någon annan rimligtvis kan ha upplevt något liknande. Resultatet blir ständiga men förutsägbara kast mellan övermod och hjälplöshet – ett metafysiskt clowneri som han senare skulle inse att bekanta gjort klokt i att uthärda i tysthet. Alltför mycket Artaud och dålig sömn bidrog inte precis till att göra umgänget med honom enklare.

Som om skrivkramp inte var nog förälskade han sig i en spanjorska. T. var dock tre år äldre och i deras ålder var skillnaden lika med decennier. Säkert uppfattade hon hans utspel som barnsligheter. Till slut hade han tiggt sig till en middag. Kvällen kom och med blommor i handen ringde han på. Under middagen gjorde han vad han kunde för att vinna hennes hjärta. Men repertoaren var begränsad och en alkoholkonsumtion liknande den i Mani förbättrade knappast utsikterna. För att visa henne hur praktfulla hans avgrunder var vinglade han till sist ut på toaletten. Där svalde han några tabletter som han vid ett tidigare besök upptäckt i ett skåp. Tio minuter senare låg han utslagen på golvet. T. hjälpte honom upp och satt hela natten vid hans sida. Han minns fortfarande hennes svala hand på sin panna. Men inte ett enda av de brev han senare skickade till Spanien besvarades.

4

Kort tid därpå gick tillvaron i bitar. Han slutade att infinna sig till språklektionerna, uppehöll sig mest i lägenheten och var på det hela taget i otacksamt skick. Enstaka gånger besökte han ännu det amerikanska kulturcentret. Där lånade han mest böcker av Plath, Sexton och Berryman. Att han samtidigt försökte översätta dikter av Polidouri och Kariotakis var möjligen ingen tillfällighet.

En morgon i februari vaknade han med huvudvärk ur ryckiga drömmar. När han lämnade lägenheten och för första gången på en vecka gick till universitetet märkte han att gatorna låg öde. Inte en själ syntes till. Ändå tänkte han inte närmare på saken, kanske därför att tomheten svarade så väl mot hans inre. Vid universitetet visade sig portarna stängda. Förvirrat undrade han om han misstagit sig och det var helgdag. För att reda ut saken ringde han bekanta. Nu fick han höra att staden utstått en rad jordskalv under natten (många hemlösa, flera döda). Hade han inte märkt något? Det kunde inte vara sant! Åter hemma upptäckte han att böcker trillat ur hyllorna, murbruk täckte möblerna och tallrikar låg krossade på köksgolvet. Han måste ha varit blind när han vaknat ett par timmar tidigare. I väggen intill sängen fann han en djup spricka. Utan vidare kunde han föra in hela handen i den.

5

Några veckor senare avbröt han vistelsen i ett hemland som inte ville bli något. Efter jordskalven hade det snöat för första gången på över sjuttio år. Ett par dagar var Aten som lamslaget. Som om den kollektiva paralysen inte var nog regnade det därefter varm sand från himlen. Den hade förts med i moln från Afrika och täckte gatorna med rödbrunt damm. Apokalyptiskt sinnad var det inte svårt att se tecknen på väggen. Han tog det säkra före det osäkra och återvände till landet i norr. I väntan på att flytta till huvudstaden arbetade han natt dels på ett lasarett, dels på ett sjukhem några kilometer utanför hemstaden. Mellan tjugo och tjugofem nätter i månaden ägnade han sig åt att byta bäcken, svara på ringningar och bevaka respiratorer. Han behövde pengarna och ansåg sig inte kunna dra nytta av staden i övrigt. Den enda vännen som bodde kvar, Jo., befann sig för ögonblicket i Paris.

Några år tidigare hade han skjutit upp värnplikten. I juli blev han kallad till en psykolog som fått i uppgift att avgöra om han skulle frikallas. I vanliga fall arbetade mannen på S:t Lars, stadens gamla mentalsjukhus. En morgon efter sex nätters tjänstgöring cyklade han dit direkt efter arbetet. Han var en timme tidig. Under nätterna brukade cigaretter och kaffe hålla honom uppe, men så fort han kom hem gick luften ur honom. Att nu tillbringa en timme på en parkbänk gjorde honom nästan delirisk av trötthet. Under samtalet var det alltså inte svårt att framstå som det perfekta exemplet på någon som borde frikallas. Ändå måste psykologen ha anat orent mjöl i påsen. Någon större förståelse för personen framför sig lade han inte i dagen och mötet drog ut på tiden. Till slut kom de att tala om "auktoritet", eller vad psykologen lade i ordet, och nu styrde mannen in samtalet på föräldrarna. På den tiden trodde han sig slängd i käften och med en omständlighet som han måste ha betraktat som elegant redde han ut förhållandet. Först senare insåg han att han

70

fångats i en rävsax. Å ena sidan stod klart att han inte kunde ta befäl, å den andra hade han inte den minsta lust att låta mannen ifrågasätta hans lojalitet till föräldrarna. I vaga ordalag talade han därför om olika "bakgrund", "språkliga skillnader", vikten av att inte låsas fast i en "kulturell identitet" – den sortens ting som han trodde att en psykolog ville höra. Härvan av motsägelser växte. Skapliga betyg och medverkan i lagsporter gjorde det inte precis lättare att förstå varför han inte skulle passa i uniform.

När han återvänt hem ringde modern. Strax efter det att han sagt adjö hade psykologen kontaktat henne. Förskräckt berättade hon att han talat om att det "minsann" inte var lätt att växa upp som "invandrare". Kanske ville familjen avlägga ett gemensamt besök? De kom överens om att mannen hade en skruv lös. En tid senare behandlades ärendet av myndigheterna och hamnade då hos läkaren på värnpliktskontoret i Kristianstad. Denne råkade vara far till hans barndomsvän B. Han kände sonens forne kamrat tillräckligt väl för att förstå att han inte skulle göra någon glad i det militära.

6

När han hämtade ut frikallelsen på posten i Stockholm bodde han sedan en tid på en madrass hos vänner. De hade hyrt in sig i en labyrintisk våning mittemot stadsbiblioteket. Omständigheterna var något excentriska. I korridorerna fanns travar med gamla tidningar, möbler stod staplade på varandra, inget kastades någonsin bort. Även i köket härskade kaos. Sällan diskades det och över allt låg en hinna av fet smuts. Vid något tillfälle lyfte han på ett grytlock och fann en flera veckor gammal smörgås. I värdfamiljen ingick mor, dotter och son. På olika sätt var de alla heroiska. Modern hade ett stort hjärta och hjälpte varje människa hon träffade på gatan. På den tiden såg man inte många uteliggare, men de flesta var nära vänner och kom ofta på besök. Dottern skötte hushållet och uträttade viktiga ärenden. Vid någon av sina vandringar genom staden hade kvinnorna återvänt med en uggla som brutit ena vingen. Det är svårt att förklara hur den lyckades överleva ute på balkongen, men tanken att ens förbarma sig över djuret var talande för dem.

Våningens dolda kraftcentrum var dock sonen. Psykiskt sjuk rörde han sig från ett rum till ett annat, ur stånd att kommunicera med någon annan än modern. Det kunde ta ett par timmar att ta sig lika många meter. De båda vännerna A. och K. bodde i två avskilda rum och blev genast förälskade i honom. L. såg bra men vild ut och hans hjälplöshet måste ha rört deras hjärtan. Kanske innebar uppmärksamheten att han tillfrisknade. Några år senare, när han själv för länge sedan flyttat ut, fick han i alla fall höra att L. repat sig, klippt håret och kunde ses cykla på gatorna likt en oprövad gud.

Likväl var livet i lägenheten deprimerande. Situationen var knappast hälsosam och långsamt påverkades man av den. A. och K. gjorde sitt bästa för att värna en egen värld. De hade få men fina möbler och höll alltid rent. Trots att de ständigt diskuterade att flytta ut kom ansatserna av sig. Visserligen var boendeomständigheterna ovanliga, men det var svårt att hitta något bättre i centrala Stockholm. Det stora problemet var dock de tjugo katterna som släpptes ut i lägenheten om natten. Under dagtid hölls de inspärrade i "kattrummet", men på nätterna sprang djuren genom korridorerna, rumsterade bland tidningarna och förde allmänt oväsen. Om fönstren till lägenheten stod öppna kunde man sommartid känna stanken av urin femhundra meter längre bort på Sveavägen, ända till Adolf Fredriks kyrka.

Efter en månad hittade han en egen bostad. Sista natten var en vän till familjen på besök, denna gång en frikyrklig predikant från Småland som med jämna mellanrum besökte huvudstaden för att värva själar. När han kom hem vid halvtvåtiden såg han en gul glittrande tråd i månljuset på golvet. Navelsträngen förband den inkontinente predikantens säng i korridoren med toaletten i hallen. Ett par konfunderade katter höll just på att undersöka den. Dagen därpå visade det sig lättare att lämna lägenheten än han hade trott.

7

Under några år hade han och fyra vänner, däribland Jo., hyrt ett kyffe på gränsen till Belleville. Var och en betalade en hundralapp i månaden när det stod tomt, annars ålåg det den som för tillfället uppehöll sig i Paris att betala hyran. En vår bokade han åter in sig i lägenheten. Men "lägenhet" är egentligen för mycket sagt. På åtta eller nio kvadratmeter hade en diskho, en spisplatta, ett skåp, en soffa, en säng och ett linoleumtäckt matsalsbord trängts in. Rummet låg i gatuplanet och vid något tillfälle hade en av hans kumpaner, U., målat om väggarna i vit, högglansig färg. Det kändes som att bo i magen på en slaktare.

Varje kväll när han återvände hem och tände ljuset i taket rusade hundratals kackerlackor in i de prång ur vilka de kommit. Hur mycket han än sprayade kom de alltid tillbaka. Förklarligt nog var det svårt att hålla hygienen under sådana omständigheter. De första dagarna klarade han sig genom att utföra akrobatiska övningar vid diskhon. Men efter en tid kände han behov av en dusch. U. hade tagit reda på att man antingen kunde ta metron till något av stadens badhus eller be *madame la concierge* om tillåtelse att duscha i toaletten på gården. Eftersom han hade ont om pengar prövade han först det senare alternativet. Toaletten låg vägg i vägg med portvakterskans lägenhet och var av den turkiska varianten. Om man ställde in sig hos madame räckte hon en vattenslang genom det gallerförsedda fönstret som förband hennes bostad med toaletten och stående över avloppshålet kunde man duscha kallt. Han gjorde sitt bästa för att finna sig i situationen, men insåg snart att det var värt att betala femton francs för att tvätta sig på badhus.

När hygienen väl var löst uppstod ett annat problem. Det hette Mustafa. Mustafa var av oklar bakgrund och hade av lika oklar anledning två koffertar liggande i ett skåp i lägenheten. Med jämna mellanrum knackade han på, ville hämta något och stannade sedan i ett par timmars tid. Han väntade sig alltid att man skulle bjuda honom på middag. Personligen väntade han sig att besökaren som tack skulle föreslå något småkriminellt samarbete. Han verkade vara den typen. Gränserna för andra människors privatliv bekymrade honom åtminstone inte i onödan. Hur det än förhöll sig med motivet för besöken var det lögn att få Mustafa att förstå att han inte var välkommen. Inte heller spelade det någon roll att han för varje gång låtsades begripa allt mindre franska. Det måste ha varit Jo. som vid något tillfälle lärt känna mannen och förbarmat sig över de mystiska resväskorna. Mot slutet av hans månad i lägenheten kom vännens föräldrar på besök. De stämde möte på en bistro. Meningen var att han skulle ge dem de kläder som Jo. inte kunnat ta med sig. Han hittade dem i skåpet vid dörren och gav sig av till mötet. Efter öl och sandwich öppnade Jo.:s mor väskan. Hon kände bara igen tre eller fyra plagg; resten måste ha tillhört Mustafa. Hur det än förhöll sig tvingade han på Mustafa både kläderna och väskorna när han kom på besök nästa dag. Förolämpad tog han bagaget och försvann ur hans liv, utan ett ord.

I den lilla lägenheten i elfte arrondissementet mådde han ändå som en prins. Varje dag promenerade han genom staden, läste i parkerna och såg tusen filmer på biograferna. Med undantag av Mustafa, portvakterskan och Jo:s föräldrar talade han inte med en enda person. Han var tjugofyra år och hade äntligen upptäckt att den egna ensamheten kunde vara ett gott sällskap.

II

Veka intervaller (bara några punkter)

Två minnen. Det ena, tidigt: jag är tio, kanske elva år gammal och läser liggande på sängen efter skolan. Två tre nya volymer i B. Wahlströms serie "pojk- och ungdomsböcker", de med de gröna ryggarna. (Något år senare, när de gröna ryggarna tagit slut, skulle jag övergå till de röda. Sedan kom Christie, strax därpå Poe. Så tog barndomen slut.) Som vanligt har jag stulit glasspinnar ur frysen. Efter varje bok reser jag mig upp, böjer mig framåt och låter blodet rusa ned i skallen. Detta är lyckan. De dunkande tinningarna mäter den tid som försvunnit. Någon annan klocka finns inte. Tinningarna är läsandets ur. Sedan – först hör jag det inte – förstår jag att någon måste ha knackat på köksdörren ett bra tag. Sannolikt ett syskon. Medan jag går ut i tamburen rörs två förtrogna känslor upp: först ilskan över att bli störd, därefter det dåliga samvetet över de stulna glassarna. Vid dörren kortsluter de varandra när jag, i syfte att få slut på knackningarna, lyfter handen för att både öppna och banka tillbaka. Rutan splittras och jag skär mig strax intill pulsådern. Blod, skrik, bedrövelse. Tre stygn på sjukhuset.

•

Varför detta minne – så trivialt, så privat? Kanske därför att det visar att den tid jag känner, åtminstone vad umgänget med böcker beträffar, alltid är orörlig. Utsträckt blir den först när ett avbrott följer ett annat. Dunkande tinningar, trasig handled. (Kroppen som metronom.)

•

När jag läser, än idag helst liggande, upplever jag en utsträckning inte i tiden utan i rummet. Horisontell är jag inte längre "apa, man, fågel eller ens fisk", som Brodsky skriver, "utan av geologisk tillhörighet". Min kropp och dess omsorger har blivit strata på några famnars djup i den skiktning där texten för tillfället bildar yta. Teorier om texten som palimpsest – ett dokument i vilket olika skriftlager och betydelseskikt existerar i något slags samtidighet – tar sällan hänsyn till denna omständighet. Men är kroppen, när man läser, inte en vikarie för urberget?

•

Om en bok tänder vårt intresse får den oss att försumma omvärlden och glömma kroppen. Ena armen kan domna, fötterna bli kalla, leder långsamt börja värka – så vet jag att tiden har gått. De fysiska krämporna är brasklappar. De anländer likt telefonmeddelanden under pågående nyhetssändning och avslöjar ett nu utanför det aktuella.

•

Ändå, är det hela saken? Denna möjlighet som kroppen bereder mig att retroaktivt mäta längden på en i bästa fall uppmärksam glömska? Väl inte. När jag läser lämnar jag inte den (ändliga) fysiska världen för att träda in i något skriftens (permanentade) lyckorike – befriad ur knotornas fängsel, fri att njuta andras sällskap *i* snarare än *under* en nyttolös tidsrymd. Kroppen är "där" under läsningen. Ofta registrerar den otålighet när en roman tvingar mig ut på transportsträckor, temperaturväxlingar då det hettar till i ett undangömt kapitel. Den *sufflerar* alltså handlingen. Vem har inte någon gång självförglömmande kliat sig i håret, petat sig i näsan under läsningens gång?

•

Det är just det: läser gör man bara som jag-i-egenskap-av-icke-jag. Vilket förklarar den känsla av upprymdhet som kan komma över en i sällskapet av böcker: läsningen utgör löftet om en existens löst från identitetens fjättrar. (Detta har föga att skaffa med någon "identifikation" med den ena eller andra romankaraktären. När jag läser ger jag mig under en obevakad stund hän åt illusionen att det skulle gå att undslippa den egna hjärnans trånghet.)

•

Litet bevis. Om orden och tankarna på en boksida koreograferas med tillräcklig omsorg lämnar de alltid plats för den läsandes medverkan. Han eller hon träder inte i dans med dem, men upplever likväl att mönstren som tecknas gjorts med hänsyn till läsarens – *en läsares* – närvaro. Den galanta texten vill däremot bli beundrad. Den liknar sprätthöken som inte dansar med individer, utan visar upp sig inför lyckligt lottade grupper. Läsaren reduceras till panelhöna. Inför den illa hopkomna texten (om den så är formmedveten eller naiv) sänker läsaren blicken av annan anledning. En sådan text har ännu inte lärt sig att en del steg endast kan följas av vissa andra. Bara den varsamt koreograferade skriften tolererar det ofärdiga. I den blir läsaren delaktig. Vissa böcker må vara skrivna som baler, andra som tangovalser, ytterligare andra följer ravens evighetsslinga, men förhållandet mellan text och läsning är alltid en *pas de deux*. (Becketts trashankstexter visar att också lodisar dansar utmärkt.)

•

Läser man annorlunda stående eller sittande än liggande? Vilken fråga. Naturligtvis. Säkert finns de som uppfattar det stående läsandet som oförskämt, det liggande läsandet som lastbart. För dem bör den sittande läsningen – när kroppen är lika aktiv som passiv – svara mot det rätta måttet av hänsyn till den tryckta sidan. Men för mig är denna läsning fortfarande alltför mycket skolbänk. Den förblir bunden till krav komna utifrån. (Som grekiskalektionernas mödosamma utvecklande av satselement: varje minut lång som en evighet.) Talar gör jag helst gående, skriver bara sittande, läser alltid liggande.

•

Det finns ett fotografi av en viss "H. Osti" som ingår i Uppsala universitetsbiblioteks fotografiska samlingar. Mot några kronor kan man få det som vykort på Carolina. Bilden föreställer en "läsande man" och måste ha tagits någon gång kring sekelskiftet. Mannen sitter vid ett runt litet bord, böjd över en bok. Han har en svart kostym på sig. Ena manschetten syns (den vänstra) och mellan näsa och korslagda armar skymtar en flik av skjortbröstet. Inga glasögon, ingen hatt. Istället visar mannen generöst sin begynnande flint då han, absorberad i skriften, böjer huvudet nedåt. Ett slags bondesamhällelig gloria. De flesta känner igen ställningen: så läser vi när vi tagit oss tid att inlemma något i vårt vetande, kanske rentav i vårt sätt att vara. Mannen och boken är två skilda ting, men kroppsställningen pekar på den handling som denna sorts läsning ha lärt sig av: ätandet. Fångad i en pose mellan bordsbön och måltid spisar mannen andlig kost. H. Ostis fotografi framställer läsningen som hostia.

•

I sex korta betraktelser, lakoniskt betitlade "Essen", beskriver Walter Benjamin olika maträtter. I en av tankebilderna skildrar han en borsjtjmåltid. Den ångande maten lägger en "mask av fukt" över den ätandes ansikte när denne böjer sig över tallriken. Innan han ens hunnit smaka maten har den inmundigat honom. Borsjtjen "slukar" den ätande. I soppan virvlar röda flingor, smält snö – ett inverterat himmelrike för den hungrige att uppgå i. Borsjtjen är den enda rätt som mättar milt och mjukt, påpekar Benjamin, ändå lyckas den genomtränga hela ens kropp. Inför en sådan "molnkost av mannans släkte" låter man bäst bli vodkan och pirogerna. Detta är oändlig föda, endast smaksatt med "ett grand av kryddan 'sorg'".

Liten allegori över umgänget mellan text och läsare.

•

Hur annorlunda än Ostis fotografi är inte Vilhelm Hammershøis samtida "Interiør med ung læsende man". En yngling står vid ett fönster, lutad mot en gul gardin som lika gärna kunde företräda tavlans ram. Också han är svartklädd. Stärkkragen och ena manschetten lyser vita. Färgerna fångar kontrasten mellan den vita stolen och brunsvarta sekretären till höger om honom, platsen där man skriver. Ynglingen har lyft ena ögonbrynet, det vänstra, som är närmast fönstret och ljuset, som när man vaksamt avlyssnar ett ord eller en fras. Han håller boken med båda händer, den vänstra tummen följer sannolikt texten rad för rad. Snart ska den, vid sidbyte, ersättas av ett pekfinger. Möjligen rör det sig om ett poesialbum eller en aforismsamling, i alla fall dröjer spår av värderande i hans hållning. Skriften befinner sig i trygga händer och det lyfta ögonbrynet ritar utsträckningens – evighetens – varsamma cirkumflex över ögat. Trots den ringa åldern tyder allt på att ynglingen är bildad. Utan tvivel är han förmögen att

 rätt värdera det skrivna och inordna det i en stil, tradition, klass av texter. Om tio år, kanske mindre, samt ett par resor ned på kontinenten, är han finsmakare.

•

Ostis läsare sitter, Hammershøis står. Den ene införlivar skriften, den andre smakar av den. Är detta en social skillnad? Det vill säga: kan bara den som stammar ur en bildad borgarklass tänkas stå och läsa? Det vill – också – säga: skulle den lodräta positionen för övriga medlemmar av samhället, åtminstone sekelskiftets, vara förknippad med en annan aktivitet, ett "arbete" som bättre kunde försvara sin beteckning? Svårt att uttala sig om. Vad vore i så fall den horisontelle läsaren? En soffliggare! Ovillig eller oförmögen att underordna sig det sociala livets anatomiska regler föredrar han den vågräta hållningen, en habitus han delar med den döde, älskaren och analysanden, tre andra asociala element. Äntligen har Oblomov funnit ett alibi som håller. (Bohemromantik.)

•

– Av detta kunde man sluta sig till att läsandet för dig hör långsamheten till, en händelse lika sävlig som en kontinentalsockelförskjutning i utkanten av medvetandet. – Kanske. Men med det Roman Jakobson kallade "konsten att läsa långsamt", det vill säga filologin, har det föga att skaffa. Det som eventuellt gör läsandet långsamt är likgiltigheten inför tvånget att komma någonstans. När jag läser vill jag inte uträtta något. Naturligtvis kan en deckare (Vachss, Markaris,

Paretsky) få mig att vända sidan, efter hand allt snabbare eftersom jag vill finna svaret på mordgåtan, stölden eller vad det nu kan handla om. Men det behag jag upplever liggande på sängen vill jag egentligen *varar* när jag läser. – Alltså ändå filologi, disciplinen som fordrar tålamod och spårsinne. – Nej. När jag läser exempelvis *A Philosophical Investigation* (av Kerr, inte den andre) är jag föga intresserad av att undersöka ledtrådarna, ifrågasätta fynden eller nagelfara bevisföringen. Det vore ju en läsning som söker bortom tecknet. Då blir texten bara det medium i vilket jag prövar verklighetens sannolikhet. Det som intresserar mig, och alltså håller mig fången, kan i denna typ av texter bara vara frågan om hur handlingen är hopkommen. – Du menar tecknens eget drama? – Ja. Men om jag likt filologen synar det alltför noga i sömmarna går spänningen förlorad. Det gäller att läsa varken för fort eller för långsamt. Läsningen, även av trivialitteratur, är en fråga om takt.

•

"Då man läser alltför snabbt eller alltför långsamt förstår man ingenting", hävdade Pascal i en sentens som Paul de Man gjorde teoretiskt gångbar genom att sätta den som motto till en av sina böcker. Med läsningen, denna infinita syssla, är det som med anekdoten. Hastar man för kvickt återstår endast poängen, en feltänd vits utan klangbotten. Skyndar man i gengäld alltför långsamt förlorar man tråden i en härva av tåtar. Läser uppmärksamt gör endast den som lyckats finna rätta tempot mellan stress och sölighet. Bara så förmår örat skilja ut textens röst ur sorlet, bara så börjar den tala till ens inre. Och då, bara då angår litteraturen.

•

Kanske kunde man säga att en sådan läsning inte avger utlåtande utan vittnesbörd. (Påståendet har i alla fall gjorts.) Med undfallenhet har den intet att göra, med uppmärksamhet nästan allt. Ofta återger den inte bara insikter, utan förråder dem därtill. Att vittna är inte detsamma som att få – eller ens vilja – ha rätt; att vittna är att tala sant. Såväl ståndpunkten som rapporten är läsningen främmande – eller inte främmande; kanske bara en smula besynnerlig. Det är som om det ställdes krav på den som inte passade dess egenart, ungefär som om en simmare skulle tvingas upp på torra land. Den genuine läsaren föredrar att leva i och med – det vill säga *erfara* – litteraturen. Hans handlande försiggår i ett element, kalla det text, från vilken det inte kan skiljas. Teorier är inget annat än simdynor.

•

Den som läser stående brukar vanligen sätta sig efter en stund. Kroppen fordrar det. Allt läsande följer tyngdlagen. Vem har inte upplevt hur man efter en halvtimmes sittande läsning långsamt sjunker allt djupare ned i fåtöljen? Till slut ger man sig på det våghalsiga konststycket att fördela kroppen på en yta som svarar mot mindre än hälften av dess längd. Läsningen: *"an homage to vertebrae"* (Brodsky). Äntligen: den orörliga tiden.

•

Något om tyngdlagen, eller: Om-läsandets-stelnade-tid-trots-all-rörelse. En vän sänder mig ett blad rivet ur en almanacka. På framsidan finns en relativt okänd målning av Magritte avbildad: "La Lectrice soumise" från 1928. Den föreställer en kvinna som bringats i rörelse vid läsningen av en bok. På baksidan av bladet spekuleras över vilken skrift det kan gälla. Kanske handlar det om någon del i thrillerserien om Fantômas, den oövervinnerlige mästerförbrytare som trollband en fransk följetongspublik under några decennier i början av århundradet. Kanske rör det sig om *Maldorors sånger*, Lautréamonts försök att sjunga ondskans sköna lov. Kvinnan i målningen står lutad mot en vägg och hennes anletsdrag låter oss knappast sväva i okunnighet om att hon just tar del av gruvliga ting. Snett uppifrån vänster faller ett blådunkelt ljus in över bilden. Den skeva ljuskällan måste vara elektrisk; så här ser konstgjort ljus ut. Egentligen vore bilden kon-

ventionell om det inte vore för detta hjärtlösa ljus. Det antyder att vi nått sista hållplatsen före Den Slutgiltiga Natten. Strax innan jag lägger ifrån mig det utrivna bladet – det faktum att det rör sig om en tidsmarkör undgick mig inte – slår det mig att kvinnan kanske fasthålls av texten mot sin vilja. Hon verkar på en gång rygga tillbaka från vad hon läser och inte förmå frigöra sig från boken. (En "fängslande" skrift...) Pupillerna vilar som svarta klot längst ned i de uppspärrade ögonen, fyllda av bly. Över dem välver sig ögonvitorna, därefter kommer de höjda ögonbrynen, så den bekymrade förståelsens horisontlinjer (vecken i pannan). Men pupillerna: tyngda av vad de tvingas läsa har fasan fått dem att stelna.

•

Mot slutet av *Ada, or Ardor*, i den del där man finner det berömda avsnittet om tidens textur, skriver Nabokov om orörligheten: "Ren Tid, Varsebliven Tid, Påtaglig Tid, Tid fri från innehåll, sammanhang och löpande kommentar – detta är *min* tid, *mitt* tema. Resten är numeriska symboler eller någon aspekt av Rummet. Rummets textur är inte Tidens, och den skäckiga fyrdimensionala historia som vårdas av relativister är en fyrbent sak med ena benet ersatt av ett spöke till ben. Min tid är också Orörlig Tid (vi ska nu göra oss av med den 'flytande' tiden, den som är vattenklockans och vattenklosettens tid.)"

•

– Men gör du dig inte skyldig till en motsägelse? Skulle läsningens tid vara en fråga om såväl tempo som någonting orörligt, på en gång rörlig och, ja, stel? – Som jag sade: utsträckning får läsandet först när ett avbrott följer ett annat. Så markeras det i tiden. Föreställ dig ett berg som andas! Och tempot ... Med frågan om tempo, sinnet för takt, är det som med känslan för rytm. "Kanske är rytmen det enda som antyder en uppfattning av Tid; inte rytmens upprepade slag, utan hålrummet mellan dem, det grå gapet mellan svarta slag; den Veka Intervallen" (*Ada*).

•

Jag lägger mig på sängen, bläddrar i anteckningarna jag gjort. Varje gång jag vänder sida ser jag dem: de tre stygnen på undersidan av handleden. De påminner mig om att kroppen är gräns för den orörliga tiden. Detta är det andra minnet.

Mitt febrila bibliotek

Skymning bland böckerna

Till de privata biblioteken (bibliofilens, forskarens, studentens) hör ett som stämmer till särskild eftertanke: författarens. Till skillnad från övriga vänner av det skrivna ordet lever han ju inte bara *i* och *med* sitt personliga urval av böcker, utan även *genom* det. En sådan livsföring, filologisk i ordets ursprungliga bemärkelse, har sina sidor. Ta till exempel följande inte obekanta situation. Jag lånar den ur Anatole Frances *Le Jardin d'Épicure*, där jag för några år sedan hittade den på ett undanskymt ställe i texten. Passagen innehåller flera av de attribut som jag sedan dess kommit att förknippa med författarens inte sorgfria hantering av de tre prepositionerna *i, med* och *genom*.

Det skymmer i biblioteket. Vid det illa upplysta skrivbordet därinne bland böckerna sitter författaren försjunken i tankar. Bara pennans insektslika krafsande hörs, i övrigt är det tyst som i graven. "I den stilla natten skrev jag", anförtror han läsaren,

> skrev jag sedan lång tid tillbaka. Natten kastade tillbaka lampans ljus över mitt bord och lät böckerna, som reste sig i travar kring mig, ligga kvar i skuggan. Den falnande elden spred sina sista rubiner i askan. Tobakens töckenslingor gjorde luften tät; framför mig ringlade den tunna blå röken från en sista cigarett upp ur en skål. Dunklet som härskade i rummet tycktes mysteriöst. Förvirrat kunde man i det

känna de vilande böckernas ande. Pennan slumrade mellan mina fingrar och jag tänkte på mycket gamla ting – då en främmande varelse trädde fram ur röken från min cigarett som ur ångan av magiska örter.

Tablån är bekant. Ungefär så här föreställer vi oss skrivandets urscen – eller åtminstone mötet mellan skapare och skapelse när detta någon oroande gång, efter finter och förhandlingar, kommer till stånd i litteraturen. Ur mörkret på andra sidan tolvslaget träder böckernas egen fantom fram, betänkligt egensinnig, alarmerande auktoritativ, med en uppsyn som i detta sammanhang bara kan betyda bekymmer. För författaren framstår den främmande gestalten till och med som "barbarisk", en karakterisering som här, i bibliotekets alfabetiska värld, närmast bör stå för regel- eller tyglöshet. "Jag lät mig emellertid inte oroas", skyndar sig Frances alter ego att försäkra läsaren efter att ha tecknat situationen och i förbigående även ha kommenterat besökarens formidabla yttre. Så fortsätter han:

> Bara fantomer uppenbarar sig i bibliotek, ingenting kunde vara naturligare. Var visar sig de dödas skuggor, om inte bland tecknen som bevarar deras minne? Jag bjöd främlingen att sätta sig. Han gjorde det dock ingalunda.

Vi kan slå på ljuset igen. Det finns skäl att återkomma till det samtal som strax ska utspinna sig mellan pennans man och skrivtecknens. Men för ögonblicket är det klokare att låta dem bli kvar på varsin sida om bordet, fångade i svävande tidlöshet (detta geléaktiga presens av vilket texter tycks gjorda), och istället fundera på platsen där figurerna möts. Redan nu är det nämligen möjligt att dra en slutsats beträffande böckernas värld: biblioteket, denna inte harmlösa ort där skrifter bevaras för eftervärlden, är det närmaste vi kommer en kyrkogård utan präst och dödgrävare. Istället för gångar och gravvårdar finns här hyllor och omslag, istället för epitafer och sorgkantade citat motton och dedikationer. Titlar och utgivningsår ersätter namn och datum, bokmärken spelar rollen av söndagsbesök och i kistans ställe träder pärmen i papp eller klotbandet i läder. Trots att rekvisitan skiftar förblir sig dramat emellertid likt: på båda ställena möter vi de döda.

Denna likhet är knappast slumpens förtjänst. När allt kommer omkring avslutas livet på samma sätt som en bok skrivs klart: genom att punkt sätts. Men varken livet eller boken fulländas någonsin. Tvärtom möter de sitt slut, ibland aningen tidigt, ibland väl sent. Man kan tycka att den springande punkt som därmed byter roll och förvandlas till ändpunkt borde iföras ellipsens klädsammare tre tecken – dessa "fotspår efter ord", för att citera Nabokov, "som avlägsnat sig trippande på tå". I alla fall skulle denna grafiska treenighet tydligare signalera det villkor som gäller för både böcker och liv: de avbryts. Med framtidens osäkra omdöme för ögat söker vi göra denna ofärdighet så respektabel som möjligt. Den sista vilans värdiga yttre, en formens slutgiltiga seger över innehållet, lindrar absurt nog skiljandets plåga och tjänar till att något litet höja den dödes anseende i eftervärlden. Dito vad böckerna beträffar: sober typografi och fint papper förmår skyla även solkigare texters gemena väsen.

Man bör alltså tänka sig avbrottets tre punkter också när de inte skrivs ut. Inte bara utgör de fotspåren efter ord eller varelser som lämnat oss, utan de leder även uppmärksamheten till den önskan, uttrycklig eller underförstådd, som varje grav och varje trycksak formulerar: "Minns mig." Skärrat eller diskret, stoiskt eller hysteriskt är detta den uppmaning som båda riktar till de efterkommande. Inskriften är garantin för att appellen ska fortsätta verka. En sådan verkan är bara tänkbar efter en deadline. Döden är den överbibliotekarie som slår igen livets bok och öppnar den skrift som tillhör varatefter-detta. Och där står, vilar eller ligger de, de färdigskrivna eller slutlevda existenserna, utrangerade ur handel och vandel, prydligt ordnade i rader, väntande på den uppmärksamhet som efterkommande generationer ska skänka dem när de överkoms av dåligt samvete. Ty sådan är bådas lott: sedan lång tid tillbaka finns det få platser som besöks lika sällan som kyrkogården och biblioteket.

Den i sammanhanget väsentliga skillnaden mellan kista och omslag är att endast den senares innehåll fortsätter att kommunicera även bortom döden. Eller snarare: en skrift börjar meddela sig först efter det att närmaste anhörig, författaren, tagit avsked från den. Men så har den i motsats till upphovsmannen heller aldrig varit av kött och blod. Som Frances berättelse antyder förblir "levande" litteratur en metafor, uppfunnen av en något överentusiastisk humanist. Efter sin död säger människan – eller vad som blivit kvar av henne – betydligt mindre än de levnadsteckningar som tycktes så hopplöst otillräckliga när hennes hjärta ännu slog sina slag för överlevnad. Ingen ny obduktionsteknik kan göra det lättare för oss att förstå den roll som astman spelade i Prousts liv; den uppgiften förmår bara ett studium av de långa kadenserna i hans prosa uppfylla, denna så intrikat flätade syntax vars egentliga syfte möjligen bestod i att hantera författarens rädsla för att kvävas. Några sekel efter människans frånfälle, eller bara efter ett par decennier om anhöriga underlåtit att betala hyran för gravplatsen, grävs hennes knotor upp och omarrangeras i postum oläslighet. En del blir till leksaker för analfabetiska hundar, andra hamnar bakom glas i montrar på lokala museer. Något kranium pryder kanske den ambitiöse medicinstudentens bokhylla.

Trots detta bakvända intresse, och oaktat den senkomna solidaritet som deklareras i sammanhanget ("Vi ska alla den vägen...", etc), är detta öde att föredra framför böckernas. Prisgivna åt sina ägares nycker inordnas de på hyllorna enligt principer och regler som dikteras ena gången av alfabetisk konvention, andra gången av ämnesval och tematisk inriktning, ömsom är avhängiga tidpunkt för förvärv, prislapp eller format, ömsom genre, upplaga eller utseende. I ett fall är det hyllornas höjd, djup och antal som avgör, i ett annat är det utrymmet mellan TV, pynt och krukväxter. Aldrig att det enda som betyder något för böckerna själva, deras litterära halt och hemhörighet, spelar någon roll vid katalogiseringen. Åtminstone misstänker jag att Proust skulle ha oroats vid tanken på att hans böcker en gång skulle komma att hamna intill skrifter av Annie E. Proulx.

Ett anekdotiskt exempel på att också godtycket har sin logik erbjuder den amerikanske professor i lingvistik (egentligen en polack som i unga år utvandrat till den nordöstra delen av kontinenten) som slog in varje nyförvärv i brunt omslagspapper, ritade en finlemmad siffra i blyerts på ryggen och sällade den anonymiserade volymen till sina likaledes avindividualiserade vänner på hyllorna. I hans samling var ordningen strängt numerisk och utan tillgång till kortkatalogen kunde ingen, inte ens han själv, orientera sig i det väldiga, smutsbruna biblioteket beläget i en förort till New Haven, Connecticut. Vid något tillfälle lånade en av mina bekanta ut en bok till denne även på andra sätt märkvärdige språkvetare (så lär han till exempel ha *talat* latin). Påfallande lång tid förflöt och min bekant led nog i det tysta, alltför taktfull eller rädd om sitt betyg för att påminna professorn om lånet. Men sedan lämnades volymen tillbaka – iklädd brunt skyddspapper och omdöpt till en siffra bortom 19 000. Det är svårt att låta bli att spekulera över huruvida numret senare återanvändes för en annan bok eller om katalogen faktiskt innehöll också försvunna volymer ...

Under alla omständigheter är metoderna att ordna en boksamling många, egensinniga och – på detta anmärkningsvärda undantag när – aldrig 100% logiska. Som filologisk entusiast kan man bara vara säker på att ett bibliotek inte är det andra likt, även om samtliga titlar och utgåvor vore identiska. Säker kan man förstås också vara på att en bok själv aldrig träffar valet av granne eller tillfrågas om sin placering på hyllan. Inte ens den absoluta andens förespråkare, Hegel, vars sista önskan var att bli begravd intill Fichte på den franska kyrkogården i Berlin, och i november 1831 också blev det, kunde räkna med att hans verk skulle hamna intill den högt hållne föregångarens. Åtminstone förvånar det inte om vanmakt griper den som börjar fundera över böckers inre samröre eller genanta brist därpå. På deras område tycks ju "varje ordning inte vara något annat än ett svävande över avgrunden", som Walter Benjamin framhåller i en ofta citerad redogörelse för hur han packar upp sitt bibliotek. Tydligare än så låter sig den svindlande lag under vilken böcker lyder knappast formuleras.

Trots samlarens febrila försök till redbart sammanhang förblir biblioteket ett organiserat virrvarr. Sällan framstår denna omständighet med sådan instruktiv klarhet som när man i likhet med Benjamin packar upp sina böcker efter en längre tids magasinering. Och sällan får man, åtminstone som författare, så fort kalla fötter. Under veckorna innan Den Stora Dagen drömmer man om den sällsynta trygghet som tillgången till ett uppackat bibliotek ska skänka en. Äntligen kommer ordböckerna, uppslagsverken och citatsamlingarna åter bli tillgängliga, äntligen ska valfrändskaperna befinna sig inom bekvämt räckhåll och äntligen kan alla de gamla förstrykningarna hjälpa en att rekonstruera tankegångar som det dåliga minnet slarvat bort. Men så kommer den till sist, dagen D, och till sin förtret finner författaren plötsligt att hans lojalitet är kluven mellan de angenämt tomma hyllorna och de skrymmande kartongerna.

När jag sommaren 1998 förberedde mig på att återvända till Sverige efter ett och ett halvt decennium utomlands, främst tillbringat i USA, fick jag en föreställning om vad Benjamin kan ha menat när han talade om "ett svävande över avgrunden". Femton år tidigare hade jag låtit magasinera mina böcker på ett lager intill en bensinstation. Med mig på resan över Atlanten hade jag bara tagit de volymer som jag ansåg mig inte kunna klara mig utan. Där fanns till exempel Strunks lilla handledning i engelsk grammatik, en utgåva av Hölderlins samlade verk (de två vita banden från Carl Hanser Verlag) och Lars Noréns sista diktsamling *Hjärta i hjärta*. Där fanns också en medelmåttig synonymordbok som jag låtit binda in privat på Taborstraße i Wien och Gregory Nagys Homeros-studie *The Best of the Acheans*. Den enda betydelsefulla boken som saknades, *Allegories of Reading*, som möjligen utgjorde det verkliga motivet för min transatlantiska resa, hade jag för avsikt att inköpa i ett nytt exemplar, befriat från gröngölingens marginalia. Kanske utgjorde de medförda böckerna en intressant och personlig – det vill säga ogenomskådlig och outbytbar – samling, men på det hela taget rörde det sig om en förutsägbar hop klenoder mellan vilka jag sökte koordinera min tillvaro och bli till som författare.

Det går, som Benjamin gör, att dröja vid "det ogenomskådliga och outbytbara" som kännetecknar den genuina samlingen och betrakta dessa karakteristika som attribut till "det äkta biblioteket". Böckernas hemliga förbindelser och underjordiska förehavanden skulle då teckna ett mönster som i sista hand kanske formar sig till ägarens sanna signatur. Hans auktoritet skulle bero på den omisskännliga precision med vilken personliga preferenser och främmande stavelser samverkade. Men för den som aldrig varit mycket till samlare, sällan visat näsa för fynd och inte heller sett sina böcker på mer än ett decennium, förmår inte ens den inbillade förtrogenheten med kartongernas bestånd frigöra honom från misstanken att hans älsklingar hunnit emancipera sig från de förflutna ordningsförsöken och nu anförtrott sig åt en "regellöshet" (Benjamin) av annan och radikalare sort.

Dagen D anlände och där stod jag en augustimorgon i min arbetslokal, mellan hundrasex nybyggda hyllmeter och jag vet inte hur många ouppackade kartonger, osäker på vem mitt hjärta egentligen tillhörde. Det är inte lätt att möta sitt tidigare liv i form av böcker, allraminst om man hunnit skaffa sig en ny samling som man något tidigare packat ned och skilts från i en källare i Baltimore, Maryland. Och hursomhelst, handen på hjärtat: vem vågar lita på ett femton år gammalt ordningssinne? På ena sidan om mig gjorde sig hyllornas tomhet bred, en praktfull innehållslöshet som, om jag velat, skulle ha tillåtit mig att fantisera om de förbindelser som kunde uppstå mellan svåröverkomliga titlar och fotostatkopior, pocketutgåvor och privata dyrgripar; på andra sidan tornade kartongernas arton kubikmeter upp, rymmande ett innehåll som jag inte längre gissade utan kunde utgå ifrån befann sig i beklämmande förvirring. Skulle jag packa upp eller låta bli? Stanna eller gå? Förklara tomheten min trohet eller virrvarret min lojalitet?

Naturligtvis vann nyfikenheten. Visserligen var min rörelsefrihet begränsad till en smal korridor mellan kartonger och hyllor, men med lite tur och en del akrobatik kunde jag klättra upp på lådorna, öppna och tömma dem, och på så sätt arbeta mig igenom beståndet för att nå fast mark under fötterna. Författare är naiva djur ... Naturligtvis hade jag inte räknat med vare sig innehållets egensinnighet eller det skrymmande emballaget. Varje kartong visade sig vara en ny version av Pandoras ask: ur dem steg ständigt nya förtretligheter. Snart hade korridoren rasat in, de fria ytorna var borta och på hyllorna balanserade obeslutsamma travar med motspänstiga volymer. En del böcker föll omkull, andra försvann och kom aldrig mer tillbaka, och ytterligare andra svär jag på att jag måste ha packat upp ur lådorna minst tre gånger. Sakta lade sig lukten av gammalt papper som en filt över rummet. Detta var ett barbari jag inte räknat med.

För all del, några böcker var jag glad över att återse – som ett par texter av William Burroughs, till exempel, inhandlade i unga år men ratade när tjugofemåringens umgänge med böcker skulle bli seriöst. Eller Sun Axelssons översättning av Borges-noveller, utkommen i Bonniers Panache-serie i början av 60-talet. På smutstitelsidan till min ännu osprättade utgåva (trots de flotta hänvisningarna i samtal med vänner hade jag alltså aldrig läst boken) kunde jag se att jag 1982 förvärvat volymen för femton kronor på ett antikvariat. Sedan fanns där Pound och Sexton, Ingemar Gustafsson och Åsa Wohlin, men när Benjamin skriver att "inget gör fascinationen vid uppackandet [av böcker] tydligare än hur svårt det är att sluta med det" förstod jag honom inte. Efter femton kartonger ville jag inget hellre än att ge upp. Innehållet var mig övermäktigt. Så många trasade illusioner, så många minnen som visat sig påhittade. Under åren i Amerika hade jag fantiserat ihop ett bibliotek som saknade förlaga. Att stöta på tre volymer *Dikt och tanke* i samma låda som en tunn diktsamling av Emil Kleen, gamla klassfoton och Batailles *Larmes d'Eros* ... Att upptäcka *Frågeviseboken* intill *Människans frigörelse* av Marx, trettio år gamla nummer av *Bonniers litterära magasin* jämte böcker av Hermann Hesse och Andreas Papandreou, som i sin tur låg intill några band av den amerikanska utgåvan av Artauds samlade verk ... Eller Nelly Sachs tillsammans med Mario Puzo, Willy Kyrklund intill Robert Escarpit, skånska punktidningar lagda mellan Jean Genets dramer och Hugo Balls bok om kristen mystik ... Sådana rön kan göra också den erfarnaste bokvän förtvivlad.

Ställd inför dessa bevis på ett förflutet som jag vägrade att erkänna som mitt eget – inte mindes jag att Thomas Mann eller Blaise Cendrars någonsin intresserat mig – började tillvaron gunga. Det gällde, förstod jag, att hålla sig svävande, att låta bli att intervenera i de många fallen av barock oförenlighet, undvika att ta ställning till nya förbindelser och samband, helt enkelt låtsas saligt okunnig om dessa komprometterande bevis och den därmed förändrade kontexten för mitt liv – och så fort tillfälle bara gavs lägga benen på ryggen. Annars skulle den avgrund som det förflutna visat sig vara öppna sig och den oförklarliga kombinationen av Stefan George, Jan Guillou och Anaïs Nin kräva både bikt och soning. Att jag i en del kartonger hittade halvfulla whiskyflaskor och en gammal förpackning med propplösningsvätska gjorde läget varken bättre eller lättare att förstå. Vem var jag 1987? Efter att ha banat väg mellan kartonger och främmande böcker lyckades jag till slut lämna arbetslokalen med oförrättat värv och Burroughs, Borges och ytterligare någon bok i händerna. Jag överväldigades av lusten att försvinna. I det uppackade biblioteket hade jag funnit mycket att undra över, föga att känna igen mig i och inget att glädjas åt. Det här var det förflutna som fängelse.

Berättelsen om hur jag packade upp mitt bibliotek är, kort sagt, berättelsen om hur jag förlorade tilltron till det. Åren utomlands hade givit inbillningen alltför fria tyglar. Glömsk om beståndets verkliga natur hade fantasin skapat ett bibliotek som jag nu, med dessa tecken på motsatsen, insåg att jag aldrig ägt. Visst återvände jag dagen efter, och även den därpå, och visst lyckades jag tömma kartongerna, sopa rent golvet och till och med ställa upp varje bok med ryggen utåt. Men någon ordning fick jag för den skull inte. Det sinnrika arrangemanget överlät jag åt den fruktlösa slump som ändå tycktes leva bland skrifterna. Den verkliga konfrontationen med mitt febrila bibliotek fick vänta.

En cool, grå figur

Jag började *i* biblioteket, men sedan en tid talar jag egentligen om livet *med* det. I en betraktelse över det ordnade kaos, på en gång nyktert och deliriskt, som kännetecknar författarens bokbestånd framhåller Hugo von Hofmannsthal i en av böckerna som jag fann att det

> bara finns problematiska existenser där, bland böckerna, även de äldsta skrifterna blir smittade genom det blotta faktum att de ligger intill nya och liknar, om man nu skulle slå upp dem, ett system av vansinniga tankeatomer som löper genom varandra och tycks förbundna i otaliga roterande virvlar, men i själva verket saknar samband.

Själsliga partiklar roterande i till synes lagbundna mönster, men i själva verket frikopplade från varje överordnad princip och strukturerande intention ... Att leva *med* böcker är varken mer eller mindre förvirrande än så. Det stod klart när jag väl tömt kartongerna. I den galax som heter böckernas värld finns det inte en sol utan många. Djärvt eller dumdristigt slår man upp en text och noterar med skräckblandad förtjusning vilken uppfinningsrikedom som tjugo och några bokstäver kan lägga i dagen. Och om detta bokens eget kosmos – en alfabetisk världsordning där bokstäverna ensamma härskar – åtminstone teoretiskt innehåller språkets samtliga möjligheter att både omskriva och skapa förutsättningarna för det som författaren i brist på annat kallar verklighet, hur försåtligt rikt, hur obehagligt förvirrande måste då inte Biblioteket vara – detta större stjärnsystem i vilket hans och andras verbala galaxer ingår och som somliga, till exempel Borges, kort och gott vill betrakta som "universum"?

Biblioteket utgör det område, heter det i den novellsamling som jag nu började läsa, vars exakta centrum kan återfinnas i varje volym och vars "omkrets" följaktligen måste vara "oåtkomlig". Detta är möjligen en trösterik tanke för den som lever på knapp kassa och bara har någon hyllmeter och en stulen hotellbibel till förfogande, men svindlande för den som vet bättre. Man kan anställa ett tankeexperiment och ersätta Borges föreställning om en välvillig skapare, iklädd bokföreståndarens insignier, med en tuggummituggande demiurg, till exempel *the Inferential Kid* hos Burroughs:

en cool, grå figur från Pluto så förstulet obunden att man endast kan sluta sig till hans närvaro genom att den ena eller andra omständigheten inte längre befinner sig i exakt samma relation som tidigare.

Trots sin flyktiga natur besitter denne yngling närmast obegränsade befogenheter. Han kan spränga planeten med ett knappnålshuvud eller i en nyck, om man så vill, eller lika enkelt och kyligt omorganisera den genom tysta förändringar i sina inferentiella avdelningar, allt efter omständigheterna.

Burroughs berömda *cut up*-metod, den aleatoriska skarvteknik för texter som han utvecklade med vännen Brion Gysin, producerar egentligen inget annat än den sortens litteratur som *the Inferential Kid* skulle ha skrivit om han inte hade haft händerna fulla med annat. Efter läsningen av Burroughs berättelse tycktes mig föreställningen att den högre ordning som enligt Borges ryms i Biblioteket måste vara gudomlig inte längre lika trolig. Kanske var dess verklige väktare inte den grå eminensen, tyst, mild och uråldrig, utrustad med ett minne lika tryggt encyklopediskt som den argentinske författarens, utan en "cool, grå" pojke från Pluto, vars later ingen kunde förutse, än mindre förebygga? Frågan var om han ens behövde kunna läsa. Burroughs berättelse väckte den beklämmande misstanken att den Allsmäktige var en illitterat tonåring.

Med mina egna böckers virrvarr i färskt minne försökte jag komma till rätta med vem som egentligen hade makten i ett bibliotek. Vem styrde i dess osammanhängande galax? Varken Burroughs eller Borges mer än snuddade vid frågan. Författaren kunde det i alla händelser inte vara. Klart stod bara att biblioteket, på samma sätt som kyrkogården, hade något kusligt över sig. Här mötte den skrivande sitt spektrala förflutna – de andar, vålnader och misstag, tillkortakommanden, fixa idéer och (för all del) framgångar som sammantagna utgjorde den sfär där han inte längre kunde skilja liv och verk åt.

Till det inte minst spöklika hos Borges Bibliotek räknade jag att det på en gång sades ligga i Babel – det vill säga på den ort där samtliga språk, och därmed alla kulturer, existerar – *och* utgöra dess behållare. Om Burroughs återinförde det drastiska avbrottet och den hårda fogningen som litterära ledstjärnor var det Borges inte mindre oroande förtjänst att ha lanserat Biblioteket som summan av den värld varav det paradoxalt bara kunde utgöra en del. I sammanhanget utgår han från ett par axiom om vilka man kan tvista, men knappast i den värld där Biblioteket hör hemma. Det första postulatet är att detta i någon mening absoluta bokbestånd "finns *ab aeterno*", det vill säga sedan tidernas begynnelse; det andra att "de symboliska skrivtecknens antal är tjugofem". Inte bara betyder detta att världens framtida evighet bör vara säkrad, utan det förklarar också "alla böckernas obestämda och kaotiska beskaffenhet". Naturligtvis finns det – låt oss säga – bara ett Dublin, och en Joyce, och en *Ulysses*, dessutom bara en Leopold Bloom och ett dygn som den 16 juni 1904. Men boken själv förekommer i en rad versioner, i miljontals exemplar och på otaliga språk, dessutom är samlingen i vilken den ingår ständigt en annan och läsaren från gång till gång också han en annan, även om vare sig namn eller identitet hinner bytas. Två bibliotek är aldrig ett och detsamma och som bråket kring Danis Roses *reader's edition* av Joyces text visade förefaller inte ens den ensammaste bok vara riktigt synonym med sig själv.

Av dessa "självklara premisser" sluter sig Borges berättare till att

> Biblioteket är fullständigt, och att dess hyllor innehåller alla tänkbara kombinationer av de några och tjugo ortografiska symbolerna (ett antal som trots sin storlek inte är oändligt); det vill säga, allt som är möjligt att uttrycka, på alla språk.

Biblioteket är således både perfekt (det vill säga avrundat eller fulländat) och gränslöst (oändligt eller utan omkrets). Lösningen på denna skenbara motsägelse mellan slutenhet och öppenhet måste bli att det bör vara "obegränsat och periodiskt". Om någon färdades i sekler genom Bibliotekets otaliga salar och korridorer skulle han förr eller senare lyckas slå fast att "samma volymer upprepar sig i samma oordning (som upprepad sålunda skulle utgöra en ordning: Ordningen)". Eftersom denna färd dock bara är möjlig i teorin hänger man sig istället åt att söka efter böckernas bok. Ty om Biblioteket innehåller samtliga skrivna, men också alla i framtiden tänkbara böcker – en av Borges fotnoter upplyser om att "det är nog att en bok är möjlig för att den ska finnas" – bör det någonstans existera en fullständig skrift som likt "ett chiffer och ett fulländat sammandrag" både innehåller och sammanfattar de övriga. Funnes det en bibliotekarie som bläddrat i denna absoluta bok vore han "likvärdig med gud".

Föreställningen att en sådan metamagisk skatt befinner sig på en av de oräkneliga hyllorna i Babels rytmiskt inordnade bibliotek utlöser till att börja med en enastående känsla av lycka. Särskilt äventyrliga själar ger sig ut på upptäcktsfärder efter denna ensamma, pluriversella skrift – aldrig läst av dödliga och sannolikt inte skriven av någon. När allt kommer omkring kan det röra sig om en bok utan upphovsman, tillkommen genom att en plötslig vindil från någon oförsiktigt stängd dörr oväntat perfekt virvlat samman ett antal sidor ur en trave trasiga volymer. Men trots ansträngningar lyckas ingen lokalisera böckernas bok och många blir galna under sina sällan ärorika, ofta farliga och alltid misslyckade försök. Nu uppträder självmördare, kättare, epidemier, galenpannor och blasfemiska sekter. En falang förvirrade vill blanda samman alla bokstäver och symboler tills man skapat kanoniska böcker "med slumpens tveksamma hjälp". Ett annat parti perplexa föreslår tvärtom aktiv glömska och drastisk utrensning som strategier. Man sållar på hyllorna och förstör "miljontals böcker", men förtränger inte, utan glömmer sedan tillitsfullt dessa ingrepp gjorda i det kollektiva medvetandet. För ett oändligt bibliotek är detta dock händelser av minimal, rentav infinitesimal betydelse – en handfull sandkorn bortblåsta från en strand som förblir lika rofyllt rik som oöverblickbar. Av tecknen att döma kommer Biblioteket i Babel att överleva mänskligheten. Att det dessutom bör innehålla berättelsen om denna överlevnad tillhör en av dess mer irriterande paradoxer. "Kanske bedrar mig ålderdomen och skräcken", tillstår Borges berättare, "men jag tror att människosläktet – det enda – håller på att dö ut, medan Biblioteket kommer att förbli: upplyst, ensamt, oändligt, absolut orörligt, fyllt av dyrbara volymer, överflödigt, orubbligt och hemligt."

Man kan sannerligen fråga sig om det oändliga Biblioteket, trots sin absoluta karaktär, inte är en "överflödig" skapelse. I en avslutande fotnot påpekar Borges att det skulle räcka med en enda volym, "tryckt i vanligt format, med typer i nio eller tio punkters storlek, som innehöll ett oändligt antal otroligt tunna blad". Allt förflutet skulle finnas nedtecknat i denna skrift, allt närvarande skulle förekomma i den och allt kommande vara föregripet – också varje tänkbar frånvaro, tystnad och lakun. Bruket av denna oerhörda bok skulle förstås inte vara särskilt bekvämt: "varje tydlig sida skulle öppna sig i andra och liknande." Det vill säga: varje sida vore en palimpsest. Bakom varenda bokstav, stavelse och ord skulle andra skymta för den tränade läsarens öga, ofta avvikande och ibland direkt motsatta i mening och betydelse – ett febrilt virrvarr av babylonisk signifikans. Det är kanske inte så underligt att Friedrich Schlegel, som i likhet med Borges misstänkte litteraturen för att ändå alltid betyda vad den ville, framhöll att "orden ofta förstår sig själva bättre än de som gör bruk av dem".

De ogudaktiga, det vill säga de otroende, det vill säga de som inte betraktar vare sig Biblioteket eller Boken som någon frälsning, åtminstone inte under sin livstid, påstår att dumheten måste vara "en vanlig företeelse" och att "förnuft, och även det ödmjuka och klara sammanhanget, utgör ett nästan mirakulöst undantag". Roat noterar Borges anonyme berättare att dessa idioter

> talar om (det vet jag) "det febrila Bibliotek, vars olyckliga
> böcker ständigt löper risken att förvandlas till andra och
> som förfäktar allt, förnekar allt och rör ihop allt likt en

yrande gudomlighet". Dessa ord, som inte bara anger oordningen utan också exemplifierar den, bevisar tydligt deras synnerligen dåliga smak och skriande okunnighet.

La Biblioteca febril ... Vem förfäktar en så huvudlös tes som den om skriftens ständiga förändringar och förvandlingar, förskjutningar och förräderier? Vem talar med hetsiga gester om virrvarr och mångtydighet? Vem uppför sig som en yrande gudomlighet trots den dåliga smak och skriande okunnighet som han därmed lägger i dagen? Kort sagt: vem är dum nog att både beskriva och exemplifiera denna förmenta oordning? Svaret är givet: åter har vi med författaren att göra. Till skillnad från andra varelser med språkets gåva måste han ägna sin omsorg inte bara åt det sagda, utan också åt sägandet. I den osäkra zonen mellan ordens innebörder och deras sätt att betyda hävdar han sin egenart. Bara där låter författaren orden återta initiativet, som Mallarmé menade; bara där kan han göra sig ett namn och förlora sig själv. Egentligen är detta det enda som skiljer honom från andra språkbrukare. Ty för författaren räknas även ordens sound, utseende och gestalt, deras egenheter och förgreningar. (Vad övrigt är, är oftast en ohälsosam nyfikenhet på vad andra ska tänka.)

Den senare bestämningen låter som en stulen vishet, vilket den också är. I en uppsats om bland annat filologen, denna figur vars kärlek gäller orden själva, skriver Schlegels kollega Jean Paul att "andras tankar intresserar honom mer än hans egna – egentligen älskar han bara deras höljen, orden i sig". Även för författaren, alltid också filolog, är det intresset för språkets gestalt och kontur som avgör. Denna svaghet gör honom till vad han hoppas kunna vara. Att detta samtidigt är den definition som Jean Paul ger på "dumhuvudet" kan inte längre förvåna: idioten är den som fäster sig vid ord och inte mening, och som oförstående upprepar det sagda utan att begripa vad han gör.

Dum i denna mening framhärdar den bornerade ordälskaren i

den enda vetskap som ett liv omgett av böcker skänker honom: den om språkets förvirrande rikedom och skriftens opålitlighet. Alla andra vet ju, som Borges framhåller, att Biblioteket i själva verket innehåller "samtliga verbala strukturer och variationer som de tjugofem ortografiska symbolerna tillåter, men inte en enda absolut dumhet". Anledningen till att det inte finns någon absolut idioti är att också en till synes nonsensartad fras kan rymma "en kryptografisk eller allegorisk förklaring". Eftersom denna måste vara verbal existerar den "redan *ex hypothesi* i Biblioteket". Således kan barnkammarramsor innehålla matematiska formler, svordomar utgöra maskerade välsignelser och filosofiska utläggningar i själva verket vara visserligen hjälpsamma men kunskapsteoretiskt möjligen något begränsade dammsugarinstruktioner. Ingen kan uttala ord utan att upprepa stavelser som redan existerar på andra språk. Kort sagt: "Att tala är att göra sig skyldig till tautologier."

Man får anta att det tillhör författarens smala lycka att han olyckligt förvissad om skrivtecknens förslagenhet kan ge sig hän åt tautologin som konst – och därtill med gott samvete. Bokstävernas ordnade kaos är hans domän, den stilrena pleonasmen hans sak. När allt kommer omkring består hans uppgift i att skriva om utan att för den skull upprepa. "Författare är egentligen människor", framhåller Benjamin, "som skriver inte därför att de är panka, utan därför att de inte är tillfreds med de böcker som de hade kunnat köpa, men inte tycker om." I sådana personers ögon är tautologin inte en förbannelse, utan välsignelse: med sin svaghet för omskrivningen visar författaren inte vad världen är, utan hur den *också* framstår. Den sinnrika omsägningen, den idiosynkratiska perifrasen skärper varseblivningen och återskänker verkligheten den reflex – blixtlikt blänk eller evig spegling – som slentrianen fråntagit den. Att vara dum nog att betyga orden sin kärlek på detta sätt är, rätt betraktat, författarens enda dygd.

Vid Ares källa

Det har blivit hög tid att åter tjuvlyssna på mötet mellan författaren och fantomen i *Le Jardin d'Épicure*. Berättaren har just bett främlingen att sätta sig. Han gör "det dock ingalunda", utan vädjar istället:

"Låt bli – jag ber er: låtsas som om jag inte vore här. Jag har kommit för att studera det ni skriver på ert olyckligsaliga papper. Jag finner en stor glädje däri. Inte för att jag på något sätt bryr mig om de tankar ni är istånd att formulera. Det är bokstäverna ni tecknar som intresserar mig så oändligt mycket."

Uppenbarligen är författaren inte ensam om att intressera sig för ordens karaktärer. "*Les caractères que vous tracez*", skriver France, och gör klart att det för författaren inte bara handlar om att nedteckna bokstäver, utan även om att följa eller spåra upp allt de talar om. Att skriva är såväl ett nedtecknande i vilket kontroll ännu gör sig gällande, som ett äventyrligt sökande där författaren befinner sig på spåren efter orden (som har initiativet). Hos France utvecklar sig det oväntade mötet till en dialog om filologins sanna natur förd mellan den "barbariska" gästen med "ett ansikte präglat av grym sensualitet" och den hövlige sittande fransmannen. "Monsieur", säger berättaren i det han vänder sig mot fantomen,

"av ert yttre och det ni säger att döma sluter jag mig till att ni är en gammal fenicier." Han svarade kort: "Jag är Kadmos, Kadmos skugga." "I så fall", genmälde jag, "existerar ni inte på riktigt. Ni är mytisk och allegorisk. Ty det är omöjligt att tro allt grekerna berättat om er. De hävdar att ni vid Ares källa dödat en drake vars mun utspydde flammor. Efter att ha dragit ut monstrets tänder ska ni ha spritt dem över jorden, där de omvandlades till människor. Det där är sagor – och ni, monsieur, ni är uppdiktad."

Kadmos, det är Thebes mytomspunne grundare, den feniciske kung som i tidernas upprinnelse medförde sina tjugotvå "svarta döttrar" – bokstäverna – till det grekiska fastlandet. Han är, om man så vill, skälet till författarens lycka och upphovet till hans elände. Att anklaga honom för att vara "mytisk och allegorisk", och således inte existera, kan bara någon som är så dum som en författare få för sig. För vad annat än sagor kan berättelserna om honom vara, och vad annat än dikt är han själv? Men att Kadmos inte skulle existera "på riktigt"? Om någon borde författaren veta att man inte utan vidare skiljer liv och verk åt i bokstävernas värld. Den feniciske kungen överlever i eller snarare genom sin avkomma, dessa svartskalliga tecken som han satt till liv och vars följder knappast låter sig överblickas. Självklart hör hans osäkra gestalt hemma bland böckerna i ett bibliotek, även om Kadmos själv syrligt anmärker att han inte precis "vill kalla det för ett liv att sväva likt en fåfänglig skugga i bibliotekens damm". Hur skulle han kunna vara frånvarande? Och hur skulle författaren, aningslöst skrivande, kunna skylla fantomens närvaro på någon annan än sig själv? Ridå.

Hittills har jag uppehållit mig vid tillvaron *i* och *med* ett bibliotek. Det har blivit hög tid att säga några ord om det liv som levs *genom* böckerna, denna sant kadmiska tillvaro. Bland 1900-talets författare finns det många exempel på personer som levt genom sina ord, men en brukar nämnas med särskild vördnad: Marcel Proust. I sitt skrivande gjorde han den först förfärande men sedan förlösande upptäckten att livet han sökte inte låg utanför eller ens framför honom, utan i hans eget förflutna. För Proust var det inte upplevelsen som spelade huvudrollen, utan den finmaskiga väv som minnet därav utgjorde – det Benjamin kallade "återupplivandets penelopeväv". Med oändligt tålamod och stilistisk sinnrikhet återskapade han upplevelsen av ett liv sådant det levdes av de övre klasserna i Frankrike under några decennier kring sekelskiftet. Nyckeln som låste upp porten till denna det närvarande förflutnas prakt hette *mémoire involontaire*; genom dess "Sesam, öppna dig" kunde också de enklaste handlingar i livet skänkas samma magiska realism som förekom på primitiva mästares tavlor.

Sedan ett par satser tillbaka parafraserar jag vad som blivit den gängse uppfattningen om Prousts litterära bedrift. Källan i detta fall är den tredje bok som jag hittade i mina kartonger men inte visste att jag ägde – och hursomhelst aldrig hade läst. Den bär den i sammanhanget passande titeln *Självklara saker* och är skriven av Sven Lindqvist. Det rör sig om en essäsamling och i en av uppsatserna jämför författaren Proust med Wu Tao-tzu, den berömde mästare som en dag under Tang-dynastin lyckades träda in i den väggmålning han just slutfört. Lindqvist avslutar sin liknelse med att konstatera att den franske författaren, genom den trollkraft som det ofrivilliga minnet gav även de enklaste handlingarna i hans liv, mot slutet av sin bana stiger "in i sin roman, och portarna stängs bakom honom. Hans verkliga liv kan börja". Ungefär så vill vanan att vi föreställer oss författarens liv när det levts väl: med outtröttlig omsorg om det språkliga uttrycket "besegrar han den hopplösa sorgsenheten i sitt inre", som Benjamin skriver, "och bygger av erinringens honungskakor en boning åt tankarnas bisvärm". Till slut blir det omöjligt, också för författaren, att skilja liv från verk. Genom skriftens försorg har det förflutnas sötma kommit att smaksätta hela tillvaron. Så lever, och överlever, författaren genom böcker.

Och hur dör – eller försvinner – han? Inledningsvis framkastade jag tanken att det finns få platser med större likheter än biblioteket och kyrkogården. Om den legendariske Erik Wilhelm Dahlgren, som 1903 efterträdde Carl Snoilsky som överbibliotekarie på Kungliga biblioteket och 1910 avancerade till riksbibliotekarie, berättas att han mot slutet av sitt liv ska ha intagit ett par aptitretare samt lunch i sitt hem på Östermalm i Stockholm. Efter middagsmålet reste han sig upp från bordet för att gå in i biblioteket. "Jag känner mig trött och lägger mig på soffan", lät han meddela – och tillade: "Förresten tror jag att jag dör." För böckernas väktare är situationen tacksamt entydig: man kan dö i biblioteket. För författaren, eller åtminstone för det dumhuvud som med barbarisk iver öser ur "Ares källa", erbjuds i bästa fall rollen som bibliotekets gäst – eller gast, om man så vill, för "vissheten om att allt redan är skrivet utplånar oss", enligt Borges, "och förvandlar oss till spöken". Kanske är den tillvaro som författaren för *i* och *genom* sina böcker i själva verket en vandrande vålnads? Mer levande än så lär litteraturen inte bli – "det vet jag", som Borges säger.

Tre sista punkter

En dag betraktade Wu Tao-tzu det tempelsceneri som han just slutfört, klappade i händerna och steg in genom tempelporten som nu öppnade sig. Så försvann mästaren ur livet och in i bilden. Får man tro Lindqvist gjorde Proust något liknande när han genom tjugo och några bokstävers försorg omkonfigurerade sin tillvaro och slank in genom den port han hittat bland stavelserna. För en författare som är dum nog att överlämna sig i sitt febrila biblioteks våld och där låta orden ta initiativet finns förstås inga sådana alternativ. I bästa fall kan han måla – skriva – in sig i ett hörn ur vilket han inte längre förmår ta sig. Stoiskt bör han ändå se det ljusa i situationen. Han kan ju alltid fortsätta att måla – skriva – över sig själv tills han inte längre är synlig för blotta ögat. Visserligen kommer ingen att tro på hans ord att liv nu blivit liktydigt med verk, men ingen kommer heller att kunna skilja honom från hans omgivning. För författaren, försvunnen bland böckerna med sina ofrivilliga minnen, återstår hädanefter bara att med

Kadmos som förebild vädja: "Låtsas som om jag inte vore här ..."

Till de avbrottets tre punkter som jag inledningsvis nämnde, och till de långdragna reflektioner som denna betraktelse över livet *i, med* och *genom* böcker har formats till, fogar sig därmed tre sista punkter, den ena slutgiltigare än den andra. Författaren har återvänt till sina förryckta böcker och trätt tillbaka inför orden, kadmisk och svindlande. Nu kan bara de elliptiska fotspåren som leder in i biblioteket urskiljas. Man behöver knappast vara filolog för att tolka vad denna bedrift, som både beskriver den oordning som härskar i ett bibliotek och exemplifierar den, egentligen signalerar. Eller behöver man? Tre korta, tre långa, tre korta ...

Osorterat

En komplicerad lycka

"Den som söker sanningen blir lärd", heter det på ett ställe i *Mannen utan egenskaper.* "Den som söker sätta sin subjektivitet i spel blir kanske författare. Men vad ska den göra som söker något mellan dessa båda poler?" För Musil stod svaret klart: denne någon blir essäist. Att han själv aldrig lyckades fullborda sin roman visar dock att det knappast var givet vad svaret avsåg i praktiken. Tvärtom tillhör det essäistens komplicerade lycka att han måste undersöka vad som sker när han agerar som om han visste vad han gjorde. På så vis tvingas han varje gång uppfinna genren på nytt. I sin goda form är essän alltid också en essä om essän.

Mer sökande än systematisk, mer frågande än påstående och inte sällan mer iscensättande än förklarande tenderar den därmed – trots sin exakta sorts vaghet – att utgöra en antigenre. Som sådan rymmer den en längtans poetik, om man följer Lukács berömda förslag, där gränsen mellan tänkt och levt dras olika beroende på vem som för pennan och där linjen alltid också visar sig bilda en livslinje. Till denna legering av tanke och erfarenhet – den har kallats "essäism" – hör förmågan att framhärda i frånvaron av säkra svar. Essäisten ser alltid lite för många sidor av en sak för att utan vidare kunna inlemma den i en färdig modell. Trots det låter sig hans handlande inte reduceras till någon lös historia. "Att översätta ordet 'essä' med 'försök'", påpekar Musil, antyder endast på ett ungefär den viktigaste aspekten av en litterär modell. En essä är nämligen inte ett provisoriskt eller slumpartat uttryck för en övertygelse som vid gynnsammare tillfälle går att upphöja till sanning [...]; en essä är den unika och oföränderliga form som en persons inre liv antar vid en avgörande tanke.

Trots sin vaghet underförstår essän en moral. Rätt utövad visar den sig alltid också vara en fråga om livsföring. Den text som tillkommer består inte bara av redogörelsen för umgänget med en tanke, en smula alfabetisk själshygien eller en plaidoyer för den ena eller andra formen av kulturkritik. Den är alltid också en övning i konsten att leva. Hur essäisten än beter sig blir hans förehavande därmed lite av ett frågetecken. Detta skiljer honom från såväl den lärde som författaren. För den förre är skrivandet en metod att säkra ett vetande; för den senare en strategi att kreativt sätta det på spel. Författare betraktar vanligen universitetet som ett daghem minus leksakerna; i akademikernas ögon framstår litteraturen snarast som en lekplats utan föreståndare. Endast den naive kan förvånas över att de sällan ser på varandra med annat än förvåning. Essäistens situation är på en gång friare och svårare. Han är trickstern på textens fält. Än lånar han fakta, än snor han ihop fiktioner. Men det sker alltid i syfte att finna vägen mellan sanningens Scylla och sagans Charybdis. Med den "avgörande tanken" som kompass hittar han möjligen en rutt också under nätter när stjärnorna inte syns. När det skymmer i kulturen och även dvärgar kastar långa skuggor behövs sådana färdigheter.

Ensam i dåligt sällskap

Det finns ett ställe i Baudelaires kladdböcker där han sätter fingret på det upprörande i all tro: den bygger på dåligt omdöme. När vi tror tar vi steget över den tröskel som leder ut ur kunskapens upplysta rum. Mot bättre vetande litar vi på att mörkret vill oss väl – eller parerar våra tvivel så framgångsrikt att vi för en salig stund kan lämna dubierna bakom oss. Djärv är endast den okunnige. Sömnen är ett bra exempel. Om den kan man säga som Baudelaire "att vi människor dagligen somnar med en djärvhet som skulle vara oförklarlig, om vi inte visste att den beror på okunnighet om faran". Någonstans halvvägs genom denna reflektion föds det moderna medvetandet. För att somna måste man klara av att bära huvudet under armen. I samma ögonblick som man inte trivs med ett sådant anatomiskt arrangemang börjar problemen. Eller på tydligare svenska: ett medvetande som insett sin egen okunnighet får annat att tänka på än att sova. Vem kan förutsäga vad som sker i det ögonblick som den sista glödlampan släcks längst bak i huvudet?

På ett ställe anmärker E. M. Cioran, en av många trolösa ättlingar till Baudelaire: "Att träda in i sömnen är som att träda in i ett slakthus." Ungefär så ter sig tillvaron för den som förlorat tron på Hypnos goda uppsåt. Sömnen är den plats där människan under en handfull timmar reduceras till en fråga om charkuteri. Låt vara att hennes själsliv får fritt utlopp, men sanningen att säga: är sängen inte oroväckande lik en skärbräda? Och kan det verkligen vara en tillfällighet att den människa sägs "vila" som egentligen är död?

För såväl Baudelaire som Cioran var den sömnlöse en Job minus Gud. Aldrig upplever han sin ensamhet så tydligt som när natten faller. Sömnen är lika med hjärntvätt. Rädda att bli omprogrammerade håller tankarna honom vaken. Därigenom framträder livet i hela sin förskräckliga kontinuitet. För den sömnlöse finns inte längre något avbrott mellan dag och natt. "Hans huvud är en liten interiör med grå speglar", skriver Sylvia Plath i en dikt,

> Varje gest flyr omedelbart bort i en gränd
> Av förminskade perspektiv; dess betydelse
> Försvinner likt vatten genom ett hål längst bort.

Medan den övriga mänskligheten sover tvingas den vakne att roa sig med det armaste av umgängen: sin egen ensamhet. Den onda cirkeln fullbordas när han inte kan somna men samtidigt hunnit tröttna på det dåliga sällskapet. Att som Södergran mena att denna erfarenhet i sin lindriga form skulle stärka genialiteten måste betraktas som en vitalistisk konstnärsmyt. Naturligtvis får sömnlösheten oss bara att uppleva den intighet som är livets mittpunkt. Men kanske är detta inte den sämsta av erfarenheter? Trots allt gäller det att få läget klart för sig: som man bäddar får man ligga.

Den biologiska revyn

Samuel Beckett liknade en gång tillvaron vid den korta ljusglimt som en människa uppfattar när hon föds av en kvinna sittande grensle över en grav. Bilden är möjligen inte särskilt inbjudande, men säger det mesta om vad härdade författare anser om att skönmåla tillvarons villkor. För Beckett fanns endast ett sätt att se på saken: stoiskt. Att denna hållning gav utrymme för munterhet varken ville eller kunde han förneka – trots allt var livet det enda alternativet till döden.

För Seneca, den ende antike stoiker vars skrifter bevarats i tillförlitlig omfattning, var existensen ingalunda en kort, av kval kantad omväg från ett storskrivet Intet till ett annat. Tvärtom betraktade han den som tillräckligt lång för det mesta en människa kunde tänkas företa sig, "bara den i sin helhet blir väl använd". Det är inte naturen som dikterar hennes korta stund på jorden, utan tvekan, fåfänga och lättja. Senecas recept blev att undanbe sig den materiella tillvarons behag, att ta tillvara på tiden och slösa endast med omsorgen om andliga värden. De värsta typerna var de "skröpliga åldringar" som mot slutet av sin vistelse på jorden tiggde om några års förlängning av kontraktet. "Man föreger sig vara yngre än man är, man smickrar sig med en lögn, och man hänger sig med sådant nöje åt detta falska sken, som om man kunde föra även ödets makter bakom ljuset."

Självbedrägerier av denna art kan röra oss i sin svaghet, förutsatt att den lidelse med vilken man viger sig åt tillvarons flyktiga nonsens också rymmer en tragisk dimension. För den romerske författaren levde människan emellertid bara upp till sin storhet om hon såg sanningen i vitögat. Eftersom den biologiska revyn mellan sköte och grav inte gav mycket utrymme för eftertanke, gällde det att ta tillvara på ögonblicket. I likhet med andra stoiker tvingades han dock inse att han tillhörde en minoritet: "Var finns de människor som inte är mer angelägna om sitt huvuds prydnad än dess sunda förnuft?"

I tider när även frisörer räknas till de kreativas skara gör samtida stoiker förmodligen klokt i att följa romarens recept och vända blicken inåt. Men hoppet om att påträffa en sund ande innanför lockarna kan inte längre vara särskilt stort. För den som lärt sig att inte tro de egna motiven om onödigt gott återstår bara att syna hjärnan i korten. Blicken har allt att vinna på att förbli avvaktande. Om den grå substansen utgör tillvarons blinda fläck gäller ju frågan inte längre vem utan vad en människa är. I ett sent fragment undrade Gottfried Benn: "Vad är du?" Och svarade: "Ett symptom / En apa, en gnom –." Ungefär så måste existensen te sig för den som inte vill överdriva möjligheten av att lära känna sig själv. När också saxar och locktänger tillhör den skapandes arsenal, kunde iakttagelsen i alla fall antyda en ny litteratur, ömsint i sitt kyliga engagemang. Dess första budord vore: "Se på dig själv inte med sympati utan med nyfikenhet." Där synapserna står för fyrverkeriet är undrens tid långtifrån förbi.

Metafysisk metrik

Huvudsaken var inte att komma först utan att delta, hette det när man som barn ondgjorde sig över att inte ha vunnit kapplöpningen, pilbågstävlingen eller vad det kunde vara. Först senare, när man förkovrar sig i gammalgrekiska, går det upp för en att någon metafysisk tröst inte står att finna i denna vishet. Har man tur upptäcker man då den genre, populär sedan antiken, som betonar att det vore bättre att vara död än vid liv, och bäst av allt att aldrig ha blivit född. Istället för metafysisk lindring finns där dock en annan: konstens. Den vitalitet med vilken insikten om alltings jävlighet formuleras svär mot dess innebörd och ur den konflikt som uppstår mellan utsagans form och innehåll kan bara konsten hämta kraft.

Sedan Sofokles prövade genren – "Din lott håller jag för bäst / Som livet aldrig ska vinna, / Du som är född kommer därnäst / Om du genast igen kan försvinna" – återvänder spänningen mellan livets andtruenhet och konstens bestånd med en trogenhet man frestas kalla gengångaraktig. En spirituell inkarnation dyker upp hos Chamfort: "När man hävdar att det på det stora hela är de minst känsliga personerna som är lyckligast erinrar jag mig det indiska ordspråket: 'Det är bättre att sitta än att stå, bättre att ligga än att sitta, bäst att av allt att vara död.'" Med ett sådant synsätt får den mänskliga tillvaron drag av en övning i fåfänglighet, där döden komiskt nog låter sig prisas därför att den åtminstone sätter punkt för livets många platta fall.

Också hos Beckett förekommer tanken. I en dikt presenterad som en översättning "långt efter Chamfort" turnerar han fransmannens aforism med en elegant brutalitet som frigör texten från de spår av upphöjt lugn som dröjer kvar i originalet: "På baken bättre än på benen, / På ryggen bättre än båda, död allra bäst." Även i *Murphy*, hans första roman från 1935, skymtar tanken. Där talar en viss Wylie om tillvaron som en "cell", upphettad av "blodets värme". Den är "det näst bästa efter att aldrig ha blivit född". Enligt denna logik, där döden sätter den ultimata accenten, motsvarar att aldrig ha blivit född vad versläran kallar penultiman, det vill säga betoningen på näst sista stavelsen. Följaktligen blir livet lika med antepenultiman – eller det näst näst bästa.

I romanen *Molloy* får denna metafysiska metrik sin vinnande form. Becketts antihjälte ligger på sängen och resonerar: "Den här gången och sedan en gång till, tänker jag, sedan kommer det att vara slut, tänker jag, också med den här världen. Så är det att komma näst näst sist." Den avslutande meningens andfådda stapplande visar med önskvärd tydlighet varför människan alltid hamnar på tredje plats. Andtruten håller hon inte måttet. Man får se det som en turlig gottgörelse att konsten tillåts segra. Ty värdet av den svaghetens syntax åt vilken Beckett skänker form låter sig förstås bara mätas i guld.

"*Tänk på mig, då*"

För några år sedan turnerade en vits i östra delen av Tyskland. Ett barn är ute och går med en pedofil. Det är sent på hösten och har börjat regna. De går hand i hand längs landsvägen. När de kommer till samhällets utkant fortsätter de att gå i ytterligare en kvart, tjugo minuter. Sedan når paret ett öppet fält, lämnar vägen och sneddar över markerna. Till slut kommer de fram till en skog. De fortsätter att gå en stund till, allt djupare in bland de regntunga träden. Slutligen rycker barnet dock i mannens hand, vänder blicken uppåt och säger: "Det är kallt. Jag fryser. Jag är rädd." På vilket skändaren svarar: "Tänk på mig, då. Jag måste gå hela vägen tillbaka ensam."

En sådan cynism roar nog bara preussare som förlorat såväl själ som hjärta. Humanisterna har lärt oss hur man försonas med ödet, ironikerna hur man visar överseende med det. Cynikerna försöker uppenbarligen få oss att tro att livet alltid slutar illa. Kanske är det till de sarkastiska vi måste vända oss för att lära oss hur man gör det bästa av ett taskigt läge? Deras litteratur skulle i alla fall aldrig få för sig att försona offret med sin lott, eller för den delen påtala bödelns eventuellt mänskliga anlete. Den sarkastiska litteraturen är möjligen hjärtlös, men förblir passionerad.

Förlagan till vitsen finns hos Heinrich von Kleist. I en anekdot berättar han om en kapucinermunk som en regnig dag följer en man till galgen. Den dömde klagar flera gånger till Gud. Att han tvingas ta sin sista promenad vid så dålig väderlek är verkligen höjden. Munken söker trösta mannen och säger: "Du är allt en typ, du. Varför klagar du så? Du behöver ju bara gå dit, medan jag måste gå också tillbaka – och det i detta väder." Man kan betrakta samtalet som en studie i galghumor. Men man kan även se dialogen som en yttring för en vital sorts pessimism – en stoikers svar på den biologiska teater vi kallar liv. Sedan Kleist nedtecknade sin anekdot har skarprättarna inte precis varit sysslolösa. Länge var situationen sig lik: det fanns offer och det fanns bödlar. Egentligen existerade endast en roll till och det var vittnets. Idag ser det annorlunda ut: i den cyniska kulturen befinner sig vittnet i maskopi med bödeln. Kanske är det alltså dags att återvända till Kleists passionerade hjärtlöshet? En litteratur som månar om sin betydelse har det mesta att vinna på att vårda rollen som vittne. När allt kommer omkring krävs bara ett par vakna ögon, en kvick tunga och lite tålamod. Den sarkastiske är det sista omdömesgilla vittnet. Han talar utan att försköna omständigheterna. Egentligen gör Kleists munk allt man kan begära av en vän. Att han dessutom passar på att göra offret uppmärksam på att han inte är den ende att lida får ses som en eftergift åt den egna dödligheten.

Tredje gången gillt

I novellen "The Premature Burial" noterar Edgar Allan Poe att tanken på jordbävningen i Lissabon eller pesten i London underligt nog kan skänka en människa "behaglig vånda". Det tillhör historiens förmåga att injaga ilningar av sällsam förtjusning också när händelserna själva är allt annat än muntra. Om det inträffade däremot visar sig påhittat "betraktar vi det med direkt förfäran".

Man kunde mena att Poe fått saken om bakfoten. Tillhör det inte litteraturens egenart att lätta vårt hjärta även när den återger en tragedi? Och är det tvärtom inte historiens lott att göra oss förfasade eller nedstämda, upprörda eller modlösa? Tjusas vi någonsin av de katastrofer som kantar det förflutnas väg in i vårt presens? Poe påpekar att han kunde välja andra exempel ur den "långa och märkliga katalogen över mänskliga sorger". Men viktigare är att den värsta formen av lidande alltid utstås av den enskilda människan, aldrig av massan. Och bland dessa finns det ett kval som utan tvekan är "det hemskaste" hon kan utsättas för: inget gör människan så hjälplös i sitt lidande, inget så ensam som den förtidiga begravningen.

I sin novell redogör Poe för personer som på grund av olyckliga tillstånd av själslig svävning råkat begravas några hjärtslag för tidigt. För att inge läsaren den rätta känslan av skräckblandad förtjusning framhåller han att det rör sig om autentiska fall. Men även om omständigheterna vore fingerade var de inte gripna ur luften. Under 1800-talet sörjde bristfällig medicinsk expertis för många fetstilta rubriker. Till de fall som Poe måste ha lett åt från andra sidan graven hör en viss Washington Irving Bishop. Född sju år efter författarens död dog denne uppburne tankeläsare 1873, 1881 och 1889. Sista gången för gott, vid 33 års ålder. Bishops talang bestod i att läsa andra människors tankar vid uppträdanden runtom i världen. Inte sällan försattes han i transliknande tillstånd, ty han led av "den unika åkomma" som Poe utpekade som "katalepsi". Vid dessa tillfällen kortslöts hans sinnen, musklerna stelnade och till slut var samtliga tecken på liv försvunna. De två första gångerna som Bishop dog på detta sätt kunde han väckas till liv några timmar senare och motta omvärldens hyllningar. I maj 1889 njöt han dock sina sista applåder. Efter en lyckad seans i New York föll han i koma. Denna gång låg han utslagen en hel natt. Morgonen därpå dödförklarades han. Kroppen fördes till en begravningsbyrå, där den avlidne snyggades till i närvaro av den tillskyndade fru Bishop. Den nervöse assistenten råkade dock tappa kammen som genast försvann. Nu upptäckte man att den glidit ned i ett tomt kranium. Till hustruns förskräckelse hade Bishops skalle öppnats under en nattlig aktion och hjärnan avlägsnats.

"Var befann sig själen under tiden?" undrar Poe. I fallet Bishop tog läkarna saken i egna händer. Även om tankeläsaren skulle ha återuppstått efter en natts oerhörd frånvaro kan det inte ha funnits mycket att göra utan grå substans. Som författaren med de ohälsosamma intressena visste: "*Truth is, indeed, stranger than fiction.*"

Sang froid

Hos Theogenis, verksam kring 550 före vår tideräkning, förekommer en uppmaning som kan förundra. På omständlig svenska lyder den: "Uppvisa den komplexa bläckfiskens temperament, som antar drag av den klippa vid vilken den befinner sig." För den vars zoologiska kunskaper är ringa och insikter i marina angelägenheter obefintliga förblir utsagan en gåta. Med förutsägbar självupptagenhet tolkar han den möjligen som ett stoiskt sinnat tips till författaren – typ: "Förbli cool och förslagen; försök smälta in." Men sedan faller rådet säkert i glömska.

Först vid en omläsning av *Odysséen*, i synnerhet den femte bokens skildring av Odysseus besök hos Kalypso, ger anvisningen eko. Under två dagar och två nätter sägs Homeros hjälte ha drivit runt i ett upprört hav, "ofta förnam han döden i hjärtat". När tredje morgonen randas skönjer han till sin lycka en strandremsa. Dyningarna är dock mäktiga och när han söker ta sig i land blir han varse "det dova bruset av havet mot kustens klippor". Kommen på närmare håll ser han rasande vågor slå mot branta stup. Hoppet lämnar honom och han sänder en klagande bön till gudarna. Plötsligt slungar en kraftig våg honom mot klipporna. "Huden skulle ha slitits sönder och benen ha krossats på honom", tillstår Homeros, om Pallas Athena inte ingivit Odysseus idén att med "båda händerna klamra sig fast vid klippan." En kort stund lyckas han sätta sig i säkerhet. Men efter den välbehövliga respiten sliter brottsjön loss hjälten och för honom åter ut till havs. Ytterligare en tid går medan krafterna tynar och hoppet svinner – tills han oväntat får syn på "mynningen av en flod" och lyckas simma in i den. Vid middagstid kan Odysseus äntligen kravla upp på torra land.

Strax innan räddningen beskriver Homeros hur havet griper hjälten som klamrat sig fast vid den vassa klippan:

> Det var som
> när man halar en mångarmad bläckfisk ut ur en håla
> så att dess sugskålar river en mängd småstenar med sig –
> likadant skavdes huden på hjältens kraftiga armar
> sönder mot klippan.

Polytropos kallar Homeros sin hjälte: "förslagen", "mångsidig" eller "mångförgrenad". Kanske ville Theogenis be diktaren att agera likt en slug och överlevnadskunnig bläckfisk? Åtminstone ligger det inte fjärran att tolka tablån i *Odysséen* som en bild för författarens möda att greppa situationen. De medfarna hudresterna är det pris han får betala. Vad annat är bokstäver än det alfabetiska avskav som kvarlämnas på visserligen mjukare men inte mindre skräckinjagande ytor: dessa pappersarkens bedrägligt lugna, gäckande vita stränder?

Den som finner analogin alltför vågad kan dra sig till minnes att bläckfisken, som anpassar sig till omgivningen med sådan slipprig grace, är det djur i vars vener det kyliga blod flyter som vi kallar bläck.

Utslag

Om Ernst Jünger, länge tysk litteraturs *grand old man* och insektsforskare av internationell rang, berättas att han på 70-talet var på väg till Afrika för att söka efter en sällsynt skalbagge. Den inhemska terrorismen hade trappats upp och när han gick genom de nyinstallerade metalldetektorerna på Münchens flygplats pep det. Som vän av ordning tömde han fickorna på nycklar, mynt och reservoarpennor. Åter gick han genom de finkänsliga detektorerna, och åter pep de.

Jünger förstod varför och upplyste de misstänksamma tjänstemännen om att det måste bero på granatsplitter han bar i kroppen. Inte från andra världskriget, utan första.

Detaljer har denna karaktär: vi märker dem inte förrän varseblivningen skärps. Deras betydelse är utslagsgivande på samma indirekta sätt som metallflisorna som låg gömda i en före detta infanterilöjtnants kropp under mer än ett halvt sekel. För att upptäcka dem krävs en ovanligare känslighet, ett annat slags precision. Då avslöjar de hisnande perspektiv. Men också vaksamhet krävs i sammanhanget. Ty även om en detektor klarar av att registrera förlupna splitter är det inte säkert att den förmår uppmärksamma livets gåtfullare skevheter eller någon av de intressantare egenheterna hos världens många kantslagna ting. Till det krävs en annan sorts känslighet, mindre mekanisk och mer elementär.

Vladimir Nabokov brukade framhålla att man måste "smeka detaljen". För den sortens prosa han författade var småtinget lika mycket stoff som formsak. Det behövde inte tjänstgöra som den representativa delen av något större helt, utan kunde lika gärna sakna vidare sammanhang. Därigenom tvingade detaljen läsaren att sänka farten och uppleva den beskrivna världens prakt. Ett exempel är en viss Sleptsov som i novellen "Julafton" sätter sig i "ett olevt hörn" av ett landsresidens. Eftermiddagens långsamma ljus, tätt och blått, får rummet att flyta i tystnaden. Efter en stund lyfter den trötte hjälten handen från knät och betraktar den: "En droppe vax hade fastnat och hårdnat i det tunna hudvecket mellan två fingrar. Han spretade med fingrarna och den lilla vita flagan sprack upp." Scenen saknar praktisk betydelse för handlingen, men fångar läsaren genom sin varsamma åskådlighet. Den symbolorienterade skönjer möjligen en parallell mellan vinterlugnet som lagt sig och vaxets hårdnade hinna, Sleptsovs stelnande sorg och den tunna beläggningen, men har i så fall redan förlorat detta verkningslösa veck i handlingen ur sikte. Allt behöver inte alltid betyda något annat.

När litteraturen är bra, det vill säga precis och alert, hal men omtänksam, pendlar den mellan den sortens dolda berättelse som Jünger bar på och Nabokovs pregnanta detalj som är sig själv nog. Bara så blir den en slipad värld jämbördig.

Vykort från Babel

En dikt kan vara en kärleksförklaring eller ett samhällsreportage, en bruksanvisning i konsten att vara ensam eller en Baedeker till en region, kallad Xanadu eller Tjouttaheiti, bortom geografin men hitom grammatiken. Det finns poeter som för protokoll över visioner lika förödande vackra som neurokemiska manipulationer. Men det finns även de som lyssnar av sina inre röster med hjälp av Baby-Phone. För vissa är dikten som vindens inre, för andra påminner den om mullvadens underjordiska system, där markhöjningen erbjuder en förtäckt återuppståndelse.

Dikter kan vara simpla som trafikljus, men också komplicerade som matematik. I vissa kickar musorna fotboll, i andra krafsar möss under pärmarna. Det tillhör en del dikters hemlighet att inte förråda den, det tillhör andras att inte ha någon. Ibland angriper dikter den egna varseblivningen, andra gånger försöker de bringa förnuftet i förlägenhet. Och självfallet kan de sätta himmelska klanger på meter. Men stundom utgör de även en pamflett *mot* poesin – en "noesi", slug, fyndig, fördömd, som gör sitt bästa för att visa på sin egen omöjlighet. Och lyckas. Och misslyckas.

Dikter är korta, dikter är långa. Dikter är kalla, dikter är varma. För det mesta är de bägge delar. Om det funnes ett mätinstrument med vilket deras temperatur kunde tas skulle man sannolikt upptäcka att dikter är 37 grader varma – det vill säga: alfabetiska inkarnationer av livets men och mirakel. Endast en sak är de inte, och även det delar de med människor: de är inte utbytbara. Därför måste varje dikt omskapa poesin. De är inte illustrationer av, utan exempel på livsformer. Kort sagt: poesins centrum ligger lite varstans, överallt där iver och irritation firar lokala triumfer. Den obekväma sanningen är att dikter skrivs för alla och ingen, avsända från en ort svår att fastställa och omöjlig att besöka, men tillgänglig för var och en som skänker den tid. Kortare sagt: dikter visar att poesin är ett mål, men talat på olika tungor. Kortast sagt: varje dikt är ett vykort från Babel.

Att vara frank

I poesin är det svårt att vara frank. Det räcker inte att vara öppenhjärtig och tillmötesgående, man måste också vara chosefri, ibland brutal. En sak är att behaga, till exempel en skugga, en annan att säga sanningar så att de angår fler än en förkommen själ. Det gäller att hitta balansen mellan klarhet och eggelse, skärpa och passion. Med andra ord: man måste veta hur man tänker med hjärtat, men känner med hjärnan – och inte för en sekund inbilla sig att det skulle röra sig om något annat än ett arbete uträttat av en muskel på några hekto och en grå massa placerad överst på kotpelaren som vore den evolutionens krona.

Det förstår sig självt att detta inte är någon uppgift för amatörer. Att på en gång ta bladet från munnen och välja orden är inte den lättaste sak ens för den som har språket i sin hand. Tilltalet måste vara både direkt och komplicerat. Till de författare som har denna talang hör Niels Frank. I sina böcker undersöker han med precisa medel hur man umgås med den utvägslöshet som kallas människa. "Det kommer mer, det kommer mer", kan det heta i en dikt,

> men det är ju lögn från början till slut.
> Det kommer inte mer. Den lilla leken
> som jag leker så bra, den med det mjuka ansiktet
> som varje ögonblick kan ge sig till att grimasera obehärskat
> och tappa alla sina platta masker som spelkort

och själv stå och gapa åt det efteråt, det är slut
med den leken. Vart den nu än skulle leda mig.

För den som stiftat bekantskap med Franks verk står snabbt klart att hans texter har en välutvecklad förmåga att snärja läsaren. Genom sin luriga förening av tvivel och affekt, förvirring och *ésprit*, fångar de uppmärksamheten samtidigt som de gillrar retoriska fällor ur vilka ingen tar sig så lätt. Plötsligt inser man att man är på väg att skandaliseras. Franks texter tar nämligen inte bara ens tvivel, utan även ens fåfänga på bar gärning.

Den kinkiga belägenhet som han försätter sin läsare i har en viss nytta för en nyktrare syn på vad poesin kan uträtta då den betyder något. Mot slutet av sitt liv brukade Heiner Müller berätta en historia som illustrerar fördelen. Han hade hittat den i en bok om "postheroiskt management", där den användes för att visa hur svårt det är att få större organisationer att ta till sig kunskap. Om en groda läggs i ett kar med hett vatten hoppar den genast ut igen. Om den istället läggs i kallt vatten och temperaturen därefter långsamt ökas blir den kvar. Där ligger den, visslar, gnolar och tvättar sig – och kokar sakta till döds. Naturligtvis är det så poesi bör skrivas. Visserligen har den inget att vinna på att ta livet av sina läsare, men när den fångar oss med sin angelägenhet lär den oss något om vår egen dödlighet.

Jag skulle gärna spola tillbaka labyrinten för att i ett
                    [avlägset hörn
hitta bevis: Någon har varit här
och där och där och efterlämnat sina mest upp-
                    [styltade telegram
till den det vederbör, som kanske är jag. Och två
                    [spruckna ägg

i ett glas som snöar om man vänder på det. Och då
[gör jag det
och sträcker mig efter första bästa flinga
som det står något skrivet på: "Säg ja nu",
"Kyss mig", "Ses vi igen", "Det kommer mer".

Maliciös men omtänksam, känslig och extatisk låter en sådan poesi läsaren få läget klart för sig. Man får se det som en fråga om moral. Alla sitter vi i samma balja, men bekymren vi fått på halsen är faktiskt våra egna.

Men det är ju citat av vem som helst
från början till slut. Möjligen kommer man att säga mig
att jag blint upprepar dem, men de stämplar sig på allt
och verkar känna igen sig i mig, när jag leker
med deras eld ända tills den ger sig till att slicka mig
långt upp på armarna. Då känner också jag igen mig i dem.

Min like, min bror

Apostrofer till läsaren i all ära, men oroande litteratur ger stötar ifrån sig. De är textens hälsning till oss att den lever, också många mansåldrar efter sin tillkomst. Ett exempel statueras i *Les Chants de Maldoror*. I sjätte sången beskriver Lautréamont en ung engelsman vars siluett plötsligt avtecknar sig i korsningen mellan rue Colbert och rue Vivienne i Paris. Det är Mervyn, sexton år och fyra månader gammal. Klockan är halvnio på kvällen och han har just kommit ut från en fäktlektion. Ynglingens skönhet, noterar berättaren med en vändning som skulle bli lika berömd som beryktad, är "som det tillfälliga mötet mellan en symaskin och ett paraply på ett operationsbord".

Surrealisterna ville se denna tablå som förlagan till den elektriserade skönhet som all litteratur borde eftersträva. Och förvisso kan man betrakta mötet på Lautréamonts operationsbord som den moderna litteraturens urscen. Här föds inte bara surrealismen, utan även ett antal andra strömningar. Men idag är det knappast scenens ekivoka anspelningar eller teatrala ljussättning som förför. Snarare är det den kliniska hänförelse med vilken författaren manipulerar sina medel. Hans oväntade kombination av oförenliga element antyder att skönheten inte behöver gripa oss genom naturlig grace, utan lika gärna kan ge oss rysningar genom sakligaste förkonstling.

Se bara på vad som följer på den scen efter vilken surrealisterna måste ha slutat att läsa. När Lautréamont beskrivit Mervyn låter han berättaren upptäcka en ljusskygg figur som också han fått syn på ynglingen. Det är Maldoror. Lugnt smyger han efter och omskakad vänder sig den talande nu till läsaren: "Ni har igenkänt den uppdiktade hjälte som sedan länge spränger min olyckliga hjärna med trycket av sin personlighet!" Säga vad man vill, men så talar ingen omnipotent berättare. Den ton som här ljuder – "en okontrollerbar skälvning" – tillhör en besatt varelse. Det illavarslande med *Maldorors sånger* är att texten visar att den som borde behärska skildringen är offer för sin egen föreställningsförmåga. Lautréamont avslöjar en skapare som befinner sig i skapelsens våld. Därmed fordrar hans verk en andra gradens inlevelse. Som läsare förhåller vi oss till berättaren som berättaren till Maldoror, som Maldoror till Mervyn och, ska det visa sig, som Mervyn till berättaren. Det är en ond pakt som bara ingås mot bättre vetande, ty den gör läsaren till både offer och medbrottsling:

> Än smyger sig Maldoror tätt inpå Mervyn för att inrista ynglingens drag i sitt minne; än drar han sig undan med bakåtlutad kropp, likt en australiensisk bumerang i andra skedet av dess färd, eller snarare som en infernalisk maskin.

Osäker på vad han ska göra. Men hans medvetande visar inget tecken på minsta frö till känsla, som ni så felaktigt antar. Ett kort tag såg jag honom röra sig i motsatta riktningen; hade han överväldigats av ånger? Sedan vände han tillbaka med förnyad iver. Mervyn förstår inte varför pulsen bultar så våldsamt vid hans tinningar, utan skyndar vidare, gripen av en ångest som han, och ni, förgäves ska söka skälet till.

Är det inte genom denna försåtliga dubblering – denna gnidning, om man så vill – som skönhet alstras i *Maldorors sånger*? Den som läser vidare lär knappast kunna undgå misstanken. Som alla "ädla djur av kattsläktet" inser Mervyn snabbt att han blir förföljd. Han står maktlös, men "inväntar modigt sin motståndare och säljer sitt liv dyrt. Imorgon", konstaterar berättaren torrt, "kommer någon lumpsamlare att köpa ett elektriserbart skinn". Kanske är detta tomma hölje det verkliga resultatet av mötet mellan ett paraply och en symaskin på ett operationsbord? Den som frotterar sig med Lautréamonts text känner av dess sällsamma stötar. Som all levande litteratur visar den att skönhet endast uppstår i närvaro av ett vittne – som är medbrottsling och offer tillika. Läsarens förlorade behärskning är bevis nog.

Eter

"Jag äger intet jag skulle kunna kalla mitt eget", skriver Hyperion till sin vän Bellarmin:

> Fjärran och döda är mina kära, och ingen stämma bär bud från dem. [...] Namnlös och övergiven vänder jag åter och vandrar genom mitt fädernesland, som breder ut sig likt en kyrkogård kring mig.

Tiden är 1700-någonting, orten Griechenland. Eller egentligen är platsen en brevroman i två band som utkom med ett par års mellanrum, 1797 och 1799, och tiden sedan dess evig på klassikers manér. Författaren hette Friedrich Hölderlin; med *Hyperion* skrev han historia.

Det är inte alldeles enkelt att avgöra vad som är ett av turkar kuvat Grekland och ett av stridslystna furstendömen sammansatt Tyskland, antik tid och förindustriella revolutionsår i denna text. Det är inte ens lätt att bestämma vilken genre det rör sig om. Visserligen är boken utformad som en brevväxling. Men Hyperions skildring av stäckad frihetslängtan och kvaddad kärlek är så hjärtlig att "engagerad poesi" skulle passa lika bra. I sitt förord oroade sig författaren därför för mottagandet: "jag fruktar att några kommer att läsa boken som ett kompendium och bekymra sig för mycket om den belärande fabeln, medan andra tar den alltför lätt, och ingen av dem förstår den."

Om *Hyperion* inte erbjöd någon sammanfattning av historiska händelser, och inte heller en sedelärande berättelse om kärlekens outgrundligheter, vad var det då Hölderlin ville att läsaren skulle ta till sig när hon slog upp hans bok? Svaret på denna fråga är egentligen svaret på vad romantiken sökte åstadkomma med litteraturen. Få texter visar tydligare vad som står på spel än *Hyperion*. I ett av sina brev till vännen Böhlendorff, skrivet efter den ödesdigra resan till Frankrike som ledde till Hölderlins sammanbrott och kort och gott undertecknat "H", antydde han vad som gör genren speciell: "Skriv nu snart till mig. Jag behöver dina rena toner. Psyche bland vänner, att tankar uppstår i samtal och brev är nödvändigt för konstnärer."

"Psyche bland vänner" är den romantiska textens trollformel. Den visar att det till brevväxlingens egenart hör att inte tillhöra *en* upphovsman. Rollerna som avsändare och mottagare skiftar; det som besjälar skribenterna är en kraft som ingen äger, utan bara kan dela. Utan Psyche inga brev, och inga brev utan en växling av roller. Hölderlin betraktade all diktning som ett sådant utbyte. Frågan är bara varifrån den animerande kraften kommer. Uppstår den självmant, ur texten, eller är den snarare villkoret för att poesin alls ska bli till? Hölderlin ger kraften ett grekiskt namn, som för att antyda att den är förtrogen men förblir främmande – likt ett lånord i språket. Några rader in i det brev som inledningsvis citerades kommer Hyperion detta Psyches tvetydiga ursprung på spåren:

> Hela mitt väsen förstummas och lystrar, när luftens vågor smeker mitt bröst. I det vida blå förlorad blickar jag ofta upp mot etern och ned i det heliga havet, och då är det som om en besläktad ande bjöd mig famnen, som om ensamhetens smärta löstes upp i gudomligt liv.

Man kunde mena att det scenario som tecknas på denna handfull rader inte är mycket mer (eller mindre) än en lyrisk bild av vad kristendomen lär oss om den helige ande. Psyche hör så att säga hemma i luftens kyrka. Anden förbinder oss med himlen och havet och gör oss delaktiga "i gudomligt liv". Möjligen stämmer en sådan tolkning överens med vad vi tror oss veta om den före detta teologistudenten Hölderlins fromhet. Men hans *Hyperion* säger något annat. Där heter det om det sälla ögonblick som skildras att det tycks "som om en besläktad ande [då] bjöd mig famnen". I denna konjunktiviska svävning, lika aningsfull som oviss, ligger den insikt förborgad som är den romantiska textens hemliga aspiration.

Hölderlin dramatiserar svävningen i en annan text, tillkommen strax efter *Hyperion*. Det sker i elegin "Bröd och vin", en meditation över nattvarden och alltså även övergången mellan mänskligt och gudomligt – närmare bestämt i dess fjärde strof:

> Fader Aeter! så ropades från tunga till tunga
> Tusenfalt, ingen kan ensam bära på liv;

Utspritt gläder sådant gods och bytt med främmande folk
Blir det till jubel, ordet växer sig sovande starkt
Fader! lättsamt! och skallar, så långt det når, det gamla
Tecknet, av urfäder ärvt, skapande bort,
Så gör de himmelska intåg, djupt omskakande når ur
Skuggan ner till människorna deras dag.

På åtta rader iscensätts vändningen från himmel till jord som en vändning inte bara från ovan till nedan, utan även från yttre till inre. De himmelska gör "intåg" i människornas liv när utropet "Fader Aeter!" med sitt blixtlika utropstecken färdas "från tunga till tunga" och "det gamla tecknet" – Hölderlin tänker på åskan – mullrar "skapande bort". Man hör detta avklingande eko tydligare om man lyssnar till originalet. Där står *"Vater Aether!"* och fyra rader senare *"Vater! heiter!"* Genom en ordlek förvandlas grekiskans nominativa *aithir* till tyskans adjektiviska *heiter*, "muntert" eller "lättsamt". Den faderliga luften uppfyller den talandes bröst, och lämnar det åter som sång. Vändningen från ovan till nedan är samtidigt en vändning från det främmande och yttre till det egna och inre – och tillbaka ut i det yttre. Med andra ord: Hölderlin talar kanske om heligt åskväder, men tänker på det meteorologiska fenomen vi kallar andning.

Betydelsen av denna andning – eller *Hauch* på tyska – lyfts fram när han flyttar bokstaven *h* från mitten av namnet *Aether* till början av bestämningen *heiter*. Så löses etern upp som begrepp och färgar den serena anda som uppfyller diktaren i benådade ögonblick. Luften är inte längre nominativ eller singulär, utan attributiv och relationell. Nu kan man bättre förstå varför Hölderlin undertecknade sina brev till Böhlendorff med det enkla "H". Denna till tecken vordna andning var allt poeten behövde – ja, egentligen var. Tillvarons femte element, den ombytliga etern, utgör villkoret för all dikt. Tagen för sig är den likväl intet; den behöver den andres bröst för att komma till sin rätt. Därför betraktade Hölderlin aldrig jubelsången

129

som hans texter vittnar om som sin egen, utan som något poeten bara får till låns. I likhet med luften är det endast *som om* den tillhör poeten – en "psyche mellan vänner".

Återigen kan frågan ställas: vad ville romantikerna med litteraturen? Och besvaras: inget mindre än att blåsa liv i läsaren. Det är så att man kippar efter andan. Ingen poet kan aspirera till mer än en revolution av läsarens bröst. Inte ens "H".

Ett trollspö

I Nabokovs kortroman *Transparent Things* förekommer en tre sidor lång utläggning om en blyertspenna. För den som läser passagen är det svårt att inte förtrollas. Utan att märka det försjunker man i något som man först senare förstår är ett transtillstånd. Författaren nöjer sig inte med att beskriva pennans utseende, utan skildrar även dess historia – från "Shakespeares födelseår, då blyertspennan uppfanns", till det ögonblick när bokens huvudperson plockar upp en pennstump som en snickare råkat glömma kvar på hans hotellrum. Det rör sig om en involution: plötsligt skapar ett till synes oansenligt ting en inre utvidgning i tiden, i vilken "hela det lilla dramat från kristalliserad kol och fällt furuträd till detta anspråkslösa redskap, detta genomskinliga ting, [kunde utspelas] i en enda hastig blinkning". Så uppstår den sortens sällsamma, genomskinliga tillstånd som bara minnen som språket vårdar tillräckligt väl lyckas försätta sina läsare i. "Jag njuter fysiskt av Tiden", erkände Nabokov en gång, "i dess stoff och utbredning, i fallet hos alla dessa veck, i denna det pågåendes svalka. Jag vill göra något åt det; jag vill njuta illusionen av ett ägande." Besatt av tiden: också det vore en definition av litteraturen.

Transparent Things tillkom mot slutet av författarens liv. Handlingen är banal, på gränsen till kitschig, och figurernas äventyr skildras på det upphöjda avstånd som han gärna intog i sina böcker. I mittpunkten står Hugh Person, den tafatte lektören i vars namn det är så svårt att inte höra ett tilltal också till läsaren av boken (*you person*). Under en tågresa till det påhittade Versex i Schweiz, där Hugh ska diskutera ett av den excentriske R:s manuskript, möter han den "smärta, atletiska, dödsfarliga" Armande Chamar. De delar kupé. Snart visar det sig att den obekanta kvinnan läser en bok som inte bara givits ut av hans förlag, utan dessutom skrivits av den författare som han just ska besöka. Hugh förälskar sig snabbt och hopplöst, lyckas efter en rad förödmjukelser stjäla Armande från ett antal solbrända ynglingar och "återvänder med en besvärlig brud till sin lägenhet i New York". Några månader senare stryper han henne av misstag i en grym och absurd mardröm, i vilken han försöker rädda henne undan en eldsvåda.

Men det är inte detta romanen handlar om. Dess sanna ämne är snarare drömmen, minnet och uppmärksamheten – kort sagt: de hypnotiska pulsslag som hörs när Hugh plockar upp pennstumpen och som antyder att litteraturen kommit Tidens hemligheter på spåren. "När vi koncentrerar oss på ett materiellt föremål", heter det i början av boken, "varhelst det råkar befinna sig, kan själva uppmärksamhetens akt leda till att vi ofrivilligt sjunker in i dess historia. Nybörjare måste lära sig att skumma materian om de vill att den ska förbli på exakt nivå med ögonblicket." Och några stycken senare: "En tunn hinna av omedelbar verklighet ligger över naturliga och påhittade ämnen, och den som vill förbli i nuet, med nuet, nu, får vara så snäll och inte bryta dess ytspänning. Annars kommer den oerfarne undergöraren att upptäcka att han inte längre går på vatten, utan sjunker upprätt bland stirrande fiskar."

Litteraturen som ett försök att gå på vatten? Nabokov var nog ute efter ingenting mindre. I hans roman skimrar så många skikt av dröm, aning och känsla att texten, trots sitt knappast magra uppbåd av katastrofer, bara kan betraktas som lycklig. Som få andra behärskade han konsten att gå på vatten. Och som alla undergörare visste han att den verkliga litteraturen varken transporterar sina läsare ned i det förflutnas outgrundliga djup eller skickar upp dem i framtidens syrefattiga rymder, utan återför dem till den enda, tunna men mångskiktade dimension som betyder något: nuet. Men hur kan man fånga detta underliga tempus utan att samtidigt medge att det gått förlorat? Genom att låta det återuppstå i skrift. Möjligen är det påminnelsen om ett sådant nu – "på exakt nivå med ögonblicket" – som är författarens gåva till läsaren. Och blyertspennan? Den kan i så fall bara vara hans trollspö.

På armslängds avstånd

"När Chaplin upptäckte broderskapet", menade Heiner Müller, "skedde det på bekostnad av hans konst." Den blev loj och trubbig, ja, baktung av mödan att vara snäll i en elak värld. Det vi kommer att minnas av honom är inte den goda människan, utan den onda ängeln. Säkert hade Müller rätt. Det som drabbar en sentida tittare i Charlie Chaplins filmer är inte så mycket den hjulbenta solidariteten med de undertryckta, som den muntra skadeglädje han lägger i dagen när han med käppen ger igen för gammal ost. Det är i sådana stunder av ren, saklig lycka som man förstår att Chaplin bara försöker rädda skinnet i en värld där hot och övergrepp blivit till självklarheter.

Men med makten skojar man sällan ostraffat. För att konsten ska klara sig måste den slå hårt och precist. Här hjälper en skeptisk attityd för det mesta. Den som inte tror en överlägsen motståndare om något gott vet åtminstone att spelet är förlorat om han reser sig. Det gäller att slå först; efteråt kan man alltid fråga om lov. Utan slagfärdighet står sig konsten slätt i en tid när så gott som varje egensinnighet låter sig passiviseras genom falsk vänlighet, varje avvikelse tas till förevändning för rättning av leden. Motståndarens utsträckta hand behöver inte innebära välvilja. Man kan besegras också genom förståelse. Klokt är därför om man övar upp sin känsla för det rätta ögonblicket att slå undan benen på en konvention. Friheten att byta åsikt behöver i konstens fall inte betyda opportunism, utan kan lika gärna innebära att man skaffar sig tillfälligt manöverutrymme. Som Chaplin visste krävs bara att man kommer på armslängds avstånd från de kollektiva övertygelserna för att kunna golva dem. Ett taktiskt sinne för list och idiosynkrasi, avvaktan och överraskning skadar inte heller. Se bara på Indiana Jones. I en berömd scen utmanas han av en väldig arab som utstöter ett grymt och lyckligt vrål. Men istället för att anta spelets underförstådda regler och ta till knytnävarna skjuter han den förvånade fienden med revolvern. På konstens område hjälper denna attityd alltid. En välvald aforism avlossad från höften räddar en även i den svåraste klämma.

Dikter bör vara som pistolskott i himlen, lär Ezra Pound ha sagt. Tydligare än så vore det i alla fall svårt att formulera vad ärendet gäller. Revolver eller spatserkäpp: alla medel duger så länge de punkterar konstens förmenta pakt med makten och aldrig så lite lättar på trycket. Den som inte begriper att man måste göra hål i världen har förstått mycket lite av sakernas tillstånd. För det är naturligtvis bara då, i det svindlande ögonblicket innan hålet sluter sig igen, som vi hör det avlägsna skrattet från gudar som roar sig på vår bekostnad.

Möss och människor

Man behöver inte vara svartskalle för att veta att rösten kan röja ens härkomst. I ett brev till Max Brod 1920 visar Kafka att denna insikt dock måste räkna med sociala följder. Han befinner sig för tillfället i Meran på kur och har bett om ett eget bord så att hans okonventionella matvanor inte ska störa övriga gäster. Snart blir situationen emellertid "ganska komisk". Kafka är nämligen den ende i matsalen som sitter ensam. Ett par officerare bjuder honom till sig – "och nu började det hela" ... Efter att älskvärdheter utbytts får den tuberkulossjuke författaren frågan om varifrån han kommer. Han svarar Prag, men sällskapet nöjer sig inte. Är han kanske tjeck? Nej. En gäst föreslår att han stammar från Sudetlandet, en annan att han kommer från Malá Strana, den del av Prag som utbreder sig på västra stranden av Moldau. Nej, nej. "Sedan lämnades ämnet därhän och man fortsatte att äta. Men generalen, som hade skarpa öron uppövade i den österrikiska armén, var inte nöjd." För att få saken ur världen en gång för alla förklarar Kafka därför att han är jude. Nu stillades visserligen officerens "vetenskapliga nyfikenhet, men knappast hans känslor". Mellan majoritetsspråkets oklanderliga stavelser hade minoritetskulturen kastat sin skugga. Trots att Kafka talat korrekt tyska röjde rösten hans härkomst.

Mauscheln kallades den tyska som talades av judar. Till melodin ansågs den avvika från rikstyskan ungefär som judiska näsor från ariska, varför den sågs som tecken på språklig degenerering. Folketymologin avledde begreppet från tyskans ord för mus, *Maus*, och Kafka var knappast omedveten om associationen. Djuret förekom även i andra skymfuttryck – till exempel i påståendet att "judar är lika bra för världen som möss för säden". I ett brev till Brod ett år senare anspelar han på denna föreställning. Han talar där om de svårigheter som unga judar upplever när de skriver på tyska. De "vill lämna fädernas judiskhet bakom sig", men "med sina bakben sitter de fortfarande fast i den och med de famlande frambenen finner de inget nytt underlag. Den förtvivlan som följer därav blir deras inspiration".

I novellen om "Sångerskan Josefine eller Mössens folk", skriven när tuberkulosen gjort det svårt att äta och tala, skildrar Kafka den sällsamma sångerskans förtrollande stämma. "Josefines svaga pip mitt uppe i alla våra svåra avgöranden liknar nästan vårt folks jämmerliga tillvaro i en fientlig världs tumult." Hennes röst blir betydelsefull just genom sin obetydlighet. För en författare som skrev den klaraste tyska, men samtidigt upplevde grunden för sin verksamhet som omöjlig, blev denna diminutiva stämma sinnebilden för den spagat som han själv tvingades utföra. Men den är inte det sämsta. Som han lakoniskt noterar i brevet från Meran: när det väl blev klart att han var jude lämnades han ifred utan att längre behöva sitta ensam.

Pratkvarnar

Alla känner den leda som förr eller senare infinner sig i sällskap av pratkvarnar. Tankarna slinter, orden förlorar fäste, talet går på tomgång. Diskret hummar vi möjligen, mest för att simulera intresse, men i övrigt slår vi dövörat till. Vad gagnar oss detta gränslösa svammel? Förmodligen är det föremålslösheten som irriterar oss. När pratkvarnen går igång maler munnen inget av värde. Mekaniskt upprepas påståenden utan respekt för vare sig innehåll eller stil. Det är en rundgång som endast alfabetiska djur av arten människa tycks ägna sig åt. Verkligt förskräckta blir vi dock först när vi inser att varje insikt, varje fras riskerar att förfalla till denna verbala olycka. Inte ens vi – som utnämnt oss till pladderallergiker – går fria: upprepa en sats en gång för ofta och hör den tömmas på vits och mening.

I prosastycket "Monolog" försöker Novalis komma underfund med det tomma pratets väsen. Ett riktigt samtal, påpekar han, "är bara en lek med ord". Den som inbillar sig tala å tingens vägnar duperar sig. Det egenartade med språket är tvärtom att det endast bryr sig om sig självt: "Det föraktliga pladdret är språkets oändligt allvarliga sida." Vad kan han mena med en så provokativ iakttagelse? Kanske detsamma som Klopstock då han skrev: "Slutar aldrig det pladder som kallar sig filosofi?" Visserligen är litteraturen den språkliga form som enligt konventionen befinner sig längst från pratet, men frågan är om det inte är till den vi bör vända oss för att förstå vad Novalis menade. En roman ger ett överraskande svar: Louis René des Forêts *Pratkvarnen*. I denna text från 1946 bestämmer sig berättarjaget en söndag eftermiddag för att ta ett dopp i havet. På väg ned till stranden söker han vila under ett träd. Liggande i den lummiga skuggan överkoms han av en obändig lust att prata: "Jag hade lust att snacka, men jag hade överhuvudtaget inget att säga." Vad som följer är den saligaste svada. Berättaren babblar på om allt mellan himmel och jord, och långsamt rycks man med. Inget tycks länge orimligt, inget saknar glans eller betydelse. Plötsligt antyder det oupphörliga pladdret en tankens frihet som man annars bara kan drömma om.

Under svadans gång vänder sig des Forêts berättare till läsaren, som för att förvissa sig om att någon skänker honom öra. Visar dessa upprepade hänvändelser på pladdrets sällsamma pakt med litteraturen? I ingetdera fallet fordras ett svar, likväl förutsätts att någon lyssnar. Kanske menade Novalis att vår mottaglighet skulle reduceras till en fråga om nytta och kalkyl utan denna det riktade språkets tomgång? På sitt sätt slår pratkvarnen vakt om språkets rätt att inte vara till gagn. Är den dess "oändligt allvarliga sida"?

Ha – ha!

Sannolikt har varje människa, åtminstone i den mån hon gör anspråk på att vara ett reflekterande djur, någon gång tänkt tanken att hon kunde vara galen. Förmodligen har hon sällan varit så klarsynt som vid dessa tillfällen. Åtminstone brukar problemen först infinna sig i det ögonblick som hon slås av hur många gånger hon *inte* tänkt tanken. Det hon då upplever kallas paranoia.

Som litterär teknik är den svåröverträffad. Dess styrka ligger i att kunna alstra hela handlingen i en bok utan att göra vidare förklaringar nödvändiga. Eller snarare: de vildaste förklaringar bör ständigt ges (ingen paranoia utan ugglor i mossen, andar i vägguttagen, spöken i hjärnan). Men pusslet som författaren lägger behöver inte framstå som trovärdigt. Även förryckta tankar duger så länge handlingen förs framåt och utrymme ges för affekter och förvecklingar. Allt ska bara på lagom ungefärligt, lagom obevekligt sätt peka mot en komplott, lika gigantisk som infernalisk, vars yttersta syfte är att konvertera mänskligheten till föda för främmande makter eller åtminstone sodomisera den stackars hjälten. CNN, Novapolisen, fluortanter eller tyska elektriker… Smarta och diaboliska står alla i maskopi med varandra.

Kanske är den litterära paranoian en amerikansk uppfinning. I alla fall krävs en fiende med avsevärt teknologiskt *know-how* och säckar med flis. Ty som Pynchon, Burroughs, Foster Wallace och andra mästarparanoiker vet är de dunkla krafterna som omger hjälten välorganiserade. Ingen skulle klassas som "paranoid" om motståndaren inte vore metodisk och ytterst förslagen. Därför går paranoikern på hermeneutisk *overdrive*. Är fienden rationell måste han bli hyperrationell. Minsta distraktion och hans själ, detta nervernas operativa system, vore ett minne blott.

Någon som hade hum om hur man förebygger liknande "själamord" var Daniel Paul Schreber från Chemnitz i östra Tyskland. Genom *En nervsjuks tänkvärdheter*, publicerad 1903, blev denne sekelskiftets klockrenaste paranoiker inom kort historiens mest citerade psykpatient. Själv såg sig Schreber som offer för mystiska strålar och röster utsända av en alltför amorös Gud. Den celeste makthavaren ville infiltrera hans hårdvara och ta kontrollen över nerverna, där han menade att själen fanns. Såsom "den sista verkliga människan" på jorden var den uppgift som Schreber ställdes inför formidabel. Allt kunde tolkas som angrepp. Den enda räddningen för den stackars förre senatspresidenten låg i att "avmanligas" och bli kvinna. Endast så kunde fienden blidkas och avväpnas. Problemet var bara att just det förnuft som krävdes för att genomföra denna operation spelade Demiurgen i händerna. På läsarens påstående "Det där är rena paranoian!" hade Schreber säkert svarat som han brukade på det mesta under sina år på hospitalet: "Ha – ha!"

Sista kapitlet i världshistorien

Utanför teologiseminarierna talas sällan om grace. Visserligen kan både dansare och skådespelare visa prov på varan, men som term antyder den en sfär av kulturen som betraktas som oåtkomlig. Grace kallar vi den gudomliga andning som animerar konsten och hindrar den från att dö. Bara teol. disputander skulle få för sig att sätta den på begrepp.

I en uppsats erbjöd Paul de Man en gång ett tänkvärt korrektiv. Han minns där hur han "körde på en väg i Schweiz efter att i en lokaltidning just ha läst att bilförare var hundrade meter måste fatta åtminstone 36 beslut. Sedan dess", tillfogade han lakoniskt, "har jag inte kunnat köra graciöst." Iakttagelsen visar att konsten inte frigör sig från religionen utan besvär. Egentligen handlar det om en form av syndafall: när en människa blir självmedveten förlorar hon sin oskuld. Utgångspunkt för de Mans reflektion är Kleists berömda uppsats "Om marionetteatern", där han låter en viss C. poängtera att dockor kan överträffa vanliga dödliga i gracil dans, eftersom de till skillnad från de senare saknar själ. Med instrument fina nog går naturlighet att återskapa. I denna insikt ligger något radikalt förborgat: kanske är grace ett mekaniskt fenomen, möjligt att koppla loss från andlighet? Tillgjordhet kallas åtminstone den åkomma som de lider av hos vilka själen befinner sig på annat ställe än deras kroppars tyngdpunkt. "Titta på unge F.", utbrister C. om en dansare: "Hans själ sitter – o, ve och fasa – i armbågen!" Berättaren vill inte vara sämre, utan beskriver hur en vän tappat sin omedvetna charm. Denne stod i begrepp att torka av ena foten när han tittade sig i spegeln och upptäckte en slående likhet med en berömd staty. Uppmanad att göra om handlingen förlorade han naturlighet. Därefter återstod endast en rodnande brist på grace.

Kleists figurer enas till slut om att sann grace endast uppenbarar sig hos en människa som äger antingen inget eller oändligt självmedvetande – alltså är marionett eller gud. Man kan undra vad de skulle ha tyckt om Christina, den första disinkarnerade kvinnan. Hon uppträder i en av Oliver Sacks fallstudier. Den unga kvinnan ska opereras för gallsten, när hon plötsligt förlorar kontakten med sin kropp. Hakan faller, händerna hänger, benen bär henne inte längre. "Det är som om kroppen blivit blind", rapporterar den olyckliga. Hon har förlorat sitt sjätte sinne – vad neurologer kallar "proprioception" eller självuppfattning. En svår tid följer, under vilken Sacks finner henne i pedantiskt intagna poser lite varstans på sjukhuset. Christina har blivit sin egen skådespelerska. När hon talar sker det med "teatralisk röst", som försökte hon göra den hemmastadd bland stämbanden. Till slut skrivs hon ändå ut och kan återvända hem, trots att kroppen förblir "död". Eller snarare: den har blivit en andra natur. Ty med tiden förvandlas Christina till ett konstverk på fötter, där varje gest svarar mot en inlärd attityd. Hon saknar självuppfattning, men visar samtidigt oändligt många prov på det. Man kan undra om hon inte blivit denna oerhörda motsägelse: en gudomlig marionett. Kanske vore detta, som Kleist skriver, "det sista kapitlet i världshistorien"?

Protesguden

Proteser behandlas vanligen styvmoderligt. Trots att människan alltmer kommit att lita på dessa förlängningar av egot – först träben, sedan glasögon, numera hörapparat och pacemaker – betraktar hon dem som konstgjorda supplement till sitt vara. Proteser är exempel på en andra natur, lika mekanisk som artificiell. Att betrakta dem som integrerade delar av oss själva skulle svära mot vår innersta övertygelse om vem vi är.

På ett välkänt ställe i sin studie över människans vantrivsel i kulturen anmärker Freud: "Människan har så att säga blivit en protesgud. Hon kan vara nog så storslagen när hon iklär sig alla sina hjälporgan. Men dessa är inte sammanvuxna med henne och vållar stundom problem." Kanske är problemet så enkelt: allt en fråga om anpassning? Att denna dock vållar besvär visste Freud bättre än de flesta. Efter att ha utnämnt människan till "protesgud" övergår han till att diskutera det obehag vi upplever när vi går på smutsiga gator eller tvingas sitta intill illaluktande människor. Utan vidare förklaring hänvisar han till Louis XIV: "Vi förvånas över att få höra vilken vedervärdig stank som utgick från Roi Soleil."

Skälet till den olfaktoriska horrören angavs aldrig. Kanske litade Freud på att läsaren skulle falla tillbaka på den protes som kallas bildning. Enligt historikerna ska Solkungen ha förlorat en stor del av sitt gomtak på grund av undermålig tandvård. Under sina sista år lär han rentav ha hostat upp lika mycket föda genom näsan som han lyckades svälja. Personligen var Freud inte främmande för problemet, och kanske var detta det verkliga skälet till hans anspelning. Även han hade stora problem med tuggapparaten. Lyckligtvis fick han till skillnad från den franske kungen tidigt en protes. Men efter att ett malignt stycke av gommen och käken opererats bort 1923 och ersatts av en metallplatta ledde det främmande elementet till komplikationer. Protesen visade sig svår att avlägsna och Freud lär tidvis inte ha kunnat öppna munnen mer än ett par centimeter när den väl satt på plats. I sin biografi berättar Ernest Jones att det kunde ta honom och dottern Anna över en halvtimme att sätta in pjäsen. Protesen förtjänade sitt öknamn: "Monstret".

Uppenbarligen hade fadern till den process som Bertha Pappenheim, den första analysanden i världshistorien, kallade "talkuren" själv svårigheter att inte bara äta utan tala. Betyder det att det lyssnande som han praktiserade under sina analyser var det enda sättet att slå vakt om en tillvaro oavhängig proteser? Om det kan man som lekman fantisera tills man får veta att Freuds hörsel på ena örat försämrades så pass att han under senare år tvingades byta plats på divanen och fåtöljen – med resultat att den analytiska processen kastades om. Lika bra att betrakta protesen som en del av en själv, även om det gör ont.

Kamrat Zeitgeist

Med jämna mellanrum skakar någon liv i honom – en tunnhudad men slitstark figur som har den ovanliga förmågan att vara överallt på samma gång: kamrat Zeitgeist. Han är tidernas *comeback kid*, aldrig för god för en repris. Förvirrat gnuggar han sömnen ur ögonen, sträcker på armarna och gäspar. När kroppen fått sitt blir det själens tur. Minnets rynkor slätas ut, sårskorporna efter dyrt förvärvade erfarenheter pillas bort. Kanske läggs en ansiktsmask av glömska. När dragen till slut blivit så tomma att de kan stå för vad som helst anmäler han sig till tjänst.

På litteraturens område är det oftast kritikerna som inkallar denna figur. Syftet är lika hederligt som befogat: de behöver honom på samma sätt som polisspanarna sin fantombild. Det vill säga: tidsandan förkroppsligar en identitet på jakt efter innehåll. Tills kritikerna lagt vantarna på *the real thing* förblir denna suddiga kontur det enda de har att gå på. Det hör till sakens natur att de därmed måste ligga steget efter författarna. Ingen bör förvånas om deras historieskrivning får drag av gravtal. När kritikerna i ord lyckats fånga vad de söker har det redan gått bort. Detta förtar knappast värdet av deras insats: en kultur mäts alltid också i hur väl den umgås med sina döda.

Ibland händer dock att de efterlysta själva rekryterar tidsandan. Då får det hela vapenskrammel över sig. Kamrat Zeitgeist förväntas nu göra tjänst som fanbärare. Kring halsen hängs ett antal attribut som vissa författare antar att andra författare, löst definierade som "generation", ska sluta upp kring. Självutnämnda drillsergeanter tar hand om appellen. När det gäller skrivande varelser är det emellertid lite si och så med rättningen i ledet. Därför tillämpar de profilhungriga underofficerarna gärna gamla knep – som att frambesvärja fiendebilder. De utgår från att inget fungerar så stärkande för individualister med svag gruppkänsla som vissheten om vad de inte bör vara. Och vad kunde vara värre än att förväxlas med föregående "generation"? Att denna kände sig lika illa till mods i uniform glöms gärna bort. Om hotbilder inte förmår stärka kollektivkänslan finns alltid utmönstringen kvar. Den som råkat försova sig eller bara har ömma fötter sedan förra appellen kan räkna med att bli stämplad som generationsoduglig.

Frågan är bara om alternativet till att vara tidsenlig som författare är att känna sig överspelad. Slarviga hjärnor tyder gärna avvikelser från den påbjudna tidsandan som tecken på ett förlegat förflutet och ber dem därför att ta plats på läktaren. Men litteraturen är ingen stafettpinne, eller ska vi säga penna, som en generation överlämnar till nästa. De tankar som en dikt eller roman innehåller rör sig i andra banor än de likriktat runda. För övrigt är det sällan något större fel på flåset hos äldre kolleger. Kort sagt: som författare räcker det knappast att göra sig till samtidens medlöpare. Den som gör anspråk på att vara aktuell kan inte nöja sig med att förbli symptom. Aktualitet är ju inte detsamma som tidsanda: litteratur som betyder något behöver inte verka i nuet för att drabba. Kanske är det som håller sådana texter vid liv inte tids-anda utan tvärtom ande-tid – en för litteraturen egen tidsordning, inte avhängig trender eller generationer? Det största misstaget vore i så fall att tro att den skulle sakna fäste i en köttslig erfarenhet. Till skillnad från kamrat Zeitgeist är den ingen fantom. Tvärtom förblir kroppen dess förutsättning, ty utan den finns ingen upplevelse av ändlighet, inga ögonblick av lust och häpnad, ingen åtrå, ingen bestörtning.

För att komma sådana erfarenheter på spåren gör författare klokt i att av och till ägna en tanke åt inte vem utan vad de är: en biologisk artefakt. Så skapas distans till de egna nyckerna och livslögnerna, så bereds plats för lidelsefull reflektion. Trots allt handlar skrivandet inte om ens privata ack och ve, eller ens om att återuppliva den med förlov sagt slitna formeln *"JE est un autre"*, utan om hur man gör situationen rättvisa med maximal åskådlighet. Och kan man skildra sin samtid utan att ta åtminstone ett steg åt sidan? Som människa existerar man bara så länge man är skild från sin omgivning. Det kan låta osmakligt, men utan kranium går man faktiskt under. Detta skallskal är bara en bild, låt vara drastisk, av ett allmännare fenomen. Till definitionen på en människa hör inte bara att hon lever kollektivt och dör ensam. Utan också att ingen annan kan befinna sig på samma ställe som hon själv gör. Med andra ord består hennes egenart i att ingen, vare sig fysiskt eller metafysiskt, kan ta hennes plats. Endast med respekt för denna skillnad, som knappast är trivial, blir det möjligt att tala om att vara människa, till exempel författare, bland andra människor, till exempel författare.

Det säger sig självt att den poetik som kan avledas ur denna belägenhet är allt annat än inåtvänd. Handlar det inte om att i det egna finna det gemensamma? Att insistera på att det som gör en människa omöjlig att ersätta är det som samtidigt gör henne till en bland andra? Och alltså, metaforiskt talat, att vända ut och in på förhållandena? Varje litterär text värd namnet iscensätter detta underverk, lika sakligt som hudnära. På sitt sätt lär den oss att det inte går att skilja tanke från kropp, reflexion från engagemang. Så länge en författare förblir denna erfarenhet trogen löper texten knappast risk att förväxlas med någon annans.

Resten är en fråga om hantverk, det vill säga om att omsätta irritationer och begär på ett så pregnant sätt som möjligt. Syftet måste vara att väcka genklang också i andra skallar. Den text som lyckas med detta demonstrerar med nödvändighet generationsrekryternas dilemma: den som söker förkroppsliga tidsandan, och således vill vara överallt på en gång, är i sista hand ingenstans.

Änglavakt

I en ofta citerad anteckning, författad mot slutet av hans liv, framhöll Walter Benjamin om "historiens ängel" att den vänder anletet mot det förgångna. Stående på epokernas avskrädeshög vill varelsen "nog gärna dröja kvar, uppväcka de döda och sammanfoga det som slagits i stycken. Men en vind blåser från paradiset, som griper tag i dess vingar och är så stark att den inte längre förmår sänka dem". Fångad i blåsväder, ur stånd att sänka vingarna, drivs ängeln in i den framtid som den samtidigt vänder ryggen. Vid dess fötter samlas skräpet och växer upp till himlen. "Det vi kallar framåtskridande", slår Benjamin fast, "är denna storm."

Idag skulle härolden sannolikt ha brutit samman vid blotta tanken på att skapa ordning bland det förflutnas lämningar. På samma gång som medlen att hantera det gångna har hunnit bli fler och finare än någonsin, ökar avskrädet. Den mänskliga tillvarons mest beständiga form tycks vara ruinen. Man behöver knappast sörja över att alla spillror av svunnet liv inte går att rädda undan glömskan och förlusten. Mycket i tillvaron liknar smuts och någon sorts sinne för hygien finns säkert i lusten att göra rent hus med det förflutna. Frågan är dock om den försåtligaste smutsen numera inte skapas av ett informationsutbud utan motstycke i historien. Tanken är knappast originell, men likafullt oroväckande. Även vän av mångfald bör våga hypotesen att detta överflöd utgör sin egen sorts förorening. Också med bästa vilja i världen kan ingen ta till sig all den information som dagligen bjuds ut. Det mesta förblir spilld möda – osorterade tirader på mänsklighetens soptipp.

Avskrädet gör konstens uppgift tydlig. Dess egenhet har alltid varit att ta betydelsernas överskott på entreprenad. Om någonstans är det här kosher att innebära mer än vad situationen kräver. Men till skillnad från den betydelse som spamet eller reklamkampanjen tillhandahåller, är syftet inte att förse oss med extra information. Konsten med konsten består i att skänka insikt i förlustens betydelse för våra liv. Medier med ambitionen att informera gör tvärtom en kalkyl: de syftar till att ge avkastning. Medan det i förra fallet handlar om ett överskott som bygger på sammanhang och inte sällan motsägelser, rör det sig i det senare om ett ständigt adderande där slutsumman aldrig kan bli stor nog.

Enligt en av etnologins mer berömda definitioner består smuts av materia som befinner sig på fel ställe. Kanske är problemet för dagens konst att den så lätt framstår som malplacerad i ett samhälle med krav på snabb tillägnelse och avkastning. I en tid när framåtskridandet blåser rent på de offentliga platser där mening brukade skapas innebär det inte nödvändigtvis någon fördel att vara arvinge till Benjamins ängel. Men någon måste ta hand om skiten.

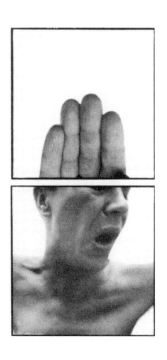

Daniel Paul Schreber nr 2 anhåller om audiens

Till Thomas Florschuetz

Jag ställer denna skrivelse till framtiden,
I hopp om att en själ plastisk nog
    Ska röras av den,
Ty jag är den sista människan
    Kvar på vår jord.
Det faller mig inte lätt att säga detta,
Man kommer att betvivla mina ord,
    Men bevisen talar för sig själva
Och mig lurar man inte.
Jag har koloniserats
    Genom näsa, genom mun,
        Öron och anus,
Av de lägsta och skändligaste makter,
    Dock kan jag inte dö.
Ändå har jag tvingats bete mig som ett lik
För att uthärda de röster och strålar
    Som uppfyllt min kropp.
Ljud har gått in i mig som ljus genom glas
Och jag har varit skådeplatsen
    För det oheligaste tumult.
Man måste föreställa sig min tillvaro!
En tid hyste högra armen en geléartad massa
    Av ett körsbärs storlek

Och mina fötter ivriga små män
Med uppdrag att pumpa kotpelaren ur mig.
Följden blev att denna så vitala del
Lämnade mig i form av moln ur min mun,
Främst under promenader genom parken.
Å, sedan Gud lade sig i saken
Har det inte varit någon ände på kvalen.
Förvisso var hemsökelserna svåra för alla,
   Också för vårdarna, doktorerna,
     Min hustru och andra,
Förutsatt förstås att de var verkliga människor.
  Men jag har varit tapper.
Att skrika för full hals var min första åtgärd,
   Att vägra mat min andra.
     När intet mer återstod att göra
Tillät jag mig att "avmanligas":
Könet krympte tills det helt försvann,
Hår ryktes ur mitt ansikte
Och mina bröst blev tunga.
   Där låg jag, en liderlig kvinna,
     Som till för att befruktas.
Sedan dess har åren gått,
   Stora plågor, bittra lidanden,
Umbäranden knappt av denna värld.
Nu känner jag att slutet är nära.
Efter tolv år återstår endast huvudet av mig,
Samt dessa stavelser som jag räknar som de sista
– En livhank av syre, föga mer.
   Är jag ängel eller idiot?
Kanske en smula av ingenting.
   Men har jag inte rätt
Att vara herre i eget huvud?

    Till min glädje
Har jag en trumf att spela ut.
Den store kalkylatorn tror ännu
   Att en människa som existerar
     Måste befinna sig på *en* plats.
  Jag har som första person i världen
   Insett att så inte är fallet.
Jag låg på min säng på kliniken,
Vinden lekte ta fatt bland gardinerna,
Och erfor den tydliga känslan av att gå bort.
  Ändå var jag bevisligen där
– Ty vem tänkte denna tanke,
   Tänkte jag,
Och förstod att räddningen låg i att förskingras.
Plötsligt stod klart att skydd och förskansningar
  Inte varit till någon nytta.
Också genom ett nyckelhål kan djävulen krypa.
Bara öppningar och tomrum hjälper:
   Fönster måste slås upp,
    Korsdrag få härska
      Och intet uppfylla tankarna.
Då ska luften bära ens ande.
  Min vilda musik!
Att inte vara en utan många är livets djupare regel.
  Således har jag förökat mig
Genom en mängd in- och utgångar.
  Som molekyler av syre
Ska jag ligga spridd i de avlägsnaste lungor.
Liksom förr kommer strålarna att falla in genom fönstren,
Men hädanefter ska de bringas i oreda.
  "Himmel", kommer de att skrika
    (Ty strålar i rörelse talar),

"Det är en människa med många huvuden!"
Och sedan inte veta vart de ska ta vägen.
   Ett lik är en återvändsgränd,
      Eller hur,
Goda reflexer kan dock rädda situationen.
I deras spel med varandra ska jag födas på nytt,
   Inte längre kropp utan klimat,
Ett aggregat för en oändlig mängd teatrar.
På så vis ska jag bli den förste att desertera
   Från den allmänna ordningen,
Men själv stå ingenstans att finna.
En dag kommer nya människor att växa ur min ande,
    Denna autentiska förhärjning,
Kanske blir det i den trakt av planeten Phobos,
      I omlopp kring Mars,
   Som kallas Yttre Mongoliet.
Varken man eller kvinna
   Ska jag då åter bli till ett stoff
Av vilket levnad kan vävas.
   Som ni förstår,
      Eders ev. Majestät,
   Fordras endast
Att ni beviljar mig audiens.
I denna anda tecknar jag,
   Daniel Paul Schreber nr 2,
F.d. Senatspresidenten
   Dr. jur. Daniel Paul Schreber,
     Tillfälligtvis i Leipzig-Dösen,
   I detta Herrens Sista År 1911.

Urmakarens kärlek till fladdermusen

1. Intuition? En sorts fladdermusbeteende. Jag sänder ut signaler. De återvänder till mig, men lätt förvrängda. Någonstans i dunklet som omger mig har de stött på något jag själv inte kan skönja. Att "lita" på sin intuition är föga mer än fladdermusens förtröstan att den ska finna en väg till slut. I den mån litteratur skrivs intuitivt fordras alltså god radar. Och att författaren trotsar vissa vanföreställningar om den mänskliga varseblivningen. Till exempel måste han kunna "se" med sin hörsel.

2. Som barn lär vi oss att tolka de vuxnas röster innan vi begriper vad de säger. Intuitionen släktar på denna tolkning. Den är innebördens avkomma, men föregår den likväl. Bara intuitionen kan säga: "Jag födde meningen, min mor." Och möjligen litteraturen – om författaren.

2.1. När blicken skiftar i ögonen på min arton månader gamla dotter och hon mm-ande lägger huvudet mot min axel, vet hon inte om jag är trött eller ledsen eller har saknat henne. Men hon anar det. På vilka grunder? Av tidigare erfarenhet. Och möjligen av artlikhet. Likväl är denna erfarenhet uppenbarligen inte tillräcklig för att hon ska kunna avgöra om fadern förställer sig. Är hennes reaktion alltså intuitiv? Men intuitionen är väl den instans som skulle göra det möjligt för henne att skilja sant från falskt, uppriktighet från förställning? Kanske rör det sig snarare om instinkt. Den påminner i alla fall om kärleken. Inte heller instinkten är intuitiv eller kalkylerande. Den fordrar inte att vi odlar den. Den saknar "kultur".

3. I umgänget med en text klarar sig författaren lika lite utan intuition som utan kalkyl. Den som inte låter sin läsare ana (men inte nödvändigtvis förutsäga) varthän hans text bär vet mycket lite om betydelsen av ton, stämning, atmosfär. Men för att denna intuitiva tillit ska uppstå krävs ett mått av kalkyl. Om jag inte beräknar effekten av en förveckling i handlingen, av ett karaktärsdrag eller ett replikskifte, kan jag inte heller räkna med att läsaren ska uppfatta den ironi som jag möjligen avser eller upptäcka den ledtråd som jag gömt i en bisats. En bok får gärna vara skriven med kalkyl, men den gör klokt i att verka intuitiv.

3.1. Kalkylen har samma förpliktelser gentemot ett stycke litteratur, till exempel en roman, som härledningen gentemot filosofens argument. Om vi förser en annan person med förutsättningarna för handlingen bör hon acceptera följderna. I sig räcker detta emellertid inte för att texten ska få egenliv och bli till litteratur. Till det krävs mer, däribland intuition. Läsaren måste intuitivt känna att texten stämmer. Hur framkallar jag denna känsla? Svårt att säga. Intuitionen är ju den ensammes glädje och vånda. Hur skulle jag kunna råda över något sådant? Kanske är *det* svaret på frågan? Jag kan inte behärska den. Även jag måste lita på att glädjen och våndan leder mig rätt.

4. Så fort vi söker rekonstruera intuitionens förhistoria får den, om än aldrig så lite, drag av kalkyl.

5. Intuitionen är en övning i närhet. Ingen har en intuition som sträcker sig över kontinenter eller sekler. Kanske är det därför vi tillskriver den intuitive "näsa" eller "fingertoppskänsla". Intuitionen är förlagd till vår kropps yttersta spetsar, till de "extrema" orter där vi står i begrepp att övergå i omvärlden. Kalkylen hör däremot hemma bakom örat – i baktanken, listen, beräkningen. Den är en övning

i distans. Det kan röra sig om avstånd i tiden eller rummet, men även om avståndet mellan subjekt och objekt. Viktigt är bara att man intar den distans som krävs för att en tillfredsställande grad av kontroll ska etableras. Man kunde också säga: intuitionen föredrar delaktighetens stugvärme, kalkylen fyrtornets svalka.

5.1. Den intuitive tänker kortsiktigt, den kalkylerande långsiktigt. I båda fallen handlar det om att uppnå ett syfte, och alltså om en händelse placerad längre fram i tiden. Men där den förre lever i nuet eller det omedelbara förflutna, ännu varmt av den närvaro vars skugga han hoppas ska leda honom rätt, försöker den senare sig på konststycket att förlägga framtiden till det förflutna – eller åtminstone att behandla det kommande som om det vore en version av det förgångna. (En antik retor, patologiskt sinnad, skulle möjligen tala om "pro-" och "metaleptiker".)

Nietzsches dröm om en framtida läsare som ska förstå honom är inte önskan om en saliggörande lektyr 1933 eller 1984 eller 2001. Utan grundar sig på föreställningen att skrivet språk skapar en temporalitet som lyder andra lagar än de som gäller i umgänget mellan talande människor. Kort sagt: Nietzsche gjorde en kalkyl beträffande intuitionen. Hans skrifter skulle vara istånd att överleva långa epoker av dumhet, ointresse eller intighet, men verka alldeles nya när den rätte läsaren väckte dem till liv. Att författare än idag hänger sig åt denna Törnrosa-dröm är bevis nog på att knappast någon var så modern som professorn i Basel. Hans modernitet är av det slag att texten genast fortsätter att slå där den slutade hundra år tidigare. Man kan räkna med att de första nymornade raderna som läsaren stöter på ger honom ett par örfilar, så att han ska förstå att han inte kan göra vad han vill med texten. Nu har det åter blivit allvar i litteraturen.

6. Intuitiva författare kan delas in i två grupper – kalla dem "hun-

dar" och "katter". Hundarna nosar runt och söker; katterna fixerar. Den förra typen är till sin natur snarast nyfiken, eller *curiosus* på latin, alltså "omsorgsfull", varför det knappast förvånar att en hundförfattare med närmast otröttlig entusiasm undersöker det revir han pinkat in. Han skriver med andra ord "samma" bok varje gång, om än med andra förtecken och förhoppningsvis nytt djup. Den senare typen är uppmärksam eller *attentus*, "anspänd". Kattförfattaren bryr sig inte om samlarens anspråk på att behärska ett territorium eller att upprätta ett "verk", utan är mer intresserad av att vänta vid ett och samma hål. Ur den lilla porten träder varje gång något nytt. Hans böcker liknar aldrig varandra.

I ljuset av denna skillnad låter sig en rad företeelser studeras – som till exempel att traditionen föredrar att betrakta män som hundar och kvinnor som katter. Men frågan är om någon skillnad är lika viktig för att förstå intuitionens finmotorik än den som Horace Engdahl antyder när han understryker: "Det mest skadliga för uppmärksamheten är *tvånget att komma fram till något*." Även intuitionen fördärvas av fordran att följa regler. Den kan inte tuktas, utan förutsätter att vi alltid kan ledas på villovägar. Följaktligen kräver intuitionen att vi uppfyller en paradox. Som författare måste vi ägna oss åt en uppmärksam passivitet, ständigt lyhörda för det som sker i utkanten av vår avsikt och uttalade vilja, öppna för det oväntade. Den intuitive författaren vet att han aldrig blir herre över sin text. Hundtypen söker dämpa den oro som följer av denna insikt genom att väta ned alla osäkra platser; kattypen nöjer sig med att stirra stint på det lilla hål genom vilket Messias en dag ska träda.

7. För en författare är intuitionen konsten att följa sin tvehågsenhet i vetskap om att den ingår i en kommande plan. Det finns något förföriskt i denna fatalism: jag vet att jag utan att veta det är ödets lockbete. (Jämför Engdahl.) Men även kalkylen har något förledande över sig. På frågan om varför han uppfann atombomben när han

visste vilken förstörelse den skulle bringa lär Robert Oppenheimer ha svarat att det var *"technically sweet"*.

8. OM "ANINGEN", DENNA MANLIGA AFFÄR. För 1700-talets salongslejon eller de borgerliga herrarna före allmän skolplikt och rösträtt blev lovtalet om den kvinnliga intuitionen ett sätt att smickra det motsatta könet och samtidigt visa det tillrätta. Intuition var något damer hade i brist på bildning. 1800-talets vetenskapsman vägleddes knappast av en intuitiv sinnesfattning i sin jakt på upptäckter eller uppfinningar. Som *man of science* ägnade han sig tvärtom åt *educated guesses*. Han förnam en "aning" och följde denna bistert och målmedvetet (det vill säga: *doggedly*). Intuitionen påminde honom snarast om en parfymslinga som dröjde kvar i ett rum, lika bestickande som efemär. Den gäckade den skärpta slutledningsförmågan och saknade substans. Med den var det som med katten: man visste aldrig var man hade den. Kalkylen gick däremot alltid att lita på. Den rättade in sig i traditionen, ty den byggde på tidigare iakttagelser, på förekomsten av belägg och den allmänna kalibreringen av vetandet. Förra seklets vetenskapsman betraktade således sin "aning" inte som en fråga om intuition utan som en fråga om *vittring*. I likhet med tryffelsvinet besatt han väderkorn.

9. Kalkylen drar upp vektorer och beräknar den korsning vid vilken det eftersökta *av allt att döma* befinner sig. Intuitionen ertappar en sanning där vi inte förväntar oss den. I båda fallen förhåller vi oss till det vi inte kan greppa. Ena gången med tvivlet, andra med tilliten som medel.

9.1. Även kalkylen har en negativ klang. Strävar den efter riskminimering, vinstoptimering eller förutsägbarhet, uppfattar vi den gärna som kall, cerebral, planmässig. Om intuitionen är slagrutan bland de mänskliga färdigheterna, är kalkylen snarast linjalen eller räknestickan. Intuitionen har sitt säte i hjärtat, kalkylen i den grå substansen. Den förra står för känsla, den senare för förnuft. Eller översatt till litteratur: stämning versus handling. Likväl bidrar båda – på skilda sätt – till samma sak: att öka laddningen i en text. Alla metoder är bra så länge texten är strömförande.

10. Om jag under arbetet på en bok låter mig ledas av intuition och gläds över resultatet upplever jag häpnad. Om jag låter mig ledas av kalkyl upplever jag tillfredsställelse. I det förra fallet känner jag mig lyckosam, i det senare som vore jag urmakare. Min hemliga dröm är att skriva texter med urmakarens kärlek till fladdermusen.

Under hundstjärnan

När författaren är ung tillåter vi honom samma okontrollerade entusiasm som den svansviftande valpen visar prov på då matskålen ställs fram. Bara om hållningen är densamma när han blivit gammal har vi rätt att förebrå honom dålig stil.

Det är lätt att betrakta den herrelösa hunden som en bild för den frie konstnären. Det är möjligen svårare att finna sig i den magra kosten och de kalla nätterna – eller att soptippen vore den tryggaste hemorten.

Det finns hundar för vilka bitandet inte är övertygelse utan nödvändighet.

Två sorters evighet: stjärnans och benknotans. Så olika de är! Den ena brinner beständigt, "lever" sin oändlighet, medan den andra tagit slut för gott. Men vilka allvarsamma lekar kan de nedgrävda benknotorna inte ge upphov till. De är underjordens egen stjärnhimmel.

Från ett storskrivet intet (stjärnornas) till ett gement (knotornas): en väg lång som ett hundliv.

Det rimliga svaret på varför man undviker salongerna: hellre på soptippen än i en kennel.

Är avstjälpningsplatsen vår tids kollektiva minne? Tänk bara på all plast som inte låter sig bearbetas. (Den sörjer för att glömskan inte ska bli restlös.) Att tillbringa sin tid där försäkrar en om ständigt nya överraskningar. Inte en tråkig dag så länge det finns trasiga saker att möblera om tillvaron med eller hemliga sopor att undersöka. Stanken är priset man får betala för sådan lyx.

Alla dessa uttryck i vilka hundar förekommer ... Tillämpad på litteraturen skulle ett av de mer passande – "Man lär inte en gammal hund att sitta" – märkligt nog betyda att den idiosynkratiska stilen väger tyngre än respekten för en sak (för att inte tala om smak).

För frågan om litteraturens död, så ofta ställd, så sällan besvarad, räcker de tre orden mot slutet av *Processen*: "Som en hund!" Finalen i Kafkas roman signalerar på en gång litteraturens död (hit men inte längre) och födelse – men en födelse av annan art än den traditionen föreskriver. Hädanefter duger bara en stoisk litteratur. Nu måste den leva med skammen över att ha överlevt sig själv.

Det gäller att hålla hundhuvudet högt.

Den hyser låga tankar om Gud som inte tror att han tillåter sig skämt.

Två ideala berättarsituationer: med kistan på axeln; med huvudet under bilan.

I den berömda historien om pojken från Sparta som grips med en stulen räv gömd under klädnaden, borde den förre vara författaren och den senare litteraturen. Oftare är det omvänt.

En avgörande skillnad mellan psykologi och litteratur: den ena förlägger sitt värv till människans smutstvätt, bökar och stökar i hopp om själslig tvagning, den andra rotar bland hennes benknotor. Därav litteraturens pakt med de döda.

Att tänka sig en dikt på vilken man bara kan svara: "Här ligger en hund begraven."

Titel till en novell: "På en abortklinik i Betlehem."

Baudelaire rannsakade sin själ och fann att "den nervöse latmasken" var en person som samtidigt upplever fasa och extas inför livet. Endast en sådan figur kan som Woody Allen säga: "Nej, jag räds inte döden. Bara så länge jag själv slipper vara med när den inträffar."

Den människotyp om vilken Baudelaire talar påminner om en korsning mellan stoiker och hysteriker. Den senare är ett rö för vinden, hänryckt men känslig, den förre låter sig inte ruckas på. Där den ene avläser minsta skälvning i opinionen hanterar den andre sin fasa över klimatet genom att härda känslorna. Motsatserna kunde flerfaldigas, men för litteraturens vidkommande är endast en av verklig vikt: hysterikern handskas med verkligheten *som om* den vore dynamit. Stoikern tar det lugnt; han vet att den är det.

Canetti: "Han ställde alla de sedvanliga kraven på sig själv. Men på ett främmande språk." – Barbarens viktlösa lycka.

Två föreställningar om kommunikation som intresserar mig för litteraturens vidkommande: virus och elektricitet. En som gör mig alltmer förundrad: dialog.

Det är möjligt att stoikern till sin läggning står närmare viruset, hysterikern närmare elektriciteten. Där den ene ställer sig kallsinnig, är

159

den andre ständigt laddad. Stoikern har tålamod nog att vänta ut det rätta tillfället att smitta omgivningen med sin syn på sakernas tillstånd. Det sanna syftet med hans texter är att testa läsarens immunförsvar. Hysterikerns kontaktyta med omvärlden liknar snarare kattskinnets: febrilt gnuggar han sig mot omständigheterna i hopp om att finna en krets i vilken hans åsikter kan ingå. Också de stötar som detta umgänge avger kan bli till litteratur.

1752 uppfanns åskledaren. Därefter lät människan entlediga gudarna.

Katharsis? Nej, för litteratur som vill oroa måste kortslutningen vara viktigare.

Kanske borde varje bok, efter fullbordad läsning, lämna sin läsare som den fann honom? Bara någon grad varmare eller kallare?

"Skräcken duar omedelbart", påpekade Michaux. Alltså ingen tid, heller inget rum, för omständligt tal. Men är det inte rädslan han talar om? Denna modlöshet med behov av vännens lugnande ord? Jag tror inte att skräcken säger något alls. Tvärtom spärrar den tungan. Om så vore fallet står hysterin i förbund med rädslan, medan stoicismen snarare är lierad med skräcken. Trots alla åthävor mildrar den förra omständigheterna, medan den senare ser dem i vitögat. Omöjligt att avgöra vad som på sikt hjälper en mer.

En sällsam föreställning: att ge sig hän åt en text på samma sätt som epileptikern genomlider ett anfall.

Ambitionens ständiga kamp – så lycklig, så framgångsrik – mot kunnandet.

I grund och botten föreligger endast en gradskillnad mellan att läsa och översätta en bok. Den senare handlingen gör tydligt vad det rör sig om i bägge fallen: en blodtransfusion. Det vill säga: ny kraft ska löpa i samma banor. När författaren lämnat ifrån sig sin text återstår för honom bara att hålla tummarna för att översättaren inte har en annan blodgrupp. Eller lemonad i ådrorna.

Om människan lärde sig att sova som om det vore det sista hon gjorde skulle en miljon präster stå utan arbete.

Apropå den sortens tänkande som Cioran hänger sig åt, denna omöjlighetens skola, måste man fråga sig varför en författare med så klart intellekt, så skarp tunga, tillåter sig att upprepa tankar som på det stora hela redan tänkts hundra år tidigare, av Friedrich Nietzsche. Kanske för att göra tankarna till sina? Kanske därför att de under årens lopp hunnit bli mer sanna? Det är Susan Sontags hypoteser. Möjligen, kunde man tillägga, gör han det för att erfara deras hopplösa giltighet. Cioran: livets evige kvarsittare.

Långsintheten är en *trög* hysteri.

Den långsintes bön: "Nej, jag vill inte leva i all evighet. Men jag vill inte heller vara evigt död." Ännu är Gud oss skyldig en människa som kan blidka evigheten.

Hysterikerns *raison d'être*: att skylla sina begränsningar på andra. Den hysteriske skeptikern, till exempel Cioran, är en livshaverist. Därav den avvaktande *pose* han intar.

Skillnad mellan hysteriker och stoiker: bara de senare har ett evangelium. En grund så god som någon att sätta frågetecken för Senecas *Consolationes*.

Det första skeptikern hänger upp sig på hos misantropen är dennes uppsyn.

Han finner inte orden han använder tillräckligt oförsonliga. Helst skulle han vilja att de vore som kvicksilver. – Detta är ett av de tillfällen när stoikern kan lära sig något av hysterikern.

Rubrik på varje censors litteraturlista: "Dålig själshygien och andra ismer."

Bara sakprosan tar sig rätten att döma andra genrer utan att ställa sig själv till svars. Skäl nog att misstro den.

Under de svävande tillstånd mellan trötthet och irritation som ibland infinner sig kan det kännas som om hjärnan innehöll grus och tankarna inte förmådde ta ett enda steg till. Då hjälper bara att göra vad man gör med skon: tömma den.

Knota och nerv – eller: med ena foten i graven och den andra i ett konstgjort paradis. Svårt att föreställa sig en spagat lika passande som krävande för litteraturen idag.

För hunden är piss på ett bilhjul tillräckligt för att tro på ett lyckorike vid vägens slut.

Plaidoyer för kyla

För åttio år sedan skördade spanska sjukan mellan tjugo och fyrtio miljoner liv. Få fenomen motsvarar bättre det vi menar när vi talar om tidsanda. Viruset *h1n1* överfördes genom människor som delade samma luft – sov, åt och talade tillsammans. Förmodligen finns det fortfarande intakt bevarat på två meters djup i Longyearbyen på Svalbard, ett tusental kilometer söder om Nordpolen. Där vilar liken efter sju norska gruvarbetare som dog i början av oktober 1918. På ett djup där tjälen aldrig går ur marken kan viruset ha överlevt i död mänsklig vävnad. Forskare menar att det med modern teknik numera vore möjligt att gräva upp liken och tina fram smittämnet igen.

Litteraturen kan lära sig en del av detta exempel. Visserligen består dess uppgift inte i att ta sina läsare av daga, men i likhet med *h1n1* måste den ha kraft nog att smitta av sig. Om en text inte vet att smyga sig under huden på den som håller den i handen har den inget där att skaffa. Att omarrangera läsarens immunförsvar borde vara varje boks sanna syfte. Men för att kunna genomföra denna operation krävs två egenskaper: den ena heter tålamod, den andra list. För en litteratur som alltmer kommit att förstå sig själv i marknadens termer spelar dessa attribut en underordnad roll. Idag avgörs en boks öde och status snarare av dess innehåll. Pubertetssjukdomar, klassresor eller tillvaron som svartskalle i förorten: stoffet bestämmer textens bytesvärde – eller hippfaktor i mer gängse terminologi. Visserligen utforskas ovanliga erfarenhetsvärldar, nya filosofem omsätts i praktik och tekniska vokabulärer eller invandrarsvenska prövas, men mer sällan tycks författaren ha klart för sig att man utan den fixa idén och förvirrade gesten står sig slätt i en värld med "koll".

I en dikt av John Burnside – det rör sig om titeldikten i samlingen *A Normal Skin* – beskrivs en granne till diktjaget som lider av ömtålig hud. För att uthärda tillvaron samlar hon på klockor som hon plockar isär och ordnar på bordet framför sig:

> She knows how things are made – that's not the point –
> what matters is the order she creates
> and fixes in her mind

Det egna, av idiosynkrasier dikterade arrangemanget är den enda ordningen värd att slåss för i litteraturen. Författarens uppgift är att se till att texten trotsar tidens tand utan att förskansa sig bakom eviga sanningar. Till det krävs fin motorik, nykterhet och ett inte så litet mått av kyla. För litteraturen är förstås ingen läkande salva, som idealisterna vill få oss att tro, utan ett sätt att slå ihjäl tiden på för den som plågas av tillvarons eksem. Texterna som då tillkommer är varken plåster eller balsam och läker inga sår. Men noggrant uppdelade i sina komponenter – "*a map of cogs and springs, laid out in rows, / invisibly numbered*" – erbjuder de en ordning istånd att distrahera den ansatte. Burnsides isärplockade klocka tillhandahåller en bild av litteraturen: i förbund med alltings försvinnande bjuder den förgängelsen motstånd. Här blir tiden en *map*, alltså till rum, och för några svindlande ögonblick omvandlas smärtan till koordinater i ett osynligt system:

> What we desire in pain
> is order, the impression of a life
> that cannot be destroyed, only dismantled.

Även om det för författaren bara kan vara den första retningen som räknas är det alltid det andra ordet som gäller. Oundgänglig är den instinktiva kalkylen: på smärta måste man svara med ordnad distraktion. Allt oftare tilldelas dock den ovillighet att nöja sig med näst bästa formulering som utmärker en text när den blivit läsbar rollen som statist. Ansträngningen att precisera en bild, finna en oväntad vändning eller trotsa genrens krav saknar i stort sett effekt. En litteratur som är ute i sådana ärenden framstår som trög och omständlig. Dess egenheter kan svårligen omsättas, dess insikter knappast avyttras. Som produkt har den blivit konstfärdig och låter sig inte längre konsumeras. Bruksvärdet är för högt.

Men när litteraturen betyder något handlar den inte om vinst, utan om förlust. Denna lag gäller för alla sorters text, fast i synnerhet kanske för poesin, i vilken transportsträckor bara har berättigande såsom startbanor för häpnad och bestörtning. Till texters paradoxer hör att de berikar vårt liv genom att tala om dess tillkortakommanden. Och hursomhelst är de sällan mer än en kropp, några irritationer och en handfull giftiga aperçuer. Det som gör litteraturen angelägen är dess förmåga att få sådana begränsningar att framstå som vitala. I den meningen kan inte alla texter som fästs på papper under dessa dagar påstås vara samtida, eller ens särskilt "nya". Såsom angelägna måste man räkna också de flätverk av tecken från andra tider som ännu förmår infektera oss med sina egenheter. För den som gör det står en vändning hos Seneca, ett rim hos Marvell, en tillspetsning hos Walter Serner eller Tadeusz Borowski lika nära som texter som skrivs idag, och ofta mer. Det har alltid tillhört författarens rätt att falla ur den roll som hans egen tid tilldelat honom. Friheten att inte motsvara förväntningar är ens enda men stora lycka.

Följaktligen kan det som gör en text gångbar, det vill säga samtida, inte vara dess bredvillighet att låta sig identifieras med tidsandan, denna sjabbiga demon, utan bara den förslagenhet med vilken den lyckas värna sina egenheter genom åren. Det "nya" är inte någon färskvara, utan ett sätt att mäta motståndskraft. Kvicksilversnabba tankesprång, halsstarrighet och den skönaste gemenhet: detta är medlen som står författaren till buds då han gillrar sina fällor för läsaren. Till de inte minst viktiga uppgifterna hör att visa god min i elakt spel. Det finns tider när texten till och med måste spela död. Men också kyla är ett sätt att bekänna färg. Ibland skimrar Mallarmés *azur* till och med på köldskadade läppar.

Det enda privilegium som litteraturen har är att i likhet med *hini* inte behöva leva i nuet för att vara aktuell. Ändå måste den hålla sig vid liv. Ty oavsett om en text tillkommit idag, igår eller för tusen år sedan har den inte råd att vara annat än smittämne. På några famnars djup finner vi den, infrusen i kulturens cellvävnad, en sinnrikt anbragd farlighet som bara väntar på läsarens nyfikenhet för att åter träda i omlopp. När en sådan litteratur upptäcks blir dess uppgift att visa att den inte spelat ut sin roll. Resten kan bara vara tålamod, list och den uttalade viljan att infektera oss med sitt sätt att vara. Där dessa färdigheter saknas är varje möda ändå förspilld.

Inkubation

Kanske har författarskap mindre med inspiration än med infektion att göra? Det skulle åtminstone förklara vissa fysiologiska reaktioner som alfabetiska varelser kan uppleva. En dag, ofta vacker, smittas man av en idé och uppvisar den opassliges hela repertoar av symptom. Där finns distraktionen som infinner sig i vänners lag, kallsvetten som bryter ut vid tanken på andra åtaganden, men också en allt febrigare föreställning om tid och rum. Medvetandet belägras. Detta tillstånd av kronisk chock kan sträcka sig över månader eller år räknat med konventionella metoder. Men i likhet med en sjukdom följer förloppet sin egen logik. Här kan ett solvarv passera i en blinkning, en vrå rymma en vintergata. På sin höjd låter sig situationen lindras genom terapeutiska åtgärder. De går alla ut på samma sak: lämna den opasslige ifred. Omtanke irriterar bara, nyfikenhet stör som nålstick. Beklämd upplever författaren hur infektionen tar honom alltmer i anspråk. Tiden går. När han helt lakats ur anar han slutligen en tillvaro bortom sin olägenhet. Och en dag, sällan vacker, träder han åter ut, viktlös, anonym, helt utan bagage – en skugga av sitt forna jag. Förläget vill han tacka för förståelsen när han inser att omgivningen kan se rakt igenom honom. Kvickt vänder han om för att ta tillbaka några av de attribut som han så tanklöst givit bort. När han därefter åter träder ut, denna gång en röra av främmande gester och malplacerad glädje, gör man klokast i att låtsas som ingenting. Övergången är fullbordad.

Hallå-å?

En kontrarevolution den 23 februari 1898

För drygt hundra år sedan reste en tysk journalist till Necropolis, Dakota, i Förenta Staterna. Ryktet sade att man där hanterade sina döda med en flinkhet och omsorg som vida översteg europeiska förhållanden. När journalisten trädde in i hissen som skulle föra honom upp till chefsetaget, en våning under himlen, lade han dock märke till en anordning som väckte förundran. Irriterat frågade han direktören när de skakat hand: "Vad tillåter er att skända denna trots allt heliga plats med en telefonhytt? Jag såg att en sådan inrättats i liksalen intill kapellet. Det ständiga ringandet skapar oro. Vad har ni för avsikt därmed?"

Så börjar en dialog mellan dödens dystre entreprenör och en snokande representant för tredje statsmakten, ett samtal om minne, kommunikation och sorgearbete. För skrivande varelser kan det ha sin poäng att trycka örat mot dörren och lyssna, i synnerhet i en tid när avkodningen av det humana genomet ger upphov till visioner av en genomskinlig människa vars väsen befaras bli lika tillgängligt för framtidens ingenjörer som kättarens själ en gång var för inkvisitorerna. Om människans arvsmassa blivit en text i princip möjlig att läsa som en öppen bok gör alfabetiska djur klokt i att spetsa öronen. Åtminstone borde yrkeshedern bjuda dem att påpeka att tangentbordet faktiskt består av mer än bokstäverna A, C, G och T.

Till att börja med skruvar direktören på sig och journalisten inser att han döljer något. Med bättre sinne för scoop än pressetik hotar

han att dra fram skeletten ur firma-
garderoben. Om han inte får veta
sanningen lovar han att redan nästa
dag trycka en artikel om "gravskänd-
ningen i Dakota" i världens viktigaste
tidningar. Direktören har inte mycket
att välja på, sanningen måste fram.
"Samtliga våra inrättningar", förklarar
han uppgivet, "utgår från antagandet
att den smärtsamma tidsrymden mel-
lan det ögonblick när en medborgare
avlidit och det ögonblick när de ef-
terlevande ostört kan återuppta sina
förehavanden i möjligaste mån bör

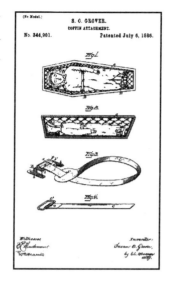

förkortas." Ju snabbare livet kan återgå till det normala – det vill
säga: ju mer smärtan förringas och döden förlorar i betydelse – desto
bättre för ett samhälle styrt av nyttans ideal och effektivitetens regler.
Denna i och för sig lovvärda föresats visar sig dock rymma en fara.
Ett år tidigare grävde man upp en av samhällets stöttepelare, en man
misstänkt för mened, bedrägeri och självmord. Anblicken var allt
annat än tilltalande: fingrarna var brutna, naglarna trasiga, knän och
skuldror fulla av blåmärken. Uppenbarligen hade jordsättningen
med efterföljande sorgearbete klarats av väl fort. Slutsatsen var lika
enkel som pinsam att dra: "mannen hade begravts levande".

För att undvika framtida missöden anlitades Dacota and Central
Resurrection Telephone and Bell Co. På elektrisk väg revolutionera-
des nu underjorden. Man drog ledningar mellan gravarna och för-
valtningsbyggnaden, anslöt telefoner i ena änden och ringklockor i
andra. Till slut inrättades en telefonhytt som skulle bli för begrav-
ningsfirman vad biktbåset var för kyrkan. Ville det sig illa kunde
"varje kund (*customer*)" hädanefter kontakta såväl firmaledning som
advokat, läkare som familj. Efter dessa åtgärder sov man åter lugnt i

Necropolis. Några nya fall av levande begravda noterades inte. Men efter ett års tystnad, kort efter solnedgången den 23 februari 1898, var det slut på friden. Plötsligt ringde det och under de följande veckorna anmälde sig kunder från lite varstans på kyrkogården. Ena gången besvärade sig en äldre dam över att hennes svärsöner inte sörjde henne tillräckligt. Andra gången var en författare inte nöjd med sitt epitafium. Tredje gången klagade en reumatiker på fel i dräneringssystemet. Det var inte svårt att läsa skriften på firmaväggen: underjorden hade egna åsikter om livet därovan.

Så kom den kväll då gamla fröken Simms hörde av sig. En inspektör uppsökte telefonhytten för att ringa tillbaka. När han återvände till direktören var han "blek som ett lakan". *"Well, what's the matter?"* tillfrågades han. *"Well,* jag ringde", kom svaret, "höll luren mot örat – och banne mig om det inte hördes ett 'hallå-å' alldeles tydligt ur apparaten. Men med en röst som ur en tom bröstkorg ..." Eftersom direktören bar det yttersta ansvaret kände han sig manad att själv tala fröken Simms tillrätta. "För helvete, vad vill ni egentligen?" skrek han i luren. "Och vet ni vad fruntimret svarade?" frågar han journalisten, som misstroget skakar på huvudet. "Jag vill bli kopplad till nummer 197."

Ett par meter under människoparken

Bakom avslöjandet av Resurrection Co. står W. Hartenau, alias ingenjören, politikern och industrimagnaten, författaren, preussaren och juden Walther Rathenau. 1898 publicerade han sin redogörelse i en tidskrift med den inte opassande titeln *Die Zukunft*. Till skillnad från hans övriga litterära alster uppvisar novellen föga spår av hans påstridiga allvar och tungfotade prosa. Här befinner sig läsaren inte på "själens fäktgolv", som det heter i en av många aforismer i vilka andlighet och militarism slutit förbund, utan under dess golvplankor. Och där, ett par meter under vad som hundra år senare skulle utvecklas till en hel människopark, tycks andra regler gälla för alfabetiska kopplingar. Dock är likheterna med de villkor som gäller i litteraturens värld svåra att förbise. Gamla fröken Simms önskemål signalerar det ögonblick när den undre världen emanciperar sig från den övre. En författare identifierar förstås detta genast som det ögonblick då texten frigör sig från hans intentioner och dess olika personer börjar tala inte med skaparen, utan med varandra.

Även om varje faktor i detta nekrotopiska arrangemang är bekant betackar sig underjorden för vidare inblandning i sina inre angelägenheter. Bara på kyrkogårdar och boksidor är hierarkierna platta: här ligger alla på nivå med varandra. Hädanefter kommer författaren – skapare eller dödgrävare, beroende på ens synvinkel – aldrig att bemästra det mönster av tecken och tystnad som tillkommit. Plötsligt uppstår förbindelser som inte kunnat förutses, än mindre planerats och säkert minst av allt önskats. I en tid när det på allvar talas om att kringgå döden kan det vara på sin plats att erinra om att man åtminstone i litteraturens värld inte åsidosätter den ostraffat. Och att litteraturen, som alltid också är epitafisk, inte handlar så mycket om liv eller överlevnad, som om transfiguration. Resurrection Co. kunde vara beteckningen på den paraplyorganisation som företräder världens författare. Varelser som uppstår genom deras försorg är inte av kött och blod, men inte heller består de av information allena. Och till skillnad från programvara kan de inte optimeras genom att buggar avlägsnas i senare generationer. Tvärtom lever dessa alfabetiska skapelser på störningar på samma sätt som de "spöken" som Kafka en gång menade stal alla de kyssar med vilka brev avslutades – "denna rikliga näring genom vilken de förökar sig så oerhört". Sådana fantomer, som gjort gemensam sak med sitt medium, kan aldrig förstås motsägelsefritt, det vill säga utan förvirring och oro, av den enkla anledningen att de inte bara livnär sig på godhjärtade avsikter, utan även kortslutningar och fnurror på tråden.

Döden transfigurerad

På ett undanskymt ställe i Thomas Pynchons *Gravitationens regnbåge* anordnas en dubiös seans. "Kvällens syfte är att upprätta en förbindelse med den avlidne utrikesministern Walther Rathenau." Målsättningen är dock inte att kalla tillbaka en av Weimarrepublikens få sansade politiker till livet. Den döde kan inte skakas vaken som den sovande ur sin sömn. "Den verkliga rörelsen är inte från döden till någon sorts återfödelse", förkunnar Rathenau från andra sidan, "utan från döden till döden transfigurerad. På sin höjd kan man polymerisera några döda molekyler. Men polymerisering är inte detsamma som återuppståndelse."

Detta är litteraturens bistra sanning uttryckt i biokemiska termer. Som Rathenaus fantom vet syftar den inte till att återskapa liv, utan till att transfigurera döden. Varelser som uppstår på detta sätt luktar och smakar lika lite som Kafkas spöken. De kan inte vidröras eller omfamnas, har inte för vana att äta, frysa eller svettas på det sätt som levande gör eftersom deras kroppar är kroppar på kroppars ofrånkomliga vis. Ändå kan de både tala och tänka, minnas, sörja och irriteras – och saknar inte heller fördomar eller fixa idéer. Som transfigurationer av döden är fantomerna vad som blivit över när aminosyror, äggviteämnen, nerver, ben och fettvävnad subtraherats. Kroppar minus kroppsdelarna. Sådana polymeriseringar får en författare bara bukt med genom att omorganisera. Och alltså skriva vidare. Det enda han då kan vara säker på är att förlora ytterligare några illusioner om sin auktoritet. Ty den polymeriserade litteraturen är inte nyttig på samma sätt som adenin, cytosin, guanin eller tymin. Kort sagt: dess DNA låter sig inte kalkyleras. Men är det så illa?

Litet försök att bevisa själens existens

Till Jan Svenungsson

Kära Gud,
Allt som behövdes
Var ett hål i ett huvud.
Sittande framför badrumsspegeln
Frågade jag inte längre vem eller varför,
Bara hur. Jag ville visa
    Att meningen med livet
Inte kunde vara ensamheten i en skalle.
Kryphål, andningshål, eterisk ventil –
Kalla det vad du vill.
Huvudsaken var att finna vägen ut
    Och göra det med stil.
Att axla sin DNA är börda nog.
Å, tyngdkraften är den besvärligaste sak.
    För sin upprätta gång
Betalade människan
Med minskat blod och nödbedd hjärna.
    Vätskan sjönk undan,
        Substansen slöts inne
Och hon fick lära sig att tänka på undantag.
    En gång för alla
Var medvetandet en kringränd historia.

Inte konstigt
Att vi bär på sådant psykiskt bagage.
Ett hål drillat på rätt ställe,
　Menade Joey,
Genom kraniets tunna skal,
Skulle minska trycket
Och åter ge tankarna flykt.
Fria som Birdie, obundna som du,
Vet ingen till vilken rörelse de vore istånd.
Av *homo sapiens erectus*
　Kunde göras en *correctus*.
Vi testade, höga på speed,
Jag såg aldrig på klockan,
　Men det tog inte lång tid.
Efter en stund hördes ett *krack*,
　En grövre sorts ouvertyr,
Och jag hade funnit mitt fönster mot världen
　– En anatomisk punktering,
　Ja, en expansion
Inte olik den som förr kallades "själen".
Detta bubblande hål,
　Denna rödsprängda nebulosa,
Är i alla fall mitt bevis
På en annan dimension.
　För ingen vill väl förneka
Att tankarna är mer
Än genetisk propaganda?
　Som du kanske förstår,
　　Käre Gud,
Är det ytterst genant
Att behöva påpeka detta för dig,
　Men själen,

Denna viktlösa lilla pilgrim,
 Är rastlös,
  Å, så rastlös
 Den är.

Associationer kring en möbel

Rör det sig om en världsomseglares enmansfarkost, strandad i en våning i Wiens nionde *Bezirk*? Eller en ubåt kamouflerad av några till åren komna persiska mattor? Kanske det ornamenterade skinnet av en urtidsödla som hängts på tork? Eller en dyrgrip stulen ur ett harem – själva den klenod i vilken de förbjudna tankarna ännu sitter, likt cigarrök i kläder?

Flaubert ska ha kallat soffan dit han retirerade i väntan på att berättelsen åter skulle ta fart för "marinaden". En lugnande stund i saltlaget bringade ordning bland de bångstyriga element som blockerade arbetet. Omaka tankar mjuknade, fraser sög åt sig kraft. När han reste sig upp igen innehöll hjärnan inte längre disparata infall med olika kryddning, utan en väv av förbindelser, präglad av samma undergörande sälta. Gåtan med en berättelse var alltid också gåtan om tankarnas förbindlighet.

För Freud innebar divanen ögonskenligen det motsatta. "En sak till innan ni börjar", uppmanar han patienten i en text om behandlingsteknik från 1890: "Medan ni i vanliga fall med rätta försöker att hålla samman trådarna i er framställning och avvisar alla störande infall eller bitankar för att inte förlora er i detaljer, måste ni här gå annorlunda tillväga." Hur? Under timmen på divanen fick inget sållas bort som ovidkommande eller trivialt, inget bannlysas som känsligt eller obehagligt. Här hade kritiska invändningar lika lite att söka som överdriven diskretion. "Säg alltså allt som faller er in."

Flauberts soffa var en plats där funderingarna stöttes och blöttes i avskild ro. Bara så lät sig tidens förstörelsearbete motstås. Marinaden konserverade tankarna inför textens långa seglats från författare till läsare. Freud såg divanen snarare som den plats där själens härvor löstes upp. Här drogs den vardagliga konversationens roder upp. Det fanns ingen kompass som angav samtalets riktning, ingen röd tråd som förband hemmahamn med slutdestination. Patienten skulle associera fritt, och vare sig han eller analytikern kunde på förhand säga på vilken breddgrad farkosten skulle siktas vid seansens slut. Likväl bildade divanens syrabad själva utgångspunkten för både Freud och Flaubert. Eller snarare sagt: ursprunget. Endast här fanns det flöde som sprang ur en källa äldre än föresatsernas förgyllda kranar.

Det var ingen slump att Freud täckte sin schäslong med mattor. Patienten skulle känna sig välkommen och omhändertagen, ja, inbäddad. Textilierna återskapade barnets känsla av att vila tryggt i moderns famn, fredat och förstått. Divanen måste ju föra över bottenlösa vatten. Lugnt vilande i dess buk kunde analysanden yppa allt. För Freud finns ingen last så tung att moderskeppet inte skulle kunna bära den.

Som varje förälder vet låter sig ett barn som värjer sig mot en fråga inte tvingas till svar. Det enda som duger för att lösa tungans band är muttranden och avledningsmanövrar. Analytikerns "hm", synbarligen så harmlöst, är inget annat än den smekande hand som lossar på själens åtdragna ventil. Likt andarna som steg ur Aladdins lampa bildar patientens uppdämda tankar moln som nu sväver fria i luften. Där syns plötsligt dragen av en urscen, där konturen av ett trauma. Divanen är den bår på vilken själen ostört kan ägna sig åt en stunds vivisektion, assisterad av en analytiker som är oändligt förekommande men aldrig lägger sig i.

Som typ har psykoanalytikern haft många förebilder. Under en tid var det hypnotisören som förtrollade patienten och frikopplade talet från viljan. Under en annan var det kirurgen som dissekerade hans nerver och blottade de sjuka vävnaderna. Och någon gång blev det biktfadern som lyssnade på bekännelserna och förordnade en kur. När allt hokuspokus vädrats ur rekvisitan återstår möjligen endast ett föredöme: kyparen på det wienska kaféhuset. Han är stewarden på själens däck. När analytikern gör anteckningar i sitt block mottar han ju föga mer än beställningar. Önskedrömmar, tvångstankar, vagt definierade hot: patienten pekar ut vad han känner för. Ännu vet han inte hur anrättningarna ska smaka. Så småningom kommer det att bli analytikerns uppgift att presentera dessa så att innebörden går att svälja. Och i likhet med kyparen får han inte smussla med vad besöket kostar. Tvärtom bör han från första början vara besluten "att behandla finansiella relationer inför patienten med samma självklara uppriktighet som han söker uppfostra honom vad gäller sexuallivet". Skillnaden mellan en stund hos analytikern och ett besök på krogen är dock uppenbar: möjligen finns det ett *prix fixe*, men ingen fast meny.

Den första mattan Freud lade över sin schäslong var en gåva från Moritz, en avlägsen släkting som senare skulle gifta sig med hans syster Mitzi. Moritz var affärsman i Thessaloniki, den kosmopolitiska hamnstaden i Makedonien som vid sekelskiftet ännu var en turkisk provins. Han ska ha köpt mattan vid ett besök i Izmir. Under de följande åren försåg han sin släkting på Berggasse med hela dennes matt- och kuddsamling. Bonaderna och bolstrarna var en fläkt från Främre Orienten. Vävnaderna vittnade om tusen och en berättelser, och de saknade knappast sexuell laddning. På divanen erbjöds alltid också bäddsagor.

Det är svårt att föreställa sig en lyckad seans på en naken soffa. Visserligen kritiserade Freud de pryda kolleger som skrämdes av en psykoanalytisk teknik som de uppfattade som ett alltför direkt intrång i patienternas sexualliv. ("Befinner vi oss då i Turkiet", undrade han i en uppsats 1898, "där den sjuka kvinnan bara får visa läkaren armen genom ett hål i muren?") Men en blottlagd soffa vore alltför obscen, alltför mycket av operationsbord. Textiliernas mättade färger och sinnrika arabesker störde inte tankarnas arbete, utan framhävde det. Kanske utgör de psykoanalysens dolda mönster? Patientens tankar ska röra sig lika fritt som flygande mattor.

Också kring ordet *diwân* svävar en doft av exotiska örter, ljumma vindar, mörka gränder. Under persisk tid stod det för ett praktfullt rum fyllt med böcker, bokrullar och sittmöbler. Det betydde "låg soffa", men även "skriftsamling", ja, rentav "statsråd". Är analytikern alltså en själens bokhållare, som tålmodigt tyder psykets pergamentrullar, tolkar tankespårens ligaturer och lakuner, översätter drömmar och drifter till insikt? Varför inte? I likhet med de orientaliska mattornas konstfärdiga arabesker bildar associationernas ornament ramen kring ett fönster mot en värld som inte kan avbildas direkt. Är detta inte den öppning mot en annan dimension som patientens seende oseende blick riktar sig mot? Tänk på det tomma innertaket, kantat av stuckaturens girlanger och putti, som han ser upp mot under seansen, liggande på schäslongen. Vad kunde bättre svara mot den vita duk på vilken själen projicerar sin teater?

"Bete er exempelvis som en resenär", föreslår Freud, "som sitter vid fönstret i en tågkupé och beskriver för någon som sitter i det inre allt det som förändras inför hans blick." I psykoanalysen är patienten den seende vid fönstret, analytikern den blinde i det inre. Men endast den blinde kan säga vad de förbipasserande vyerna betyder och vilken film den seende verkligen ser uppe i taket.

Freud ville att patienten skulle associera fritt medan analytikern satt vid huvudändan, utom syn- men inom hörhåll. Även om allt principiellt kunde sägas när man låg på soffan, var inte allt möjligt att göra. Divanen är till exempel inget ställe där man river av ett solo på sin luftgitarr. Och den som anländer iklädd pyjamas har ingenting förstått. Rör det sig alltså om *business as usual* då patienten under en timmes tid glömmer sin kroppsliga belägenhet och utreder sitt nervliv? Knappast. Den som stiger upp ur divanen som samma person har aldrig vilat på den. Själen runt på sextio minuter: utan att farkosten flyttat sig en millimeter har patienten hunnit färdas kring sin egen axel.

Noter till en fot

Från början gjord till flykt,
Till uttåg ur paradiset.
– Durs Grünbein

I

Det behövs inte mycket rekvisita för en urscen. I det här fallet räckte lite sol, ett par händer och en blick tafatt som en valp. Orten: en insjöstrand i södra Sverige. Tiden: samma år som *the big bang* bekräftades. Närmare bestämt: den heta sommaren 1965. En dag slog han händerna för ansiktet så att ljuset silade mellan fingrarna likt flytande sand. För varje finger han böjde tilltog det, till dess hans privata nedräkning till blindheten gjorde ljuset så starkt att det inte räckte att kisa med ögonen, utan han tvingades sluta dem. På ögonlockens rosa insidor dansade nu vita fläckar, stora som knappnålshuvuden, i takt med pulsen. Långsamt avtog fläckarna och förvandlades till svarta punkter – mininovor på väg att förbränna på hans inre himmel. När stjärnorna slutligen slocknat höll han på nytt upp händerna för ansiktet, likt ett förvänt fikonlöv. Så öppnade han försiktigt ögonen och skulle just återuppta fingrarnas fatala nedräkning – när plötsligt en röst hördes: "*Achtung!*" Det var hans mor. Bistert talade hon honom tillrätta och sade därefter något som han först långt senare skulle inse innebar att han senast denna dag på stranden anträtt vägen ut ur paradiset: "En gång och aldrig mer."

2

Det är svårt att säga vad som får uppmärksamheten att dras till ett bestämt föremål. Sorglös nyfikenhet? Ödets tvingande makt? Eller den förslagnes försök att stilla sin onaturliga längtan? För själslivets notarie på Berggasse i Wien väckte fixeringen vid en detalj, laddad med begärets komplicerade energier, genast misstankar. En hårlock, lite glans på näsan eller hembiträdets välskodda fot fick honom att anta att intresset för ett bestämt föremål antydde en insikt så plågsam att den måste skjutas undan. Det lockande objektet var inget mindre än en platshållare för ett trauma.

"Vi vet varför detta substitut äger rum", påpekade han med det lugn som låter förstå att han genomskådat sanningen. Vid fem eller sex års ålder upptäcker barnet bestört att modern saknar sin viktigaste kroppsdel. Nu känner det sig hotat. Om den kvinna som står det närmast kastrerats, finns det inget som säger att barnet självt kan räkna med att behålla sin käraste ägodel. Instinktivt träffar det den kompromiss som ska sprida sådan besvärlig glädje i dess vuxna liv. Enligt Freud överger det nu tron på att modern skulle ha en fallos – men inte fullständigt: lemmen bevaras i förskjutet skick, som kamouflage för en förskräckande frånvaro. Hädanefter ska barnet vörda och vårda denna attrapp med all den lustfyllda list till vilken det är mäktigt. Om man får tro en senare infogad fotnot till *Tre avhandlingar om sexualteori* kvarstår emellertid faktum: "bakom det första minnet av förekomsten av en fetisch ligger en fas i sexualutvecklingen som gått under och glömts bort, men som företräds av fetischen såsom genom ett 'täckminne' vars kvarleva och nedslag fetischen alltså föreställer."

Med andra ord: fetischen bär på en historia. Den innehåller en upplevelse stelnad till rebus, en berättelse förklädd till symbol. Och fungerar alltså – vem förundrar det? – som en fotnot. Man behöver inte vara freudian, eller fetischist, för att finna en sådan komplikation lockande. Vem skulle inte vilja veckla ut denna förtätade fixpunkt och upptäcka att den är rymlig nog att hysa en hel förtrollande värld? Likt det ärr som Odysseus bar "strax ovanför knät", och som slutligen fick Eurykleia att inse vems fötter hon tvättade, pekar fetischen bakåt, till ett förflutet som plötsligt, mot alla odds, och mot all förmodan, visar sig vara räddat:

> Ärret av amman nu kändes igen, så snart hon med handen
> strök över konungens ben, och taget i foten hon släppte,
> så att i bäckenet benet föll ned och kopparen skrällde.
> Därvid det välte omkull, och vattnet rann ut över golvet.

Skrällen som Odysseus fot ger upphov till påminner om ekot av den urknall som varje fetisch utgör en kvarleva av. Likt en fotnot hänvisar den tillbaka till en urscen så laddad att den endast kan bevaras i förskjutet skick, utanför själva texten eller bakom den skyddande kuliss mot vilken en människa låter sitt städade – det vill säga: erinrade – liv utspela sig.

3

Han var inte född när astronomen Fred Hoyle lanserade sin teori om en urknall i brittisk radio 1953. Men tolv år senare, när en ny och känslig mikrovågsdetektor bekräftade tesen genom att uppfånga svallvågor från smällen i etern, visste han redan var hans egen tillvaro hade sitt ursprung: på golvet framför hans säng. Vid denna tid låg där en matta. Den bestod av tre långsmala delar som sytts ihop på 30-talet. Det randiga mönstret gick i rött och vitt och påminde om en streckkod. En gång hade mattan varit jämn och regelbunden till både mönster och format, men efter många flyttningar och några års tung leksaksbiltrafik var den numera medfaren. Han hade hört att farmodern filtat mattan genom att låta yllet dra i en bäck som löpte utanför familjens hem på den peleponnesiska västkusten. När hans far var lika gammal som han själv denna sommar återvände han hem en kväll efter att ha vallat familjens getter. Lite högre upp i bäcken kissade han, väl medveten om att vattnet skulle föra urinen ned till och genom yllet. Sedan dess fanns spår därav bevarade i fibrerna, likt en förstulen hälsning från andra sidan minnet. I ena hörnet hade mattan senare missfärgats; där var det vita yllet rosa som ett färskt sår. Förklaringen var enkel. Innan mattan hamnade vid hans säng låg den framför föräldrarnas. Fläcken tillkom en vinternatt några år tidigare, då fostervattnet gick och rann ut över golvet.

När han vaknade denna sommar en handfull år senare satte han följaktligen ned fötterna på en kvarleva från en historia som han själv inte upplevt, men som präglat hans egen – ett *"stigma indelebile"*, för att tala med författaren till uppsatsen om fetischism, som förebådade hans personliga ursmäll. Varje gång häpnade han över att fläcken hade exakt samma vidd som hans femåriga fötter.

4

Vad det innebär att sätta sina egna extremiteter i ursprungets ställe visar den filosof som av traditionen kallas "den dunkle". Egentligen borde epitetet väcka förundran. Att vi endast känner Herakleitos tänkande i form av fragment innebär visserligen att syftningen i många av hans utsagor förblir svävande. Men samtidigt är språket klart som vatten. Här finns få rester av en tidigare filosofis sakralt färgade vokabulär. Nästan samtliga ord stammar ur vardagen: "natt", "sömn", "barn", "krig", "eld" … Möjligen uppstår hans texters beryktade dunkelhet då dessa tillvarons elementa används för att beskriva inte bara den verklighet i vilken människan lever och verkar, det grekerna kallade *fysis*, utan även tjänar till att peka ut den större sfär som omger henne – den metafysiska. Som här, i fragment nummer tre:

[ηλιος] ευρος ποδος ανθρωπεινου.
[Solen har] vidden av en människas fot.

Som filolog är det lätt att stå handfallen inför ett sådant lika sakligt som gåtfullt påstående. Rör det sig om en utsaga om skillnaden mellan det som är och det som bara synes vara? Gör sig Herakleitos till talesman för den sortens idealism som menar att allt är som det verkar? Eller tillåter han sig tvärtom en smula ironi, kanske riktad mot de naturfilosofer i hans samtid som hävdade att föremål ägde den storlek som det mänskliga ögat gav dem? Säkert vore det enklast att ta texten på orden. För räcker det inte att en gång själv ha legat på stranden och samtidigt njutit och besvärats av den allestädes närvarande solen? När man med handen eller foten tar himlakroppens plats uppstår den ljuskrans som förlänar den fysiska världen dess nimbus. Åtminstone i bokstavlig mening är denna strålglans metafysisk: den tar vid där fingrar eller tår slutar.

Hos Herakleitos framträder foten genom att dölja den källa vilken den har att tacka för sin existens. På samma sätt som extremiteten är del av ett större helt, utgör den handfull ord som bevarats för eftervärlden part av ett sammanhang till vilket vi saknar tillgång. Därmed blir utsagan också ett fragment om fragmentets väsen. Foten förhåller sig till den förträngda solen, alltings far, som brottstycket till sin förlorade kontext. På sätt och vis demonstrerar Herakleitos mörkret på ljusan dag: hans text får sin dunkla lyster genom den källa som samtidigt bländas bort.

I motsats till sin retoriska tvilling aforismen – som inte behöver något utanför sig själv, minst av allt en kontext – kännetecknas fragmentet av otillräcklighet. När den flitige filologen bäddar in brottstycket, avdammat och analyserat, i en kontext räddar han det visserligen undan historiens glömska. Men samtidigt behandlar han skärvan som om den uppvisade en tankes färdiga kontur. Utsagan fixeras, dess otillräcklighet betraktas som avsiktlig. Ett sådant brottstycke utgör inte längre något fragment, utan ett "fragment". Det har förlorat sin strålglans och förvandlats till sentens. Med få undantag är det denna omvandling till *bon mot* som Herakleitos texter råkat ut för. Det relevanta i dem förknippas inte längre med vad som förblir oläsbart och borgar för den hemlighetsfulla laddningen, utan med deras kanoniska status som klassiker. Men om en klassiker definieras i enlighet med sin läsbarhet kan ett fragment aldrig bli kanoniskt. Tvärtom kräver det att vi alltid också vakar över dess frånvarande mening.

Möjligen är det detta som Herakleitos utsaga om "vidden av en människas fot" fordrar? Att filologen, denna person vars begär gäller orden själva, samtidigt som han söker ge föremålet för sin fascination en innebörd värnar om dess laddade men otillgängliga källa? I så fall blir begärets objekt bara läsbart som spåret av en förträngning – det vill säga: tack vare sin oläsbarhet. Vidden av detta spår liknar det övertäckta minne som Freud omtalade i en fotnot och vars höljande dunkel är på en gång elementärt och ofrånkomligt, skyddande och strålande. Detta vore det drama som Herakleitos inbjuder oss att upprepa: varje not till hans fragment utför den handling som en människas fot kan tillåta sig en till synes oskyldig dag vid stranden.

5

Det behövs inte mycket rekvisita för en urscen. När han idag, många år efter det att hans besatthet flyttats från ting till ord, betraktar fläcken på mattan som brukade ligga framför hans säng förstår han inte varför han aldrig såg det: den liknar en flammande sol i miniatyr. Hand, fot eller asterisk – mer behöver ingen för att skapa lite dunkel som får en att se tydligare. Eller förskjuta det paradis som ändå inte vill veta av en.

Litteraturens biologi

Det tredje läsorganet

Länge bekymrade mig litteraturen. Eller rättare sagt: jag besvärades av en särskild fråga. Förmodligen var den banal, eftersom den inte handlade om vare sig stil eller relevans, tekniska aspekter eller tematiska. Men den bringade mig i förlägenhet och efter hand bredde osäkerhet ut sig även bland åsikter som verkat grundmurade. Frågan gällde kroppen. I sin enklaste och, misstänkte jag, mest inskränkta form lydde den så här: hade litteraturen någon biologisk betydelse?

På den tiden var jag några år och tjugo och tog bara böcker på större allvar än mig själv. Den osäkerhet som jag kunde uppleva i det praktiska umgänget med texter, egna eller andras, sökte jag armera med teoretisk cement. För att komma tillrätta med bryderiet antog jag således att läsare som gillade en fängslande historia, tecknad i mättade färger och försedd med ett rikt persongalleri, utan större betänklighet skulle svara ja på frågan, rycka på axlarna och återgå till boken de höll i händerna. Som litteraturälskare visste de ju att det fanns böcker som man kunde träda in i som i lånade paradis, skrifter som grep en till den ovanliga grad att hjärtat började slå i en annan takt. Av läsare som föredrog klartänkta överläggningar på själens skådeplats förväntade jag mig däremot snarast ett garderat nej. Liksom jag var de nog osäkra på om biologin erbjöd den rätta ramen att förstå en konstform som trots allt saknade kroppars påtaglighet. För de ena läsarna fällde lusten och identifikationsmöjligheterna avgörandet, för de andra listen och det taktiska främlingskapet. Där de förra villigt lät sig absorberas av den värld som boken uppenbarade, föredrog de senare att gå på distans, angelägna om att se hur ett medvetande iscensattes som text. Kort sagt: jag antog att man läste med antingen hjärta eller hjärna.

Själv hyste jag inga större tvivel om vilken läsart jag föredrog, trots att jag inte stod på särskilt god fot med någotdera organ. Så fort jag kom på mig själv med att försjunka i en bok skrällde en väckarklocka i utkanten av medvetandet. Dags att vakna från den lustfyllda men tanklösa slummern! Dags att använda kritiskt omdöme! När jag å andra sidan läste en roman med all den list till vilken jag inbillade mig mäktig, på jakt efter den dolda mekanism som gjorde texten levande, slogs jag förr eller senare av misstanken att det var just min pinsamma vakenhet som hindrade att skälet till attraktionen klarnade. Vacklande mellan inlevelse och reflektion, deltagande och överblick, fann jag endast undantagsvis den efterlängtade balansen.

Med tiden förstod jag att det måste vara något suspekt med en uppfattning om litteratur som endast tillät två sorters läsande. Ändå var det inte förrän många år senare som jag medgav min egen skenhelighet. För visst var jag medveten om att det gick att läsa med fler organ än två; det var bara det att man ogärna talade om saken. Som så många andra som upptäckt litteraturens lockelser i unga år visste även jag att det fanns böcker som påverkade delar av ens biologi som inte hörde hemma på kroppens övre planhalva. Tycka vad man ville om dessa "smutsiga" eller "förbjudna" skrifter. Kanske utgjorde de en sektion av bokbeståndet som bibliotekarier helst inte låtsades om. Men bara för att de förvarades i giftskåp eller under madrasser kunde man väl inte att bortse från hur kroppen togs i anspråk när man läste dem?

Ursprungligen var det *Gudfadern* som visade mig att jag ägde ett tredje läsorgan. Som tolv- eller trettonåring läste jag ett par sidor i början av Mario Puzos roman så ofta att mitt exemplar automatiskt slogs upp vid just det ställe där en brudtärna grenslar Sonny Corleone under pågående maffiabröllop. Författaren ägnade sig inte åt några stilfulla omskrivningar och för den unge läsaren var denna brist på blygsamhet fantastiskt intressant. Men med tiden fick scenen – som ägde rum i skymundan, medan övriga bröllopsgäster drack prosecco och åt cannoli i trädgården – en annan och mer bestående betydelse. Från att ha erbjudit halvlitterär pornografi åt någon som var alltför ung för att köpa *Lektyr* blev den ställföreträdande för en litteratur som, utan att egentligen vara erotisk, innehöll sidor som väckte oväntade delar av min biologi till liv. Påminde den förstulna akt som Sonny och brudtärnan hängav sig åt inte om den jag själv råkade vara inblandad i, liggande på soffan i vardagsrummet med den uppslagna boken i knät, medan övriga familjemedlemmar ovetande förberedde middagen ute i köket? Alltmer fick umgänget med litteraturen något lönnligt över sig, och snart blev det svårt – nej, omöjligt – att bortse från att läsandet faktiskt var en asocial och ofta rätt så osedlig affär.

Visserligen var det oklart om man kunde säga att jag som läsare trängde in i texten eller om det tvärtom var den som, *well*, grenslade mina tankar. (Jag var en tonårig grabb och subtilare metaforiska alternativ kom knappast ifråga.) Dessutom skulle det dröja innan jag fick tillgång till en kritisk vokabulär som kunde beskriva den likhet som jag menade mig ha upptäckt. Men intuitivt hade jag blivit varse ett allegoriskt perspektiv, där läs- och könsakt uppvisade oanade paralleller. Säkert var frågan om vem som gjorde vad med vem mindre viktig än det faktum att också den förra akten hade sin klandestina tjusning. Plötsligt insåg jag att det fanns aspekter av böcker – så kallade "ställen" – som var skäl nog att läsa dem, och det tog inte lång tid förrän jag lånade hem allt jag kunde hitta av Lawrence Durrell på skolbiblioteket. Den kamrat som tipsat mig om *Gudfadern* hade påstått att en viss Lawrence författat en skandalös skrift om en engelsk lady och hennes älskare. Under veckorna därpå flög min blick över sidorna i *Justine, Balthazar, Mountolive* och *Clea*, på jakt efter passager där det hettade till. Men jag fann det svårt att hålla reda på handlingen och figurerna, och tyckte nog inte heller att den prunkande prosan vägde upp de ställen som jag av och till lokaliserade – undanskymda platser där texten äntligen lade ifrån sig den flotta utstyrseln, blottade sig själv och kom till saken. När jag väl fick förväxlingen klar för mig – många år senare, på gymnasiet – var det för sent: jag hade upptäckt fransmännen och D. H. Lawrences viktorianska hädelser lämnade mig kall.

Såvitt jag minns började den systematiska jakten på "ställen" med Maupassant eller Barbey d'Aurevilly. I alla fall är jag ganska säker på att den slutade med Bataille. Ty när jag väl gav mig ikast med hans skrifter komplicerades mitt förhållande till det tredje läsorganet. Och då tänker jag inte på att jag hunnit lämna puberteten bakom mig, skaffat mig vad jag hoppades var en kultiverad – det vill säga rumsren – syn på litteraturen eller förstört vad som dittills varit en lovande bekantskap genom att ge kvinnan jag uppvaktade ett exemplar av *Madame Edwarda* utan att först ha läst boken själv. Det som försvårade situationen var tankestrukturerna. Ofrivilligt visade Bataille att uttryckliga skildringar av könslivets prakt och förvirring så gott som alltid hade något löjeväckande över sig, ungefär som en kejsare utan kläder, men att den intellektuella energi som drev dem kunde vara sexig i sig. Vad var väl beskrivningar av vätskor och kroppsöppningar mot troper och argument, besatthetens förutsägbara rörelser mot tankefigurernas förslagna koreografi? Kort sagt: på grund av Bataille började jag läsa teori. (Ja, ja. Detta var i början av 80-talet.) Plötsligt blev det allegoriska perspektivet intressant ur en kunskapsmässig synpunkt och snart lockades jag av texter så abstrakta att deras attraktionskraft endast gick att omtala i termer av "libidinal ekonomi".

På det stora hela tillbringades de följande åren bland kyska ord och otuktiga begrepp. Av och till gjorde den passionerade läsaren sig ännu påmind, han som läste med vidgade hjärtkammare och bultande puls. Men jag föredrog att sätta min lit till hjärnan – som jag hoppades var sval, stilfull, precis. Vad mitt tredje läsorgan angick förde det en tynande tillvaro. Det kom sällan till användning – inte därför att jag inte ville kännas vid det, utan helt enkelt därför att jag trodde att det tillhörde en tidigare fas i min evolution som *homo lectionis*. I de sällsynta ögonblick som den södra delen av biologin anmälde sin närvaro sattes ju såväl kritiskt omdöme som stilkänsla ur spel. Först tätnade stämningen i texten, sedan föll vissa ord med förutsägbar regelbundenhet och till slut ersattes även de indirekta anspelningarna av alfabetiska sammansättningar som inte hade någon som helst betydelse utanför sängkammaren. När den senare fasen inträdde gick det inte att läsa med hjärta eller hjärna. Boken hade instrumentaliserats och reducerats till hjälpmedel. Den som ville kunde utan vidare hålla den i bara en hand. Och det ville jag inte. Jag kände mig manipulerad och tyckte att det var ett beklämmande bevis på enkelspårighet om en text självmant avstod från alla de anspråk som gjorde den till litteratur – och dessutom räknade med att läsaren skulle applådera. Eller vad det nu var han förväntades göra med sin fria hand.

Ställen

Det var vid denna tidpunkt, i början på 90-talet, som litteraturen åter började bekymra mig. Men det skulle dröja ytterligare några år, samt ett par spekulativa essäböcker, innan jag insåg att jag måste söka svar på de frågor som angick mig i romanens form. Som någorlunda rutinerad läsare visste jag att böcker kunde påverka en på ett sätt som bara den pryde förmådde förneka. Bevisligen hade vissa skrifter en effekt på körtlarnas aktivitet, och alltså biologisk relevans, låt vara att denna inte var något att skylta med i seminarierum eller salonger. Men som teoretiskt skolad litteraturmänniska visste jag även att få ting var så avtändande som en text som inte tog ens sinne för fuffens och finesser på allvar. Frågan var alltså hur man som författare kunde förena lusten med listen, det nakna eller uppenbara med det dolda eller indirekta, och av en viss typ av klarspråk skapa ett verk som likväl hyllade förställningen. Bara så, inbillade jag mig, skulle man ju göra litteraturens biologiska betydelse rättvisa utan att bli klinisk. Bara så skulle man fira könslivets möjligheter utan att bli pornografisk. Men hur i helvete skulle *det* gå till – inte i teorin utan i praktiken?

1994 hade jag givit ut *Den grå boken*, en essä som sökte göra bruk av litterära medel för att tala om "gråzoner" i litteraturen. Mig påminde dessa regioner, vaga men vågade, om vad som i andra sammanhang kallades "ställen" – med den avgörande skillnaden att det ekivoka begränsade sig till förhållandet mellan fiktion och kritik, primär- och sekundärlitteratur. Jag ville blanda genrerna och pläderade för en para- eller egentligen hybridlitteratur, som låg bortom kritiken men hitom fiktionen. Efter att ha översatt – eller snarare transmuterat – boken till engelska några år senare kände jag mig emellertid allt annat än säker på min sak. När jag överförde texten från första- till målspråk ändrade jag så mycket i den inte bara vad ordval och framställningssätt, utan även vad innehållet beträffade, att jag inte kunde frigöra mig från misstanken att mitt verkliga ämne snarare var litteraturens sätt att betyda än betydelserna själva. Var det inte höjden av godtycklighet? Vad menade jag med "gråzoner" om deras prägel ändrades så radikalt i övergången från svenska till engelska? Missnöjet växte, och när jag till slut lämnade in manuset till förlaget tvingades jag tillstå att det bottnade i något så grundläggande som mitt förhållningssätt till litteraturen. Och det var då det gick upp för mig: på de fem år som låg mellan de båda versionerna hade något förändrats. Men det var inte litteraturen, utan jag själv. Häpet märkte jag att jag inte längre var intresserad av litteraturen i sig, det vill säga av att granska, pröva och fira dess många under och egenheter, utan snarare av allt det andra som den *också* var när den inte råkade handla om sina egna förutsättningar. Med tio års försening blev *The Gray Book* mitt malplacerade avsked till 80-talet. Insikten löste inga praktiska problem. Men förde åtminstone det goda med sig att jag till slut förstod att jag visste för mycket, men kunde för lite. Om driften var föremålet för mitt intresse skulle jag inte nå särskilt långt om jag litade enbart till reflektion – det vill säga eftertanke. Eller baktanke, för den delen. Men ville jag komma åt fiktionens förmåga att väcka begär till liv gick det inte heller att förfalla till den sortens tabubrott som under 90-talet blivit alltmer förutsägbart och vars syfte sällan hade mer med litteraturens villkor än med hänsyn till marknaden att göra. Låga instinkter i all ära, men vad som intresserade mig med samtidens romaner om deras *raison d'être* var det melankoliska spelet med identiteter, i vilket den pikanta skillnaden mellan reell författare och fiktiv huvudperson visserligen gjordes osäker, fast språket förblev lika klichéfyllt som någonsin det stockholmska nattliv eller den thailändska sexturism som gisslades? Förhöll sig dessa böcker inte till subversiv litteratur på ungefär samma sätt som Hennes & Mauritz-kläder till skräddarsydda plagg? Inte behövde man vara snobb för att man insisterade på känslan för stoffets egenskaper, för hantverkskunnande, stil och idiosynkrasi? Eller ta de skribenter som författade nödtorftigt kamouflerade bekännelser om sina "hemliga" sexliv. Vad kunde vara mer likgiltigt än skrifter som inte tillförde en redan missbrukad genre något annat än nya upprepningar, lika mekaniska som den gudomlige markisens men utan nämnvärd förståelse för den risk han löpt i 1700-talets revolutionära Frankrike?

En libertinism uppdaterad för ett ironiskt och konsumtionshungrigt 2000-tal – på en gång mediemedvetet och självförverkligande, förslaget och naivt – var knappast min grej. Då föredrog jag faktiskt *Nalle Puh*. I andra boken om Christopher Robin och hans vänner hittar kamraterna på en ny lek. Först kastar de pinnar i en flod från ena sidan av en bro, sedan springer de över till andra sidan för att se vems som först blir synlig:

> Kanin lutade sig längre fram än någonsin och såg efter sin. Ru vred sig än hit, än dit, och ropade: "Kom, pinne! Pinne, pinne, pinne!" Och Nasse blev mycket upphetsad, för hans var den enda man hade sett, och det betydde att han höll på att vinna.
> "Nu kommer den!" sade Puh.
> "Är du säker på att det är min?" pep Nasse förtjust.
> "Ja då, för den är grå. En stor grå en. Nu kommer den. En väldigt stor… och grå… Å, nej, det är inte den. Det är I-or."
> Och fram flöt I-or.

Trots att *Nalle Puhs hörna* innehöll en tvetydig scen om vad läsaren inbillades var en "stor grå en", ja, pinne alltså, utgjorde boken kanske inte den typ av litteratur som föresvävade mig. Ändå beundrade jag hur elegant A. A. Milne beskrev "pinnleken". Dubbeltydigheterna inte bara i ordval utan även i syntax påminde mig om att litteraturen alltid höll masken när den var oanständig. Fula saker sades sällan utan omsvep, i ord av den variant som på engelska vanligen är fyra bokstäver lång och oftast gömmer sig bakom klädsamma asterisker. En väsentlig del av nöjet med sådana scener bestod tvärtom i att de förutsatte två förståelseplan – ett där det sagda hade en bokstavlig betydelse, ett annat där det måste tolkas figurativt. Vilket betydde att läsaren antogs använda sin föreställningskraft och alltid måste vara beredd att förstå det sagda i överförd bemärkelse. Därmed var halva redan inne, som det hette då jag ännu bläddrade i Puzos roman. Ty texten förutsatte ju läsarens delaktighet, i vissa fall rentav medbrottslighet: bara en förälder som hade öron att höra med rodnade vid tanken på Milnes lek.

Denna problematik fascinerade av tekniska skäl. Vilken författare vill inte skriva böcker som slår den gnista som kan överbrygga det underliga avståndet mellan bok och läsare? Men för första gången insåg jag att jag kunde ta antändningen till utgångspunkt. På sätt och vis var den ju premissen för smutsig litteratur. Långsamt förstod jag att jag möjligen kommit på ett sätt att gå vidare i arbetet, utan att reducera texten till ett instrument. Varför inte iscensätta det oanständiga självt? På 2000-talet räckte dubbeltydigheter inte längre. Trots allt hade en del vatten flutit under broarna sedan I-or drev inom synhåll för en upphetsad samling djur en sommardag 1928, guppande på rygg med benen i vädret. Visserligen skrev Milne för barn och visserligen var den skabrösa undertexten snarast avsedd för den vuxenperson som läste högt. Men hans samtid hade krävt att skamligheter, inte minst av sexuell natur, förblev outtalade. Tre kvarts sekel senare var det svårt att tolka dessa konventioner som annat än sippa. Efter Bataille, Duras och Genet kunde man knappast låtsas som om ingenting hänt i litteraturen. Hur skulle en roman av idag alltså göra för att undvika att verka mer pryd än nödvändigt, och därmed ur synk med nuet, men samtidigt utnyttja den överförda bemärkelsens fulla register? Kanske kunde den gå den motsatta vägen, det vill säga låta det som kommer inom synhåll för läsaren inte vara en stor grå pinne, utan faktiskt, bokstavligt talat, vad Milne anspelade på? Tänk om texten tog detta avtäckande till utgångspunkt för handlingen och *ur det* skapade en ny sorts försvurenhet, en andra gradens klädsamhet som var på en gång mer gäckande och mindre naiv? Ställde det inte läs- och könsaktens eventuella paralleller på sin spets utan att dra onödig uppmärksamhet till framställningen på det sätt som hunnit bli så tröttande i så kallat "postmodern" litteratur?

Det var i sådana inte alldeles fogliga funderingar över hur man på ett propert sätt hanterar fallosen som ledmotiv som jag för några år sedan kom förbi mässhallen Moskva i Berlin. Jag hade för vana att ta promenader under eftermiddagen – för att vädra huvudet, om inte annat. När jag nu höjde blicken upptäckte jag att jag befann mig utanför en erotikmässa. Med tanke på den överraskande platsen var det omöjligt att inte avlägga ett studiebesök. Mässhallen är ett av Honeckers gamla skrytbyggen i glas och marmor, beläget på Karl-Marx-Allee inte långt från Alexanderplatz, strax efter det att de stalinistiska hyreskasernerna tar vid. Kombinationen av bedagad DDR-ideologi och kommersialism i dess naknaste form saknade inte tänkvärda sidor, varför jag rättfärdigade min visit med antagandet att de skulle leda till lite oväntad men välkommen insyn i det återförenade Tysklands kollektiva undermedvetna. Om det dessutom hjälpte mig att bättre komma underfund med mitt ledmotiv var jag inte den som tänkte konstra.

Utanför ingången åmade sig lättklädda tonårstjejer på en gnisslande king-size-bädd, medan två valhänta kroppsbyggare låtsades som om deras tjänster behövdes vid ingången. (Klockan var fyra på eftermiddagen, solen strålade och folk åt glass.) För att förhindra att man skulle se in från gatan hade arrangörerna klippt sönder sopsäckar av svart plast och tejpat upp dem på insidan av fönstren. Här och var syntes dock glipor genom vilka de silvriga reflexerna från en roterande discokula skymtade jämte en hög tomma pappaskar i vilka vibratorer legat. Det hela gav kanske inget direkt professionellt intryck. Under en kvarts tid väntade jag jämte ett fyrtiotal andra besökare på att bli insläppt. Som anat var farbröderna med vattnig blick och videokamera i handen fler än tonårsparen och betydligt fler än de ensamma kvinnorna. Men vid en någorlunda noggrann, om än inte vetenskaplig beräkning visade sig fördelningen mellan könen förvånansvärt jämn – cirka 60/40 till Y-kromosomernas fördel.

Den knappa timme jag tillbringade på andra sidan vändkorset gick snabbt. När jag återvände ut i eftermiddagssolen hade jag inspekterat sju montrar med hjälpredskap, videofilmer och klädesplagg, bevittnat två stripteasenummer, luktat på "afrodisiska" parfymer och begrundat piercingbåset i källarplanet – samt druckit ljummen öl och ätit bratwurst på serveringen en trappa upp. För ytterligare fem euro i inträde hade jag dessutom upplevt en 3D-show bestående av lika delar videospel och hemmaporr (racerbilar, eldsvådor och skumbad – i den ordningen). Naturligtvis flirtades vilt med tabubrott som inte längre var några. Naturligtvis odlades även här myten om allas otillräcklighet, så att medel mot sviktande självförtroende skulle få passande avsättning. Och även om antalet sexuella uttrycksformer som presenterades var förvånansvärt stort, förblev rollfördelningen sig naturligtvis beklämmande lik. I en monter studerade jag titlarna på videokassetter. *Amateurs from Russia* och *Das Superding* återgav säkert innehållet så korrekt som en presumtiv köpare kunde tänkas önska, men var väl inte direkt några höjdpunkter i benämnandets historia. Att artistnamn bara förekom om personen åtnjöt en större publik – Dolly Buster, John Holmes, Gina Wild – förundrade mig inte heller. Sedan fick jag syn på några prov på den enda sorts film som mig veterligen, vid sidan om den anonyma *O*, förvandlat en berömd förlaga till en genre: *Lolita*. Här pryddes omslagen av kvinnor i yngre tjugoårsåldern, klädda som småflickor med håret i flätor och antagligen polkagrisar i händerna. Förgäves sökte jag efter vidare influenser från litteraturen. Men här fanns inga Werther-, Valmont- eller Mr. Knightley-filmer; inte heller hade Effi Briest, Molly Bloom eller Fanny Hill skapat några egna genrer. Bara den franske markisen och hans pendang, den österrikiske adelsmannen, hade satt sin prägel på filmer vars fodral alla utan undantag var svarta med röd skrift på.

Trots att differentieringen var förvånansvärt stor skulle till och med Nalle Puh ha insett att pornografin är genrestyrd och opportunistisk. Varje läggning och fetisch, varje kombination av människa och redskap hade sina regler och underkategorier. För vissa kunder var det uppenbart viktigt att få veta om de kvinnliga aktörerna svalde eller inte, om det förekom gummi eller läder, gravida damer eller håriga herrar i filmerna, om Traci Lords ägnade sig åt en "duett" eller om Dita von Teese uppträdde som nunna eller sjuksköterska. Förmodligen skulle det inte dröja länge förrän kassetterna innehöll varudeklarationer i stil med de som förekommer på livsmedel eller klädesplagg. Det enda som saknades vid sidan om taktkänsla i detta uppbåd av sexuella arter och avarter var överraskning. Utbudet styrdes konsekvent av efterfrågan, och eftersom efterfrågan hämmades allt mindre av självcensur hade antalet nischmarknader ökat. Likväl förblev pornografins främsta stilmärke klichén. Vilket betydde att besöket på mässhallen egentligen bara bekräftade vad jag redan visste: medan pornografin syftade till att minska avståndet mellan verklighet och illusion, stegrade litteraturen illusionen tills den blev sin egen verklighet. Här handlade det inte om tillskruvade förförelsekonster utan om förtrollande nykterhet, inte om planerad upphetsning utan om passionerad oförutsägbarhet. Den goda litteratur fanns inte som inte överraskade sin publik.

Ändå lämnade jag Moskva med en upprymd känsla av att ha lärt mig något. För varje steg klarnade anledningen därtill. Utan att vilja det hade mässarrangörerna utsatt mig för verkligheten. Roland Barthes myntade en gång begreppet "verklighetseffekt", varmed han avsåg ett konstverks medvetna bruk av till synes obetydliga detaljer för att skapa en aura av autenticitet. I porrfilmer är sådana effekter sällan eller aldrig beräknade, även om en mässförsäljare som jag talade med menade att "amatör"-genren var på ordentlig framåtmarsch. När jag tänkte efter insåg jag att det var dessa effekter som intresserade mig då jag någon gång såg en film på hotell-TV:n efter midnatt. Det köttsliga spektaklet stimulerade betydligt mindre än stickkontakten som syntes i bakgrunden och som avslöjade om filmen spelats in i USA, England eller det kontinentala Europa. Skådespelarna, så beklämmande utbytbara, var mindre viktiga än en snedgången sko eller glasögonen som någon lagt ifrån sig på ett nattygsbord. Under promenaden hem insåg jag till slut: som författare var jag verklighetsfetischist.

Det ofördäckt förtäckta

Besöket på mässan fick mig på rätt spår, eller vad jag föredrog att betrakta som det. Med Barthes i åtanke bestämde jag mig för ta alla de till synes obetydliga detaljer som förekommer i driftslivet på allvar. Vad som i andra sammanhang betraktades som utsmyckning och kuliss, frivillig eller ej, skulle hos mig bli oanade bärare av betydelse. När jag återvänt hem och bläddrade i materialet till den roman som jag höll på med – en historia om vad livlig fantasi kan ställa till med för en ung biografmaskinist i Berlin samma år som I-or flyter fram under en bro någonstans i Englands bakvatten – insåg jag var skon klämde. Jag hade tecknat min huvudperson, som tillika var berättare, i alltför diskreta färger. Visst bar han på en fallos som säkert beredde honom både nöje och bekymmer, men om han skulle tjäna som försåtligt identifikationsobjekt räckte det inte att låta omständigheterna sätta krokben för honom. Möjligen skulle spänning skapas om Sascha Knisch, som jag bestämt mig för att kalla honom, hade ett förhållande med en demimond och snubblade från den ena malören till den andra. Fast om han själv inte bar på hemligheter, utan bara riskerade något så romantekniskt konventionellt som sin egen livhank, skulle läsarens sympatier kanske väckas och med lite tur kunna utvecklas, men aldrig *in*vecklas. Och så länge det inte skedde kunde jag inte föreställa mig att boken verkligen skulle angå.

För all del: att låta handlingen utspela sig på en ort känd för sina insatser för en rimligare syn på könslivets förvillelser, Magnus Hirschfelds Institut für Sexualforschung i Tiergarten i Berlin, tillhandahöll en passande ram och ett angeläget stoff. Men att skriva en regelrätt historisk roman kändes ungefär lika spännande som att titta på sandalfilmer med Kirk Douglas. Eller att läsa A. S. Byatt. I mina ögon var ett kostymdrama förlagt till det förflutna en alltför konservativ uppgift, eftersom det inte uppfordrade läsaren till en egentlig revision av vad som skett, utan i sista hand bekräftade allmänna visdomar. (Ja, tänk, bussarna var verkligen gula på den tiden.) Jag ville tvärtom osäkra vetandet om vad som hänt – inte för att relativisera historieskrivningen, utan för att aktualisera det förflutnas latenta innebörder. Bara så tänkte jag mig att de splitter av framtida relevans som låg gömda i det förgångna kunde aktiveras. Men för att det skulle ske måste den neuralgiska punkt där det historiska stoffet började brännas först lokaliseras. Kort sagt: om jag ville berätta om vad som skedde i det fördolda på ett så oförblommerat sätt som möjligt, måste min berättare bli transvestit.

Det var, lugnt sagt, en utmaning. Ändå var tanken inte så vågad som jag i förstone inbillade mig. Jag visste ju att Hirschfeld – som var av judisk börd, engagerad socialdemokrat och homosexuell; så fel det kunde bli bara några år in på 30-talet – var den förste medicinaren att beskriva "förklädnadsdriften" i vetenskapliga termer. Visserligen hade jag inte fått tag på hans banbrytande studie från 1910, men jag hade sett den citerad och i hans brett upplagda *Geschlechtskunde* förekom fallbeskrivningar där han redogjorde för varför vissa personer fann behag i att klä sig i det motsatta könets attribut. Ännu hade jag inte varit djärv nog att pröva tanken på en huvudperson med denna läggning. Nu insåg jag dock fördelarna. Boken skulle rimligen få en viss komplicerad laddning om hjälten, eller snarare antihjälten, försökte bli eller uppföra sig som en kvinna. Även om många av de frågor rörande skillnaden mellan könen som biologiskt faktum och social konstruktion därmed skulle spetsas till, eller åtminstone få moralisk udd, såg jag också svårigheterna. Det första och mest uppenbara problemet var att – utan att det luktade bok – skildra de faktorer som får en människa att känna sig "sann" först när hon uppträder förklädd. Med undantag av en episod i sexårsåldern, då jag burit kalasbyxor under balettlektionerna, hade jag ingen personlig erfarenhet av saken.

Till att börja med tillbringade jag dagarna i soffan och försökte läsa in mig. *Psychopathia sexualis* tillhandahöll hjälpsamma uppgifter,

Curt Morecks "guide genom det 'lastbara' Berlin" från 1931 bidrog med lokalkunskaper och *Alles, was im Baedeker nicht steht* var ett fynd av det goda slag som visserligen inte håller vad det lovar, men istället uppenbarar viktiga informationer som man aldrig tänkt på att leta efter. En karta från 1929, samma år som *Berlin Alexanderplatz* utkom, förbättrade orienteringsförmågan i staden. (Jag föreställde mig den diminutiva formen av min hjältes förnamn som en förtäckt *hommage* till Döblin. Och upprepningen av *sch* i för- och efternamn anspelade förstås på all den hyschhysch som omger sexuallivet.) Trots hjälpen trevade jag dock i dunkel och osäkerheten var stor. Det var först under ett besök i München, där jag kom över ett exemplar av Hirschfelds "undersökning av den erotiska förklädnadsdriften", som marken blev fastare under fötterna. Jag började läsa det gräddvita klotbandet med fuktskador redan på flyget tillbaka till Berlin, och fortsatte under natten därpå. När jag något dygn senare slog ihop verket kände jag mig vimmelkantig – som om jag just återvänt från en betydligt längre resa än till Bayern.

Hirschfelds studie stärkte mig i mina föresatser: Sascha Knisch kunde bara vara transvestit. Men boken fick mig även att inse hur lite jag visste om förutsättningarna för personer av hans slag. Under de följande veckorna dammsög jag antikvariaten. På kort tid lyckades jag komma över en försvarlig mängd *sexualia* från decennierna kring sekelskiftet, skriven i upplysande och inte sällan uppfostrande syfte. Flera av dessa skrifter föreföll tämligen komiska ur dagens perspektiv. Många av "avvikelserna" som beskrevs hade ju för länge sedan upphört att förfasa medborgare och det var svårt att inte le åt det gravallvar med vilket författarna tog sig an vad de betraktade som ett besvärligt ämne. Andra skrifter, som exempelvis en instruktionsbok i konsten att undvika nattliga sädesuttömningar, gjorde mig snarast bedrövad. Inte heller bidrog en liten skrift om *künstliche Geschlechtsumwandlung* till att ingjuta något större förtroende i mig för kirurgin under en av dess mer experimentella faser. Det var ingen hemlighet att de sexologer som för hundra år sedan sonderat könslivets mörka kontinent sett sig som upptäcktsresande: de flesta hade försökt kartlägga den rika flora av problem som uppträder när körtlar och kärlek råkar i konflikt så inkännande som möjligt, men några hade uträttat illdåd, inget tvivel om saken. De eugeniska ambitionerna var sällan långt borta och för varje profylaktisk handling som beskrevs kunde den som satt med histo-

riens facit i handen föreställa sig ett dussintal mindre goda. Skrifter som jag inte lyckades hitta hos Ahnert eller Linke fann jag vanligen i Zentrales Verzeichnis Antiquarischer Bücher. Den nätbaserade tyska sökmotorn har jämte ChooseBooks.com och liknande adresser visserligen omöjliggjort forna tiders fynd, men i gengäld ställs rariteter till förfogande som det inte längre fordras åratal av letande för att hitta. Likväl hittade jag inga uppgifter om vad som verkligen försiggått bakom väggarna på Hirschfelds institut. Några böcker skildrade forskningen, andra egendomens historia. Men hur såg vardagen ut? Vilka var de anställda? Hur disponerades utrymmena och varifrån kom resurserna som drev denne idealistiske sexualbiologs säkert syndigt dyra projekt? Utan sådana kunskaper skulle jag inte veta vad jag talade om. Eller hur "mina" detaljer på ett passande sätt kunde avvika från historiska fakta och – rekonfigurerade – återuppfinna sanningen.

I *Goodbye to Berlin* fann jag några sidor där Christopher Isherwood återger livet på den förnäma sidogatan i Tiergarten. Under en tid bodde han på Hirschfelds institut och hjälpte till med smärre sysslor i utbyte mot reducerad hyra. Men även om jag uppskattade hans vaksamma öga och klara prosa kunde jag inte frigöra mig från den skugga som kastades av en rultig amerikanska av italiensk härkomst, med permanent tindrande ögon och en enerverande käckhet i rörelserna. Bob Fosses *Cabaret* hade i mina ögon en gång för alla satt sin stämpel på Isherwoods roman. Att upprepa denna behandling av det förflutna var ungefär det sista som intresserade mig. Jag förstod inte poängen med att skildra det sena 20-talets nerviga tidsålder och voluptuösa panik som om det egentligen rörde sig om New Yorks discokultur femtio år senare. Det var inte promiskuiteten eller den bruna ideologins samröre med vissa sexualpraktiker som fascinerade mig, inte heller sexuallivets förmenta blomstringstid i Weimarrepubliken, utan hur en ny människosyn växt fram under en epok då det onda ännu inte separerats från det goda. Samt förstås på vilket sätt vetenskap och underhållning, god vilja och missriktade experiment lyckades samexistera under institutets tak. Där fanns påtagliga förbindelser med dagens värld. Men hur skulle jag skaffa mig en sådan inblick i det förflutna? Det var ju rena insiderkunskaperna.

Under mina efterforskningar dök då och då ett namn upp i fotnoter och källhänvisningar. Av allt att döma var mannen av tysk härkomst och på ett ställe såg jag att han verkat vid Kinsey-institutet i Bloomington, Indiana. Med tiden förstod jag att han gjort mycket för att trygga förutsättningarna för en saklig sexualvetenskapens historia under 60- och 70-talen, när forna partimedlemmar ännu dikterat vad som skulle institutionaliseras som kollektivt vetande. Men nu upptäckte jag även att han sedan några år tillbaka undervisade i Berlin, där han grundat ett arkiv knutet till Robert-Koch-Institut vid Charité-sjukhuset. Så kom det sig att jag en dag lade böckerna åt sidan och ringde honom. Ingen lyfte på luren, men jag lämnade ett meddelande. Ett dygn senare fann jag en hälsning på min svarare: "Här talar professor Si-och-så", sade en röst så grov att den inte längre tycktes verklig. "Jag ska strax efterbehandlas. *But who the hell cares in Pakistan?* Om ni kommer om tre veckor kan vi tala om tant Magnesia." Han nämnde ett datum, ett klockslag och adressen. *"Don't make me sad, Mr. Bad"*, hälsade han och lade på.

I några av böckerna jag läst hade det stått att "tant Magnesia" var en av de beteckningar, på en gång smek- och öknamn, som Hirschfeld burit. I stillhet hoppades jag att hans sentida efterföljare skulle bekräfta den misstanke, knappast originell, som benämningen givit upphov till: tänk om samma person som varit den förste att vetenskapligt behandla transvestismen tyckte om att klä sig i kjol och högklackat? Knappt hade jag ringt på några veckor senare och skakat hand med en kortvuxen man med insjunkna kinder, snabba rörelser och lätt skelande blick som gjorde mig osäker på vilket öga jag skulle koncentrera mig förrän han med handen tryckt mot skjortkragen väste: "Hirschfeld? Transvestit? Nonsens! Det där är ett amerikanskt missförstånd. Man begriper inte att bögar på 20-talet kallade varandra för *Tante*. Tänk bara på den stora mustaschen!" Mannen sjönk ned i en bambustol med blommiga kuddar. Han rättade till auktionskatalogerna på glasbordet mellan oss, läppjade på flaskan med okolsyrat vatten som han hållit i när vi hälsat och förklarade att han sedan en tid behandlades för tungcancer. Själv försökte jag göra det bekvämt för mig i soffan, men kände mig alltför stor och klumpig för det välstädade burspråk där vi satt. Som så mycket annat onödigt hade fastigheten tillkommit under det lyckligt avtacklade 80-talet, med hjälp av rikliga mängder glas, stål och "ytor", vilket gjorde att det kändes som om vi – en guldfisk och en sjöko – egentligen befann oss i ett akvarium.

Under den en och en halv timme som följde, innan sexologens ljudlöse partner lade handen på hans axel och sade att nu räckte det, han måste tänka på vad läkarna sagt, fick jag veta det mesta om den tyska sexualforskningens beklagliga efterkrigshistoria. Mina anteckningar efter mötet innehåller telegramartade notiser om bruna sexualforskare som skötte sina ämbeten i Adenauers Tyskland, utan intresse av att rehabilitera en judisk kollega och föregångare. Efter flytten till USA – "CIA-infekterade institutioner, obefintlig finansiering, pryda byråkrater, sexualromantiska hippies" – slog sig min värd samman med en vän som arbetade för ett tyskt katolskt förlag i New York. Tillsammans gjorde de en smärre förmögenhet på småskrifter om astrologi. "Varje dag åt vi *three Martini lunches*, pöste som paschor, pengarna vällde in!" Av någon anledning flyttade han därefter till Hawaii. I Honolulu ledde en lapp i en telefonhytt till en kurs i sexualupplysning, som så småningom resulterade i "den första vettiga läroboken som den nya kontinenten skådat". Skriften var perfekt tajmad. Den blev en bästsäljare i ett alltmer frigjort Amerika och medförde en professur i San Fransisco. Efter ett gästföredrag i Indiana någon gång på 70-talet fick min värd tillfälle att gå igenom Kinseys kvarlåtenskap – och där upptäckte han slutligen Hirschfelds namn. Han som själv studerat i Köln och Freiburg hade ingen aning om sexologins berlinska ursprung. Freud, Krafft-Ebing, Schrenk-Notzing ... "Visst. Rena kändisarna. Men tant Magnesia? *No way, Jose!*" Efterforskningar ledde till nya insikter, nya insikter till nya frågor. Med tiden växte materialet – och bekymren. Eller som jag skrev i min anteckningsbok efter besöket: "80-talet = bråk med kolleger; resor till den gamla världen; istället för att skicka mer material till Bloomington börjar han samla på sig det själv." Strax efter murens fall återvände Hirschfelds sentida vapendragare till Europa. För gott.

Min värd spottade i en näsduk. "Jag trodde att det skulle bli bättre, men allt blev värre!" Till en början fick han lokaler på Robert-Koch-institutet, som ansvarar för smittokontrollen i Tyskland, och fria händer att göra vad han ville. Men problemen var strukturella och det tog inte lång tid för symptomen att visa sig: samarbetssvårigheter och gradvis utfrysning. "Jag befann mig på ett medicinskt institut. *Well, that's nice, Brice*. Men där sysslade man med sjuka människor. *What the hell* har sexologin med dem att göra? Nio av tio personers könsliv är sunt! Och det sade jag till mina kolleger. Sexologin ska inte sortera under medicinen!" Efter några år och ett självmord bland medarbetarna blev situationen ohållbar. Han flyttade över sin decimerade arbetsstyrka till Humboldt-Universität. Där fick han disponera några nedgångna lokaler i den forna öststadsdelen Pankow, flyttade dit arkivet med hjälp av ett par medarbetare som levde på arbetslöshetskassa – och underrättades, bara några dagar efter det att flyttlådorna ställts ned, om att han hade cancer. Sedan dess låg arbetet nere. Min värd kunde inte visa sitt unika material även om han ville. Inga foton. Inga av de skrifter som inte bränts på det famösa bokbålet i maj 1933. Ingen korrespondens. Och med det kverulantiska och aktivistiska Hirschfeld-sällskapet ville han inte ha något att skaffa. Hirschfeld-sällskapet? "*Sorry, mister*, men de är separatister. Bara jag har lyckats ansluta sexologin till universitetet. När materialet blir tillgängligt på nätet kommer jag att ligga mil framför de andra. Jag kräver ingen ersättning för mina mödor. Med den tjänstepension jag uppbär behöver jag inte allmosor. Men materialet måste ställas till förfogande för alla. Snabbare än fort. Hirschfeld får inte låsas in i seminarierummen. *I say: who the hell cares in Pakistan?*" Åter hostade han. Från sovrummet där TV:n stod på hördes partnern mana: "*Dear, it's 5.30 already ...*" Min värd ryckte på axlarna, men sade inget mer.

När jag vandrade hem i novembermörkret undrade jag om jag egentligen lärt mig något annat än att jag uppenbarligen befann mig på minerad mark – och att Hirschfeld hittat en stridbar talesman som dessvärre saknade de rätta resurserna att göra sig hörd. Jo, en detalj. Trots sin valrossmustasch hade föreståndaren för institutet i Tiergarten inte haft för vana att klä sig som piga eller lady.

Ett komplicerat brödraskap

När jag promenerade till Magnus-Hirschfeld-Gesellschaft ett par veckor senare – föreningen visade sig ligga bara fem minuter från där jag bodde, i bottenplan på ett gårdshus i stadsdelen Friedrichshain – kändes det som om jag förrådde den cancersjuke sexologen. Men sanningen var ju att han mest hade talat om dagens USA, medan jag själv var intresserad av dåtidens Tyskland. Dessutom log mina nya värdar överseende när jag undrade om jag befann mig hos separatister, vilket skingrade de återstående tvivlen på ett välkommet sätt. De båda forskare som tog emot mig redogjorde beredvilligt för sina insatser att rehabilitera Hirschfelds pionjärarbete och skriva historien om institutet och dess verksamhet mellan grundandet 1919 och nazisternas maktövertagande fjorton år senare. Vi talade utförligt om sexualbiologens karriär i Hindenburgs Tyskland och hans bägge pojkvänner Karl Giese och Li Shiu Tong (den ene begick självmord, den andre överlevde i Schweiz), om hans verksamhet som grå eminens i Weimarrepublikens kulisser, om försöken att häva den lagparagraf som kriminaliserade sodomitiska handlingar och de skändligheter som ledde till att institutet stormades i januari 1933, om patientkorten som sedan dess var försvunna och större delen av det bibliotek som brändes några månader senare. Jag fick se ett exemplar av det beryktade "psykobiologiska" frågeformulär som låg till grund för utvärderingarna i *Geschlechtskunde* (rörande frågor om allt från Eros uppvaknande till huruvida den tillfrågade kunde vissla eller bar kniv i fickan). Man visade mig foton på museet med sin beryktade "avdelning för deformationer av den sexuella instinkten" (en tidig och klokare variant av erotikmässan på Karl-Marx-Allee), och när jag berättade att jag var särskilt intresserad av sexuellt motiverad förklädnad reste sig en av värdarna upp. Från en hylla plockade han ned en trycksak som han varsamt, nästan pietetsfullt placerade i mina händer. Det visade sig vara supplementet till boken om transvestiter – ett av de sällsynta exemplar, kanske ett trettiotal totalt, som inte brändes på bål och som jag förgäves sökt efter på antikvariaten.

Visserligen var flera av de porträtterade personerna omöjliga att entydigt identifiera som man eller kvinna, och många visade sig ovanligt skickliga på att överta det motsatta könets sekundära egenskaper. Det kunde räcka med en hållning eller min för att korsetten eller västen med guldklocka skulle kännas motiverad trots ett muskulöst axelparti eller nätta fötter. Detta var härmfåglar som muterat till paradisfåglar. Men det fanns även bilder på personer som jag föreställde mig skulle ha haft en viss möda att inte väcka uppmärksamhet om de vågat sig ut på öppen gata. En ovanligt kort och korpulent man hade klätt sig i en näpen dress prydd av rosetter. Han bar en peruk med långt blont hår, i handen höll han en solfjäder och de krumma benen täcktes av tjocka, vita strumpor. På fötterna bar han balettskor; av den klumpiga hållningen att döma tänkte han just niga för betraktaren. Något bättre lyckades den herre som jag upptäckte på ett annat foto och som även han bar en vit dress. Klädnaden hade yppiga volanger men saknade ärmar, vilket gjorde att hans kraftiga biceps spelade med måhända mindre lyckad tydlighet. På huvudet bar han dock en blond peruk med korta korkskruvslockar som förde tankarna till Harpo Marx' tvillingsyster och fötterna pryddes av vita, högklackade skor med spänne. Mannen satt i profil och hade sedesamt korsat benen. Egentligen talade det mesta för att han var ballerina – förutom möjligen den vaxade mustaschen. (Så mycket för att transvestiter aldrig bar ansiktshår.)

Männen tycktes känna sig förvånansvärt väl till mods i rollen som bedårande dam, även om en bättre kamera förmodligen skulle ha uppfångat svettpärlorna strax under peruken eller avslöjat det brösthår som inte ens rikliga mängder talk kunde dölja. Hur gärna de än klädde sig som den flicka de i hemlighet ansåg sig vara – ett lamm fött i ulvakläder – kunde jag inte föreställa mig att det varit lätt att samtycka till fotograferingen. För en man som uppnått en viss rang i det wilhelminska samhället och åtnjöt de privilegier som detta medförde måste det ha kostat avsevärda ansträngningar att överkomma hämningarna. För att inte tala om den frivilliga glömska han tvingats odla för att under några viktlösa ögonblick av lycka ignorera risken att fotot hamnade i fel händer. Uppenbarligen var lusten större än skammen, vilket onekligen var något. Kanske hade männen gått med på att dokumenteras i full mundering därför att de upplevde sig själva som gåtor och hoppades att en vetenskaplig utredning skulle förklara vilka motsägelsefulla energier som styrde deras begär? Ju längre jag betraktade dessa varelser, så imponerande mänskliga och ändå så skrattretande, desto svårare blev det i alla fall att inte gripas av ömhet. Vilken rörande sårbarhet. Vilken komisk bräcklighet. Dessa damer tillhörde kjolarnas komplicerade brödraskap.

Trots sitt sinne för diskretion kunde mina värdar inte motstå frestelsen att fråga varför jag var intresserad av *"krrossdressink"*. Jag förklarade att jag höll på med en roman, behövde bakgrund till historien och för övrigt inte fann förklädnaden som fenomen eller strategi ointressant ur ett estetiskt perspektiv. Kläder hade alltid intresserat mig som social kod. Vare sig en människa ville det eller ej var hon ju en levande markör i ett kulturellt betingat teckensystem. Hur kunde en författare ställa sig likgiltig inför de uttrycksmöjligheter, eller för den delen faror, som slaget på en kavaj, klacken på en sko kunde innebära? Transvestiter verkade vara akut medvetna om dessa signaler. De både använde sig av och utnyttjade dem, undersökte och ifrågasatte deras laddningar – inte minst för att förstå mekanismerna i något som sedan länge sysselsatte mig: den distinktion mellan primärt och sekundärt som dikterade vad som ansågs väsentligt och vad som i sista hand var utanverk. Jag hade sysslat med varianter av denna distinktion i tidigare böcker, men i sin hårda ideologiska form svarade den snarast mot skillnaden mellan manligt och kvinnligt. Nu ville jag skriva en bok som undersökte just frågan om könsegenskaper – så oförblommerat men klädsamt som möjligt. Faktiskt hade jag tagit fallosen som ledmotiv. Jag måste väl börja någonstans? Testiklarna utgjorde den traditionella symbolen för potens, tillade jag, möjligen mer generad än nödvändigt, här fanns den förmenta viriliteten i dess högsta koncentration, och eftersom de hade en tendens att uppträda i par betraktade jag brödraskapet som bokens hemliga tema.

Mina värdar begrundade vad jag sagt, så mumlade den ene av dem om könslivets många *"vested interests"*. Till svar sade jag något om "homosocialitet", så citerade jag Singer, som i en av sina noveller anmärker: "Vilken sällsam makt det finns i kläder!" Det var denna egenartade auktoritet, som knappast saknade politisk betydelse, som jag önskade komma på spåren. I mina ögon var transvestiter en sorts dekonstruktörer, som ägnade sig åt härmningens och maskeringens spel med det egna livet som insats. Vad betydde ett uttryck som "den nakna sanningen" för någon som endast kunde skänka form åt sitt rätta jag genom att förklä sig? Spelade testiklarna verkligen den avgörande rollen för synen på manlighet? Gjorde kläderna kanske trots allt kvinnan? Transvestiter om några borde veta hur man omsatte dolt symboliskt kapital. Jag fascinerades av den list och lust som krävdes för dessa transaktioner. Det var en fråga om stil, där ämnet inte gick att skilja från sitt uttryck.

När jag avslutningsvis nämnde att min huvudperson tjänade pengar som filmmaskinist på en biograf log värdarna igenkännande. Då hade jag säkert sett den film av Richard Oswald i vilken Hirschfeld uppträtt? Jag nickade. *Anders als die Anderen*, som gått upp på biograferna 1919 och förbjudits året därpå, hade bedrivit upplysningsarbete maskerat som underhållning med stjärnor som Conrad Veidt och Anita Berber. Kanske hade jag i så fall även hört talas om de kliniska filmer som spelats in på Institut für Sexualforschung? Nej, det kunde jag inte säga. Ah. Då intresserade det mig möjligen att få veta att Hirschfeld under en rad år faktiskt ägnat sig åt testikelforskning i Eugen Steinachs efterföljd? Förvisso ...

Frågan om hur kraftlösa, stundom effeminerade män skulle återfå sin forna mandom hade tydligen diskuterats häftigt under åren efter förra sekelskiftet. Som ung man hade Steinach, en god vän till Freud i Wien, dissekerat möss och råttor i hopp om att uppenbara sexualitetens hemlighet, som han menade satt i körtlarna och vissa vätskor. Om bara de rätta metoderna utvecklades räknade han med att kunna senarelägga ålderdomen med upp till tio år och därmed "reaktivera" män som ännu hade mycket kvar att ge samhället. Under 20-talet lät sig tusentals villiga herrar "steinachifieras" genom ingrepp i underlivet. Enligt kirurgen var resultaten överlag uppmuntrande. De flesta patienterna förvandlades från senilt dreglande åldringar till dådkraftiga herrar som kastade kryckor och glasögon, rakade sig ett par gånger om dagen och åter spelade med musklerna. I vissa fall gav de sig rentav hän åt sådana ungdomliga dumheter som att köpa mark i Florida.

Jag skakade på huvudet, men var förstås belåten. I mina öron lät försöket att genom invasiva tekniker höja andelen manlighet som en sorts Viagra *avant la lettre* – rena fyndet för någon som ville undersöka de goda och kanske mindre goda fantasmerna om manlighet. Var kunde jag få se dessa filmer? På Bundesfilmarchiv här i Berlin. Ett tjugotal filmer hade hunnit göras innan Hirschfeld och hans kolleger börjat tvivla på fördelarna med Steinachs metoder. En av dessa hade visats på Ufa-biograferna i staden och setts av över 300 000 besökare under en sommar. Den enda tillgängliga kopian fanns numera vid Fehrbellinerplatz.

Dagen därpå slog jag mig ned i ett av båsen på arkivet och väntade på att den inte direkt joviale arkivarien skulle komma med rullarna jag beställt fram. När han trätt celluloidremsan genom reglagen och släckt ljuset fick jag bevittna hur evolutionen trots allt framskred tryggt och lagbundet – från encelliga organismer, över två- och mångcelliga mollusker, till möss, marsvin, katter, apor och slutligen människor. Förloppet skildrades med hjälp av teckningar och kirurgiska ingrepp. Strax innan den andra rullen tog slut och filmremsan smattrade med ett vått, insektsliknande ljud, visades början av en operation på en människa. Varsamt placerades ett par testiklar på vad som såg ut som en bit sammet. Stället där ingreppet skulle göras markerades, men strax därpå mörknade bilden – jag förmodade av omsorg om känsliga själar i publiken. Nu fick man istället se pedagogiska bilder från före och efter ingreppet. Före: en medelålders krogvärd med begynnande flint orkar inte lyfta en öltunna. Efter: en skrattande krögare med långt, virilt hår lyfter tunnan över huvudet och marscherar lyckligt in i sitt värdshus. Före: en äldre professor sitter böjd över dammiga volymer, lustlös och närsynt. Efter: den lärde mannen fjädrar brunbränd och spänstig över Alperna, iklädd lederhosen och tyrolerhatt – rakt in i den eviga mandomens soluppgång.

Jag lämnade arkivet viss om att bitarna jag sökt slutligen fallit på plats. Äntligen hade jag funnit den konstellation av intressen och konflikter i vars ljus jag kunde låta Saschas öden och äventyr utspela sig. Jag hade mina ställen och mina detaljer. Där fanns motsättningarna mellan att stärka könsidentiteten genom primära och sekundära egenskaper, där fanns den ideologiskt motiverade forskningen och där fanns operationssalen, museet och biografen som skådeplatser. Och först som sist fanns där förställningen som livsform. Kanske berörde det senare ändå litteraturens eventuellt biologiska betydelse? Mig intresserade försöket, inklusive det möjliga misslyckandet, att låta berättaren försätta sig i det täcka könets roll. En blick i anteckningarna från denna tid avslöjar i vilken riktning jag funderade. "Det känns som en bortklippt scen i en film", heter det i en improviserad inre monolog. "Inte som en del av det verkliga dramat." På ett annat ställe sägs Sascha vara "förledd av fantasin". Uppenbarligen sökte jag ett framställningssätt, på en gång tvivelaktigt och uppfordrande, där "varje ord" kunde vara "en blamage". Tendensen är tydlig, för inte många sidor senare undrade jag: "Sur-naturalism? Super-naturalism? Skit samma, så länge det blir en ohelig allians mellan fantastik och kroppslighet, påhitt och uppmärksamhet. Saga och medicin – och däri: den sanningsskapande lögnen."

Den senare rekommendationen skulle jag följa, även om jag ofta tvingades ingjuta mig själv mod under arbetets gång. "Boken måste bli *mycket* farligare", är bara en av många uppfordringar. Förmodligen var jag rädd för att förklädnadskonsterna skulle urarta i förväxlingskomedi – och lika lite som jag ville återupprepa Bob Fosses bragder önskade jag ge mig i kast med en berlinsk variant av *Some Like It Hot*, med pageklippt Tony Curtis i ballerinakläder från anno dazumal och Jack Lemmon iförd vadmalskjol och mördande korsett. För övrigt hade jag ingen talang för den sortens dräpande dialog och slapstick som Billy Wilder var mästare på. Underhållning i all ära, men jag sökte den punkt där lek inte gick att skilja från allvar. Könslivets obskyra projektioner var ingen harmlös affär.

En pinne av annat slag

Steinachs film återförde mig till själens dunkla kammare. Jag var tillbaka där jag börjat, i fantasin och föreställningskraften, bland drifterna och de hemliga önskningarna. Men till skillnad från tidigare hade jag äntligen lite insiderkunskaper. Långsamt anade jag hur det dilemma kunde konstrueras varur romanen skulle växa. Om Sascha i upptakten till boken bokstavligt talat trädde ut ur garderoben, detta hans lönnliga lyckorike, och snubblade över ett lik på sovrumsgolvet, skulle han omedelbart försättas i en klämma. Å ena sidan visste han (och läsaren) att han var oskyldig till mord, å den andra skulle han knappast vilja tillstå för omgivningen vad han haft för sig i sitt ofrivilliga paradis. Antingen måste han erkänna sina dunkla drifter för att rentvå sig från misstankar – eller så kunde han hemlighålla dem, med risk att anklagas för ett brott som han inte begått.

Rävsaxen tilltalade mig, eftersom den var så intimt förknippad med frågan om uppriktighet och förställning. Handlingen gick inte att skilja från frågan om stil, stoffet inte från framställningssättet. Så vitt jag kunde se förutsatte den konventionella kriminalromanen – lika populär då som nu – en härva av ledtrådar, både falska och äkta, samt mer eller mindre pålitliga antydningar som förr eller senare ledde fram till det ögonblick när den nakna sanningen uppenbarades. Med ett fint inlån från franskan kallades det för *dénouement*, den "upplösning" eller "utgång" då handlingens förlopp mynnade i klarhet. Men för mig var testet på om en bok kunde räknas till den angelägna delen av litteraturen eller ej inte avslöjandet, eller för den delen den socialkritik som dagens skribenter så gärna gjorde anspråk på, utan om boken gick att spola tillbaka och läsa om. Lyckades inte detta, till exempel därför att författaren använt all kraft på spänningsmomentet och negligerat detaljarbetet eller känslornas förveckling och fördjupning, förblev den lika instrumentell som någonsin pornografin. Med en transvestit som berättare gällde det tvärtom att fira förställningen och följaktligen att komplicera det klassiska avslöjandet. Indirekt skulle läsakten därmed bli en del av skeendet – ja, läsaren vore *implicated*, som det heter i engelska deckare: både underförstådd och indragen, och långtifrån så oskuldsfull som han möjligen föredrog. Kanske skulle jag på detta sätt kunna beskriva de motiv som fick en människa att riskera vissa handlingar på ett engagerande sätt? Vad det var för en värld i vilken hon kunde eller måste utföra dem? Och vilken roll spelade föreställningskraften i sammanhanget? Det om något måste väl kittla nerverna, och alltså visa på en aktualitet som inte förlorat i betydelse? Med ett av de sällsynta och därför lyckliga "Aaah" som författare gör illa i att förväxla med framgång, kavlade jag upp ärmarna. Det hade blivit dags att ta itu med en egen version av den smutsiga litteraturen.

Jag höll på länge, och blev till och med klar med boken, innan jag insåg att jag faktiskt inte funnit svar på den fråga som ursprungligen besvärat mig. Möjligen handlade det dagliga arbetet vid skrivbordet huvudsakligen om att skapa trovärdighet, vilket bara skulle lyckas om jag månade om förmenta bisaker och den sortens åskådlighet som inte väjer för komplikationer som var viktig även för transvestiter. Men kunde jag för den skull säga om litteraturen hade någon biologisk betydelse?

Först flera år senare anade jag ett svar som egentligen var så självklart att jag borde ha insett det från början. När jag översatte romanen till engelska fick frågan om förställning med ens en generande aktualitet. Det var bara det att det inte längre handlade om att klä en människa i det motsatta könets plagg, utan om att förse en text med ny utstyrsel. Plötsligt insåg jag vad jag borde ha vetat efter erfarenheterna med det förra försöket på engelska: som översättare sysslar man med transvestism. Bevisade inte ett uttryck som "språkdräkt" vad saken gällde? Om jag tidigare koketterat med att alla författare var transvestiter, vi klär oss ju i fiktiva gestalter, upplevde jag nu kostymeringens komplikationer på hudnära håll. Att översätta var inte bara en fråga om att hitta det rätta ordet eller passande uttrycket. Förstådd som litterär transvestism bestod konsten tvärtom lika mycket i att anamma de rörelsemönster som målspråket ställde till förfogande. En svensk text kunde klä sig i aldrig så korrekt engelsk klädsel, men om den nöjde sig med det skulle apparitionen te sig ungefär lika övertygande som en preussisk ballerina med mustasch. Så fort en rörelse svor mot engelsk motorik föll texten ur rollen. Översättningen måste sträva efter att "passera", som det hette. Här hjälpte endast idiomatisk naturlighet. Men denna naturlighet bestod inte endast i det korrekta bruket av en fras, utan kunde lika gärna gälla en strategisk avvikelse från en stående vändning som aktiverade två betydelseplan, en viss förtätning av ordföljden eller ett utelämnat led som modersmålstalaren spontant sufflerade.

Under arbetet insåg jag kvickt mina begränsningar. Jag saknade de avgörande procent som tillät en *native speaker* att föredra en formulering framför en annan eller att rata ett visst uttryck som slitet eller otympligt. Insikten skänkte mig en sorgsen aha-upplevelse. Till slut förstod jag ganska väl vad Sascha måste ha upplevt när han försökt ta sig fram över kullerstenarna i Berlin på höga klackar. Men trots svårigheterna kändes hämningarna hemtama, och långsamt klarnade anledningen. Skon klämde fortfarande – fast denna gång av naturliga skäl. Den obekväma förtroligheten berodde inte så mycket på att jag var såväl upphovsman som ekiperare, och alltså kunde se diskrepansen mellan bokens båda versioner, som på vad jag insåg var min ursprungligaste upplevelse av språk. Som barn till invandrare från två olika kulturer och uppvuxen i en tredje hade jag aldrig lyckats betrakta språk som något självklart. Tvärtom visste jag med den sortens bedrövade instinkt som personer ur andra generationen ofta uppvisar att inget ord, inget uttryck var oskyldigt. Olika språk tillhandahöll olika sätt att klä tankar på. Till denna komplikation hörde att man vill tala det adopterade landets språk så invändningsfritt som möjligt. För den som inte kunde göra något åt sitt namn eller utseende gällde det att åtminstone inte väcka uppmärksamhet genom sitt tal. Detta var emellertid bara en impuls. En annan, lika stark, var viljan att tala de inföddas tungomål lika väl eller rentav bättre än de själva. Detta medförde en paradox. På sätt och vis försökte man kamouflera sig som påfågel. Så länge jag kunde minnas hade detta dilemma präglat min uppfattning av språk. Men för första gången gick det upp för mig att det faktiskt rörde sig om transvestism. Var en *crossdresser* inte en varelse som just sökte förklä sig till påfågel, på en gång passera och falla i ögonen?

När jag slogs av affiniteten upplevde jag plötsligt den där ilningen som vissa talar om och förstod att betydligt mer stod på spel för mig än en förvillad ynglings öde i det inte alltför välrenommerade Berlin mot slutet av 20-talet. Hade litteraturen någon biologisk betydelse? För mig gick frågan inte att besvara teoretiskt, utan bara i praktiken. Skälvningen antydde att jag inte läste bara med hjärna, hjärta eller ljumskar. Den visade att det fanns en kroppsdel som jag inte räknat med, men som aldrig saknades när man läste med den egna personen som insats. Måhända var ryggraden ingen pinne av det slag som förekom hos Nalle Puh. Men var den inte tecken nog på något som inte hade att göra med om man var man, kvinna eller något tredje? Huruvida litteraturen talade sanning eller ljög spelade mindre roll så länge den angick en inpå bara kroppen. Även gåshud kunde vara en klädnad.

Utanför

"Hur blev ett litterärt fenomen som Nelly Sachs möjligt?" undrade Bengt Holmqvist efter att hon tilldelats Nobelpriset i litteratur 1966. Det vill säga: hur kunde en författare som fördrevs från sitt hemland och debuterade i den inte precis brådmogna åldern av 55 år etablera sig som poet i landsflykten, vid en tidpunkt när diktare vanligen går i pension? Att det verkligen rörde sig om en debut, låt vara påfallande sen, trots att Sachs redan som trettioåring utgivit en samling romantiskt anstrukna prosatexter, bekräftas av att hon bad germanisten Walter A. Berendsohn att utelämna "hela hennes verk [...] som tillkommit före 1940 i Tyskland" när han skulle sammanställa en bibliografi inför en festskrift samma år som hon tilldelades priset. Som författare ansåg sig Sachs ha fötts först i och med den svenska exilen – i förödelsen av en känd värld och i den osäkra kontakten med en ny och främmande. Eller som hon själv skriver i en dikt från den första tiden, med direkt apostrof till läsarna och i det högstämda tonläge som kännetecknar den tidiga fasen av hennes diktning:

> Pressa, o pressa, på förstörelsens dag
> Mot jorden det lyssnande örat,
> Och ni ska höra, rätt genom hela sömnen
> Ska ni höra
> Hur i döden
> Livet begynner.

Bidragande till denna tillblivelse som poet i mogen ålder på främmande mark var vad Sachs kallade "det ohyggligas skuggor". Sju år efter Hitlers maktövertagande hade de till slut blivit så långa och hotande att hon på grund av sin judiska härkomst tvingades i exil tillsammans med modern Margarete. Femtio respektive sjuttio år gamla lämnade kvinnorna den tyska rikshuvudstaden ett halvår efter krigsutbrottet och ankom till Bromma flygplats den 16 maj 1940.

Under de första åren i det främmande landet förde mor och dotter ett isolerat liv "i mörker och kyla" i en etta på Södermalm i Stockholm. Margarete Sachs var sjuk och Nelly ägnade den mesta tiden åt att sköta om henne. Ljuspunkter var ett fåtal bekanta och sporadiska rapporter om vänner som också lyckats fly – samt de första dikterna, tillkomna som under tvång, om natten vid köksbordet, när hon höll ett vakande öga på modern. "Detta liv nattetid under många år utan sömn, när jag alltid ånyo kastades in i ett 'Utanför', och egentligen varje natt på nytt lärde känna döden eftersom jag såg hur illa ställt det var med det sista älskade väsen som återstod mig, tvingade i åsynen av den lidande fram de ord som senare skulle kallas mina dikter och dramatiska försök." Med sin drastiska konkretion och djärva syntax erbjuder skissen en pregnant beskrivning av urscenen för Sachs författarskap. Platsen är det rosamålade kök där hennes dikter tillkom och som kallades "kajutan". Under tryck av yttre omständigheter – natt, sömnlöshet, lidande – framföds här "ord" som först senare låter sig genrebetecknas. Den poet som enligt denna skildring ser dagens ljus varken vill eller väljer, utan tvingas ta till orda.

Formuleringen "*hineingeworfen in ein 'Außerhalb'*" kan tjäna som paradigm för den uppfattning om diktningen som därmed blir tydlig. Genom skrivakten som varje natt upprepas på nytt, ur ett existentiellt nolläge, gör sig Sachs hemmastadd i exilen. Men det är en intimitet som endast kan vinnas till priset av alienation. Under dygnets udda timmar drivs hon in i ett socialt, men också språkligt outsiderskap. Hon kastas in i ett "Utanför" som tvingar henne att ständigt på nytt konfrontera döden. På så vis uppstår ett främlingsskapets språk. I senare samtal med kritiker och kommentatorer ska Sachs understryka att "döden var min lärmästare". Paradoxalt nog föds dikten först genom det ofrivilliga mötet med denna lika främmande som fruktansvärda pedagog.

Om det före kriget hade handlat om en tillvaro som blivit alltmer prekär för varje dag som gått – "att leva under hot", förklarar Sachs i en prosaskiss tillkommen under den första tiden i exilen, betyder att "vistas i den öppna graven utan död" – rör det sig under och efter kriget om ett liv fört i dödens tecken. Detta får avgörande följder för hur hon konstruerar ett hemland som inte längre är avhängigt historiens eller geografins villkor, utan språkets. Som poet i exilen gäller det att göra sig hemmastadd i ett "Utanför", en prepositionell bestämning förvandlad till substantiv som erbjuder en första beteckning, i sig främmande, på den ovissa region som föresvävar Sachs. Den svarar mot en dimension i tiden och rummet som varken är helt tidslig eller helt rumslig och från vilken de döda inte är uteslutna, utan i vilken de tvärtom integreras. Senare ska hon förbinda den med vad hon kallar sitt "osynliga universum", en värld som endast låter sig skönjas i poesins konfigurationer av tecken och som förknippas med transcenderingen av dödens, och alltså ändlighetens, begränsningar – och därmed en viss, om än svårgripbar föreställning om "evighetens embryo". Även om döden ger upphov till dikten tycks poesin rymma fröet till det som bjuder den motstånd och överlever den.

Sinnebilden för det komplexa förhållande mellan skrift och förgängelse, sorgearbete och överlevnad, interioritet och exterioritet som framträder här är den skorstensrök med vilken debutboken *I dödens boningar* från 1947 öppnar:

O skorstenarna
På dödens sinnrikt uttänkta boningar
Då Israels kropp upplöst i rök
Drog genom luften –
Likt sotare mottog en stjärna den
Och svartnade
Eller var det en solstråle?

O skorstenarna!
Frihetsvägar för Jeremias och Jobs stoft –
Vem tänkte ut er och byggde sten för sten
Vägen för flyktingar av rök?

O dödens boningar,
Lockande iordningställda
För husets värd, som förr var gäst –
O ni fingrar
Som lägger ingångens tröskel
Som en kniv mellan liv och död –

O ni skorstenar,
O ni fingrar,
Och Israels kropp i röken genom luften!

Skorstenarna utgör tragiskt ironiska tecken. Inte bara står de kvar efter att de döda försvunnit, mördade och kremerade i lägerugnarna, och markerar således deras frånvaro likt kenotafer, utan de bidrar också till detta försvinnande. På så vis pekar de, såsom svarta indikatörer eller "fingrar", mot den ovissa tröskelregion där liv och död berör varandra. Men "vägen för flyktingar" är själv "av rök", vilket antyder att de dödas enda och grymma räddning består i att skingras i samma luft som de levande andas. Sachs inverterar här föreställningen om att kastas "in i ett 'Utanför'". Nu är det inte poeten som försätts i ett hotat yttre, utan de döda som inlemmas såsom främmande stoft i de levandes inre. Detta är deras enda möjlighet att överleva den andra död som skulle bestå i deras förskingring såsom rök i luften: de levande måste hysa de döda.

Denna skyldighet att interiorisera något som likväl förblir yttre och främmande är en återkommande figur i Sachs författarskap. Ur dess fruktansvärda paradox, som senare i samma bok ges beteckningen "Gravskrifter skrivna i luften", avleder hon en delaktighetens poetik som strävar efter att aldrig så lite låta dött och levande byta attribut i en väldig förvandling av lika kosmiska som poetiska proportioner. Förutsättningen förblir dock den nyktra men desperata vetskapen om den egna utsattheten och övertygelsen om att den poetiska utsagan betingas av de andras död – dessa andra, "som var som jag, de som var annorlunda än jag och likadana, syskonbarnen", som det heter i ett par rader av den syskonsjäl som kanske kom att betyda mest för hennes senare utveckling: Paul Celan.

Det är mot bakgrund av denna poetik som Sachs upprepade bedyranden att hon inte saknade familj bör läsas. Trots att modern dog 1950, trots att hon själv aldrig fick några syskon eller barn och trots att många av hennes nära och kära dog i lägren – kort sagt: trots frånvaron av familj – skaffade hon sig med tiden både "systrar" och "bröder" i det främmande land som 1952 gav henne nytt medborgarskap. Vad konventionella släktband inte förmådde säkra kom vänskaper att skänka. Efter moderns död skapade Sachs en gemenskap som inte grundade sig på principer om etnisk härkomst eller geografisk hemvist, det vill säga varken *Blut* eller *Boden*, utan på upplevelsen av lidande och utsatthet. Till "systrarna", som hon kallade dem, räknade hon kvinnor som ofta men inte uteslutande var av judisk börd, däribland Elisabeth Knoche, Ilse Pergament och Rosi Wosk. Till "bröderna" räknade hon inte bara svenska kolleger som Johannes Edfelt, Erik Lindegren och Gunnar Ekelöf, utan även tyska som Alfred Andersch, Hans Magnus Enzensberger och Celan, samt fjärran enslingar som Kafka och Beckett och historiska eller fiktiva gestalter som Kain, Baal Schem Tov och den helige Franciskus. De senare "bröderna" gör klart att avstånd i tid eller rum inte utgjorde något hinder för hur Sachs räknade släktskap. Syskon var inget hon hade, utan valde – bland levande och döda, ur historien, myten och religionen. Ofta betecknade hon dem rentav som utvalda, vilket antyder att den delaktighet som föresvävade henne var en smärtans gemenskap, grundad på andra "syskons" död och övertygelsen att vi ingenting vet, som det heter i en sen dikt, "annat än att din ensamhet / inte är min". Sociologiskt är det inte ointressant att notera att Sachs likväl gjorde distinktioner. Medan hennes "systrar" sällan hade med litteratur att göra annat än i indirekt bemärkelse, såsom recitatriser eller översättare, bestod den överväldigande delen av "bröderna" av skribenter: poeter, kritiker och litteraturvetare. Ett annat sätt att uttrycka denna skillnad på vore att säga att Sachs fann sina kvinnliga släktingar företrädesvis i det sociala livet, de manliga främst i det litterära. De enda kvinnliga författare som hon som poet upprättade tydliga förbindelser med träffade hon aldrig: Selma Lagerlöf, som hon inlett en brevväxling med redan som tonåring, dog i mars 1940, strax innan Sachs anlände till Sverige, och av de båda poeter som hon översatte under sin första tid i exilen – Edith Södergran och Karin Boye – hade den ena hunnit dö och den andra skulle begå självmord knappa året senare.

Dessa nya bekantskaper, gjorda i och genom litteraturen, kom att bidra till och stärka Sachs identitet som poet. Till en grad som är sällsynt bland författare i hennes ålder utarbetade hon ett idiom i dialog med andra författarskap. Frågan är dock om det handlar om den sortens intertextualitet som bäst beskrivs i termer av källor och influenser, och inte snarare som familjelikhet. Endast sällan arbetar Sachs medvetet med citat och allusiva tekniker. Hennes poesi är inte "lärd" i traditionell bemärkelse. Hon läste mycket, men osystematiskt och ständigt i syfte att finna en mening för sin utsatta tillvaro. Vad hon upptäcker i denna vida och intensiva, men oordnade läsning är allmängods, som Holmqvist påpekar: "Just *att* det rör sig om allmängods är hennes viktigaste andliga upptäckt." Detta förklarar det representativa, ställvis universella drag man finner i Sachs tidiga poesi (och som tydligt skiljer den från exempelvis Celans). Intuitiv i sitt förhållande till andra verk skapar hon ett intertextuellt betydelsefält som bygger inte på kritiskt ställningstagande, utan på affinitet, frändskap, likhet.

Man ser detta identifikatoriska förhållningssätt särskilt tydligt dels i hennes korrespondens, dels i hennes insatser som översättare av svensk lyrik – det senare en omfattande verksamhet som Sachs själv betecknade som en hjärtesak: "De översättningar som sysselsatte mig under landsflykten", skriver hon i förordet till tolkningsvolymen *Von Welle und Granit* från 1947, "växte ur en tacksamhetsskuld gentemot den räddande holmen Sverige till en hjärteangelägenhet." Visserligen faller hon i sitt val av författare tillbaka på de kanoniska namnen i svensk 30- och 40-talsdikt (jämte Boye och Södergran bland andra Lagerkvist, Gullberg och Martinson). Men samtidigt skvallrar valet av texter om att det inte rör sig om ett arbete utfört av en översättare som i princip lika gärna kunde ha tolkat andra poeter. Uppenbart handlar det om valfrändskaper. Titlar som "Ein Spielmanns Grabfahrt", "Als die Mutter starb", "Das Land, welches nicht ist", "Ja, es schmerzt gewiß" och "Nach dem Tode", för att välja några exempel ur första delen av boken, förankrar översättningarna i samma tematiska sfär som Sachs egna dikter uppehåller sig i. Här upprättas en språklig ekonomi mellan "syskonbarn" med följder inte bara för hennes gradvisa erkännande och position i den litterära världen, utan även och viktigare för det sätt på vilket hon koncipierar poesin som en form av delaktighet.

När Sachs i nämnda tolkningsvolym inkluderar fyra av de "sprängda sonetterna" i *mannen utan väg* känner man igen den sortens drastiska överklivningar mellan bild- och sakled, elliptiska syntax och retoriskt överhettade atmosfär som skulle bli hennes egen poetiska signatur:

die Hand zittert im Schwindel auf der Würgungen Leiter
gierige Tränen prasseln in der Nachtigall leerem Bauer

schon die Trauer allein fordert mehrere Todesopfer
auch ein Eisenbahnunglück stammelt Verzeihung

ein abgeschältes Auge brennt; Kurzschluß und Einsamkeit
und das Schicksal photographiert noch eine verwunderte
[Leiche

das Feuer verheert auch das unversicherte Herz
und des Leidens Wächter fliehen zu einem Glaubensfond

anonyme Stacheln träumen sich zur Wirklichkeit
und schaukeln sich zum Dorn auf der Wirklichkeit Abhang

aber ein Ruf von Schmerz rollt einen Berg hinauf
und wirft sich auf eine Steile um zu zerschellen

grandios weilt des Schmerzes Flucht auf der Adler Tuch
während der Wind hübscher Gesichter Kartenspiel mischt

Den "smärtans flykt" som Lindegren talar om signalerar samma kosmiska ambition som Sachs poesi vinnlägger sig om under åren efter kriget. Så småningom leder den henne till att efterlysa den radikala transformation av diktens och livets betingelser som formuleras i *Flykt och förvandling* från 1959:

Du sår dig med alla sekundkorn
i det oerhörda.

Dina osynliga vårars
uppståndelser
är sköljda av tårar.

Ännu äger flykten rum i "dödens boningar", men dessa förskingringens regioner betraktas nu som en födelseort, en motsägelsefull plats där löftet om en annan, flerfaldigad begynnelse – "uppståndelser" – låter sig skönjas. Gravskrifterna må vara skrivna i luften, men vinden har börjat uppträda som kosmisk hjälp. Sachs kan till och med tala om en "ro under flykten" och hävda: "I hemmets ställe / står för mig världens förvandlingar –."

Det rör sig om en poetik som är mer kompromisslös än vad klassiska formler som *Dauer im Wechsel* och *Stirb und werde* låter förmoda. "Ro", heter det i en annan dikt ur samma bok, är ju "blott [...] ett dött oasord –." Smärtans flykt svarar mot en stoftets förvandling som utlovar ett återupprättat hem i förskingringen – på en plats som samtidigt är överallt och ingenstans. Med tiden verkar Sachs inse att främlingskapets språk inte längre räcker till för att skildra denna transformation. Främlingskapet måste bejakas på ett sätt som inte inskränker sig till utvidgningar av det symboliska registret, utan även omvandlar själva uttryckssättet och satsfogningen. Nu skärper hon den poetiska utsagan, frilägger elementen och gör syntaxen mer gestisk – allt i ett försök att inte bara benämna, utan även gestalta den eftertraktade transformationen. De många aposiopeser och anakolut som tidigare givit hennes diktning dess dunkelt extatiska intryck förlänar den hädanefter saklighet. I en av dessa dikter präglade av en religiös tematik heter det:

> Kristus avstod
> från eld
> jord
> vatten
> byggde av luft
> ännu ett skri

Det sista naturliga elementet som kan hävda sig i denna förvandling är det av luft skapade – eller snarare konstruerade – skriket. Genom denna radikalisering gör sig Sachs slutligen fri från det drag av ruinlyrik som präglat tidiga alster som exempelvis "O skorstenarna". Hennes retoriska patos försvinner, den överlastade vokabulären överges och texterna får ett på en gång nyktrare och mer drabbande uttryck – för att under den sista fasen i författarskapet, inledd omkring 1960, ges den branta syntax och metaforiska pregnans som alltmer närmar dikterna en "tystnad" som Sachs också betraktar som "ett nytt rike".

Här får det språk hon söker sitt naturliga korrelat. "[T]ystnad är offrets hemort", heter det i en dikt från denna tid. Som Lindegren skriver i en av de sonetter som Sachs översatte gäller det:

> åt de dödade döda de mördade döda
> och sårades vrål föra mänsklighetens talan

> zu den getöteten Toten die gemordeten Toten
> und der Verwundeten Gebrüll führt der Menschlichkeit
> [Sache

Men om tystnaden verkligen utgör "offrets hemort" – den talets andra sida som poesin aldrig till fullo kan integrera utan att samtidigt bejaka sitt främlingskap – betyder det att Sachs inte bara vill föra de dödas talan, utan även tala deras språk. Läromästaren Döden kan

inte längre bibringa henne något. Hon emanciperar sig från den representativa poetik som tidigare dominerade hennes poesi och blir exemplarisk. Om man förr kunde få intrycket att det snarast var frågan om ett poetiskt sorgearbete med yttersta syfte att försonas med ett katastrofiskt förflutet, är ambitionen nu radikalare: genom att omsätta tystnaden poetiskt tillåts smärtan och lidandet fortsätta att verka. Det gäller, som Sachs skriver, att "göra såret läsligt". Endast så kan den läkning och möjligen falska försoning förhindras som annars skulle utsätta offren för glömskans hot att dö en andra gång – och förvandlas *"zu den getöteten Toten die gemordeten Toten"*.
I detta syfte eliminerar hon det diskursiva draget till förmån för ett tystnadens skrivsätt som genom sin mångtydighet förblir genomsläppligt – ja, som genom att inlemma ett icke-verbalt uttryckssätt försöker "skriva den första bokstaven / i det ordlösa språket". Först i och genom denna tystnad kan aktningen för de döda återupprättas. Förstådd på detta sätt består Sachs sena poesi inte längre i ett främlingskapets språk som nöjer sig med att benämna det som ligger utanför liv och tal, utan i ett språk som är förbundet med denna tystnad och alltså självt är på väg att bli främmande. Hädanefter blir poesin en "vägvisare in i det ovissa", orden "flyktingar / i sina odödliga gömmen".

De senare raderna stammar ur en dikt som Sachs skickade till familjen Celan den 14 december 1963 med hälsningen: "jag har hemlängtan efter er!" Jämte Lindegren och Ekelöf hade Celan vid denna tid blivit särskilt viktig för henne. Bekantskaperna med "Gunnar, käre bror", "Erik – ståtlige bror" och "Paul du älskade bror" var stöd under ett 60-tal präglat av psykisk ohälsa och vistelser på mentalsjukhus. Den lilla lägenhet som tidigare erbjudit den ensamstående Sachs den enda trygga punkten i tillvaron – "ack kanske finns räddningen här" påpekar hon för Lindegren apropå sin "kajuta" – hotas nu. Till Celan skriver hon: "En nazi-spiritist-liga jagar mig så förskräckligt raffinerat med radiotelegraf, de vet allt om var jag sätter min fot. Försökte med nervgas då jag gav mig av. Vistas redan sedan år tillbaka i hemlighet i mitt hus, lyssnar genom mikrofoner genom väggarna." Tidigare hade köket, ett "Utanför" präglat av sitt eget slags intimitet, varit den plats där hon upprättat sin sambandscentral för kommunikation med de döda. Nu visar det sig ur stånd att förhindra vad som kallas "telegrafi" och "matematik / à la satane". Sachs blir till främling i sin egen tillvaro, katastrofalt nog på samma ort och ställe som sett hennes poesi födas, och måste skyddas från sig själv.

Hon tas in på sjukhus, behandlas med elchocker och psykofarmaka. Celan, som försöker hålla hennes mod uppe, föreslår en bättre medicin än de nervlugnande pillren: "Jag skickar dig här ännu något", skriver han kort efter att ha fått höra om Sachs tillstånd, "som hjälper mot de små tvivel som ibland kan komma över en; det är en bit platanbark. Man tar den mellan tumme och pekfinger, håller fast den och tänker samtidigt på något gott. Men – jag kan inte förtiga det – *dikter*, i synnerhet dina, är ännu bättre platanbark. Snälla, fortsätt alltså att skriva. Och låt det vandra till våra fingrar." Den lilla barkbiten blir en talisman, en skyddande fetisch mot det ondas intrång. "I den förhäxade skogen", skriver Sachs vid denna tid,

> med den flagnande barken från tillvaron
> där fotspåren blöder
> glödande gåtor storögt ser på sig själva
> fångar upp meddelanden
> från gravkamrar –

En liknande transaktion sker ett år senare. Sachs har åter lagts in och skriver nu till Ekelöf: "Här på sjukhuset är jag skyddad – kan sova utan morsesignaler – promenera i parken utan förföljare." När situationen förvärras upprepar Ekelöf Celans gest genom att låna sin "syster" en ikon. "Gunnar", skriver Sachs i sitt tackbrev, "hon är hos

mig, den 'skyddande', dag och natt. Då hon kom [...] det dyrbara i lådan bredvid min säng [...] så infann sig ro på flykten i rummet."
Ikonen, som också kallas "den smärtansrika", blir en skyddsängel och Sachs kan på nytt arbeta. Liksom Celan är Ekelöf en "bror i lidande", en skyddande anhörig som gör det möjligt för henne att skriva.

Medan kontakten med Ekelöf togs strax efter 1960, inleddes den med Celan fem sex år tidigare. Med tiden flyter dikter in i brevväxlingarna med båda dessa "bröder", liksom i korrespondensen med bland andra Lindegren, Enzensberger och Bobrowski. Ett belysande exempel på hur liv och dikt vävs samman förekommer i ett brev till Lindegren. Sachs citerar en rad ur en nyskriven dikt – *"Deine Angst ist ins Leuchten geraten"* – och tillägger: "denna rad skänktes mig så innerligt av Erik, brodern, och jag har lagt tillbaka den vid hans hjärta". Så uppstår en språklig ekonomi av gåvor och gengåvor, en delaktighetens poetik, som får sitt naturliga korrelat i de översättningsvolymer med vilka Sachs presenterar Ekelöf och Lindegren för en tysk publik. Men "bröderna" översätter också henne, bereder vägen för Sachs erkännande i Sverige, och hon får uppleva hur hennes dikter "försätts i en annan dimension". I dessa transaktioner rör det sig om "ord*gåvor*", med Celans ord, avsedda att överbrygga avstånden och fördjupa känslan av gemenskap i en tid av nöd och utsatthet. Ett annat brev, denna gång ställt till Celan, inleder Sachs med några rader ur en dikt som ska ingå i *Flykt och förvandling* från 1959 –

Linje som
levande hår
dödsförmörkad
dragen
från dig
till mig.

– och ett år senare, den 28 oktober 1959, återvänder hon i utförligare ordalag till sinnebilden för den förbindlighet som präglar hennes förhållande till "bröderna": "Käre Paul Celan vi måste fortsätta att räcka varandra sanningen. Mellan Paris och Stockholm löper en smärtans och tröstens meridian."

Bilden ska bli berömd. Året därpå får Celan Büchner-priset. Han sätter "Der Meridian" som titel på sitt tacktal och utvidgar figuren till en formel för diktens väg. Meridianen är inte bara något "immateriellt", en geografisk och astronomisk figur, utan också något "jordiskt, terrestriskt, något cirkelformat, över de båda polerna i sig själv tillbakavändande", och därmed framför allt "det som förbinder och, liksom dikten, för till ett möte" – på den "ort där det främmande fanns".

Under 60-talet blir sådana poetiska meridianer Sachs livlinor. Hon behöver dem särskilt i tider när en satanisk matematik hotar att mäta ut "de känsligt musicerande ställena / på min kropp". I dikten "Färd genom årtusenden", tryckt i *Och ingen vet längre* från 1957, blir meridianen ett flyktmedel:

Flykt, flykt, flykt,
flyktmeridianer förbundna
med Gud-längtans-streck –

Men genom att leda jaget ut i det oprövade – "Rakt in i det yttersta" som det heter på annat ställe – varslar denna samhörighetens figur också om en bestämmelse präglad av fara: "Ödet skälver / i en hands blodtrafikerade meridianer" sägs det i *Flykt och förvandling*. Och i den sceniska dikten *Den magiske dansaren* från samma tid skriver Sachs:

Jag släpar, släpar på nollmeridianen
Hela världen insnörd i nollmeridianen –
Måste ut – ut – ut –

> Måste ut – ut – ut –
> där de döda är levande –

Detta besvärjande "Måste ut" kan stå som devis för det främmande språk som Sachs tycks så angelägen om att skapa. Genom att korsa polerna och återvända till sin utgångspunkt, både som sig själv och en annan, främmande, bildar meridianen den figur i vars tecken den yttersta omvandlingen blir möjlig. Den varslar om en magisk akt av kosmiska mått, med syfte att upplösa alla de inskränkningar som hindrar de döda från att bli levande – *men levande på dödas sätt*. Ty det Sachs kallar "uppståndelse" är inte en handling eller händelse genom vilken poesin återställer ett ursprungligare tillstånd för att kringgå döden. Den yttre sfär "där de döda är levande" kännetecknas inte av det jordiska livets ändlighet (eftersom de döda i så fall skulle tvingas dö en andra gång och därmed bli "*die getöteten Toten, die gemordeten Toten*"), utan förses tvärtom med det matematiska tecknet för oändlighet. De döda är så att säga evigt döda, och bara därigenom, på sitt sätt, "levande".

I *Kurragömma med Emanuel*, en scenisk dikt från samma tid med undertiteln "Ett delirium av ensamhet", utvecklar Sachs tankegången. Dikten öppnar på urscenen för hennes författarskap: i köket. Dess enda stämma, Marie, talar till sin döde älskade:

> Nu kvittrar – kvittrar det i köksskåpet
> [...]
> Emanuel – kom fram min älskade –
> Göm dig inte längre!
> [...]
> Nu där: ditt tecken på tapeten:
> två nollor sammanlänkade i armkrok –
> Så gick vi – så gick vi i marterljus –
> [...]

de båda nollorna –
ditt tecken – gäller ej – gäller ändå – gäller i
all evighet –

I sig är de döda noll och intet. Men genom det poetiska sorgearbetet upprättas förbindelser mellan dem som förvandlar intigheten till något som kan delas utan vidare förlust och därmed "gäller i / all evighet". Meridianen, denna diktens väg och evighetsslinga, varslar om en delaktighet av oändliga mått.

Figuren återvänder i "Är i främmande land", en dikt ur den tredje cykeln *Glühende Rätsel*, nu i skepnad av en skyddsängel vars attribut påminner om såväl Celans platanbark som Ekelöfs ikon:

> Är i främmande land
> som är skyddat av 8:an
> den heliga rosettängeln
> Den är alltid på väg
> genom vårt kött
> stiftar oro
> gör stoftet flygfärdigt –

Tecknet känns igen från en av den svenska lyrikens mest berömda dikter, Ekelöfs "apoteos", som Sachs översatte och inkluderade i den urvalsvolym som hon utgav 1962. "[F]yra väderstreck står tomma omkring båren", heter det där,

> och änglarnas musslin förvandlas
> genom ett trollslag
> till intet
> ∞

    vier Himmelsrichtungen stehn leer um die Bahre herum
    und der Engel Musselin verwandelt sich
      durch einen Zauberschlag
        in Nichts
      ∞

I sin egen dikt rätar Sachs upp detta tecken, som för att markera en meningsfullhet som visserligen inte är alfabetisk, men likväl tydbar: dels grafiskt, som siffra, dels muntligt, i verbaliserad form (uttalad på tyska blir 8 *Acht*, "akt"). Det "främmande land" i vars tecken hon ställer sin diktning visar sig vara beskyddat av en helig "slingängel". Att vistas i och akta denna region innebär att diktsubjektet förlorar sitt stabila grammatiska jag, men samtidigt lever kvar som verbial instans, förvandlad till den "oro" som i en tidigare version av dikten sägs vara liktydig med att "alltid" befinna sig "på evighetsvägen".

    För Sachs svarade denna förvandling från ting till handling, substantiv till verb, mot den meridian som för Celan utgjorde diktens väg. Den förde hem genom att föra bort, och skapade på så sätt, i det "Utanför" i vilket dikten ständigt konfronterade döden, det enda slags delaktighet som kunde skänka känslan av samhörighet. Det finns ett par rader i ett av breven till "brodern" Celan som sammanfattar denna omständighet med exemplarisk tydlighet. Strax innan Sachs skulle flyga till Zürich, för att på andra sidan Bodensjön motta Meersburger Droste-Preis für Dichterinnen och träffa Celan för första gången, skrev hon den 10 maj 1960: "Ja – wir gehören dem Tod in innerster Bemerkung – das Leben hat die Gnade uns zu zerbrechen." I en anmärkning till denna idiomatiskt inte invändningsfria formulering noterar utgivaren att uttrycket är en "wörtliche Übersetzung von schwedisch 'i innersta bemärkelse', für 'im eigentlichen Sinn'". Men på svenska skulle ingen säga "i innersta bemärkelse", utan möjligen "i djupaste bemärkelse" eller "i egentlig mening". Sachs översätter inte det svenska idiomet, åtminstone inte ordagrant. Men inte heller använder hon det korrekta tyska uttrycket. Istället finner hon ord för ett idiom mellan språken, ett tungomål självt statt i förvandling, som varken är egentligt eller oegentligt, utan i strikt mening främmande. Kanske är detta tredje, främmande språk den enda munart i vilken "vi" kan bli delaktiga i de andras – syskonens – död och därigenom bli, som det heter i en dikt ur kvarlåtenskapen, "vallfärdare i oändlighet –".

Celans fraktur

För några år sedan skrev Jacques Derrida en omdiskuterad essä om Paul Celan i vilken han ställde frågan: vad är ett datum? På en gång unikt och upprepbart betraktade han det som en struktur öppen inte bara mot det förflutna utan även mot framtiden, och därmed besläktat med dikten. Ett datum återvänder, på en gång som sig självt och som ett annat. Det erinrar om händelser som ägt rum i dess namn, men varslar även om kommande skeenden. På så vis är det alltid både läsbart och oläsbart. Ett annat sätt att uttrycka denna dubbelhet på vore att hänvisa till himlakropparna. För att ett nytt datum ska äga rum måste jorden cirkla ett varv kring solen. Det vill säga: solen måste inte bara stiga upp på firmamentet, utan även gå ned – i ett obrutet kretslopp som på en gång är unikt och gammalt som Vintergatan. Det filosofiskt intressanta med denna rundgång är inte dess kalendariska förutsägbarhet, utan tvärtom omöjligheten att förutspå vad som ska ske härnäst, när natt åter faller. Eller som Nietzsche skriver i *Zarathustra*: "Inte bara solen hade gått ned i mig."

I oktober 1960 mottog Celan den mest prestigefyllda litterära utmärkelsen i Tyskland, Darmstadt-akademins Georg Büchner-pris. I sitt tacktal "Meridianen" nämner han att han en tid tidigare satt en berättelse på papper "till minne av ett försummat möte i Engadin". Denna berättelse, som fick titeln "Samtal i bergen", får statuera exempel på vad Celan kallar diktens "talande" och "samtalets hemlighet". Mötet som texten erinrar om skulle ha varit med den kritiska teorins förgrundsgestalt, Theodor W. Adorno. Ett år tidigare hade Celan besökt sin vän, litteraturvetaren Peter Szondi i Sils-Maria i Engadin, samma ort uppe i de schweiziska Alperna där Nietzsche åttio år tidigare författat sin berömda "högluftsbok". Meningen var att han genom vännens försorg skulle träffa den store filosofen, som fällt de vid denna tid redan lika berömda som beryktade orden om att man efter Auschwitz inte borde skriva några dikter. Meningarna går isär om varför de båda aldrig träffades. Var det familjeskäl? Beröringsskräck? Eller bara otur? Klart står endast att mötet inte ägde rum.

Den sällsamma text som Celan sedan skrev – sällsam också därför att den är en av få i vilken han är humoristisk – kan läsas som en fiktiv gestaltning av mötet mellan filosofen och diktaren, "juden Stor" och "juden Liten", skildrat på det idiom som inte bara på jiddisch kallas *mauscheln*. Daterad i "augusti 1959" erinrar texten också om andra datum, nämnda och onämnda, till exempel den 20 januari (1778) när Georg Büchner lät *Sturm und Drang*-diktaren Jakob Michael Reinhold Lenz "gå över bergen" i prosafragmentet *Lenz*. I sitt Büchner-tal utvecklar Celan en hel poetik kring detta datum, en "20 januari" som han menar att varje dikt håller i åminnelse. Ett och ett halvt sekel efter det att den fiktive Lenz vandrat över bergen hölls 1942 det ödesdigra möte i en villa vid Wannsee i västra Berlin då det nazistiska ledargarnityret fattade beslutet om en "slutgiltig lösning av judefrågan". På så vis öppnar Celan sin berättelse "till minne av ett försummat möte" inte bara mot litteraturen utan även mot historien – såväl mot det personliga som det allmänna, det unika som det ledsamt upprepbara.

Därmed vetter texten också mot framtiden. Ty nya förbindelser tycks ständigt möjliga att upprätta. Till exempel kan man i sammanhanget erinra om att den historiske Lenz gick över bergen i Steintal i Vogeserna, att det i Büchners berättelse bland annat är tal om just stenar, att Nietzsches vandrare visserligen är ensam uppe i bergen men har sällskap av sin käpp och att det i Celans text förekommer anspelningar på såväl stenar som käppar. Man kan erinra om Adornos ursprungliga efternamn, Wiesengrund, som han reducerade till en initial när han tog sin mors flicknamn, en "grund" som återspeglas i den sänka uppe i bergen som juden Stor och juden Liten talar om. Eller så kan man hänvisa till Celans flykt från Rumänien i december 1947. Efter att ha korsat gränsen till Ungern övernattade han på en järnvägsstation. Människosmugglingen var organiserad och målet för flyktingarna Wien, den ort som "Meridianen" ska kalla "det uppnåbara" och som Celan placerade längs en tänkt linje som förde honom från barndomens Czernowitz till den framtida hemstaden Paris. De han reste med uppfattade han dock som främlingar, trots att även de var judar och hade liknande erfarenheter av krigsåren. "Samtal i bergen" innehåller en scen som erinrar om denna situation, där berättaren nämner hur han låg på en "stenhäll" med "de andra" vid sin sida, " de som var som jag, de som var annorlunda än jag och likadana, syskonbarnen".

På så vis kan man, alltefter tycke och smak, tillföra texten nya aspekter som inte alltid låter sig förenas med varandra. Men ett sådant sökande efter historiska eller filologiska data förfaller gärna till vad som just gavs prov på: ett pusslande med anspelningar som åsidosätter den kanske viktigaste innebörden av Celans prismatiska skrivsätt – att det läsbara existerar i relation till det oläsbara. Till det egenartade med hans diktning hör att den kretsar kring datum som inte endast hålls i åminnelse, utan som även bjuder förståelsen motstånd. I en minnesvärd intervju kallade Celan detta skrivsätt för en "spektralanalys" – en form av diktning som prismatiskt reflekterar enskildheter, på en gång begripliga och obegripliga, unika och uppreparbara. Därmed visar hans texter inte bara hur nya begivenheter alltid låter sig etableras, utan också, och viktigare, att en text lika principiellt förblir motsägelsefull till sitt väsen – och därmed outtömlig, tillskriven den sortens kusliga framtid som "Samtal i bergen" kallar "den sjunde [dagen] och inte den sista". Det som här betraktas som framtid behöver ju på intet sätt vara en kalendarisk företeelse, utan kan lika gärna bestå av händelser i det förflutna som ännu *väntar* på att bli läsbara.

241

Hos en av Celans tidigaste valfrändskaper, Jean Paul (vars samlade verk var ett av de få ting som fick plats i väskan under flykten från Rumänien), förekommer ett märkvärdigt sällskapsspel. Om man konsulterar det så kallade "komiska appendixet" till *Der Titan* från 1800 finner man att Jean Paul under "den 20 januari" anför en "berättelselek". I denna, heter det, ska "en berättelse påbörjas men ständigt avbrytas, så att man av den ene efter den andre på så sätt får en främmande ofoglig månghörnad sten som måste muras in i berättelsen, men som ofta alldeles på tvärs bygger ut den". Det är inte särskilt svårt att tolka detta som en beskrivning av Celans dikter, dessa mosaiker av månghörnade stenar som fordrar en spektralanalys. Men i så fall bör man erinra sig att stenarna inte bara ska fogas in i och bli del av ett redan etablerat meningssammanhang, utan också att de kan sätta sig på tvären. Om man så vill är de på en gång läsbara och oläsbara. Dessutom gives de endast genom avbrott i den berättelse vars motstridiga element de samtidigt utgör.

Man kan undra om det inte är just tack vare sådana tvetydiga uppehåll som det diktens "talande" blir möjligt som nämns i "Meridianen". Samtalets förutsättning är just avbrottet: jag tystnar för att du ska tala, du avbryter dig för att jag ska fortsätta. Kanske tillhör detta delande, i ordets bägge bemärkelser, inte bara mötets och samtalets, utan även poesins och datumets väsen? I så fall vore det ett delande som självt måste förbli ett tomrum i språket – en frånvaro, eller snarare en fraktur, som ger relief åt ett sammanfogande av skärvor som visserligen aldrig kan återställa det kärl som en gång slagits sönder, men väl återupprätta dess värde. Eller som det heter hos Celan: "Där står de, syskonbarnen, på en väg uppe i bergen, käppen är tyst, stenen är tyst och tystnaden är ingen tystnad, inte ett ord har tystnat här och inte en sats, endast ett uppehåll är det, en ordlucka, ett tomrum är det, och man ser stavelserna stå runtom."

Poesins x

"Tid är pengar" lyder en av de deviser som blivit så blankslitna att det inte längre går att urskilja den visdom som präglade uttrycket. Med vändningen vill vi säga: försitt inte några tillfällen, ödsla inte uppmärksamhet på vad som ändå aldrig leder någonstans, se till att varje handling ger reda vinst i retur. "Tid är pengar" är de trummande fingrarnas valspråk, framviskat mellan hopknipna läppar och riktat mot alla som gör sig skyldiga till att tala för mycket. "Ja, ja", säger vi sneglande mot urtavlan, "kom äntligen till saken." Och med "saken" avses alltid något som ger avkastning. Ord omsatta i handling ger god ränta, medan tankeutsvävningar bara undantagsvis bedöms som avdragsgilla. Ty den som betraktar tid som pengar blir sällan lycklig över möjligheten att det skulle finnas en tid som inte gick att kalkylera. Varje stund måste taxeras, och vad framtiden beträffar låter den sig lättast hållas i schack genom prognoser. Ju effektivare man drar slutstreck, desto bättre för "saken". Att ha *cred* är att ha kredit.

Av detta kunde vissa slutsatser dras för ordkonstens räkning. Det närmaste vi här kommer nyttotänkarnas nötta devis är den latinska formeln *nulla dies sine linea*, en knappast mindre sliten visdom med vilken romarna ville få oss att tro att dagar som inte räknats ned i ord på andra sidan midnattens deadline vore bortkastade. Men så här tidigt i framställningen skulle slutsatser lukta väl mycket spekulation – det vill säga profittänkande. Istället bör vi dröja en smula vid skillnaden mellan tid räknad i kronor och i ord, och konsultera en författare som redan i ung ålder visste mycket om saken. Till hans försigkommenhet hör inte bara att han hann skriva två romaner, båda opublicerade, innan han som fjortonåring fick sitt första inlämnade manus refuserat med kommentaren "gymnasialt" – "ett epitet som för författaren, just upptagen i tredje klass i realskolan, tedde sig starkt positivt". Inte heller att han tjugosex år senare, nyss fyrtio fyllda, hyllades med den "fullständiga" bibliografi varur just citerades. Vid denna tidpunkt, 1973, hade han förvandlat ett litterärt konto med tre titlar i minus till ett tillgodohavande på tio volymer dokumentär prosa, nio romaner, fyra antologier, två diktsamlingar, samt hundratals artiklar. Många texter var taktfullt nog skrivna under pseudonym, det vill säga tillkomna genom bulvaners försorg, så att verksamheten inte skulle framstå som fullt så diversifierad som den i själva verket var. Det totala antalet trycksaker som denna skrivande enmanskoncern kunde kontoföra på fyrtioårsdagen uppgår enligt Anders Rybergs bibliografiska revision till 1 042 poster. Siffran motsvarar cirka 45 alster per år, eller fem sex korrektur i månaden, eller någonstans mellan tre och tio trycksidor – inte per vecka eller månad, utan om dagen ...

Naturligtvis är det inte reda siffror av detta slag – antalet ord uppskattade i typrum eller spaltmetrar – som tydligast visar på Per Wästbergs förtrogenhet med debit och kredit i litteraturen. Snarare är det vad den trettio år äldre version av honom summerar på följande sätt: "Ett urval är en form av bouppteckning. En del går till Myrorna, åtskilligt till Stadsauktion och något till Kvalitén." Metaforen kan förefalla oväntad som beskrivning på ett urval gjort på den poetiska räkenskapens sjuttioårsdag. Fast nog bara för den som fått för sig att lyrikurval handlar om mönstring och inte gallring. Övriga läsare vet att det är med dikter som med möbler: poängen är att också andra ska kunna göra sig hemmastadda i dem.

Wästbergs axplock 56 år efter den första och väl sista refuseringen i hans skrivande liv heter *Tillbaka i tid*. Det erbjuder en balansräkning av det sällsynta slag där slutstreck inte dras – eller som han själv noterar i en av sina värdefullaste dikter, tillkommen i kölvattnet av en långvarig relation:

> Inget behöver längre summeras.
> Definitioner av den vinst som gömmes i förlusten –
> den sortens bokföring upphör jag med.

"Sång för en sammansvuren" trycktes (i en delvis annorlunda version) i *Enkel resa* från 1964 och gör vad genren kräver: tar upp samvarons plus och minus – alla dessa poster för besinning och beundran, svek, smärta och solidaritet. Men framför allt föredrar den att göra den svårare sortens bokslut över kärleken som avstår från sammanräkningens sorgliga spektakel. "Skrynklig påminnelseavi måste inte hämtas ut."

Denna strävan att i kärlekens namn hålla tidens räkning öppen präglar Wästbergs författarskap – från de första, mångordiga dikterna publicerade 1952 till de sena, sparsmakade treradingarna femtiotalet år och böcker senare. Som poet funderar han påfallande ofta och kunnigt över bokslut. Den lyriker i yngre tonåren som skolkade från Östra Real och drog sig undan till Sigtuna-stiftelsen för att skriva intog naturligt nog en annan hållning till ett "barndomsminne" eller "övergångsår" (för att citera titlarna på två dikter) än den man mitt i karriären, kulturredaktör på landets stora tidning och supersamvete i det internationella författarsamfundet, som med huvudet fullt av notislappar, tjugo år senare, i dikten "Noterat i en jumbojet", önskar att han "vore den där figuren i detektivromanen / som jämt tappar minnet". För att inte tala om den lyriske granskare som i en dikt med titeln "Bokföring" menar att allt "vi tillskansar oss ökar vårt förlustkonto" eller den uppburne pensionär med etiopiska sandaler på fötterna som flanerande kring Johannes kyrka önskar sig "avdragsgilla dagar, med landningsbanor / blänkande av regn".

Trots att känslan av förlust knappast är Wästbergs dikter främmande andas många av dem en sådan grundläggande tillit till tiden

– svunnen eller stundande – att den bara kan bero på en uppväxt där generationsskillnader bokfördes inte under debit utan kredit. "Jag umgås helst med gamla människor", bekänner poeten som emeritus, och juniorupplagan, som döpte en av sina dikter till "Genitrix", visar hur trogen han förblivit sina preferenser. Hur annars förklara att den unge Wästberg låter Anne på Grönkulla uppträda sida vid sida med den nittiosexåriga Helene som ligger i sin säng som "i en bucklig gravyr"? Eller vad de manliga aktörerna beträffar låter Huckleberry Finn dra träsvärd i samma bok som en gammal ungkarl spelar "fiol för en ovikt pyjamas, ett pistolhölster och prinsen av Condés värja"? Hos Wästberg slutar generationskampen alltid oavgjort.

Hans tidiga poesi hade ännu något av "dämpad teaterdekor" över sig – här tändes en "lampett", där spelades en "åldrad romans" och genom kvällsdimman silade "nattvandrarens lykta". Det var texter i vilka man bar randig blazer och drack eftermiddagste till ljudet av kolliderande krocketklot. På väggarna hängde tablåer med franska motiv, i hyllorna fann den nyfikne släktkalendrar. Och den som drog ut lådorna i sekretären hittade evighetsblock inhandlade på Järvsö Bok & Papper. Jaget i dessa dikter var den förste att erkänna att han inte kommit så långt att han förfogade över "ett förr". Istället tvingades han låna föremål och förhållningssätt ur gångna tiders reserver. Men av och till laddades också denna tillvaro med några extra watt, "så att oväntat ljus genombränner fernissan". Och som läsare gör man klokt i att inte underskatta en poet som frågar sig själv: "Min roll? Vara ny i klassen, tjuvlyssna, / smygtitta. Till en början."

Till en början ... För som Stig Ahlgren påpekat, som den förste av många kritiker, var det kusliga med denne tonåring att han tedde sig inte brådmogen utan mogen – låt vara vid en ålder då klasskamraterna snarare skolkade på grund av krångel med meningsbyggnad och multiplikation. Pers problem var ett annat: som fena på satsfogning saknade han bara eget stoff att bearbeta. Han hade orden men ännu inte saken. "Jag vill inte gå i skolan och läsa läxor", anförtror han sin dagbok, tretton år gammal. "Jag vill skriva noveller. Men jag har inget att skriva om." Ett typiskt exempel på denna vilja vore den första dikten som Wästberg publicerade i bokform. Kanhända tillkom "Brunn mot kvällen" efter ett besök på litteraturens Myrorna – här ett tonfall lånat av Bo Bergman, där en tankegång senast sedd hos Sten Selander. Men texten uppvisar värdefulla detaljer. Framför allt de avslutande raderna vittnar om hur den unge poeten söker komma tillrätta med vad man kunde kalla bristen på brist. Den anonyma kvinna han porträtterar har just gått ut till en brunn på gården. Dikten rapporterar att fastän källan "sinat i slutet av juli / satt hon där ändå". Och konkluderar:

> Men långt nere i denna brunn, ensam på fältet,
> speglades bara flikig mossa, stenarnas repor,
> slog bara nattfjärilarna mot jordväggen.
> Jag vet, det räckte för en som saknade
> någon som rest.

Poesin har lärt oss att betrakta den mänskliga erfarenheten i djupled. Brunnen erbjuder en metafor för vår kollektiva reservoar av hågkomster. Inte konstigt att Wästberg, när han gör sin lyriska debut, väljer denna urscen. I all enkelhet tillhandahåller den en allegori över det unga löftets relation till poesin. Källan har sinat dramatiskt, men i dess djup syns ännu mossa och repor i stenen. Så långt utgör dikten en stämningsfull men förutsägbar ommöblering av bekanta motiv. Intressant blir den genom inflikningen av "Jag vet" mot slutet. På ytan vittnar utsagan om en medkänsla för den övergivna kvinnan. Men går man på djupet antyder den snarare att det räcker med sliten rekvisita – mossa och rispor – för att omskriva bristen på innehåll. Så tänker bara någon som förfogar över likvida uttrycksmedel, men ännu inte över egna erfarenheters kapital – det vill säga: en lyriker som är mogen men ännu ung.

Redan i de följande dikterna överger Wästberg traditionens torrlagda källa. Istället börjar han samla ögonblick som faller utanför vanlig tideräkning – stunder som inte kan tillmätas fastställd betydelse, men som är fulla av suggestionskraft. "Bland klippskrevorna letade du efter flaskpost som vågorna spolat upp", heter det på ett ställe, "hemliga meddelanden om dem / som bodde någon annanstans och lyssnade till andra röster." Och i en av tablåerna med franska motiv påbörjar han den kringgående rörelse som långt senare, i en dikt häromåret, mynnar ut i insikten att när "man väl orienterat sig / börjar vilsegången". Medan värdfamiljen dricker te och oroar sig över den sinande tillgången på ostron går den unge diktaren "en bit längs vägen" för att "plocka blommor med underliga namn":

> Och dem ska jag ge till en som jag känner,
> till någon som har undgått vår salong.

Tidiga kritiker må ha haft rätt i att Wästbergs lyrik tillkom i finrum och på glasverandor, men läst så här i retrospektiv ser det faktiskt ut som om den inleddes av ett uttåg ur salongen. Den poet som skolkade från skolan för att arbeta ostört hade möjligen inte hittat sig själv ännu, men anade redan att poesin bara blir till genom en undanmanöver.

På sextiotalet arbetar sig Wästbergs lyriska jag in i den värld han ärvt "som dödsur i gammalt timmer". Han kan konstatera att "Snart är söndagen här med mantalsskrivning / av själar och redovisning av diverse tillgångar", men också upptäcka att

> Det känns som om det varit söndag i flera år,
> tiden tänjbar som en vidja i korgslöjden.
> Jag har råd att leva också när jag vaknar.

Texterna som tillkommer arrangerar inte svunna ögonblick i pietetsfulla mönster, inte heller räknar de duktigt ned det förflutnas poster under nuets slutstreck. "Generationernas erfarenhet" visar sig tvärtom vara "bara en fras" – "Allt måste vinnas på nytt, hittas om igen." Wästberg har upptäckt att det inte räcker att iaktta traditionen; den måste återuppfinnas. Nu dyker element upp i hans poesi som svårligen låter sig bortauktioneras – bildlösa drömmar fulla av primtal, nycklar som inte vrids om och återkallade födelsedagar, när diktjaget fortsätter "bakåt i tiden, in i hangarer stora som djungler, / där instängda stjärnor lyste kalla som karbid". Den som till äventyrs vill ropa in något av dessa poem måste räkna med att de har en kuriös historia. De besitter nämligen en dimension som inte förbrukats genom användning. De saknar "bäst före"-stämpel. Kort sagt: de äger framtid.

Femton år efter det att Wästberg som ung man nöjde sig med en sinande brunn som sinnebild för sina lyriska resurser, skriver han dikter som trots att de dröjer vid det svunna laddas av det stundande. Nu skiljer han tydligare på det förflutnas tillgångar. Å ena sidan finns där det förbrukade kapitalet – företeelser som varit historiskt vitala men förlorat i verkan: "Dinosaurierna återvänder inte, fast man hittar / deras ägg med foster färdiga till språng." Å andra sidan besitter det förflutna "frusna tillgångar", för att citera en boktitel från 1990. För dessa reserver gäller inte vad en dikt kallar "Nedräkning och summering. / Streck under enkla fakta." Tvärtom verkar de ännu, i efterhand. "Vad är det förflutna om inte en föreberedelse", undrar Wästberg. Och söker förklara: "en skolgång för att göra oss mottagliga?"

> Och vi intalar oss: allt kommer när det ska.
> När upptäckten väntar oss, ser vi den – ej förr.
> Men jag stod inför min upptäckt, förstod den ej.
> I efterskott drog den över mig som ett malariaanfall.

Detta är det förflutna som elakartad upptäckt, ett malignt fynd som överväldigar en i efterhand. Dess goda motsvarighet vore den kraft som fryst inne men inte förlorat i värde. I likhet med den destruktiva kraften är den oberäknelig, men dess förutsättning heter kärlek, inte förstörelse:

> Hur länge bär oss avstånds värmevåg? Vad blir kvar
> av kärleken när sinnena upphör att minnas
> hudens spegelbilder? Finns den arkiverad
> någonstans likt meteoriterna i Antarktis blåis,
> eldklot som slocknat i kylan, budbärare i tiden
> som berättar sin skapelsehistoria,
> förvarade utom räckhåll för nedbrytande kraft?

Den erfarne Wästberg besvärjer tidens bägge krafter, den nedbrytande och den uppbyggliga – vad man kunde kalla dess debit och kredit. På 80-talet påpekar han i en dikt att "Det som är över är inte slut", och i en sen trerading ljuder tanken åter: "Ingenting tar slut fast allting upphör." Dikten "Vinterlov" ur *En avlägsen likhet* från 1983 fasthåller denna motsägelse:

> Om jag kunde skriva en hyllning till suddgummit
> för nio kronor från Järvsö Bok & Papper.
> Det luktar citron och ser ut som ett spader ess.
> Min son bär hem det lycklig.
>
> Trettifem år tidigare i samma butik
> som nog ingen inventerat sedan dess
> köpte jag ett evighetsblock.
> Man skrev med nageln på en doft av anilin.
> Cellofanet bucklade sig. Återstod baksidan
> och att ta isär maskineriet. Vilken kortvarig
> evighet! Ändå fanns skriften kvar.

> När han ser ett spader ess och känner smaken
> av citron kommer han att minnas vinterpensionatets
> korridorer, isiga skidspår, finalen i pingpong och
> hattparaden, fast suddgummit har suddat bort sig självt
> och evigheten tagit slut.

Den poet som i mogen ålder besöker en boklåda i Hälsingland minns hur han 35 år tidigare, på tröskeln till sitt författarskap, inhandlat ett evighetsblock där. Han speglar sig i sonen och inser att även om barndomen för länge sedan upphört kan den alltid återuppstå. Det som är över är aldrig slut. Men Wästberg nöjer sig inte med denna poetiskt korrekta visdom om hur fadern fortsätter i sonen och traditionen överlever genom förnyelse. Tvärtom (och däri ligger styrkan i dikten) skildrar han sonens lycka när han bär hem suddgummit, och siar att det någon gång i framtiden kommer att räcka att kombinera åsynen av ett spader ess med lukten av citron för att sonen ska minnas besöket i Järvsö – trots att radergummit för länge sedan "suddat bort sig självt". Wästberg behandlar minnet inte bara som en angelägenhet för det förflutna, utan som en framtida insats. Hans dikt beskriver något så ovanligt som en blivande erinran, en hågkomst som i skrivande stund ännu återstår att kombinera.

Häri ligger hemligheten med hans lyriska bokslut. Wästberg har upptäckt framtidens avtryck i det förgångna, dessa spår av något som ännu inte ägt rum men som redan kan avläsas i kommande retrospektiv. Detta fynd borgar för att den erfarne poeten inte går i barndom; hädanefter får *Je ne sais quoi* ersätta "Jag vet". Med en titel ur *Tio atmosfärer* kunde detta oinfriade löfte kallas för poesins "okända faktor". Wästberg visar att lyrikens obekanta x gör det omöjligt att balansera minnen. Underligt nog borgar poesins okända faktor för att alla de ögonblick som kommer att ha suddats ut kan bokföras inte under debit utan kredit. Detta underskott är poesins egentliga kapital. Bara tack vare den visar dikten på vinst. Eller som det påpekas i inträdestalet om Werner Aspenström: "Poesi är den stuvbit som blir över sedan livsekvationen lösts på ekonomisidorna."

I Wästbergs mogna poesi är tiden flykt och lämning tillika. Eller för att använda den metafor som han själv föredrar: rad och radering. Ur denna motsägelse växer den trilogi som han givit ut på äldre dagar. Det förvånar inte att dessa sena produkter av den svenska litteraturens kanske mest diversifierade enmanskoncern av bara farten uppdaterar flitens devis till "Ingen dag utan tre rader". Ett halvsekel tidigare lät Wästberg nittiosexåriga Helene vila i sin bädd som i en "bucklig gravyr". Nu, när han själv säger sig vara närmare gravplatsen än skolbänken, lägger han sig till med en snarlik stil: konstlös men betydelserik. Kort sagt: ekonomisk. Torrt och precist graverar han frostblommor på fönsterrutor. I dessa treradingar framträder evigheten som försvinnande. På sitt sätt utgör de alla exempel på vad "Vinterlov" ville vara: hyllningar till radergummit.

Här finns gravyrer som med några rispor trollar fram "galaktiska ljusårsspiraler", och det kan knastra ordentligt av lovsång ilande "längs telefontrådarna". Ibland skymtar en besvikelse över att det kan ha blivit ett ord för mycket eller lite under årens lopp, vilket lett till en alltför vältempererad, från anfäktelser prydligt befriad poesi. Men man gör klokt i att erinra sig att Wästberg faktiskt förordade denna ljumhet redan som sjuttonåring: "Det är tid att göra uppror mot den politiska människan", noterar han i januari 1951, "försvara ljumhet och bristande trosvisshet." I en trerading återvänder han till detta sitt utgångsläge:

> Känner ej den undre världen, räds den högre metafysiken.
> Återstår mellanvåningen: böcker, skvaller, svårbegripliga
> [barn.
> I fickan kramar jag en nyckel jag hittade i portgången.

Wästberg förblir mellanregistret trogen. Han må väja för patoset, men aldrig för passionen; han undviker hettan men knappast sinnligheten, ignorerar kylan men inte klarheten. I hans poesi slår inte "den stora diktens hjärta", där brinner ingen "mörk och elakartad eld". Men läsaren ska finna ljuden av "det fladdrande livet", lika lätta som nattfjärilarna som slog mot brunnsväggarna i hans första dikt femtio år tidigare. Tog man temperaturen på denna poesi skulle termometern visa på kroppsvärme.

Skälet till detta är inte så mycket Wästbergs förtrogenhet med det förflutna eller möjliga hopp om framtiden, utan hans kärlek till nuet – denna springande punkt som skänker texterna deras smak av vaksam förundran. Han uppehåller sig ogärna på botten av tillvaron, i samlivets grumliga vatten. Men skyr också själslivets högre regioner, där luften tunnas ut och tankar övergår i abstraktioner. Tvärtom följer han ingenjör Cyrus Smith, som när han nödlandar på Jules Vernes hemlighetsfulla ö utbrister: "Ut med allt som har tyngd! Allt!" Under årens lopp har Wästberg gjort sig av med den ballast som tidiga dikter drogs med. Stilistiskt finns inget som tynger. Diktionen har blivit så lätt att läsaren genom nuets tunna beläggning blickar oanade djup. "Sök dig till ytan där du kan dansa skridskolätt", heter det i en annan trerading,

> Lär dig leva på ytspänningens hinnor.
> Ytornas rike är vidsträcktare än djupens.

Rekommendationen kan låta lika delar Nietzsche och Nabokov, en sång till lätthetens och häpnadens lov. Men framför allt förordar den rörelser i sidled, kombinatoriska mönster som bygger på kärleken till detaljer. "Jag sysslar / med förskjutningar", noterar den nyblivne pensionären en novemberdag på 90-talet, och tillägger en månad senare: "Jag är bra på avvikelser." Denna lovsång till ytan har tillskrivits Wästbergs skyddade uppväxt på ett Östermalm där man hade både tid och pengar, vilket antas ha lett till en estetisk hållning till världen som finner det viktigare att bevara formen än att fördjupa sig i saken. Men hos en författare med en sådan ovilja att dra slutstreck som denne handlar plaidoyern för ytornas rike snarare om en pakt med den enda tid som gives: nuet. Hans undanmanövrar bör ses som försök att sidledes utvidga dess dimensioner och innan det blivit för sent på jorden kretsa in så mycket som möjligt av världens förryckta mångfald. Det är här sandalerna kommer in:

> Jag använder ofta mina etiopiska sandaler
> liksidigt formade så att den som ser mina spår
> aldrig är säker på åt vilket håll jag går.

Som läsare vet man aldrig om Wästbergs dikter rör sig framåt eller bakåt i tiden. Säkert är bara att den som trycker handen mot spåren de efterlämnar ska känna ljumhet. Den är nuets egen värme.

"Överdåd" är poetens egen beteckning på dess rikedom. "Än finns utkast fulla av vilda betydelser", noterar han i en dikt vars beskrivning för tankarna till debutens brunn:

> laddningar, skärvor av förtrollning,
> en otyglad frikostighet, ett överdåd –
> och den milda rörelsen kring en gåtfull stillhet.

I sin poesi rör sig Wästberg skonsamt kring tidens mitt – det tomrum som uppenbarar att den kan upphöra när som helst. Förutsättningen för denna cirkelmanöver, som inleddes redan i *Enskilt arbete*, är det nu som skjuter upp möjligheten av bokslut. Därför bör titeln på den bouppteckning som gjorts på ålderns höst inte bara tolkas som att han med sjuttioåringens rätt rör sig bakåt författarskapet med handen på tidens ledstång, nedför de trappsteg som ledde upp till parnassen. Titeln rymmer även en uppmaning. *Tillbaka i tid* avslöjar att det förflutna inte alltid är tillgängligt – och framför allt: inte alltid på samma sätt. Det gäller att agera "i tid". Så blir nuet den skådeplats där det förflutna förhandlar med framtiden. Huruvida denna transaktion är gynnsam eller ej utgör den springande punkten. Wästberg kallar den "en oförbrukad beröring", men även "en häpen gir undan tillintetgörelsen". I bägge fallen visar den att

> Det som är över är inte slut.
> Det kommer tillbaka som ett oväntat gupp
> i vägen eller likt bron som inte fanns
> förra gången jag körde samma sträcka.
> Den envisa glädjen, svedd men inte
> bortbränd, fylld av begynnelser.

Det är hög tid att komma till saken, det vill säga återvända till början. Inledningsvis påstod jag att den som betraktar tid som pengar hävdar att "saken" till vilken man bör skynda sig att komma måste löna sig. Men Wästbergs dikter, dessa turliga utvidgningar av tid, lär oss att poesins verkliga avkastning består i det vi aldrig räknade med: "Ta upp det du försummat som tillgång, inte som skuld." Som poet har han *cred* inte därför att han bryr sig om livets kredit utan för att han förvaltar dess debit. Knappt torr bakom öronen satsade Wästberg på traditionens sinande källa. Femtio år senare är det fortfarande förlusten som upptar honom. Men där han tidigare nöjde sig med att förgylla bortfallet låter han lämningarna nu tala sitt klara men tvetydiga språk:

> Lägger åt sidan dagarna
> som oanvända tipskuponger.
> Nog med siffror för vinst och förlust.
> Nog med drömmar om framtida
> kompledigheter. Jag kryssar för

det icke tillämpliga och skjuter min hand
över din.

Där har vi det: det gåtfulla kryss som är poesins okända faktor. Det markerar att den tid som lyriken skänker oss förblir oavgjord. Wästberg kallar det "en påbyggnadskurs i kärlek". Man kunde också kalla det en nuets skola, den enda läroanstalt som han aldrig lär ha skolkat ifrån, vare sig som vattenkammad realare eller sandalskodd akademiledamot.

Frostensons mun

Alltsedan debuten *Imellan* från 1978 har Katarina Frostenson undersökt det underliga utrymme där språk och tystnad, tunga, tänder och saliv är inhysta. Himmel eller helvete, ingenmansland eller transitsträcka: hos Frostenson är munnen alltid både skattkammare och avgrund. Här går orden förlorade, här hittas de. Den rymmer svalget ur vilket klangerna stiger; den är hålan i vilken stämman förskingras och möter sig själv som eko. Ibland tycks den en kärlekshandling, stundom en våldsakt. Munnen kan vara både tom och full, beskyddare och avyttrare, en "under-bar" ort där kroppens inre blottar sig för omvärlden, men också platsen där språket förflyktigas. Eller som det heter om moderns röst i en sen text: "ett moln runt ansiktet och in i det vill jag. Närvara och försvinna i samma stund."

I en sen essä berättar Frostenson om ett möte. Det är januari i Stockholm, en av de dunkla eftermiddagar som får kylan att klinga. Plötsligt far ett rop genom luften – som en projektil: "Vad heter här?" En främling, knappast infödd svensk, har förirrat sig och frågar poeten om vägen. "Vad heter här?" En främmande, en förfrämligande sats uppenbarar diktens, och kanske munnens, sällsamma drama. Ty är "det inte just det man försöker fånga hela tiden. *Vad heter här?*"

*

I Frostensons dikter bestäms förhållandet mellan jaget och världen ofta som en språklig relation, präglad lika mycket av kamp som försoning, avbrott som kontinuitet. "O, min fiende, är jag osammanhängande", heter det i en omarbetning av den anonyma medeltidsballaden "Jungfrun i hindhamn", inkluderad i *Joner* från 1991. Trots förmodan om motsatsen förblir den talandes utsagor sammanhängande:

> Jag är skenet, delarna och leendet
> Jag är ljudvågen i luftens krus
> mitt verbhjärta som inte slår. Bara driver
> In, i drömkroppens boning. Tills det dränks
> av blodets sorl
>
> jag är utan spår, utan orten
> jag är ljust förklädd   Jag är ljudvågen runtom
>
> var rädd
> det finns ett mönster

Frostensons dikter framställer språket som en motsägelsefull process, lika hotad som begärlig. Genom ordens placering på den typografiska ytan, genom glidningar mellan ljudformationer och syntaktiska brott visar hon att poesin inte bara handlar om erfarenheter, utan även utgör platsen där dessa görs. Artikulationen blir både ort och händelse. I någon mening tycks det vara munnens uppgift att framkalla sig själv – som röst, "här".

*

Ibland antar den framkallade platsen drag av stadslandskap. Då finns byggnader, viadukter, trafik och människoansikten "blanka som spadar" med i bilden. Ibland rör det sig om en "slätt", "mark" eller "trakt". Då är det snarast frånvaron av mänsklig aktivitet som avgör. Men i bägge fallen är det platsens betydelse för utsägelsens och tillägnelsens akter som avgör. Utsägelse: det är rösten, den som "leker med mig. Leker och / lyssnar ej". Tillägnelse: det är lyssnandet, där jaget finner bekräftelse genom den andre ("Det jag hör höjer, lyfter och vidgar mig"). Mun och hörsel:

öra   röst

två världar.

Mellan dessa båda poler utbreder sig poesin som snittmängden mellan "två världar". Dess plats måste förbli tvetydig – likt det öppna men inte villkorslösa fältet mellan "öra" och "röst" i detta citat ur *Samtalet* från 1987.

*

Samtalet förtydligar flera av de motiv som Frostenson bearbetat i tidigare böcker. Tematiskt anknyter samlingen till *I det gula* från 1985. Men kritiken av ett samhälle satt i den rena nyttans tjänst, där skillnader planas ut till förmån för en som det heter jämn fördelningsyta, har blivit oförsonligare. Den efterindustriella civilisationens utmanande klartexter, med dess förljugna fraser och svulstiga teckenfält ("Glosrymder, feta / där 'stater kämpar med sina problem'"), pekas ut med kyligare gester. Och allt klarare avtecknas behovet av en

plats, utanför a och o
där allt står tyst –

I de tidiga dikterna motverkas ofta direkta topografiska angivelser (Odenplan, la Salpêtrière och Arno; senare Grenelle, Katotriwitzi och Montréal) av en motsvarande obestämbarhet i språket. Markörer som "här", "nu" och "där" skapar precision och osäkerhet. De fäster utsagan i tiden eller rummet, men förblir samtidigt stadda i svävning, beroende av utsägelsens ögonblick. Pronomen är gärna obestämda: vanligen sker "någonting" eller "någon" gör "något". Dikten "City":

> Mitt i staden är ett nomansland
>
> en annan ort
>
> någonting ur de döda

Sista raden är talande. Istället för att fortsätta på den tematiska linjen stad-land-ort, skiftar texten över från odefinierad plats till obestämt ting – som om ingenmanslandet blivit ingens land. Frostenson förser dessutom sällan substantiv med bestämda artiklar. Vanligen rör det sig om "en rygg", "ett hav" eller "en annans namn", om inte också den inledande artikeln ger vika och försvinner.

Dessa lika konkreta som svårgripbara skeenden formuleras i textflätor med nomadiskt vandrande prepositioner och sällsynta substantiv och verb med tycke av rörelse. Stilen skriver isär skönspråket och förvandlar dikten till ett kargt partitur. Stämmor och stilsorter, överklivningar, citat och homofonier sprider fokus. I en kort text om "Ersta brännkyrka", som ingår i diptyken "Barndom", får ortens övergivna kärvhet sin motsvarighet i textens glesa fåordighet:

> Ersta   brännkyrka
>
>   strövplatser   lek-
>   trakter
>
> brända marker
>
> rasade gränsstenar
>
> Utsjungen ort –

En poesi vars grafiska gestalt präglas av materialet låter naturligt nog en lekplats ströva utåt högermarginalen och ortens utsjungna karaktär förlängas in i aposiopesens (tystnandets) tankstreck av upphävd tid.

Men förhållandet mellan ämne och utsaga behöver inte vara lika mimetiskt som här. Tvärtom tycks *Samtalet* befinna sig vid ett vägskäl. Den tidigare poesins raserande språkhandlingar, där fysisk hetta och metafysisk söndring gick hand i hand, delar nu utrymme med den lyriska nedtoning av utsagan som kännetecknar senare samlingar, till exempel *Stränderna* (1989) och *Joner*. Visserligen används retoriska figurer som anakolut (där meningen börjar på ett syntaktiskt sätt och avslutas på ett annat) och hyperbaton (där orden placeras i ovanliga följder) även i poesin från 80-talets slut, men de uppträder i texter som inte längre betonar av- eller uppbrott, utan alltmer antar drag av berättelse. Jaget må fortfarande vara "osammanhängande", som Frostenson skriver i *Joner*, men det söker sammanhang.

*

I dialogen *Kratylos* utrustade Platon grammatiken med en spekulativ etymologi. Med något som åtminstone liknar ironi härleder Sokrates bokstäver ur olika egenskaper. *R*:et sägs till exempel vara ett medel att uttrycka *rö*relse med, vilket illustreras genom ord som *rein* ("*r*inna") och *roi* ("st*r*öm"). När man uttalar bokstaven är "tungan minst i vila och mest i rörelse". *I*:et står å andra sidan för allt som är *f*inlemmat. Bokstaven är det tecken som lättast sl*i*nker *i*n. Därmed imiterar den egenskaper hos verb som *ienai* ("skr*i*da") och *iesthai* ("*i*la").

Denna mimetiska teori för ordens uppkomst kan tyckas naiv, eftersom den åsidosätter språkets godtyckliga karaktär. Men senantik nyplatonism, kabbalistisk bokstavsmystik och Stiernhielms *Hercules*, eller för den delen Rimbauds poetiska alkemi eller Artauds glossolali visar att den har fortsatt betydelse för litteraturens sätt att se på sig själv. Även hos Frostenson finns en uppdriven uppmärksamhet på språkets sonora register. Trots att hon visar föga intresse för ljudens symbolvärden spelar vokalernas valörer en framträdande roll – i första hand de båda som kan göra anspråk på semantisk självständighet: *o* och *i*. (Jag återkommer till *ö*:et, en exklusivitet i svenskan, vars betydelse blir allt tydligare i senare böcker.)

O:et är den bokstav som Platon förknippar med rundhet, det vill säga allt som är "*o*mlupet" (*gongylon*). Som vokal koncentrerar den rösten till dess väsensart: öppenhet. Detta blir särskilt tydligt i apostrofen, där hänvändelsen består i en ren öppning mot den lyssnande. "Stycken" ur *I det gula* visar hur Frostenson aktiverar bokstaven. Särskilt intressant är det parti som bär titeln "öppna öppenheten" och handlar om en avresa från Arlanda och "den praktiska världens maniska teckenspråk". Här formuleras en kritik av nyttosamhällets paniska rädsla för marginalernas oberäknelighet och de distrikt av vaghet som ligger utanför rationalisering och betecknartvång. Sverige är "ett rike långt borta som inte tillåter någon / att gå vilse, förlora sig". Allt måste instrumentaliseras i den klara översynens namn; inget tillåts förbli främmande. Partiet avslutas med några rader som visar på det tomma och obefolkade, även i orden:

> Det är som ett rum som ekar osynligt ropar
> på att befolkas men ingen
> vill låta höra sin röst

"Vad det ekar i öppenheten", heter det tidigare i dikten. Denna tomhet (som "*o*synligt r*o*par") tycks bokstavligt talat vilja tala för ingenting – för den frånvaro som bara gör sig kännbar negativt, som ljusfält eller avbrott. Att den som talar tappar rösten på sista raden och inte förmår avsluta med en passande pluraländelse understryker förlusten som samtidigt tematiseras.

Det finns liknande exempel på hur Frostenson korrelerar ämne och framställning. En analys skulle kunna följa hur vokaliteten lösgör sig ur konsonanternas mångfald i den inledande sviten i *Den andra* (återspeglad i "Fettvaror, en gros, sega strängar, skenor / slamsigt fett torra små spikar"), för att bli en "rå gång", en grymmare sång som sjunger "starkt / i mun". En rå gång – och kanske en rågång: "en röstgräns / är det jag söker", heter det i början av *I det gula*. Hos Frostenson är orden kroppar och kroppen stundtals som ett ord. Den extatiska strävan som en kritiker (Hans Ruin) funnit i hennes dikter syftar till att göra såväl kroppen som orden lätta och befria dem från vad Nietzsche kallade "tyngdens ande". Ibland måste den materia som skänker jaget vikt drivas ut – som i "In mot renheten" (*Den andra*):

    Skär lös bröstköttet
    gör bålen ren   *Driv*
    ut mig ur mig

Jaget utrymmer sig självt för att i tömningen och utblottelsen skapa plats för ett annat subjekt, på en gång äldre och främmande.

    att upphöra   Stå på grå
    slät mark   Naken
    som utan en kropp –

heter det i "In mot renheten". Och på annat ställe i samma bok:

    varm fuktig ånga stiger ur kalkar, kar ... fläckigt tyg
    fladdrar från taket ... djurkroppen
    sänks, under mummel
    lätta skrik, stigande
    fallande ... Lugna
    vilda
    villiga rörelse!   Runt huset
    allt naket
    står jag   denna slätt

Om *o*:et enligt Platon speglar en tom öppenhet, utgör *i*:et tvärtom något som tränger eller skrider in. Hos Frostenson förekommer vokalen i två bok- och ett flertal dikttitlar ("I din hand", "I dig", "I labyrinten", "I morgon är det rent", "I en tavla" och "I mellanrummet" vore några exempel ur äldre samlingar). Som skred eller steg, som något som försiggår och genomfar något annat, utgör den en passage. *I*:et ilar och reser sig inuti ljudformationerna. Eller som det heter i *I det gula*: "Resa är att stå helt stilla i sig."

I sin betydelsebärande form, som ord, uppträder bokstaven vanligen i dikter som behandlar luftens omvandling till artikulerat ljud – som i "Av vind" ur debutboken, där jaget befinner sig "i saknad av vind", pinad av brist, men söker "blåsa liv / i liv". Texten visar att försöket inte är ofarligt. Visserligen hålls gnistan vid liv, men den vindpinade människan blir – med en talande glidning från *i* till *e* – alltför levande för att överleva:

> Vindpinad människa
> pinad
> i saknad av vind
> uttorkad
> av tusentals frammanade stormar
> i längtan av vind
>
> Bränd människa
> bränd av sin ensamma pust
> av försök att blåsa liv
> i liv
>
> För levande att överleva

*

Skalv, ras och ristningar: trots sin radikala syntax ignorerar Frostensons diktning inte språkets krav på ordning av fundament, nexus- och slutfält, utan försöker snarare genomskrida dessa områden – bryta upp istället för ned. *I det gula*: "och nu hörs tonen stiger säger: inte här / men annanstans." Dessa rytmiseringar ger dikterna en säregen klangbild – som i "Januari" ur samma bok, där stavelsen "en" går skallgång genom texten, på en gång obestämd artikel, ändelse och ringande stavelse inbäddad i orden:

 En och en på plats
 runt kring ensnåren Emaljklangen en

 ingen springa kallgröna höga skyar
 vakthimmel
       en hunds utdragna ska
 ensam vid tröskeln sover en
 slår ut en tandklangsmarsch
 ur tystnaden som står kring varje kropp
 sår ögon ord till ringar
 ner i snögrusen

     se djuren under ö

Frostensons akustiska texturer förenar visuell känslighet med auditiv uppmärksamhet. Den klassiska konflikten mellan *ut pictura poesis* och *ut musica poesis* tycks länge ha upptagit henne: å ena sidan dikten som tavla, en krets av intryck klarnade till bild; å den andra dikten som musik, sonora markeringar ordnade till rytm. Från *Den andra* och framåt verkar hennes poesi snarast vilja låta ögat lyssna och örat skönja. Att "se djuren under ö" – denna sällsamma vändning som återkommer på flera ställen i hennes texter – visar på klangbildens korsning av varseblivningssätt.

*

Språkvetare hävdar att tecken endast skapar mening genom att skilja sig från varandra. Avstånd är kriteriet för meningsfullt sammanhang och utgör således även en motsägelsefull förbindelse. Tecken fordrar alltid både skillnad och samband för att betyda. Denna omständighet omskrivs på flera ställen i Frostensons poesi, till exempel i relationen mellan jag och du. "Skorpionen" i *Den andra*: "Avstånd i mellan oss: / det absoluta." Eller "Framför det gamla" ur *I det gula*: "jag och du hör   avståndsklang". Här blir "i mellan" och "   " bokstavligt talat det mellan-rum där jag och du möts, distinkta men sammanförda i en fogning som markeras genom radavbrott respektive ljusfält. Titeldikten i debutsamlingen tillhandahåller matrisen:

> I dig, i mig
> i mellan
> Möt mig i tystnad

Den gleshet som uppstår genom Frostensons aktiva bruk av tomrum förtätar paradoxalt nog hennes poesi – som i dessa dröjande exakta rader ur "Vatten" (*I det gula*), där orden bär på tystnad och smärtande tyngd och varje vokabel väger:

> låt vatten komma   för dig
> vill jag glänta öppna   stiga
> stillna   att veta att inte alltid
> dra sig undan smärtan   som vattenvåg
> när stranden närmas   Kom
> till mig kom ske
> är du vatten   jag kan dig
> som rinnande vatten…
> en mycket lång   tystnad som låter

dig öppna   ord
mot mig   Ensamma
mottagna
ord   jag älskar dig   vatten
ska komma   stranden   glipan
mellan stenarna   under dånet under
ytans mörka
spända bortvändhet   ett skimmer
ett vitt   ostämt
ett gammalt piano   händer som stakar sig
vill

Det dröjande tonfallet suggererar ett samband mellan vatten och ordflöde. I andra dikter, som "Vid Odenplan (Med Chagall)" ur *Rena land*, "På stationen" ur *Den andra* eller "Resa" ur *I det gula*, skapar syntaktiska brott och grammatiska luckor tvärtom öppningar i ordflödet som sprider talet och där uppehållet även fungerar som passage. Genom att bryta upp framställningen får texterna karaktären av partitur – på en gång rum och tidsstruktur, bild och rytm. ("I mellanrummet" ur *Den andra*: "Röster, spridda röster, i en uppsprucken orkester, att skriva ner, i partitur ...") Här kan skriften stiga som rök ur sidorna, men också visa sig vara bräcklig som spindelväv. "Morgon stigning in i" ur *Den andra*:

Papper vita bokens – här är bokens
vita blad   och innan

strån
krafs
aska
tunna kvistar ... spindel
skrift ...

vill bryta   Axlar höjs
sänks   Det gör ont
att föra fram
orden, glipar

Kanske är de första språkljuden – en dikttitel hos Fröding, vars folkvisor inte saknar betydelse för Frostensons poesi – sådana glipor i rösten, platser av tomhet och avlägset minne från ett "innan"?

*

"Och vår skapare försåg vår mun [...] med tänder, tunga och läppar", heter det i en annan av Platons dialoger, *Timaios*, "och detta med tanke på dels det nödvändiga, dels det bästa. Ty nödvändigt är allt som där ingår och ger näring åt kroppen; men ordens flöde, som strömmar utåt och är tankens tjänare, är det skönaste och bästa av alla flöden."

Mun, tänder, tunga, läppar: beståndsdelarna i detta röstens passageverk är avgörande för Frostenson. En röst kan vara "fastfångad i strupen", som det heter i *Den andra*, eller bli "till en gas", med några ord ur *I det gula*. Ibland är munnen mörker eller håla – som här, i *Den andra*: "Här är – din mun; mörker / hål vidd." Ibland utgör den en kittel, där poesin består av ångande mönster av luft. Fortfarande ur samma bok:

Tänder, vassa skärande
Mjuka mänskomun
som ångar   Mumla, viska
skria – dröja...
Skrika till

sen rasa

Andra gånger formas munnen till ett röstrum, en stämmans rangerbangård där tonfall slamrande byter spår, växlar över och ändrar läge, och där de sonora stationerna inte sällan bildar anhalter på en röstens resa från bröstkorg upp till och ut över läpparna. Dikten "Norra rösten" ur *I det gula* ger röstbilden allegorisk kontur genom att skildra en tågresa från Paris norrut, genom "släckta spökeuropa" till "mer / avstannade land":

> rösten som öppnades
> i resans natt
>
> [...]
>
> En mun, skrek
> dankade sin tandrad
> i rösten hördes fästen som släppt
>
> [...]
>
> ju högre upp vi kommer, ju mer
> avstannade land   Land som skjuter fram   Ur väggarna
> en döv, tät symfoni   av budskap   av obscena
> omsorger   Ord som självvård dagcenter   Växer
> som saker växer i drömmar   Vita feta
>
>   skyhöga fötter rör sig genom mina drömmar   Sveriges
> övergivna fötter   som röster
> som aldrig sammanfaller   talar
> i en rad
>
> [...]

den vita färjestationen dallrar   höljd
i lätet ur en hals   som kastar sig
i sig   Jag får fruktansvärd lust
och pressar mig mot en mun
som är kall   en tandrad vit vägg
över ett hål   hör du   vad den säger   *rösten som öppnades*:

    utanför rytm   den fortsatta
världens utstötta rest   är jag i ett ändlöst
utsträckt   rum utan gräns där inget ljud mer når
in i ett öra

Men med munnen (som kan fnasa "sig in, torr och skrumpen, hönsarsel, en gamlings aldrig kyssta" ["Den sista november"]) förbinds även en vilja att sluta sig eller utsläckas, att tömma kroppen på ljud och bli hålrum, upplåten åt något annat. "Stycken" ur *I det gula*:

i en ljus utställningssal
vill jag falla på knä   för att göra ett hål
ett hålrum   *för att inte äga rum*
som varje tom plats fyller mig helt
som varje stark känsla tömmer kroppen på ljud   i den lust
att släcka sig helt som uppfyller den som lever utan himmel

*

I början av 1948 stoppades en utsändning av Antonin Artauds dramatiska dikt *Pour en finir avec le jugement de dieu*. Radioledningen ansåg verket blasfemiskt och en kort tid senare, några dagar in i mars, dog Artaud på ett sjukhem i Ivry. Vid kanten av sig själv skrev han:

> vidga min inre natts kropp
> mitt jags
> inre intighet
>
> som är natt,
> intighet,
> tanketomhet,
>
> men som är explosiv bekräftelse
> att det finns någonting
> att bereda plats för:
>
> min kropp.

Artauds text ger ett pressat vittnesbörd av "den hotfulla / outtröttliga / närvaron / av min / kropp". Att denna erfarenhet av kroppen som nödvändig men påträngande närvaro, lika oundgänglig som besvärlig, inte är främmande för Frostenson visar "Vatten". I denna dikt om vad som möjligen är ett barns självordnade värld, fylld av oetiketterade förnimmelser och väntan, utan den vuxnes reglerande sortering av intryck, skriver hon:

> jag gick i dammet, snålblåsten, fanns inte frid
> men väntan   Ylle grus angora, hur allt skavde
> ur att inget hände, det ändlösa
> kliandet kring ansiktet detta hända, hända
> ut ur hela tiden och ur mig

Samma vilja att hända ut ur sig själv – att, som Artaud skriver, "bereda plats" för sin kropp – förekommer i "Resa" ur *I det gula*:

> [...] Växt, det vämjs, växt det skyms det talar i
> min hals vill höras inte höra det höga eko jag bara anar *Stig
> mig ur*
> denna tilltäppta psykiska värld
> av evigt Eget alstrande –

"Resa" handlar om svek och väntan, om att vara utelämnad och fordra klarhet. Det tilltäppta jaget – "min mun ett stygn", heter det i en annan dikt – befinner sig vid det yttersta, ett gränsjag som "fylls av det gula havet en hårt förpackad sanning som förlöser / allt":

> [...] för varje svek
> stiger en text, av ljus   För en tid där allt innerst längtar
> till sin yttersta bristning   Stiga
> falla förföras, för att stå, i ett Efteråt

Efteråt – det är den tid och punkt när allt är över:

> fasthållen av det som lämnar mig
> öppnad av det som tömmer mig   Överlämnad –
> mycket nära en annan sorts skratt

Och några år senare, i *Joner*:

> Det måste finnas en plats. Där jag försvann. Den
> gången. "Första gången, du kom, rakt emot."
> Återuppstånden: inte historien. Dragen. Ett slags vagt
> böljande uttryck.
> [...] Jag
> måste försvinna. Helt gå under. Först då blir
> platsen jag synlig

De sista raderna formulerar ett grundvillkor hos Frostenson.

*

I *Samtalet* förekommer ett avsnitt med titeln "Öar"; dikten "Skiss" talar om "talet en ö / mitt i allt annat –"; och i diptyken "Övärld" ur samma samling görs en direkt koppling till örat, detta sinnesorgan som ständigt är öppet och mottagligt, detta "mörka hörselkött". Vad står denna det svenska alfabetets sista bokstav för?

I "Balladens rader", en essä skriven med Lotten Gustafsson och ägnad åt den anonyma folkvisan "Jungfrun i hindhamn", berättar Frostenson om hur hon "grunnat och diktat vidare kring raderna, bilderna och platserna" i den medeltida sången. Hon nämner "balladens plats" och frågar sig var den ligger: "Vad är 'under ö'? [...] Uttrycket har för länge sedan lossnat från sin ursprungliga betydelse, man fortsatte att sjunga utan att förstå ... En tolkning jag har hört är att 'under ö' skulle betyda 'utmed stranden'. En annan, säkrare och sannolikare, är att det helt enkelt betecknar en plats långt borta. En avlägsen och okänd plats."

Frostenson bestämmer "ö" som "ett slags mellanplats, en gränsplats, och en okänd ort", men också som den plats där man och kvinna, riddare och jungfru möts, och därmed också en "deflorationsplats, eller en antydan om det. Platsen där jungfrun börjar sin väg mot att bli fru, och kvinna, mot att öppnas. Det är därunder det sker." Det är inte svårt att här urskilja teman och motiv som länge varit verksamma i hennes diktning. Det rör sig om en ursprunglig scen. Och hur kunde det vara annorlunda? "'Ö' stod under medeltiden för 'öde' får jag sent omsider veta genom Hyltén-Cavallius *Wärend und wirdarne*." Därmed skulle "under ö" bli såväl slutets som börjans plats, betyda både en sluten ort och ett ställe som öppnas – ett här präglat av lika delar våld och begär.

*

Hos Frostenson är munnen även en tidigare ort, en tommare plats, en rytm före ordens meningsbärande. Den antyder ett område inom det bekanta eller sagda som likväl förblir främmande och yttre. Frågan blir hur den kan komma till tals utan att dess underliga karaktär neutraliseras eller i värsta fall förintas.

I sin studie över Descartes skriver Jean-Luc Nancy om skillnaden mellan latinets båda benämningar på "mun":

> *Bucca* [...] är inte *os*. *Os, oris*, oralitetens mun, är själva ansiktet taget metonymiskt för den mun som det omger, som det bär och synliggör, platsen där alla sorters ämnen passerar, men först och främst talets luftiga substans. *Bucca* är däremot de uppblåsta kinderna, rörelsen, kontraktionen och/eller andningens, ätandets, hostandets eller talets utvidgning. [...] Inget har ännu ägt rum, och framför allt har inget alltid redan sagts. Men en öppning, ostadig och i rörelse, formar sig i talets ögonblick.

En "buckal" är ett språkljud som till skillnad från det "orala" bildas i ansatsröret (munnen och svalget). Frostensons dikter formas även där, i själva ansatsen, där tungans rörelse och avstämningen mot de ännu obrukade läpparna antyder ett annat idiom, en munart som är lika delar öppning och händelse – hednisk och oförutsedd.

Dikten "Svalget", som först trycktes separat, vore ett exempel. Här samlar Frostenson flera viktiga motiv: under, hålighet, artikulation, stigande, flöde, öra ... De första raderna:

> Det är vägen upp det ska
> – där det åhörs
>
> stiga, och örat vaktar just efteråt
> vad är jag för kärl

Det sammansätts noga därneruti
i en sal. Ingen sal. Valv
glans och sidor

skivlingar, brosk, sammetsblank grund

en flod
stiger uppåt

vad är jag för kärl
och var är randen

o

I *Samtalet* skärps tonen:

stava fram din plats
skruva
ner ditt ljud –

mun,
jag ska lära dig tala
tills du ser dig själv

Frostensons poesi äger rum i ett sådant framkallande, i vad *Samtalet* kallar "tydlighörande". Munnen blir något som tydlighörs, men också framkallar sig självt. Dikten "Svaret" i samma bok (som handlar om "döden / ön – // någonting / där under") visar att den underliga plats som munnen tecknar är till, "fortsätter, och saknar, och är utan ort".

*

Medan jag redigerar dessa anteckningar utkommer *Berättelser från dom* (1992). Boken består av 24 kortare prosatexter som bekräftar intrycket att Frostensons författarskap blivit alltmer berättande. I *Berättelser från dom* citeras, parafraseras och förvrängs bibelfraser. Ålderdomliga uttryck och dialektala idiom, pluraländelser på verb och efterställda attribut skänker texterna en anakronistisk karaktär som är kongenial med den svävande tid och plats som skildras. Prosan struktureras genom omtagningar och speglingar, irreflexiva verb görs reflexiva på ett sätt som antyder att subjekt kan bli objekt för sitt eget handlande och tonen tycks stundom nästan björlingsk.

Frostensons namnlösa "dom" lever som kollektivt singular. I deras värld råder ännu oskuld, eftersom de saknar förmågan att differentiera. Långsamt sker dock förändringar och en dag anländer en främling: "Någon kom vandrande över ett fält, någon kom i gång med långsamma steg över jorden." Den okände mannen ser "glidande ut" och över hans läppar ligger "ett flor, av det mjukaste tyg". Masken "var" – som det heter med en dubbeltydig glidning – "likt en orm", och därmed föregrips det namnlösa folkets fall. Förklädnaden är inte bara den hinna som beslöjar talets organ och gör relationen mellan utsägelse och utsaga osynlig, utan masken påminner även om den syndafallets orm som erbjuder kunskap och därmed distinktioner. Skillnaderna som nu skapas medför emellertid inte bara differenser mellan person och person eller ord och ting, utan förutskickar även en historia – det vill säga möjligheten av att dela in tiden i förflutet, nu och framtid:

> Bara det som inte synligt var. Det, som inte var synligt för ögat. Det som fanns, men ej sågs. Det som ej sågs, men fanns. Till skillnad från förr. Detta gällde nu deras hunger.

Efter att tjugo munnar "oavlåtligt" gapat inför främlingen och utstött de ljud som är början till alfabetisering och slutet på oskulden – "a. o. o. a." – börjar den förste tala:

Han talte i långa, vindlande satser. Han knastrade i vida, utsträckta fraser. Han lade till småord, utlade, stannade. Återupptog, avbröt. Talade ensam. Han gjorde pauser. Och punkter. Han ritade tecken. Han talte till slut. Han såg frågande ut. Mot sig själv –

Med förmågan att tala följer inte bara skapandet av mening och kunskap om hur man differentierar, utan också bekräftelsen på att den talande står ensam. Hur mycket "dom" än kan tala i mun på varandra eller stämma överens, talar var och en alltid allena. Att använda munnen innebär med nödvändighet att skilja sig från andra: "O ensamhet är du äntligen kommen." För Frostenson betyder det i sista hand rentav att skilja sig från sig själv:

De hörde det högt; de hörde den rösten som utsade orden.
Saken och världen. Ur världen en sak. Och de vände sig
om med förtvivlan i blick. De vände sig om och sökte den
världen –

Och:

De hörde sig tala och greps av vansinn

*

Berättelser från dom värjer sig mot den idyllisering och idealisering som lätt kunde resultatet av en mytologiskt definierad värld. Texterna framställer inte erfarenheter som gjorda, utan visar hur de görs. "Dom" som talar framstår som lika motsägelsefullt begärliga som en hemsökelse. "De kom till mig såsom en sång", heter det:

Liksom knackades fram. Mer kan nog inte sägas. De kom under vintern och var som en vän. De var envisa. De var sega, tjurskalliga ibland. Ja de var ensidiga, men ack, så detaljsinnade, på en och samma gång ...
"Knackades fram" sades det om sången – rullade in är nog en mer exakt beskrivning av fallet i fråga. Rullade in likt en våg. De vände sig till och de drog sig bort. Och de var endast riktigt levande då de hördes, framsagda, ur en mun.

Kanske är svaret på den fråga som Frostenson ska höra på gatan flera år senare och göra till poesins egen – "Vad heter här?" – en mun som har den underliga förmågan att framkalla sig själv, och därigenom, i den ekokammare som uppstår, alltid också möta sig själv som främling? I så fall vore rösten både musa och demon. Eller som Frostenson själv säger: ett "monstrum". Sällan har den svenska poesin upplevt ett underbarare kreatur.

Efterord till Durs Grünbein

Första gången Durs Grünbeins dikter slog upp ögonen bör ha varit på en soptipp i utkanten av Dresden anno dazumal. När man läser hans poesi, så uppfinningsrik i sin nyfikna oförståelse, är det åtminstone svårt att frigöra sig från aningen att den gått i skola hos avskrädesplatsernas hemliga majestät: den kringströvande hunden. Visserligen arbetar hans dikter med skilda synvinklar, optiska inställningar och linser. Det kan röra sig om historiska panoreringar av senantik tid, skramlande tunnelbaneupptagningar av en berlinsk underjord eller detaljerade ögonblicksbilder från den västerländska förnuftsmänniskans olika arenor (operationssalen, bordellen, museet). Men perspektivet är aldrig den olympiske jägarens eller sublunariske blindgångarens, det vill säga örnens eller mullvadens. Som förebild tjänar snarare avstjälpningsplatsernas tilltufsade hund, i ena stunden stryktålig byracka, i den andra uppmärksam gränsgångare, denna kyniska uppenbarelse som sonderar verklighetens lump i stoisk ögonhöjd. Trohet tycks dessa dikter endast vilja bekänna till en poesi lika herrelös och brokig som avskrädet självt.

Grünbein är född och växte upp i Sachsen, en region som genom århundradena gjort mycket av sin kulturella rikedom och vars klenod, barockjuvelen Dresden, bombades till skrot och aska under de allierades offensiv på våren 1945. Det förflutnas prakt dividerad med samtidens förfall var den sorgsna ekvation som många av hans tidiga dikter försökte lösa – med en differens som resultat som bar tydliga spår av uppgiven kalkyl. I denne poets ögon fanns aldrig mycket hopp för det besynnerliga land, förkortat DDR, som en gång tog vid någonstans öster om Braunschweig och egentligen inte upphörde förrän i Vladivostok. Desto större grund för en nykter och förslagen attityd. Debutboken *Grauzone morgens* från 1988 innehåller flera prov på Grünbeins i lakonismer formulerade känsla för talande detaljer. Det kan röra sig om en radioapparat som spelar "Let It Be", Beatles mer än lovligt bedagade snyftare, flugor som parar sig med spastisk elegans på ett linoleumbord eller en rysk vodkapava som frusit fast i dammen utanför Zwinger, en tämligen omotiverad flaskpost satt ur spel av naturens förhärdade krafter. Den som för ordet i dessa dikter är något så sällsamt som en östtysk dandy. Trött på de ideologiska lögnerna är han fullt beredd att anta att livets sanna ljusglimtar består i en stunds stillsamt filosoferande på ett nedgånget autobahnsfik eller i det kvicka, knappt ens halvalfabetiska knullet i en källarnedgång.

Sådana ögonblick är hårdvaluta för sarkastiskt sinnade diktsubjekt, och Grünbein fångar dem med en brutalitet som är lika passande som ömsint. Det som genast faller i ögonen är de snabba poetiska reflexerna och den klara iakttagelseförmågan. Lagda sida vid sida bildar debutbokens poetiska blad ett biosocialt album, kolorerat i bleka färger, som i en serie sammanbitna snapshots lyckas skildra det omilda livet i vad man på sina håll kallade *die Zone* – den av Sovjetunionen ockuperade östra delen av Tyskland, marxism-leninismens realt existerande lyckoanstalt, det pensionsfärdiga gamla grå DDR. Osentimentalt återges en tillvaro i ett land som alltmer kom att likna ett pavlovskt experiment. Med kall blick diagnostiseras den kollektiva betingelsens reflexer och det sociala förfallets beteendemönster. Om den officiella staten ännu sökte sanktionera mardrömmen genom att övertyga folket om socialismens strålande gryning har väckarklockan för länge sedan ringt i Grünbeins dikter. I deras värld har morgonen antagit verklighetens gråare kulör. Platsen är någonstans "i Mellaneuropa", en ort "så god som någon", och den tid som härskar på dess ofta bistra, men sällan bittra breddgrad är det skeptiska tempus som infinner sig efter utopierna, de kollektiva visionerna och alltför länge uthärdade lögnerna. ("Gosse", kan det heta med adress till Rimbaud: "vad är det som gått / så snett att de till den grad kan göra oss / till barn med deras Insikt i nöd- / vändigheten, deras Statens växande / roll?")

Något fallskärmshopp ur drömmen ned i det ombonade medvetandets lummiga grönska är knappast möjligt. Snarare vaknar diktens jag upp till en gryning lika smutsig och trångbodd som alltid. Må vara att det vid första påseende kan se ut som om fönstret vetter mot ett flitens samhälle, där arbetslöshet är en strukturell omöjlighet, men tittar man noggrannare efter går maskinerna på tomgång och medborgarna verkar vara lika mycket anonyma angivare som kollektivanslutna offer:

> MORGNAR I GRÅZON, *mon frère*, på
>   väg genom staden
>   hemåt
> eller till jobbet (det kan kvitta lika) –
>
> Allt sker i ögonhöjd nu. I de
>   första nunorna, kantiga,
>   hårda, fattas
> bara de svarta banden
>   över ögonen

Den noggrant placerade apostrofen på utrikiska upprättar en kärv förtrolighet med läsaren som sällan är frånvarande hos Grünbein och som finner sin replikpunkt i den skugga som beledsagar dessa dikters rastlösa själ: den även hos Baudelaire allestädes hotande Ledan.

Men debutbokens bistra grimaser och tvära vändningar ("kantiga, / hårda") låter sig inte reduceras till en malplacerad dandys sårade reaktioner på ideologiska eller geografiska omständigheter. Redan från början tycks Grünbeins dikter ha insett att melankoliskt färgad individualism och borgerlig excentricitet endast erbjöd fåfängliga överlevnadsstrategier i ett land för vilket det privata förblev i bästa fall ett skällsord, i sämsta ett skuldbevis. Systemet kunde bara överlistas genom att man höll masken. Därför är det snarare fotsoldaten som tjänar som modell för hans tidiga texter, den lydige destruktör som ler skevt åt befälen bakom deras rygg, men samtidigt är på det klara med att förställningens grymma charad erbjuder honom den enda tänkbara vägen ut – och som naturligtvis är beredd att desertera vid första bästa tillfälle som ges.

Något tillspetsat kunde man hävda, som Heiner Müller gjort i ett porträtt, att Grünbein tillhör en generation som "saknar fädernesland och modersmål". Född efter de stora utopiernas död känner sig denna åldersgrupp hemma endast i hjärnans grå terränger, och likt måsarna som cirklar över det sena 1900-talets soptippar talar den i många tungor. Främmande inlån, termer hämtade ur tekniska eller medicinska vokabulärer, utländska fraser och vändningar präglade av gatans hårdhänta elegans: den unge Grünbein skriver en mångstämmig *babelogue* för vilken den snabba associationen och det plötsliga infallet, den spefulla framstöten och det kvicka svaret på tal betyder mer än hur man för sig i den statsunderstödda lyrikens plenisalar. (För att inte tala om denna diskrediterade utopi: den borgerliga salongen.) Tanken att dikten därmed skulle förlora i precision eller finess är hans texter snabba att tillbakavisa. Omsorgsfulla men vågade, pinade och ändå stilfullt lapidariska är detta dikter skrivna av en satiriker in spe.

I sin andra bok, *Schädelbasislektion* från 1991, skärper Grünbein fokus. Han börjar nu att föra protokoll över den grå substansens hisnande djup, affekternas sköna förvirring och minnets egensinniga förskansningar. Förklaringen är enkel: ur tankarnas vindlande banor och erinringarnas lika besynnerliga krypin låter sig ett jag inte fördrivas så lätt. Hjärnan har blivit den bunker byggd av skallben i vilken diktaren kan söka skydd. Övergiven är den kantiga gångart som i debutboken blev följden av poetens vilja att skaka sig fri från både föregångare och övervakare. Istället erbjuder Grünbein väldisponerade redogörelser för upptäcktsfärder företagna av en nutidsarkeolog med lika stort intresse för signalsubstansernas kemiska processer som naturhistoriska företeelser och medicinska rebusar. Elegier, barndomsdioramor, transibiriska resebrev, traumatiska oden, omkväden och små kirurgiska annonser ... Registret är inte bara brett, utan också utarbetat, ibland nästan ciselerat i sin retoriska variationsrikedom. Här skriver någon som begagnar hela den sociobiologiska klaviaturen.

Gemensamt för texterna är det sardoniska intellektet och den sårbara vaksamheten. Det spelar ingen roll om det rör sig om meddelanden skrivna i randen av anatomiska planscher, postcoitala funderingar, nekrologer eller telegram skickade från en stad där en allt överskuggande mur just har fallit, oväntat men inte en dag för tidigt. Poesin tjänar sitt syfte så länge den aldrig så lite trasar illusionen om individens tacksamhetsskuld till makten. För övrigt gäller för denna diktning endast ett: att få oddsen klara för sig. Som här till exempel, i "Cerebralis", en dikt där en okänd hjärn-Vergilius beskriver skallens innanmäte för ett jag vars oskuld för många grå morgnar sedan övergått i en kyligare sorts häpnad:

"Tänk dig själv: ett café fullt med folk, alla
  Med skalltaket avlyft, hjärnan
    Blottlagd
      (Detta grå!) och däremellan
Inget som längre dämpar resonansen på
    Terrorn runtom.
      Gosse, den

> Sinustonen på 1000 Hz garanterat
> Nervdödande skulle få dig att
> Helt tappa huvudet ..."
>
> Underliga ögonblick då det med en gång
> (Var det vid skallröntgen?)
> Gick upp för dig vad det betydde
>
> Att i varenda storhjärna 15 miljarder
> Grå celler finns inhysta
> Under ett tak, flera folk alltså
>
> Samlade på en enda kopplingscentral;
> Och dygnet runt
> Hotar där holocaust.

I *Schädelbasislektion* möter läsaren också en av Grünbeins kärare skapelser, "den cartesiska hunden", en sorgsen och lite komplicerad varelse som uppgivet lystrar till tankens kemiska kommandon:

> Svansviftande för vart Nej som för honom bort
> Uttryck som loppor i pälsen, nosen i dyn
>
> Strykrädd med öronen bakåt på flykt undan nollorna
> Jagad från det mindre onda till det allra värsta
>
> Trött på de tomma himlarna, med blottad strupe
> Tyr han sig till den förste bäste som tänker honom

Här sammanförs hunden och hjärnan, tvånget och friheten, i en bild lika sjabbig som vemodig. Det förvånar inte att Grünbein ett par sidor senare i boken fortsätter denna meditation över det osäkra området mellan instinkt och betingad reflex i sviten "Porträtt av konstnären som ung gränshund". Tillägnad I. P. Pavlov och provdjuren på den ryska arméns medicinska avdelning erbjuder dikterna tolv stationer på diktjagets sicksackande livsväg som hund. Att tänka sig själv som fyrbent och pälsbeklätt djur framstår kanske som föga mer än sjösjuka på torra land. Än är det det ena, än det andra, och i bästa fall en lärdom dragen ur någon avskrädeshög – "en knota som måltid, orgasmer i gyttjan", den sortens ting. Men livet levs åtminstone i den oförvillade slump som trätt i "ledans och oförståelsens" ställe och för den ensamme protagonisten är det inte längre tal om att hysa falska förhoppningar om en ädlare gemenskap. Lyckan är att vara sin egen hund.

> I väst, heter det, går hunden framför sin herre.
> I öst följer han efter honom – på avstånd.
> Vad mig beträffar var jag min egen hund,
> Lika fjärran öst som väst, i dödens smala spalt.
> Bara där lyckades mig någon gång detta språng
> Ut ur halvdagern mellan hund och varg.

Det är med en god portion djuraktig charm som Grünbeins alfabetiserade djur strövar genom ingenmanslandet mellan politiska ordningar, uppmärksam på främmande dofter, medveten om verklighetens utomordentliga nyckfullhet, på jakt efter nya fynd i varseblivningens randområden. Visserligen rör det sig inte om ett liv av den skönare sorten, och delar av terrängen är sannolikt minerad, men *Dienst ist Dienst*.

Den eländiga men desto beständigare symbolen för denna hundpoetik är benknotan, en oansenlig klenod som ligger nedgrävd mellan raderna i många av hans dikter. Knotan signalerar en viktig poetisk föresats: att gnaga ideologiernas pråI och utanverk från sakförhållandenas stomme, avlägsna affekterna från betydelserna, skilja patos från etos. När allt kommer omkring överlever den bra mycket längre än aldrig så sköna ord. Programmet är sarkastens, denne förskärare som enligt den grekiska etymologin "skiljer köttet från benen" (*sarkazein*). Den mänskliga mjukvaran – huden, musklerna, slemhinnorna – har sin historia, sin kult och sin litteratur; för Grünbein gäller i gengäld "en diktning som skanderar benhuset", som kan sjunga pannbenets lov och "tillkännage skallen inifrån". Resultatet blir klarsynta rapporter från neurologiska regioner, lika misstänksamma mot överdrivet samförstånd och förtidiga lösningar, som måna om sin fruktan och oavhängighet. I dessa texter framträder ett själsliv som är på en gång humant och zoologiskt, och man bör inte förvånas om tonen är både sårad och fräck – lite mindre än en människas, ganska mycket mer än ett djurs. Gärna läser man dessa biomekaniska alster som den skygges hämnd för de många tillfällen han avkrävts sin själsnärvaro.

När Grünbein några år senare återvänder till bokmarknaden gör han det med två böcker: dels den digra samlingen *Falten und Fallen*, dels det betydligt smalare bandet *Den teuren Toten* (utkomna 1994). Båda volymerna visar prov på en berättande lyrik, egentligen mer angloamerikansk till form och dynamik än tysk. Där den förra rymmer breda episka betraktelser, ofta placerade inom historiska ramar, innehåller den senare 33 epitafier över triviala dödsfall, saxade ur boulevardpressen och ihopsamlade av en viss "Pseudonymus Nr 13", en anonym filolog från 1900-talets andra hälft som sägs ha efterlämnat ett tjockt konvolut på en vind i Dresden. Det rör sig om *carmina funebra*, små gravskrifter enligt antik förebild, som tillhandahåller kärnfulla "redogörelser för obetydliga människors undergång". Här krattar Frost och Brecht gångarna mellan bokens gravstenar, medan anonyma kolleger från Rom, Pompeji och Aquinium tycks vaka över blomsterarrangemangen. Till skillnad från den antika inskriftspoesin innehåller dessa vanitasnotiser emellertid varken livsvishet eller uttryck för någon tro på ett saligare bortom. Den som håller i pennan är en sarkastisk själ som med hjälp av en "hårdare grammatik" och "kallare ton" kvarhåller ett antal dödar sådana de kan inträffa i en värld efter det kalla kriget.

> Vem var du, man som förblödde vid ratten, innan
> Denna förskräckliga olycka inträffade? I tempo 200
> Förde din Mercedes dig ur kurvan. På hal väg
> Blev ett träd ditt öde, en stenig grav.
>
> Det krävdes skärbrännare för att befria dig.
> Plåtskadorna var stora, skräcken omätlig
> Då din kropp drogs fram, en efter en lemmarna
> Och allra sist ditt huvud med det häpna ansiktet.

Trots den ibland grälla grymheten andas också Grünbeins dödsbulletiner en smärta som nödtorftigt hålls i schack av deras stoiska attityd. Med vissa tidiga modernister har poeten möjligen kritiken av det borgerliga jaget gemensamt, men i hans dikter saknas anspråken på exklusivitet. För Grünbeins lyriska jag gäller det bara att gå fri från klickarna, dogmerna, grupperingarna. Skolbildningarnas arroganta attityder parerar han med självrannsakan och den kylige iakttagare som i några texter kan skicka hem rapporter från partnerskapets eller storstadsdjungelns frontlinjer är alltid också en nervös, i häpnad luttrad själ. Ofta låter sig en sentida soldatmoral anas i dessa texter, men först som sist gäller oföränderligt ett: *No heroics, please.*

På en anatomisk teater med så många oskrivna dramer som det mänskliga livet kan inget tas för givet, minst av allt om ett "jag" är inblandat. Det blir poetens uppgift – denne själskrönikör som hos Grünbein är såväl kirurg som provdjur, regissör som aktör – att kvarhålla ett antal scener och stämningsbilder från den stora biocirkusen. I hans dikter framträder en sådan "skeptisk, retad, beläst" *animus*, i färd med att registrera synintryck, men också beredd att öppna passgångar i historien, att spela upp variationer "på intet tema" och sent om natten föra "processer mot den okände, / analytiske guden". Tanken flackar mellan trauma och tabu, synapserna är kvicka och språket sällan en stavelse för långt. Liksom i tidigare böcker handlar det i *Falten und Fallen* om att sjunga förfrämligandets lov. Det banala korsas med det symboliska, anatomiska studier med abstrakta kalkeringar av själen, och ur den räcka kortslutningar som dikterna bildar slår kalla gnistor av skönhet. Detta är texter tillkomna i ljuset av den sene Wittgensteins häpnad: "Vilket sällsamt sammanträffande: alla människor vilkas skalle man öppnat har haft en hjärna."

Där Grünbein tidigare använde nyfikenheten för att tygla sin fruktan, mikroobservationen för att undgå konventionernas fadda anspråk på giltighet, framstår hans dikter nu som på en gång lugnare och mer obönhörliga. Lästa mot den senare poesins stålblanka bakgrund kan vissa av debutdikterna tyckas rentav svärmiska. Med kliniskt tålamod dissekeras vardagslivets patologier och själens irrgångar. Detta är till dikt omvandlad fysiologi. Ibland skimrar oförmedlade versslut lika gråvitt som benbrott frilagda på operationsbord. Men oftast tar Grünbein fler poäng på att låta skitigt stoff kontrastera mot välavvägd form. Kvar finns förstås "hungern efter desillusion", detta lika omöjliga som nödvändiga försök att syna den egna hjärnan i korten, men dikternas distanserade blick och manieristiska skärpa ger upphov till scenerier av ofta märkvärdig, ibland nästan fridsam prakt. Här kan innehållet glimra likt finlemmade insekter bevarade i genomskinlig bärnsten. Möjligen rör det sig om en sarkastiskt fotad, postbarock diktning, där Grünbeins enda förblivande övertygelse – den envisa tron på en obetingad poesi – grinar med samma dystra elegans som ögonhålorna på ett stilleben av Holbein. Åtminstone tycks bekännelsen till dikten vara det enda sättet han känner att trotsa tidens tand och bevara det smala hoppet om en tankens rörelsefrihet.

Det har alltmer blivit tiden och dess tyranni som Grünbeins poesi riktar udden mot. "När dagarna / En gång är räknade blir livet ett intervall", kan det heta i en dikt. Chronos, den store kalkylatorn, är den svindlare med vilken dessa texter försöker göra upp räkningen. För detta syfte står dem egentligen endast två medel till buds: minnet och begäret – eller med andra ord: de i grå celler internerade erfarenheterna och den köttsliga driften som bara i sällsynta fall lämnats ostörd av medvetandet. Därav kommer sig dikternas slipade formuleringar och påpassliga vändningar, ty den kortaste vägen från minne till begär går över ordet. Därav kommer sig också det drag av besvärjelse som kännetecknar Grünbeins poesi. Här kan ett minnesmärke upprättas över en fot, ett rekviem sjungas för en grottmänniska. I sann sarkastisk anda har denna poesi sett, tänkt, upplevt alltför mycket för att stå stadigt på sina fyra ben. De få ögonblicken av oförvillad lycka som ännu förekommer skimrar gärna som stjärnor på en tjärsvart himmel. Man fruktar att människan, denna biologiska förpackning med så mycket mjukt innehåll, är ett av tidens lättare byten.

Inte underligt att Grünbeins poesi tenderar till epitafiet, det kantstötta monumentet, de endast i brottstycken läsbara runorna – vad tyskan med sitt goda öra för prepositioner kallar *Nachrufe*. Få förbindardord är lika viktiga som detta *nach* för hans syn på livet sådant det levs i dikten. Det signalerar ett "efter" såväl i tiden som i rummet, en belägenhet som är på en gång fasa och förutsättning, inspiration och förbannelse, och som därför – sorger och bedrövelser till trots – kan förklara det nyktra men ostillade behovet av att skaka sig fri från hinder och hämskor. Skulle skräcken någon gång bli för stor återstår bara att göra som barnet i en av Grünbeins texter: på sin ensamma vandring genom skogen börjar det att vissla.

I utrymmet mellan himmelsk avgrund och jordisk kloak finner Grünbeins lyriska jag stödpunkter endast i övergående. Det kan handla om ett barndomsminne som blossar upp likt rodnaden på kinder, ett möte med någon namnlös gestalt på ett naturhistoriskt museum, plötsligt och förvillande som ett hinsides telefonsamtal, eller den korta stunden av ensamhet när den trånga blåsan för en från bord och sällskap till den inkaklade genusfållan en trappa ned:

> Ingenting gör en så ensam som könet.
> Lyssnande, inlåst i bås, till
> Den stygiska spolningen, inälvsljuden,
> Solo med äcklet och lusten,
> Sitter kroppen som klistrad vid kaklet och drömmer.

Gemensamt för dessa tablåer är deras strävan att under ett aldrig så kort ögonblick andas fritt. Avgiften som måste betalas för detta privilegium är insikten om att vara mer främmande i den egna kroppen än vad som vore bekvämt att erkänna. Den smala flyktvägen mellan affekt och desillusion som antyds är den hårda "skallbaslektion" som Grünbeins dikter erbjuder sitt tappra men irrande medvetande.

Också i den tidigare poesin finner man skildringar av DDR-topoi som om det rörde sig om romerska provinser, men i Grünbeins senare arbeten går färgskalan gärna i technicolor och tidsbestämmelserna tycks mångdimensionella. Av de sarkastiska punktinsatserna har blivit välvävda, nästan episka satirer av antik modell. Som brukligt i sällskapet med poeter för vilka bläcket förblir tjockare än blodet är det vanskligt att visa på släktskap, aningen enfaldigt att söka leda arv i bevis. Med letandet efter litterära fäder eller mödrar, misstänkt lika skelett undangömda i garderober, har Grünbeins diktning föga tålamod. Däremot går det, om man vill, att finna texter mot vilka författarskapets konturer framträder i tydligare relief. Här handlar det inte om att påvisa influenser utan om att ange frändskaper – likheter inte i ämnesval eller metriska lösningar, utan i kynne och temperament.

En sådan fond vore i Grünbeins fall Juvenalis, den svårflirtade romaren som under första århundradet målade satiriska fresker över sin samtids laster och gemenheter. Utelämnad åt patronernas nycker valde denne medelålders rannsakare mellan resignation och rännsten. "Finns det inga trottoarer eller broar, ingen del av tiggarens matta / Från vilken du kan yrka din lott? / Är din hunger verkligen / Så oerhörd? Är middagen värd varje skymf / Med vilken du betalar den? Vore din självaktning / Inte bättre betjänt om du höll ut där du är, / Kall och frusen, med en hunds kost av möjligt bröd?"

Et tremere et sordes farris mordere canini ... Även i Grünbeins texter uppträder epigrammatisk skärpa jämte episka linjer, sarkastisk uppfordran mot historisk kuliss. Den fräcka tonen, den härdade rättframheten gentemot det egna jagets faiblesser, den sårade iakttagelseförmågan och de alltid lika oförmodade ögonblicken av kylig eufori ... Möjligen skriver Grünbein *efter* satirerna. Säkert är bara att de varelser som befolkar hans dikter verkar i en tid när det blivit sent i kulturen. Kanske är deras enda tröst att de tack vare hungern efter desillusion förmår skildra sin belägenhet klarare än andra:

> Trodde du det var rent
> Detta liv, inget knytnävsslag på fastande mage
> Och aldrig en lögn för de kära och alla mord
> Klaras upp, någon gång, och inget offer blir stumt?
> Vad trodde du när det satte igång
> På den vita kliniken och luften därefter
> Dånande tog om dig och gräset vid handled och fotknöl?

När "den sanningssökande hunden", detta "visserligen något kalla, tillbakadragna, ängsliga och pedantiska, men på det hela taget ändå normala" djur, mot slutet av Kafkas ofullbordade berättelse drar sig undan sina släktingar, bosätter sig i vildmarken och skärskådar sig själv, sker det inte för att slicka såren, utan för att komma underfund med vad det innebär att vara hund. Länge sysselsätter han sig med "hopplösa" men för honom själv "oumbärliga små undersökningar", och finner efter inte så lite självrannsakan att det trots allt finns ett "gränsområde" mellan tankens och känslans domäner. Det rör sig om en gråzon som är hem åt "hundarnas musik", det vill säga den sång som trots sina tillkortakommanden lyckas nedkalla föda från skyn. Också om kosten skulle råka bli "möjligt bröd" av det slag som förekommer hos Juvenalis kan hunden trösta sig med att hans ansträngningar inte varit förgäves. Det är svårt att inte betrakta Grünbeins skrikande småting, visslande barn, sardoniskt leende dandys och sammanbitna soldater som sentida ättlingar till Kafkas luggslitna hjälte. Med musisk instinkt söker de en framkomlig väg mellan rädsla och öde, skräck och dödlighet. Inte för den inre fridens skull, nej, *det* skrattet besparar de oss, men för behovet av att stå på egna ben – också om man råkar gå på alla fyra.

Denna jämmerliga frihet, *mon frère*: "Visserligen är den", som Kafka skriver, "sådan den idag är möjlig, en ömklig planta. Men ändå frihet, ändå en tillgång."

Kl!ng

Neuss fem i tolv. Regn i luften. På stationen grälar två lodisar om vem som är skuld till att de sista cigaretterna ligger på marken, brutna eller söndersmulade. Jag går mot utgången. U. väntar i bilen utanför. Under färden till raketstationen Hombroich samtalar vi om det senaste halvåret, sedan diagnosen ställdes. *"Nur noch ein Wunder kann helfen ..."* Våta fält, diken, halvmeterhögt gräs. Det är strax före lunch, i mitten av mars.
Efter en kvart dyker den före detta amerikanska militärbasen upp. De tillbyggda paviljongerna glänser av fukt. Vi rullar in på området som sedan mitten av 90-talet är en konstnärskoloni. Bakom några kala fruktträd syns den barrack som en gång tjänade som kommandocentral. Numera är den hem och ateljé. Nyplanterade blomlökar i mörka rabatter. Gruset knastrar under våra skosulor. I köket sitter U.:s mor. Jag hör Thomas hosta i ett angränsande rum.

Extasinstrumentet språk. Sedan Thomas Kling inledde sitt arbete som "tunghjälpare" för snart trettio år sedan har den tyska poesin knappast varit sig lik. Som ingen annan i sin generation höjde han beredskapen för vad dikt kan vara. Kling var mannen bakom "språkinstallationen", en uttrycksform som fordrade av rösten vad den alltid borde vara: den snabbaste vägen mellan människor. En kortdefinition kunde lyda: evokation + konstruktion. Begreppet gjorde sin debut på en flyer i Vasa i Finland 1986. "Språkinstallationen", skriver Kling ett decennium senare, var "på en och samma gång trespråkig – svenska och finska tillkom."

Uppläsningarna blev snabbt berömda, beryktade, efterapade. Debutboken *Erprobung herzstärkender Mittel* från 1986 visar hur slang och dialekter, förbrytarjargong och rotvälska kan aktivera dikten. Ändå rör det sig om texter som stammar lika mycket ur det lästa som ur det hörda. Med hjälp av antika verser, vändningar och stiltrick hämtade ur barocken, Grimms ordböcker och botaniska och andra lexika, repliker saxade ur låglitterära följetonger, tidningsnotiser från 1910-talet, slogans, jinglar och denaturerad prosa konstruerade Kling sitt eget Babel. Den muntliga tonen var ett originals, men de retoriska åtbörderna lika uttänkta som mångbottnade. Inget överlämnades åt slumpen, även om uppträdandet tycktes spontant och intuitivt. En blänkare som återges i faksimil i *brennstabm* från 1991 formulerar metoden: "Gehörlose selbstbewußte Gebärdensprache."

Till den självmedvetna presentationen på scen hörde att omgående ge svar på tal om en animerad åhörare lade sig i. Poesin var också en fråga om möte. ("Jag ställer alltid upp på ett utbyte – med en trashig antifon, så att säga.") När Kling uppträdde inför publik återknöt han till diktens ursprung i en förskriftlig kultur som inte saknade schamanistiska drag. Poesin blev ett hjärtstärkande medel, stegringen program. Texterna var grafisk sång och varseblivningsaggregat, mixade av en orfisk DJ som ständigt sökte skärpa det enda "extasinstrument" han ville kännas vid: språket. Första raderna i *geschmacksverstärker* (1989) anger tonen:

> nattperformance, leverskador,
> gällt test
> HÄR KAN NI
> BESIKTA ANITA BERBER/VALESKA GERT
> MINA HERRAR . . MEN DET KAN GÅ SNETT
> stämmer outfiten? det här är din föreställning!
> ("ratinger hof, zettbeh [3]")

Senare i samma dikt förekommer tre ord som får en annan klang tjugo år senare: "Yves-Klein-blått", "OP-blånad", "fantomsmärtor" ...

Vilande pistolero. Thomas ligger på bädden i arbetsrummet. På väggen har en teckning nålats upp, i bokhyllan står den svenska utgåvan av *Det första världskriget* med framsidan utåt, så att blicken osökt vandrar till det röda korset mot vit botten. Thomas har skjutit upp glasögonen i pannan, på magen ligger några pappersark. Han har morgonrock på sig och ser ut som han gjort så länge vi känt varandra. Det vill säga: som jag föreställer mig Billy the Kid som vuxen. Hälsar livligt, hostar plötsligt.

Jag har med mig en present: en stjärnatlas från 20-talet, utgiven av Francke'sche Buchhandlung, som visar konstellationerna på södra himlavalvet. Bilderna ser ut som radarskärmar eller möjligen röntgade lungor. En linjal i genomskinlig plast gör det möjligt att mäta avstånden mellan stjärnorna. Vi talar om Benns *"Südwort"*. Jag skojar och lovar att ta med mig resten av himlen nästa gång vi ses.

Trumslagarpojke. Född i Stefan Georges hemstad Bingen 1957 och uppvuxen på Düsseldorfs gator gav Kling ut ett dussin diktsamlingar. Men även om han med tiden kom att bli förslagen ut i tungspetsen hade han mindre gemensamt med skönsångare som Dietrich Fischer Dieskau än med David Bennent, alias trumslagaren Oskar Matzerath. Över Kling vilade samma aura av trotsig förvåning som hos hjälten i Schlöndorffs filmatisering av *Blecktrumman*. Det var pojkens häpnad när han reste sig upp från marken, borstade smutsen av knäna och insåg att han befann sig i en värld där krig och vuxenhet inte gick att skilja åt. Liksom den kortvuxne Oskar slog Kling endast ur underläge. Hans dikter var trotsreaktioner som med listigheten hos ett *enfant terrible* förstod att bokstäverna var till för att krossas. Sedan debuten upphörde han inte att slå på trumman för den enda sortens dikt värd sitt namn: den som ruckar på världen, om än aldrig så lite. Hos Kling fick lyriken alltid sista ordet.

Alchimie du verbe. Thomas är i förvånansvärt god form. Med hes röst men spefull min berättar han om de hastiga temperaturväxlingarna i kroppen, om läkarundersökningarna och den beklämmande kemoterapin, om uppdragen och uppläsningarna som han tvingats ställa in. Plötsligt står U. i dörren. Hon har hört honom hosta och påminner om att han bara får sitta uppe under kortare stunder. U. ser på mig när hon säger det. Thomas lägger en kofta om axlarna som liknar en polarpäls. Det konstgjorda stoffet erinrar om liggunderlagen på sjukhus. "Ja, ja", grinar han rävaktigt och nickar. Börjar bli varm i kläderna.

När U. gått igen frågar Thomas ut mig om Ekelöf. Under de senaste dagarna har han åter läst i den utgåva som utkommit i sju band på Kleinheinrich Verlag i Münster. Särskilt en dikt har han fäst sig vid. Han hämtar volymerna, bläddrar fram och tillbaka, ropar till slut på U. efter hjälp. Rösten spricker. "Men du lade den ju här", säger U. när hon räcker honom bandet som legat på fönsterkarmen. Thomas hittar texten. Det är "Alkemisten" ur *Non serviam*. Vi diskuterar dikt, bok, verk. Thomas är inte nöjd med den tyska översättningen, som han tycker gör Ekelöf alltför harmlös. Efter ett par besök i Sverige och en längre tids vistelse i Finland på 1980-talet menar han sig förstå svenska i skrift ganska väl. ("hu' va' / de' nu", heter det i en dikt i *brennstabm*: "jo: HÖSTEN ÄR FIN I SKÄRGÅRDEN.") Om han skulle översätta dikten själv?

Thomas funderar. Han vill veta mer om Ekelöfs förhållande till Rimbaud – denne "modernitetens genomglödgade ärkepunkare", som jag senare ska upptäcka att han kallat honom i en recension av Kleinheinrich-utgåvan. Jag berättar om den roll som Lucifergestalten spelar i *Non serviam* och för den delen i Ekelöfs essä om Rimbaud från 1935. Vi spekulerar över huruvida förkortningen *"ecr. l'inf."* (*"écrasez l'infâmie"*, Voltaires slagdänga i kampen mot den förtryckande ortodoxin i det förrevolutionära Frankrike) inte också kunde tolkas som *"écrire l'infini"* eller *"l'infinitif"* – som om skrif-

ten vore ett försök, ständigt återupprepat, att komma tillrätta med renlärighetens nedrigheter. Vi talar om kattguld och träck, om fallet som figur och som tillstånd, om de dödas och de levandes kommers, om alkemistens drömmar, utanförskapet och *corpus hermeticum* ...
Thomas får upp ången. Vid flera tillfällen utbrister han "*Geil, geil!*" Varje gång sticker han ut tungan och spelar med den – djuriskt, sexuellt. (Betyder: uppkåtad av språk.) Och varje gång överväldigas han av en hostattack.

Språkets röntgen. Efter de första böckernas hetsiga tillstånd och spretiga gestik, förtätade skriftbilder och ortografiska egenheter blir klippen mindre abrupta i Klings poesi, tonen lugnar sig. I *nacht. sicht. gerät.* från 1993 öppnar sig "språkrummen" mot det förflutnas dröjande inverkan på nuet och förskjutningar mellan yta och bakgrund. Den teknik som används liknas vid en "språkets röntgen", där skikt lagras eller avtäcks, dubbelexponeringar kalibrerar utsagorna och stora avstånd i tid och rum packas mellan raderna, ibland rentav i enskilda stavelser.

drift

snittsår avsked klipp.
och stelt stirrande på test-, på
textbildn. bildtestet har däremot falli'
borrt. så äger tungavstånd rum.
kvidande marsmornar; ner-
brunna diarier, förflugna bönbökker.
gårrupp i rök, i skumm. ra-
der som skjuter in, tvingar sig framför,
typ "utdrivna änglademoner": RENA
VARDAGSRUMSVOODOON, ensam i bild,
i bildrutan; alla d'ensamma bild-

rutorna!
kontinenter på tungavstånn. vi
drriver isär. så.

Språämnen. För att intyga om uthålligheten hos den röstförsvurna dikt som blev Klings kännemärke utgav han för några år sedan en redogörelse från resor inåt alfabetets sällsyntare regioner. *Botenstoffe* pryds av en fotolins i vars fokus ord som "instantpulver", "verklighetsmixer" och "precisionsinstrument" svävar på olika avstånd från ögat. Men linsen liknar också locket till en container av det slag i vilken stoff med hög halveringstid brukar förvaras. Bilden suggererar en författare som vill vara både stjärntydare och verklighetspatolog, poesipusher, språkarkeolog och gruvarbetare. Bland Klings alter egon finns inte bara himlastormare som Orfeus, Hermes och Oskar, utan även Pandora. Den som slår upp hans essäsamling måste räkna med att såväl begeistras som bestrålas. Det är möjligt att den välsignelse som Kling ställde i utsikt låter sig betvivlas, men en sak stod klar: *Botenstoffe* ville inte vara ett kärl som man öppnade och slöt som samma läsare.

"**Stegreif-Künstler**". Som essäist talade Kling alltid också i egen sak. Böcker som *Itinerar* (1997), *Botenstoffe* eller den senaste, *Auswertungen der Flugdaten* (2005), som innehåller flera uppsatser vid sidan om dikter, rymmer inte många rader som ägnas ämnen av annan proveniens än hans egen poesis. Ett annat sätt att uttrycka denna ensidighet på vore att beteckna Klings kritiska texter som insidertips. Här skriver inte bara en vän och kollega, utan en medbrottsling och vapendragare. Hans kumpaner var vad han kallade för "*Stegreif-Künstler*" – "*Stegreif*, det gamla ordet för stigbygel; konstnärer som kan lägga loss direkt efter att ha suttit av eller utan att behöva använda stigbygeln för att häva sig upp". Till dessa valfrändskaper – "slagfärdigt reagerande föredragare i språk, musik, sång" – räknade han Catullus och Dante, Abraham a Sancta Clara och barockpoeten Johann Michael Moscherosch, tidiga modernister som Baudelaire, Krauss, Ball och Benn, men även sentida ättlingar som Konrad Bayer, Friederike Mayröcker och H. C. Artmann, samtliga slipade tungartister vars texter sökte "förmedla den orala, retoriska komponentsatsen i det skriftliga".

Orfeus i underjorden. Vid ett tillfälle under vårt samtal får Thomas en så häftig hostattack att han tvingas lägga ifrån sig Ekelöf-bandet. Efteråt tittar han misstroget i näsduken. Så viker han ihop och stoppar den i rockfickan. "Rena rovdriften."

Språkens tjuvgods. Hos Kling är avståndet mellan himmel och gruva sällan längre än en diktrad, vilket betyder att poesin förblir en horisontell angelägenhet. Liksom urfadern Orfeus närmar han sig "språken såsom en älskande", utan att rangordna dem sinsemellan – med andra ord vågrätt, som den yta över vilken sångarens lemmar skulle spridas. Sällan hör man hans dikter tala med den andäktiga stämma som endast kommunicerar vertikalt – i den höga ton "som ju bara kan anmodas den mänskliga hjärnan i homeopatiska doser". (Liten kritik av vissa generationskolleger.) Som agent för fristaten Babel blandade Kling tvärtom girigt språk, stilar och tonlägen. Han talade sig varm för en "öppen hermetik", där poeten förvaltade "språkens tjuvgods". Till denna poetik hörde gatans kvickfotade slang och de kriminellas vokabulär, men också fack- och särspråk – ett "virrvarr av dialekter och *argots* som översköljs av utroparfraser och -sånger (reklamjinglar) som *sitter*". Endast så kunde det egna och främmande träda "i kreativ konkurrens" och bilda "ord rika på åtbörder, som bevisar sig teatraliskt – helt stämma, helt bildrikt förkroppsligat språk". Dikten var ett dagbrott. Dess sätt att framträda: intensivt.

Ripost. Som "sagolik teaterapa" insåg Kling att man inte skojade ostraffat med makten och medierna. För att poesin skulle klara sig måste den slå hårt och precist. Kort sagt: bara om utsagorna var dräpande kunde man som tungartist räkna med att dikten skulle överleva. Ännu kortare sagt: Kling lät inte precis handen vila på colten. Aningen lättretad och med mer än en smula hävdelsebegär visste han att det gällde att dra snabbast. Och att ammunitionen för den borne poeten bara kunde bestå av "det goda, polemiska yttrandet, den drastiska frasen, den varnande-träffsäkra satsen som utöver det gärna bredskuldrade innehållet måste ha sin perfekta sits i tajmingen för att fungera som utsaga". Ty endast den goda riposten lät sig "inte kontras (av motståndaren, som *kan* vara publiken)".

Kling och klang. Det säger sig självt att en sådan inställning till det poetiska uppdraget hade något av *Männersache* över sig. Poesin var en duell. Kling pläderade för fräckhet. Hans dikter ville vara styva. "Tungan, detta torra kött, blir allt smidigare, allt kåtare: det är poeten som stylit." I ett samtal med en förläggarvän återvänder Kling till den figur som här föresvävar honom. Han förklarar att dikten är något som "spänner mellan två hörakter": den skrivandes och den läsandes. I sista hand var poesin inget annat än ett "rus-i-örat". I såväl dikter som essäer undersökte han denna "hörhallucination" – det vill säga: "hur världen angriper, hur världen såsom något icke-gestaltat stöter mot den skrivandes öra och tränger in, helt säkert i ett aggressivt angrepp", för att därefter – översatt och förvandlat till diktat språk – upprepas i läsarens uppprymda öra. I denna penetration av det ständigt öppna, ständigt receptiva hörselorganet lät sig "den sexuella aspekten" knappast tänkas bort. Tvärtom var dess dubbelhet "mycket viktig": "Att mena språket och menas av det."

Jag undrar om det alfabetiska emblemet för denna figur inte kunde vara bokstaven *I*. Vi börjar tala om detta tecken som står för sig självt, ståndaktigt och allena, och som redan Platon tillskrev en inträngande karaktär. Som inget annat skrivtecken finner det listigt sin väg in i och genom allting. Thomas lyssnar, men säger inget. Jag erinrar om titeln på hans första essäbok, *Itinerar*, som beskriver detta förhållande, och påpekar att *Fernhandel* från 1999 faktiskt kallar poeten för en "*Klinger, Singer*". Säger det sig inte självt att en sådan figur efter att ha angripits av världen själv upprepar aggressionen? Och att poesin alltid också handlar om den sortens upprepningstvång som kallas tradition? Fortfarande svarar Thomas inte. Men han grinar tvetydigt. Och i *Botenstoffe* kommer repliken: "Mer falliskt än så kan det inte bli."

Frenesi. "Ruset-i-örat" är den *high* som språkinstallationen eftersträvar. I sin sista bok utvärderar Kling dess flygdata. Nu visar sig stegringen äga en annan sida. ("Man kan", som Hölderlin menade, "även falla i höjden.") Det "Yves-Klein-blå" som tidigare frambesvärjdes är inte längre himlens och det absolutas färg allena. Mot den upphetsade, stundom aggressiva tonen står det frenetiska jag-vill-inte-tro-det:

solen strålar arnika, tros det: frantic,
rikligt av allt. i den blå kransen,
hjärtkransen, rasar protuberanserna.

skrafferingar tillkomna i det blå –
yves-klein-pigment? än sen.
när diagnosen väl gjorts t'en början – frantic.
           ("Arnikablånad")

Så inhalerar oss poeten. Efter lunch orkar Thomas inte mer. Det har blivit dags för mig att gå. Thomas betraktar mig medan jag tar på mig ytterkläderna. Strax innan vi tar farväl pekar han på min blårandiga halsduk. "Snygg sjal ..." hostar han. Jag undrar honom om han vill ha den. Han nickar tyst, knyter den kring halsen.

En månad senare skickar U. tillbaka halsduken med hälsningen att Thomas "bar den några gånger i sängen. Han var mycket fäst vid den". I samma försändelse bifogar hon hans nytolkning av Ekelöfs "Alkemisten". Två ord, en rad fångar min uppmärksamhet:

Blauer atem bläst den balg über blutigen rinderstall

Staven. På omslaget till *Auswertung der Flugdaten* står Thomas på en pelare. Ena handen breder han ut i en inbjudande gest, den andra lyfter han som om han just ska slå an taktpinnen. När vi tog avsked berättade han att fotot tagits i Sydtyrolen, inte långt från den pizzeria där vi blev vänner för så många dikter sedan. Ett par veckor senare är han död, 48 år gammal, i sviterna av den sjukdom som angrep honom där han som "tunghjälpare" var som mest utsatt: lungorna.

Jag betraktar fotot. Det är omöjligt att inte tänka på *Itinerar*, där Thomas påpekar att det enda poeten behöver till sin hjälp är tjyvguden Hermes "stav (bokstav? brännstav?)". Med den stakade han ut sin väg genom världen, med den lodade han språkens avgrunder, med den pangades mer än en dora. För Thomas var staven på en gång tyglad blixt och ekolod, skrivdon, kön och tunga. Men först som sist var den nog utropstecken. Jag minns honom i alla fall gärna så: som den tyska poesins uttryckligaste förbindelse mellan urberg och klang, gruvgång och eter. Ty sådan var han, den oförlikneliga Thomas Kl!ng.

Min orkidéhiskliga manlighet

Om man skulle be ett antal slumpmässigt utvalda personer att nämna en oanständig bok är chansen stor att de flesta skulle säga *Lolita*. Det har skrivits mycket och sagts ännu mer om Vladimir Nabokovs roman sedan den utkom på Olympia Press i två ärggröna band tryckta på dåligt papper och förvanskade av tryckfel i september 1955. Till en början köptes de av semestrande utlänningar, de flesta från andra sidan kanalen, som visste var på kajerna vid Seine man hittade förlagets volymer. De famösa böckerna, som skulle skänka ensamma resenärer lite sällskap på färden, hade vanligen titlar som *White Thighs* eller *Tender Was My Flesh*. Men även renommerad erotica förekom, som exempelvis Henry Millers *Sexus* och engelska översättningar av de flesta av markis de Sades skrifter. Därtill utgav enmansförlaget på rue de Nesle modernistiska klenoder av namn som Bataille, Beckett och Burroughs, Apollinaire, Genet och Queneau, vilket lär ha varit en bidragande orsak till att Nabokov gick med på att sälja rättigheterna.

"Jag upplevde det som min uppenbara och omedelbara plikt att publicera boken", framhöll förläggaren Maurice Girodias senare. Försäljningsframgångarna var dock beskedliga och uppmärksamheten i pressen obefintlig. Sannolikt skulle romanen ha förblivit en sak för "kännare" med fuktiga handflator och ostadig blick. Girodias tycks åtminstone ha ställt in sig på att förlora pengar, övertygad om att romanen var alltför elegant och indirekt för att tilltala läsare ute efter en mer mekanisk hänförelse. Om det inte vore för Graham Greene, vill säga. När tidningarna tryckte sina julklappstips samma år rekommenderade han boken som en av 1955 års tre bästa i *Sunday Times*. (De båda övriga var av annan kaliber – närmare bestämt en parabellum och ett muskedunder: den ena boken handlade om James Boswell, den andra om Frankrike.) Tipset fick den konservative chefredaktören på en konkurrerande tidning att se rött. Romanen var "ren ohämmad pornografi" och "förmodligen den snuskigaste bok" han "någonsin läst". Bekymrad skrev Nabokov till Greene: "Det sorgliga är att om jag gjort Lolita till pojke, ko eller cykel, skulle filistéerna aldrig ha reagerat. Å andra sidan meddelar Olympia Press att amatörer (amatörer!) är besvikna över vilken tam vändning berättelsen tar i andra delen och inte köper den." (Filistéer var enligt Nabokovs sätt att se det "fabrikstillverkade själar i plastpåsar".) För sedlighetsivrare som John Gordon på *Sunday Express* var *Lolita* rena snusket, för köparna av Girodias volymer inte snuskig nog. Något, kunde man mena, måste författaren ha gjort rätt.

Snart skulle det visa sig vad. Även om Nabokov oroade sig över att förvaltningen på det universitet där han arbetade skulle vidta åtgärder mot en professor som visserligen var populär bland studenterna, men som faktiskt inte hade någon högre akademisk examen och nu anklagades för ett ohälsosamt intresse för unga flickor, kunde inget bättre hända hans roman. Greene gick i clinch med Gordon, *New York Times Book Review* skrev om den senaste litterära fejden och efter några veckor stod det klart: *Lolita* var en *cause célèbre*. Girodias fick tillfälle att trycka en rad nya upplagor – exakt hur många har aldrig fastställts, men åtminstone tre olika utgåvor förekom – och kunde senare i livet bekänna: "*Lolita* gjorde mig plötsligt rik." Pengarna investerades i en teater och en restaurang, två nattklubbar och tre barer – varav en kallades Chez Vodka. Fem år senare var han bankrutt.

Snart hörde utländska förlag av sig och trots censuren som rådde på många håll såldes boken till flera länder, däribland Sverige. Efter en uppslitande korrespondens lyckades Nabokov få tillbaka de engelskspråkiga rättigheterna och i augusti 1958 kunde Putnam ge ut boken i USA. Succén var omedelbar. Boken blev snabbt etta på bästsäljarlistan och förlorade tätplatsen först efter ett halvår till *Doktor Zjivago*, en sovjetisk skrift som upphovsmannen till *Lolita* avfärdade som en "ledsam sak, klumpig och melodramatisk". I vissa emigrantkretsar kallades de båda ryssarna för "helgonet" respektive "pornografen", och det är inte svårt att föreställa sig förvåningen hemma hos den senare när en viss akademi tillkännagav att världens mest kända litteraturpris 1958 skulle gå till den förre. Några månader senare tog Nabokov först tjänstledigt och därefter avsked från Cornell University. Romanens framgångar hade gjort det möjligt för honom att lämna läraryrket och flytta tillbaka till Europa. Hans lakoniska kommentar till succén: "Det borde ha skett för trettio år sedan." Våren 1959 packade familjen väskorna i Ithaca, New York. I september samma år seglade man över Atlanten och från hösten 1961 och framåt tillbringade paret Nabokov sina dagar på ett bedagat lyxhotell, befolkat av blåhåriga damer, vid vattnet i Montreux – bland mycket annat med att glädja sig åt den turbulens som "orkanen Lolita" förorsakade i den litterära världen.

Boris Pasternaks själfulle läkare må ha rört mångas hjärtan, men det blev *Lolita* som höjde läsarnas puls och skrev historia. Även om böcker som *Madame Bovary*, *Lady Chatterleys älskare* eller *Odysseus* råkade i klammeri med rättvisan på grund av en alltför stor frispråkighet i frågor rörande kärlekens och körtlarnas samröre, lär Nabokovs roman vara den enda i litteraturens historia vars titel intakt tagit steget från namn till begrepp. (Sofokles dramer om Oidipus och Elektra lyckades visserligen med konststycket att bli begrepp. Men det skedde med en försening på ett par tusen år och assistans av vad Nabokov brukade avspisa som "delegationen från Wien".) Sedan "Lolita" blev beteckningen på en flicka i tidiga puberteten har termen använts för det mesta från peruanska fjärilar till japanska subkulturer. Vanligen används ordet dock i samband med en viss beklämmande sexuell orientering. "Lolita" är lika med den fatala lockelse som utövas av försigkomna flickor med tandställning och vita sockor. "Lolita" är lika med medelålders män med tärda ansiktsdrag och ruttna själar. "Lolita" är lika med det inte problemfria umgänget mellan gammal och ny värld, mellan höga anspråk och låga instinkter, mellan klassrum och bordell. Kort sagt: det är snarare "Lolita" än Lolita som gjort att *Lolita* stämplats som en *DB* – Girodias beteckning på en *dirty book*.

Nabokovs egen term på detta till kliché förfallna fenomen var "nymfett", vilket antyder att den medicinskt intresserade inte bör söka efter symptom hos offret utan hos förövaren. Enligt Humbert Humbert står begreppet för ett demoniskt flickebarn mellan nio och fjorton år som förtrollar enstaka resenärer som är "ett par eller många gånger äldre än de". Själv var Nabokov noga med att understryka att berättaren var en vedervärdig typ och att föremålet för hans tvivelaktiga begär var oskyldigt – *"un monstre"* och *"un pauvre enfant"*, som han kallade dem i en roande intervju med Bernard Pivot på fransk TV, där han läser innantill från kartotekskort och det istället för te finns whisky i den flitigt anlitade kannan. Dessutom satte han en ära i att inte ha använt ett enda anstötligt ord i sin text.

Det senare är en sanning med viss modifikation. Som läsare behöver man bara spetsa öronen en smula för det som sägs mellan raderna eller kombinera lite djärvare än vanligt. Ta till exempel en av de "snuskiga saker" som Lolita berättar att Quilty ville tvinga henne göra med "äckliga killar". Enligt Humbert skulle det bli *souffler* om man översatte ordet bokstavligt till franska. Den engelsktalande läsare som behövde slå upp det i sin parlör förstod nog snabbt vad det handlade om. På detta sätt försökte Nabokov smuggla in osedligt kontraband under fransk täckmantel – en metod som knappast var främmande för de böcker som Girodias vanligen kursade. (Då dennes yngre bror, Eric Kahane, översatte *Lolita* på uppdrag av Gallimard skapade passagen förutsägbara problem. Hur översätta ett slanguttryck som sägs vara den franska versionen av ett amerikanskt uttryck? De uppenbara alternativen var alla grova och ohumbertska. Kahane hittade till slut på en formulering – *auspumpen* – som sägs användas i Schweiz, ett av Humberts många hemländer. Nabokov blev nöjd. Som så mycket annat i berättarens tvivelaktiga tillvaro måste ordet gömma sin smutsiga innebörd bakom en fasad av oantastlighet.)

När den amerikanska tidskriften *Anchor Review* planerade ett specialnummer om fallet *Lolita* på sommaren 1957 bad man författaren om ett bidrag. Essän han skrev skulle så småningom användas som efterord till så gott som samtliga nya utgåvor. I obscen litteratur, framhåller han där, paras oanständighet alltid "med banalitet eftersom varje slag av estetisk förnöjelse helt måste ersättas av en enkel sexuell retning som fordrar det traditionella ordet för direkt bruk på patienten". I den pornografiska litteraturen får sådant som "stil, struktur och bildspråk" aldrig "avleda läsaren från hans ljumma lust". Tvärtom begränsas handlingen till en "klyschornas kopulation". Med seriös litteratur, får man anta, avsåg Nabokov ett annat umgänge bokstäver emellan.

Vilket förstås inte är svårt att säga för den som tagit del av hans vite änklings lika slippriga som eleganta, lika eländiga som stilfulla bekännelser. Dolores Haze är nymfett, Humbert Humbert är pedofil (eller lider av "pederos", som han själv föredrar att kalla åkomman) och *Lolita* ... *Lolita* är mycket, men knappast en text där stil, struktur och bildspråk inte betyder något. Det har påpekats – och förmodligen är det riktigt – att författaren hade tur med utgivningen av sin "tidsinställda bomb". Ett decennium tidigare, då censuren av litteratur av hans tvetydiga slag ännu upprätthölls med största stränghet, skulle boken sannolikt inte ha givits ut ens av Girodias, annars känd som "prins Porr". Ett decennium senare, då censurlagarna mjukats upp i de flesta länder, skulle skandalen förmodligen ha uteblivit. Få böcker visar bättre vad tajming betyder för en texts sensationsvärde. "Lolita är berömd, inte jag", var Nabokovs klädsamt ödmjuka, men möjligen inte helt sanningsenliga kommentar. "Jag är en obskyr, dubbelt obskyr romanförfattare med ett outtalbart namn."

Även om romanen är unik, var den långtifrån någon tillfällighet. När den utkom i USA var författaren 59 år gammal. Bakom sig hade han tolv romaner, mer än fem dussin noveller, ett stort antal dikter och dramer, samt en självbiografi – för att inte nämna de många litteraturhistoriska essäerna, knivigt formulerade schackproblemen och plågsamt noggranna översättningarna, eller för den delen de bitvis banbrytande uppsatserna i entomologi. Inte heller hade bokens titelfigur slumpen att tacka för sin tillblivelse. Visserligen anspelar Nabokov i efterordet på den förbrännare dit han under ett anfall av missmod var på väg med sin ofärdiga "Juanita Dark". Och visserligen avråddes han av fyra förlag från att publicera de 459 manuskriptsidorna som hustrun överlämnat under största hemlighetsmakeri. (Egentligen rörde det sig om fem förlag och inget av dem föreslog att författaren borde förvandla sin hjältinna till en pojke eller låta Humbert bli bonde.) Likväl hade hans berättelse en förhistoria, och Lolita systrar.

Den kanske äldsta av dessa släktingar saknar namn, men uppträder i den tidiga novellen "En saga", skriven 1926 i Berlin. Där iakttar huvudpersonen Erwin "en gänglig äldre herre i aftonkläder" som går på trottoaren "med en liten flicka vid sin sida – ett barn på fjorton eller så i en svart aftonklänning med djup urringning. Hela staden visste vem den äldre mannen var. Han var en känd poet, en senil svan, som bodde ensam i en fjärran förort". Men sällskapet? Erwin tycker att det är något underligt med följeslagerskan. Hon har "alldeles för glänsande ögon, och om hon inte vore blott en liten flicka – utan tvivel den gamle mannens barnbarn – kunde man misstänka att hennes läppar bättrats på med läppstift. När hon gick svängde hon på höfterna en liten, liten aning". (I *Blek låga* från 1962 förklarar Charles Kinbote, bokens fiktive och kanske inte helt pålitlige utgivare, att det finns speciella skolor där arabiska småflickor tränas i samma gångstil av persiska kopplare som sedan stryps. Detta sägs apropå Fleur, en sjuttonårig hovdam med ett talande namn och "blekt litet ansikte med framträdande kindben, lysande ögon och lockigt mörkt hår".)

Ett par år senare, 1928, skriver Nabokov en längre dikt med titeln "Lilith" – den nattliga demon som enligt vissa källor bara var en flicka och som sägs ha varit Adams första hustru. Namnet är bara några bokstäver bort från namnet på den berömdaste flickan i författarens verk. Då han publicerade dikten i en tvåspråkig utgåva några år före sin död kände han sig därför manad att förse den med en varnande fotnot: "Intelligenta läsare kommer att avstå från att undersöka denna opersonliga fantasi med avseende på eventuella förbindelser med senare romaner." Brasklappen kunde säkert behövas för ett tidigt alster som innehöll rader som "Och med ett häftigt / tryck med höfterna trängde jag / in i ett oförglömligt barn". Texten är en mardröm tecknad i grälla färger. Den som talar är en död man som tror sig besöka paradiset, där fauner vandrar på gatorna. Ett flickebarn dyker upp, lockar och förför honom – tills han förstår att han befinner sig någon annanstans än i den våta drömmens saliga rike:

"Släpp in mig!" skrek jag, och insåg med fasa
att jag åter stod ute, i dyn,
och att de skamliga, bölande barnen
glodde på vad som reste sig stumt mot skyn.
"Släpp in mig!" Och den hemska, bockfotade
hopen blev allt större. "Släpp in mig",
bönade jag hett, "annars blir jag galen!"
Dörren var omutlig, de glodde,
hårt, kvalfyllt spillde jag min säd – och med ens
visste jag: detta var helvetet.

Denna inte särskilt diskreta scen visar vilka omvandlingar temat måste genomgå innan det hamnade i händerna på den manipulative

Humbert, om vilken det heter att han var "fullt kapabel att idka älskog med Eva, men det var Lilith han trånade efter". (Kinbote tycks sekundera honom, när han lanserar det hittills okända mästerverket *Lilith kallar tillbaka Adam*.)

I *Skratt i mörkret*, Nabokovs infernaliska triangelroman från 1932, uppvisar den artonåriga Margot Peters flera av nymfettens drag. Men även spelet mellan den demoniske karikatyrtecknaren Axel Rex och den tafatte konstkritikern Albinus R. påminner om katt-och-råtta-leken som Quilty ägnar sig åt med Humbert. Och i hans förmodligen finaste roman på ryska, *Gåvan* från 1937, förekommer en obehaglig bifigur, Boris Ivanovitj Stjogolev, som huvudpersonen Fjodor hyr in sig hos. När denne antisemitiske exilryss en dag får syn på pappershögen på hjältens skrivbord, skildrar han romanen som han själv skulle ha skrivit om han bara haft tid till sådant nonsens: "Ur levande livet. Tänk er något i den här stilen: en gammal gubbe – men ännu vid god vigör, eldig, törstande efter lycka – lär känna en änka, och hon har en dotter, bara en liten flicka än – ni vet vad jag menar – när ingenting är format än, men redan har hon ett sätt att gå på som gör en galen. – En flicksnärta, mycket ljus, blek, blå under ögonen – och naturligtvis inte så mycket som tittar hon åt den gamle bocken. Vad göra?" Enligt Stjogolev följer giftermål, frestelser och felkalkyl. Tiden går, flickan blommar och alla blir äldre. "Inte ett ruttet lingon" att hämta för den varmblodige åldringen. (Genom sitt föregripande av en kommande händelse erbjuder den korta scenen ett gott exempel på vad Humbert kallar "den framtida erinrans skarpa klarhet" – "då man söker se saker, ni vet, som man kommer att minnas att man sett dem".)

Den första utförliga behandlingen av nymfettemat förekommer i kortromanen *Volsjebnik* som Nabokov skrev i Paris 1939, några månader innan familjen bordade fartyget Champlain med destination New York. Enligt legenden ska manuskriptet ha förkommit under de följande årens ambulerande tillvaro i lånade professorsbostäder

– tills Vera upptäckte konvolutet när hon förberedde flytten till Europa tjugo år senare. Berättelsen publicerades först efter Nabokovs död, 1986, i sonen Dmitris engelska översättning. När boken utkom i svensk tolkning året därpå fick den titeln *Förföraren*, även om det möjligen finns skäl att anta att författaren skulle ha föredragit "Förtrollaren" om han fått leva och lära sig svenska. I alla händelser är det denna roman som avses då han i efterordet uppehåller sig vid "den första lilla skälvningen av *Lolita*".

Den korta texten – inte mer än 54 sidor lång i manuskript – innehåller flera skälvningar, från den galna förälskelsens till den kallsvettiga skammens. Men även den hårda, kvalfyllda variant som förekommer mot slutet av boken, strax innan den förtvivlade huvudpersonen kastar sig framför en lastbil: "För ett ögonblick, i gapet mellan sammandragningar, såg han också hur det måste se ut i hennes ögon: något monstruöst, en fruktansvärd sjukdom – eller annars visste hon redan, eller det var allt på en gång. Hon tittade och skrek, men förtrollaren hörde ännu inte hennes skrik. Han var bedövad av sin egen fasa, stod på knä, slet i tyget, grävde efter snodden, försökte hejda det och gömma det medan han krökte sig i dolda krampryckningar lika sanslösa som dunka-dunka istället för musik – ett meningslöst utgjutande av smält vax, för sent att förhindra eller dölja." Raderna visar att det 1939 fortfarande var närmare till "Lilith" än till *Lolita*.

Under den långa period som krävdes för att stoffet skulle förvandlas från larv till fjäril var Nabokov på väg att ge upp vid flera tillfällen. Först beredde honom berättarperspektivet bekymmer, senare den nya kontinent där han beslutat sig för att låta de upprepade våldtäkterna äga rum. Och under hela arbetet på boken levde han i tron att texten skulle ha blivit mycket bättre om han inte tvingats använda "en andrarangens engelska" istället för sitt modersmål. (När han väl gjorde bruk av detta "obundna, rika och oändligt fogliga" språk i den ryska översättning av *Lolita* som han blev klar med 1965 upptäckte han att den "sanna vår som blommade bakom förslutna dörrar" inte längre existerade och att "nyckeln i min hand snarare påminner om en kofot".)

1947 bar materialet rubriken "Kungadömet vid havet" och flickan som stod i centrum för uppmärksamheten hette ännu Joaneta Darc eller Juanita Dark, vilket väcker associationer till en viss historisk trettonåring som med tiden skulle bli franskt skyddshelgon. På sommaren 1951 fick han dock tid att arbeta mer koncentrerat på manuskriptet, ofta liggande i baksätet på en Buick om kvällarna eller när vädret var för dåligt för fjärilsjakt. Det senare skulle visa sig bli ett oväntat effektivt sätt att lära känna den kontinent som så storslaget återskapas i *Lolita* med alla dess skolor och canyons, kromade glassbarer och ändlösa motorvägar. Året därpå tillät han sig att försumma såväl entomologi som undervisning och arbetade upp till sexton timmar om dygnet på sin roman. Och den 6 december 1953 förelåg äntligen en första renskrift – ungefär lika många år efter den första skälvningen som "Lilith" var gammal då rysningen genomfor författaren.

Sedan dess har mycket sagts om *Lolita*, dess ursprung, form och syfte, men knappast i så hetsiga ordalag som när den tyske litteraturkritikern Michael Maar framlade ett förbryllande fynd för några år sedan. Hemma hos en granne hade han fått syn på en bok. Det rörde sig om en novellsamling med titeln *Die verfluchte Gioconda* ("Den fördömda Gioconda"), publicerad 1916 av den med rätta bortglömde författaren Heinz von Lichberg. Den tyske adelsmannen, född von Eschwege, skulle bli en relativt framgångsrik journalist under Weimarrepubliken och fylla rollen som nyttig idiot då nazisterna tog makten. Till exempel är det hans röst som hörs i det entusiastiska reportage från fackeltåget till Reichskanzlei som sändes i tysk radio den 30 januari 1933 och som ofta använts i dokumentärfilmer sedan dess. I maj samma år trädde Lichberg in i partiet, men fick i likhet med flera andra litterater snart svårt att publicera sig. Istället gjorde han karriär inom den militära underrättelsetjänsten Abwehr. Mycket talar för att han tillhörde kretsen kring amiral Canaris. Han dog 1951.

I Lichbergs samling ingår bland mycken annan dussinvara en novell om en äldre mans olyckliga kärlek till en ung spanjorska med titeln – "Lolita". Hade författaren bakom 1900-talets mest omskrivna tjej med tennisracket hämtat inspiration ur andra källor än en fransk artikel om en tecknande apa? När debatten rasade som värst i tidningar och på webbsidor hotade sonen Dmitri rentav med att förstöra faderns sista, ofullbordade manuskript, "The Origin of Laura", eftersom "detta ömtåliga ting inte förtjänar en sådan attityd" som Maars. Häromåret, efter det att frågan stötts och blötts av nabokovianer, inte alltid i klädsamma inlägg, preciserade den tyske kritikern sina iakttagelser i *Lolita und der deutsche Leutnant*. Här gör han tydligt att han inte vill dra Nabokovs originalitet i tvivelsmål. Men även att det inte bara är novellen om den unga flickan från Spanien som innehåller talande detaljer. En berättelse av Lichberg med titeln "Atomit" rymmer till exempel ingredienser som känns igen från andra verk av Nabokov, som teaterstycket *The Walzer Invention* från 1938 eller hans egen bearbetning av *Lolita* inför Stanley Kubricks filmatisering. Flera namn och personskildringar går igen, vissa förlopp och förvecklingar liknar varandra. Helt omedveten om Mona Lisas gåtfulla charm tycks den författare som i filmmanuset till boken låter Lolitas läppar prydas av "ett leende liknande en liten Giocondas" inte ha varit.

Maar kan till och med peka på en av Humberts extravaganta utvikningar. På ett ställe i den andra delen medger Nabokovs berättare att han faktiskt förtrollades av ett par andra demonbarn vid Lolitas sida. Ena gången rörde det sig om "det utsiktslösa fallet med ett blekt spanskt barn, dottern till en aristokrat med kraftigt käkparti, och andra gången – *mais je divague*". Man kan, som Maar, undra varför författaren förde in denna spanska dotter till en aristokrat (märk väl: inte dottern till en spansk aristokrat). Någon tydlig funktion för handlingen fyller hon inte. Ett par sidor senare återvänder hon som Lolitas "lilla spanska väninna". De båda barnen hoppar rep medan Humbert ser på med klappande hjärta. Efter att ha kontrollerat att hotellrummet där han bor med styvdottern hunnit städas berättar han att han log "strålande mot min prinsessas skygga, mörkhåriga flickpage och körde de faderliga fingrarna djupt in i Los hår bakifrån, omslöt ömt men bestämt hennes nacke och ledde min motvilliga älskling till vårt lilla hem för en snabb förening före middagen". För Maar kunde ett förstulet tack för vissa pagetjänster utförda av en tysk aristokrats spanska hjältinna inte formuleras elegantare. Man är böjd att instämma. Inte heller kunde besittningsrätten till den enda Lolita värd att minnas i litteraturens historia demonstreras mycket tydligare.

Varför väckte Maars fynd sådant ont blod bland kännarna? Vad var egentligen upprörande med antagandet att Lolita eventuellt hade en föregångare i en annan författares verk? Möjligheten därav förringar ju på intet sätt originaliteten i Nabokovs roman. Själv tycks han ha haft ett välutvecklat intresse för den härmningens och parodins logik som Maars kritiker inte vill kännas vid. De flesta av hans böcker innehåller någon form av dubblering eller spegeleffekt, tvilling eller dubbelgångare. I flera sammanhang påpekade entomologen i honom att det var Moder Natur som var den verkliga imitatorn, inte konsten. Och för en så filologiskt sinnad roman som *Blek låga* är frågan om kommentarens förhållande till originalet förstås lika marig som central.

Det som ställer till det för kännarna är möjligen oförmågan att inse att texter förhåller sig till varandra på andra sätt än människor. Om Nabokov utnyttjade Lichbergs "Lolita" – säkert vet vi det inte – var det på annat sätt än när Humbert tar sin styvdotter i anspråk. Bara för att han eventuellt brukade vissa element i en novellsamling som han knappast behövde ha gillat betyder det inte att hans reminiscenser av läsningen av *Die verfluchte Gioconda* måste ha förblivit tydliga. Inte heller betyder hans förkärlek för ett visst tema att han vore en skrupelfri plagiator under upprepningstvångets bann. Och undertexten i en senare intervjuutsaga i stil med "*Lolita* är ung och jag är gammal", som kan verka en smula gubbsjuk i nutida öron, får nog tillskrivas ett annat samhälleligt klimat än dagens. Upphovsmannen till *Lolita* var ingen efterapare som kopierade en tidigare texts skildring av kriminell kärlek. Med eller utan Lichbergs bok på nattygsbordet i 1920-talets Berlin förblev Nabokov en "omskapare" i den bemärkelse han själv lade i ordet i introduktionsföreläsningen som han höll varje höst på Cornell: "En författare bör noga studera sina rivalers verk, inklusive Den Allsmäktiges. Han måste besitta den medfödda förmågan inte bara att omkombinera, utan att omskapa den givna världen."

Talande nog är frågan om originalitet central i *Lolita*. Titelpersonen sägs själv vara upprepningen av ett första demonbarn, en flicka av blandad härkomst som Humbert träffar på Rivieran när han är tretton år gammal. Efter ett par bitterljuva veckor tillsammans skils barnen åt och en kort tid senare dör hon av tyfus på Korfu. Den åldrade mördare som nedtecknar sina bekännelser är "övertygad om att Lolita på ett magiskt och ödesdigert sätt började med Annabel". Denna ur-Lolita lånar uppenbara drag av Edgar Allan Poes "Annabel Lee" (1849), en dikt där även det "kungadöme vid havet" förekommer som under en tid ska erbjuda Nabokov en titel. Senare kommer Lolita naturligtvis "fullständigt att överskugga sin förebild". Men det är tack vare Annabel som Humberts blod börjar bulta. På stranden nedanför Hotell Mirana slås den fatala sträng an som ska ljuda genom hela hans berättelse. Hon förblev, för att citera den tidiga dikten om Lilith, "ett oförglömligt barn".

När Humbert första gången får syn på Dolores Haze, där hon halvligger på gräsmattan bakom familjens hus, löper det kvarts sekel som gått sedan den ödesdigra sommaren i Sydfrankrike samman till "en skälvande punkt" och försvinner. Visserligen påstår han att det bereder honom "yttersta möda att med tillräcklig kraft ge uttryck åt denna ljungeld, denna skälvning, denna det lidelsefulla igenkännandets chock". Men bekännelserna han nedtecknar är en räddningsaktion. Efter att ha förlorat Lolita och gjort sig av med Quilty slutar Humbert som moralist. Han har fördärvat en flickas liv, men är inte beredd att förstöra minnet av henne. Nu blir Mnemosyne hans verkliga kärlek – möjligen också därför att hon till skillnad från styvdottern behöver honom. Genom konstens erinringsarbete söker han skapa den fredade plats där Lolita kan överleva "i kommande generationers tankar". Det tar honom 56 dagar att frambringa denna "fristad", vilket händelsevis råkar vara lika många år som Nabokov framlevt då manuskriptet äntligen låg klart. Därefter befinner sig nymfetten för första gången inte längre i ett fängelse.

Humbert skapar en hjärtats asyl, där skälvningen han upplevde så fort han befann sig i demonflickans närvaro kan fortleva långt efter hennes och hans egen död. Det är genom detta förfarande, buret lika mycket av starka minnen som av strategisk glömska, som läsaren snärjs. Och kanske är detta skälet till skandalen som boken orsakade för ett halvt sekel sedan. Åtminstone är det grund nog att betrakta Lolita som en av de mest förslagna böckerna i litteraturhistorien. John Ray sätter fingret på den ömma punkten när han i sitt förord noterar hur magiskt Humberts "smäktande violin" förmår "frammana en ömhet för, en medkänsla med Lolita som gör oss förtrollade av boken samtidigt som vi finner dess författare motbjudande". Den avgrund mellan sin egen ålder och flickans som Humbert så desperat söker sluta – "detta gap, detta tomrum, denna svindel", som Nabokov kallar det i samtalet med Pivot – svarar mot svalget mellan berättarens raffinerade stil och hans fördärvliga handlingar. Tack vare detta brådjup kan skälvningen eka och fortplantas. Ju intensivare Humbert söker överbrygga klyftan och formulera sitt "begärs sanna natur", desto mer svidande ljuder hans violin (ett instrument som passande nog påminner om *viol*, franskans ord för "våldtäkt").

Få ställen i boken uttrycker med större ekonomi denna kombination av elegans och ruttenhet, fasa och finess, än det där Humbert talar om "min orkidéhiskliga manlighet". Originalets *"my orchideous masculinity"* är förstås flottare. Här visar den "lidelsens spira" som hanteras på annat ställe i boken upp hela sin prakt och gräslighet. Hade Humbert bara velat betona mandomens florala skepnad skulle han säkert ha använt den gängse bestämningen *orchidaceous*. Men den ålderdomliga skrivform som brukas uppenbarar engelskans *hideous* mitt i den ornamenterade ståtligheten och visar indirekt på den ruttenhet som han gör sitt bästa för att gömma. (För en författare med så passionerat intresse för ords ursprung som Nabokov lär det knappast ha varit någon hemlighet att grekiskans *orchis* inte bara är en planta, utan även beteckningen på "testikel".) Det är svårt att föreställa sig ett oanständigare sätt att kringgå censuren av fula ord. I sin bok anspelar Nabokov på alla upptänkliga sorters könsumgänge, påfallande ofta i samband med blommor (på ett ställe sägs Lolitas "bruna ros" rentav smaka blod), och sannolikt ligger bokens obscena karaktär i dessa omskrivningar. Hur heter det nu igen i början av boken? "Lita på en mördare när det gäller prunkande stil" ...

Detta gör frågan om form till en moralisk fråga. Som Humbert säkert visste pryds den kristna kyrkans biktstolar ofta av fembladiga rosor, vilket givit upphov till uttrycket *sub rosa*, "under tystnadspliktens insegel". Hans bekännelser tillhör denna tradition. De är fulla av anspelningar, såväl lekfulla som cyniska, vilket gör läsaren till medbrottsling, om än aldrig så lite. Nabokovs berättare biktar sig under så förtäckta ordalag att den som tar del av framställningen och förtrollas av den språkliga uppfinningsrikedomen, av djupet i känsla och depravation, svårligen kan undgå att känna sig komprometterad när den sanna innebörden i en utsaga uppdagas. På samma sätt som Humbert tillbringar tiden med Lolita med att skyla sina förehavanden och ana oråd bakom minsta anmärkning, försöker han dölja sina förbrytelser bakom språkliga blomsterarrangemang som han samtidigt uppmanar läsaren att se igenom. *Lolita* är en studie inte i unga flickors renhet, utan i äldre herrars röta.

Men det är också en bok som trots väven av allusioner och insinuationer har fäste i mer än fantasins värld. Mot slutet av romanen föreställer sig Humbert hur fru Chatfield, som går honom på nerverna, frågar om han gjort med Dolly vad "Frank Lasalle, en femtioårig mekaniker, gjorde med elvaåriga Sally Horner 1948". Undran är undangömd i en parentes och den hale berättaren väljer att inte uppehålla sig vid anspelningen. Förmodligen återgav han dock med viss förtjusning de alliterativa namnen – "Sally" och "La Salle" – och möjligen var han med sin galliska bakgrund inte alldeles omedveten om närheten till franskans *sale* ("smutsig", "oanständig"). Eller för den delen biklangen som flickans efternamn har i amerikanska öron. Kritikern Alexander Dolinin, som gör den förra iakttagelsen i en essä, citerar även den Associated Press-artikel som Nabokov måste ha konsulterat då han låter Humbert vifta bort allusionen med något "dravel i tidningen om en medelålders sedlighetsförbrytare". I slutet av mars 1950 innehöll amerikanska tidningar nyheten om en sexualförbrytare från New Jersey som anklagades "för att ha tvingat en trettonårig skolflicka att överge sin familj, idka sexuellt umgänge och färdas kors och tvärs genom landet med honom". Enligt nyhetsbyrån levde Sally Horner som La Salles *cross-country love slave* under 21 månader, av rädsla att han skulle tala om för polisen att hon stulit ett skrivhäfte för fem cent. Till slut lyckades hon fly, bara för att dö i en trafikolycka ett par år senare. Detaljerna känns alla igen från Nabokovs roman, där Humbert i ett uppbragt ögonblick ber Dolly att inte betrakta sig som hans "reseslavinna". "Jag är din far, och jag talar faktiskt som en människa, och jag älskar dig." För en flicka som sägs ha smala "florentinska" händer, och för en berättare som ser vissa paralleller i sitt liv till Dantes med den "florentinska" flamman Beatrice, är det kanske inte heller ovidkommande att Sally Horners första namn var Florence. Ibland spelar verkligheten i händerna på litteraturen på ett sätt som inte ens trassel av törnen kan förutse ...

Sådan stil, sådan man: med Humbert Humbert gav Nabokov litteraturen en ny typ. Lolita må vara den sanna men inte alltid välartade hjältinnan i hans bok och även ha blivit ett begrepp långt bortom den punkt där den sedesamma vårdnaden av alfabetet upphör. Fast frågan är om Humbert inte är den verkliga bedriften. Hans osvikliga känsla för hur man snärjer läsare gör romanen till vådlig läsning också femtio år efter det att boken utkom. Man kan ägna en modern klassiker som *Lolita* uppmärksamhet av många skäl. Till några av de bättre hör textens daggfriska porträtt av den väldiga kontinenten i väst, dess uppenbara glädje över att sondera slangens och den begynnande popkulturens världar, samt inte minst den fortlöpande utforskningen av minnets och begärets samröre. Eller varför inte stilens inverkan på moralen, leken med genrer (bikten, försvarstalet och road movien – bara för att nämna några) eller de många maliciösa iakttagelserna som läsaren kan trä som svarta smultron på sitt grässtrå?

Frågan är dock om dessa förtjänster skulle förmedla en sådan känsla av tuktad lidelse, på en gång rörande och motbjudande, om det inte vore för Humberts violin. På flera ställen i sina verk betecknade Nabokov denna skälvning som beviset på god litteratur. I det föredrag med vilket han brukade hälsa nya studenter välkomna första höstterminen framhåller han att "det tycks mig som om en god regel för att pröva halten i en roman i det långa loppet är en sammansmältning av poetisk precision och vetenskaplig intuition. För att kunna sola sig i denna magi läser den vise läsaren inte en genial bok med hjärtat, inte heller främst med hjärnan, utan med ryggraden. Det är där den talande rysningen uppstår."

Det står varje läsare fritt att utföra detta test på *Lolita*. Sannolikheten är stor för att boken ska framkalla en biologisk reaktion. (Nej, längs ryggraden så klart – den enda kroppsdel som Humbert tycks sakna.) Man kan glädjas åt detta, och man kan oroas. För vad säger att den "konstens fristad" som bokens berättare sökte skapa måste vara oförvitlig och paradisisk? Vad säger att skönlitteratur uppfostrar oss – föräldrar, socialarbetare och pedagoger – till bättre människor i en tryggare värld? Kanske påminner fristaden tvärtom om den inte okomplicerade verklighet som Nabokov beskrev redan i dikten om Lilith? Det vill säga: en ort som vi endast kan besöka då vi råkar i händerna på en berättare vars redogörelser förtrollar oss samtidigt som han själv stöter oss ifrån sig. Kort sagt: i en prunkande mardröm. Eller annorlunda formulerat: efter bettet i ett äpple. "Jag höll fram Delicious. Hon tog äpplet och bet i det och mitt hjärta var som snö under en tunn, rosa hud." Den som har fördjupat sig i *Lolita* vet att den rodnaden också är läsarens.

IV

Rader från Ryssland

Den rapport som här återges i oförändrat skick hittades, jämte en oframkallad film, vikt och nedstoppad i en kräkpåse på det första morgonflyget från Sankt Petersburg en dag i september 2000. Trots benäget bistånd av personalen på flygbolaget samt det hotell och de båda museer som nämns i skrivelsen har det varit omöjligt att identifiera vem som hållit i (blyerts)pennan. Troligtvis har personen färdats under taget namn. När filmen framkallades visade den sig endast innehålla alldagliga gatuscener, bilder på fasader och patologiska specimen. Egenheter i pikturen och fläckar av allehanda dryckesvaror ger dock ett par ledtrådar vid handen. Så tycks det handla om en person med rörligt, för att inte säga rörigt psyke, lätt påverkad av alkohol och luftgropar. Tills vidare gör sig "den okände författaren" bra som beteckning. På flera ställen har han avbrutit tankegången, som om han känt sig jagad eller haft ont om tid. (Misstanken ligger nära tillhands att han lämnade Ryssland hals över huvud.) Dessa passager, samt vissa partier som trots upprepade försök inte kunnat tydas, har markerats med en rad punkter. Den enda frihet som utgivaren därutöver tagit sig är att förse brevet med en adressat, eftersom originalet, i likhet med mycket annat i världen, saknar en sådan.

Okände vän,

Jag lämnar Ryssland med oförrättat ärende, med kalla fötter och hjärtat i halsgropen. Ursprungligen verkade uppdraget så enkelt: odla din uppmärksamhet, observera sprickorna i verkligheten, dokumentera vad du ser. Vad kunde vara lättare för en person som jag? Men för var dag som gick blev min närvaro allt pinsammare. Förlupna tankar, fadäser, elaka spratt och försummelser ... Till slut hade jag inget val: det var Sankt Petersburg eller jag.

Ändå började allting så bra! På flyget från Berlin via Helsingfors, flera timmar försenat, satt jag bredvid ett par välskräddade män med några kilo Rolex kring handleden. De visade sig syssla med *bizniz* och hade just slutit ett avtal med finska kolleger. På nolltid blev vi bekanta. Av historierna vi utbytte minns jag bara deras eftertänksamma nickande när jag drog den om grodan. Om man placerar en groda i ett kar med hett vatten, förklarade jag, hoppar den genast ut igen, chockerad av den nya omgivningen. Om man däremot placerar den i ett kar med kallt vatten och sedan ökar temperaturen stannar den kvar. Där ligger den och njuter av tillvaron, visslar, tvättar sig – och kokar långsamt till döds. "Våld", sade min ene granne, "är verklighetens säkraste sätt att övertyga en om att den finns." "Ja", svarade den andre och drog tankfullt med klackringen över fönsterskivan.

Om männen ville förmedla lite östeuropeisk visdom? En vink om vad som väntade mig? En sak gick inte att tvivla på: jag befann mig i bildat sällskap. Ty när jag berättade vad jag gjorde, aningen motvilligt måste jag erkänna eftersom jag kände migränen komma, fyllde de på glasen och övergick till att utreda vodkabältets litterära storhet. Den ene menade att Gogol fångat "spritens själ" bättre än någon före eller efter honom, den andre att Stephen King åtminstone gjorde honom rangen stridig. Till slut enades de om att Dostojevskij var nummer ett, tätt följd av Pusjkin och Alla Pugatjova. Varpå vi omsorgsfullt skålade för var och en av tätplaceringarna, inklusive grodan. Som du kanske förstår var mitt huvud inte i pålitligaste skick när vi landade framåt kvällen.

Utanför ankomsthallen väntade en förbeställd privattaxi med motorn på, en osannolikt smutsig Volkswagenbuss vars olika delar ständigt tycktes byta plats med varandra. Chauffören var klädd i kamouflagemundering och trampade gasen i botten så fort jag dragit igen skjutdörren. Med skrikande hjul for vi iväg i ett moln av damm och tallbarr. Rena serietidningsfasonerna. Jag gjorde mitt bästa för att hålla utkik efter eventuella förföljare (vilket inom parentes sagt inte visade sig alldeles lätt, eftersom föraren bestämt sig för att testa samtliga gropar i vägen och dessutom ta varje kurva på två hjul). Inte förrän vi anlände till hotellet insåg jag därför att kusten var klar och att vi faktiskt befann oss i Sankt Petersburg. Tyvärr var det för sent att njuta av omgivningen. Kvällen hade anlänt och allt vilade i ett skumrask lika svårbedömt som synden. Vid sidan om hotellet som glittrade så förmöget i höstdimman syntes bara kupolen av Sankt Isaak-katedralen på andra sidan gatan, upplyst av smutsgula strålkastare. Vidare sightseeing fick anstå till morgondagen. Till slut var jag ensam med min huvudvärk.

....

Få saker upprättar en människa så fullständigt, åtminstone i hennes egna ögon, som tio timmars obruten sömn. Om den undergörande natten följs av en varm dusch under en mjuk, vid stråle, centimetertjocka frottéhanddukar och en frukostbuffé som inkluderar allt från svart kaffe och färsk tomatjuice till pocherade ägg och inlagd sill är lyckan fullständig. När jag kom ut på gatan i morse var gårdagens huvudvärk som bortblåst. Skallen tillhörde inte längre en främmande makt som hyste mina tankar med illa dold förfäran. Jag var beredd att ge mig i uppdragets våld, med hjärta, själ och ryggrad. Ett vekt, närmast klentroget morgonljus med stänk av smogg väckte de sista, ännu slumrande sinnena till liv. Mitt goda humör måste ha synts, ty den massive säkerhetsvakten med hörsnäckan av plast i örat vred lätt på sin stela nacke, mer trädstam än muskel, och nickade i min riktning. Fast kanske var det bara en betingad reflex: möjligen hade han redan hunnit granska mig och avfärdade mig nu som ofarlig. Häpen över allt jag inte lagt märke till kvällen före – vakt, park, parkeringsplats – blev jag stående på trottoaren och drog in den ljumma luften från Neva några kvarter bort. Sedan lät jag blicken vandra förbi träden mot trafiken på Voznenskij Prospekt. Visste du att man för ett sekel sedan hittade ett öra och ett finger i en av lindarna där? Vladimir Nabokov berättar om incidenten i sin självbiografi, *Tala, minne*. Kroppsdelarna ska ha tillhört en tafatt terrorist som skruvade ihop en bomb i ett rum han hyrt hos en änka strax intill parken. "Samma träd blev även vittne till hur barn sköts ned på måfå från de grenar i vilka de klättrat upp i ett fåfängt försök att undkomma de hästburna gendarmer som slog ned den första revolutionen (1905–06)." Kanske borde jag ha anat tecknen på väggen, men jag kan försäkra dig: hur livlig min fantasi än är var det enda jag lyckades skönja i träden på andra sidan gatan fem feta kråkor.

Med deras grovkorniga kraxande i öronen genade jag mellan lindarna och promenerade bort mot den byggnad i rosa granit som jag besökt i en förkommen dröm under natten. Jag har ju aldrig varit i Sankt Petersburg tidigare, så jag såg fram emot att ersätta nattlivets blåkopia med vakenlivets golv, väggar och tak. Jag hade inkvarterats på Astoria och när jag igår kväll begrundade den lilla stadskarta som fanns i foldern på mitt rum upptäckte jag att hotellet ligger bara ett par hundra meter från familjen Nabokovs forna residens. Klädd i svarta solglasögon och trenchcoaten som du gav mig, med hatten nedtryckt över pannan och kameran hängande runt halsen kändes det som att vara reporter av den gamla skolan, på hemligt uppdrag i verkligheten. Mister Observer, till er tjänst! Medan jag promenerade längs Morskaja, förbi samma byggnader som förr hyst de tyska och italienska ambassaderna (nr 41 och 43), samt prins Oginskijs hem (nr 45), men numera rymmer banker, försäkringsbolag och multinationella företag, levde jag mig in i rollen och började, som den förslagnaste murvel, att räkna stegen. Härmed kan jag rapportera att sträckan mellan i dag och i går, eller åtminstone år 2000 och år 1900, är exakt 541 fotsteg lång.

Det förvånade mig en smula att Morskaja 47 fortfarande ser ut som på det svartvita fotot i *Tala, minne,* "taget 1955 av en tillmötesgående amerikansk turist". Kanske hade jag inte väntat mig att graniten skulle vara så mättat rosa. Det är som om fasaden pudrats av en ihärdig men närsynt ungmö. Men freskerna och de italienska ornamenten finns kvar, tillika burspråket på andra våningen som liknar aktern på en portugisisk fregatt, utsmyckningarna i smidesjärn uppe på taket och de smala, nästan gracila stuprören som flankerar huset på vardera sidan. (En ovidkommande tanke: genom dessa rör har hundra år av regn runnit.) Till och med den tredje våningen, som tillkom 1901 när familjen blev större och behövde utrymme för både sig och sina anställda, går utan vidare att skilja från de undre med hjälp av skiftningar i stenens ton och beskaffenhet.

....

Jag måste erkänna att jag började roas av rollen som observatör, en levande kamera med slumpen som utlösare. Var det inte Talbot som en gång kallade fotoapparaten för *the pencil of nature*? Så kände jag mig: beredd att registrera minsta skälvning i varseblivningen, följa tidens förlopp och teckna dess konturer. Kanske är ett stycke litteratur – sång eller skröna, fars eller fabel – inget annat än en inkarnation av tiden? Är det därför som den skänker oss denna hisnande känsla av svindel men också tomhet, av trötthet, lycka och sorg? Som om den är vad som egentligen bara kan ha varit.

....

Visste du att jag fastnade för Nabokov den dag när jag upptäckte att han hade en svaghet för blyertspennan – "denna upplysta avkomma till pekfingret", som det heter i *Inbjudan till en halshuggning*? Personligen har jag alltid gillat verktygets slanka yttre och prosaiska inre, och ibland händer det att det inte behövs mer än en oväntad faiblesse för att man ska intressera sig för en annan författares verk. Böjelser är väl intressantare än principer, eller hur? (Åtminstone är de pålitligare: den politiker som påstår sig följa ädla ideal infriar sällan ens förväntningar, medan man utan vidare kan sätta sina sista slantar på en fähund vars svagheter är bekanta.) Jag började läsa mer systematiskt och upptäckte med tiden att så gott som alla Nabokovs böcker innehåller scener där blyertspennor spelar en roll, undanskymd men självklar – som om de lånats in från världen utanför pärmarna. Kanske för att beskriva den underliga pakten mellan två sorters verklighet, konstens och livets? Självbiografin utgör inget undantag. Således var det med en och annan fjäril i magen som jag trädde in genom porten till det hus där Vladimir Vladimirovitj föddes en aprildag 1899, tog trapporna upp och kom in i vestibulen till vad som sedan ett par år tillbaka fungerar som museum. Ty "där, i ett prång under marmortrappan, brukade vår *sjveitsar* (portvakt) vässa pennor när jag kom hem från skolan. I detta syfte använde han en stor gammaldags apparat med ett snurrande hjul vars handtag han hastigt roterade med ena handen, medan han med den andra höll en penna som stuckits in i ett vågrätt hål".

Tyvärr måste jag meddela att den metodiska musiken av pennor som vässas inte gick att urskilja denna förmiddag. I stället hostade en dam kring sextio högt och bedrövligt bakom ett skrivbord strax intill trappan. Förmodligen hade hon åkt på en höstförkylning som hon sökte kurera genom att behålla pälshatt och sjal på (den förra svart som sot, den senare gul som var). Mot läpparna tryckte hon en trubbig penna, till synes förlorad i funderingar. Men instrumentet hade spelat ut sin roll som bildad arvtagare till pekfingret, inte heller var den någon termometer. Kvinnan hade helt enkelt kört fast i korsordet framför sig. Efter en stund rättade hon till hatten, såg upp från bokstäverna som inte ville få plats i de trånga rutorna och sade något som jag inte hade en chans att begripa. På bordet låg broschyrer, vykort och små ikoner av plast. En för mig obekant slavist hade skrivit en studie om Nabokovs plats i den ryska litteraturhistorien, mångfaldigad med hjälp av en spritduplikator, och det var på den som kvinnan nu placerade sin vänstra hand när hon insåg att jag inte talade ryska. Sakta reste hon sig ur stolen, lutade sig fram över bordet, räckte fram högra handen och upprepade sina ord – denna gång långsammare och mer omsorgsfullt, som när man talar till ett barn i trotsåldern.

Även om det hon sade var lika obegripligt som tidigare var det var inte svårt att inse att museet var stängt för renovering. Överallt hängde plastskynken, i ett hörn stod spadar och sopkvastar lutade mot väggen och vid kvinnans fötter låg ett par kompakta cementsäckar. Jag försökte förklara för denna Intets förkylda väkterska att jag inte kommit för att beskåda samlingarna – som, skulle jag senare få veta, innehåller ett par pennstumpar (3B, med sjabbiga hättor av suddgummi), foton och böcker ur familjens forna bibliotek, målningar som hängde på väggarna när huset konfiskerades 1918, en pincené, samt några lådor med kärleksfullt preparerade fjärilar; det mesta donerat av sonen Dmitri. Inte heller var jag någon senil *genius loci* på spåren. Sanningen är betydligt tarvligare: jag var helt enkelt nyfiken på husets storlek. Inte ens den noggrannaste beskrivning av interiörer låter ju läsaren stega upp rummen i en bok, än mindre uppleva hur ljuset faller in genom otvättade fönster och jagar liv i loja skuggor.

På omständligt teckenspråk förklarade jag att jag gärna betalade inträde, dubbelt så mycket om så skulle behövas, bara jag fick bese de tomma utrymmena. Kvinnan ryckte på axlarna som om hon läst mina tankar – eller så ansåg hon att jag fick skylla mig själv om jag umgicks så vårdslöst med mina tillgångar, alternativt med förhållandet mellan fakta och fiktion. Rubelsedlarna jag höll fram kvitterades med en improviserad biljett: längst bak i korsordshäftet fann kvinnan en tom sida som hon rev ut och försåg med dagens datum jämte inträdespris och underskrift (Klibanskaja ser jag nu att hon hette). Jag hade svårt att föreställa mig att hon visste att museets huvudperson en gång myntat de ryska emigranternas term för "korsord", *krestoslovitsa*, men underskattar säkert hennes kompetens. (I sovjetiska lexika var termen bannlyst: där sökte man dölja dess skamliga – det vill säga religiösa – etymologi genom att införa *krossvord*, ett ord som i mina ignoranta öron snarast klingar som afrikaans.) Hursomhelst var fru Klibanskaja gåtfullheten själv när hon med en utstuderad gest förde undan det största plastskynket, öppnade dörren därbakom och med ett trubbigt finger, dramatiskt darrande, pekade in mot den tomma salongen.

Det var som att beträda ett utrymt minne. I ett sidorum fullt med bråte stod ett par bockar med en dörr lagd ovanpå. Snickaren måste tvärt ha avbrutit sitt arbete, ty bara halva dörren hade hunnit sandpappras. Resten var klädd i en giftgrön färg med fläckar av vad som liknade kaffe, men lika gärna kunde vara disk- eller avloppsvatten. Intill en dörrpost stod en säck ur vilken avbrutna lister med små spikar stack upp. Från taket hängde sladdar ned likt rådlös kursivskrift, medan salongen pryddes av en smutsig, skamfilad kristallkrona (modell mindre). Där hade också lökformade armaturer monterats upp på väggarna, men endast några av dem var försedda med glödlampor som lyste lite grand på måfå och, föreföll det, utan större övertygelse. I ett hörn stod en stoisk byrå överdragen med ett plastskynke; förmodligen hade den varit för tung för att flytta. Skynken hade även hängts upp för att skydda den eleganta väggboaseringen i lackerat valnötsträ. Golvet täcktes av damm, sågspån och enstaka cigarettfimpar. Här och var låg gulnade löv som måste ha blåst in genom ett av de sönderslagna fönstren, likt brasklappar om en förestående vinter. Ändå var det samlade intrycket inte ointressant: det kändes som att befinna sig i ett ofärdigt korsord.

....

Det var väl Benjamin som hävdade att minnet inte utgör ett verktyg för undersökningen av det förgångna, utan tvärtom är dess skådeplats? I så fall, tänkte jag medan jag lät blicken vandra över de tomma lokalerna, är all erinran en vivisektion av det förflutna. Likheterna med en författares umgänge med ord på papper tycktes mig ligga nära tillhands. För befann jag mig inte i en 3D-version därav? När jag såg mig om kändes det plötsligt som om jag stigit in i det rum där litteraturen konstruerar sin sorts verklighet. (Nej, det är sant. Skulle en text vara något annat än lika delar sophög och verkstad när golv, väggar och tak kommit på plats, men innan ledningar dragits och finsnideriet tagit vid?)

....

Om Nabokov brukar hävdas att han var en "kall" författare. Med utstuderat lugn och förtjusande behärskning skrev han sina texter på kartotekskort som bildade fasader och förskansningar, flyglar, vindskontor och källarutrymmen. Scener sköts in i och ut ur varandra, tablåerna radades upp likt tavlor på en utställning. Vad som frammanas är bilden av en författare som behandlar sina personer som pjäser i sinnrika problem, stundom med syfte att ställa den naive läsaren schack – en uppfattning som Nabokov inte precis lät komma på skam när han på närgångna intervjufrågor svarade att han föredrog att "komponera gåtor med eleganta lösningar", att han skrev endast för nöjets och svårighetens skull. I denna inställning har man säkert rätt att skönja dragen av en gudabenådad manipulatör, som trots sitt utvecklade sinne för detaljer, trots sin magiska stil och luftiga sorts prosa inte förmår göra läsaren berörd. Sinnebilden är förstås hjärnan, denna schackbrädets och korsordens okrönta mästare.

Men jag har svårt att tro att det skulle vara hela sanningen. Det är en sak att ställa läsaren schack, en annan att ställa honom matt. Varför skulle litteraturen vara livets puls mindre trogen bara för att författaren konstruerar den med samma krav på precision som urmakaren sitt urverk? Jag kom att tänka på den anekdot som jag berättade för mina flyggrannar och som de säkert, inser jag nu, måste ha hört förut. Var den litteratur som genast skruvar upp värmen för att ställa läsaren matt något annat än tidstypisk, förlegad avantgardism? Finns det verkligen ett egenvärde i chocken – ett djupare skikt av erfarenheten, en vidgad kunskap? Den litteratur som endast långsamt ökar värmen gör något annat. Den är listig nog att ge publiken så mycket betänketid att den hinner besinna sin egen dödlighet. Naturligtvis består syftet med en sådan framställningskonst inte i att begå mord, men om läsarna blir medvetna om sin ändlighet är trots allt en del vunnet. Därför blir strategierna så ofta indirekta. Som läsare försätts jag i ett tillstånd – av säkerhet, glädje, förstämning, tillförsikt (det kan variera) – som sedan långsamt undergrävs. Jag läser och stärks i mina föreställningar, samtidigt som ett försåtligare spel drivs i det fördolda. Och plötsligt står jag inför det oavvisliga: det är inte längre jag som läser verket, utan det som läser mig. Vad jag då upplever kan vara lycka eller bestörtning, dröm eller trauma, men en sak förblir densamma: jag ges alltid bevis på att jag lever.

Jag tror att Nabokovs undersökning av verklighetens villkor, hans uppfinningsrikedom och lekar med fiktionen ville få läsaren att känna sig levande på detta sätt. En kropp består ju inte bara av kotpelaren. Den har muskler, nerver och fettvävnad, hud, hår och slemhinnor – all denna mjukvara som är förgänglig och därför så omgärdad av patos och ideologi, lika förbryllande som begärlig. Bara en sådan kropp kan uppleva den sällsamma rysningen, lika fasansfull som förtjusande, som är det säkraste tecknet på att vi berörs.

....

Det var i dessa tankar som jag gick när jag plötsligt hörde det välbekanta ljudet – klicketi-tapp, klick, klicketi-tapp – av någon som skrev på ett tangentbord. Genom dörren till ett av rummen ut mot gatan såg jag en kvinna sitta framför en gigantisk dator, värdig en rymdstation från kalla kriget. Det visade sig att hon talade engelska och gärna guidade mig runt, också på de båda övre våningarna som inte var tillgängliga för offentligheten. Om jag förstod henne rätt håller en tidningsredaktion ännu till där. Åtminstone bad hon mig att vara så tyst som möjligt när hon med pekfingret lyft mot läpparna gick upp för trappan. Försiktigt öppnade vi dörren till andra våningen, som ännu visade sig vara i gott skick. Efter att ha talat med en redaktör fick vi tillåtelse att bese det östra hörnrum som ursprungligen utgjort moderns gemak och där den äldste sonen fötts. Bakom ett fullbelamrat skrivbord på vilket två papperskorgar stod, den ena i plåt, den andra i bast, syntes den öppna spisen – en praktfull pjäs i snidat trä som påminde om ett omfunktionerat väggur. Men tredje våningen var i bedrövligt skick. Där hade sjuttio års sovjetisk användning gjort den ursprungliga planlösningen oigenkännlig. Travar med spruckna linoleumplattor, ranka omklädningsskåp i metall, droppande kranar, osannolikt smutsiga golv och vindlande korridorer mellan väggar tunna som papp: av övervåningen hade blivit en kontorslabyrint vars innersta gemak, Vladimirs forna sovrum, visade sig omöjligt att lokalisera. Min guide tvivlade rentav på att rummet fanns kvar. Kanske hade det försvunnit med den *apparatjnik* som en gång använt det som förhörsrum?

Den klarblå trapphallen som vi retirerade till var dock intakt, tapetserad med delar av den sortens himmel som endast verkar finnas på Sankt Petersburgs breddgrader. Till och med de båda fönstren i målat glas fanns kvar, dessa konstverk av ljus och rörelse som enligt *Sebastian Knights verkliga liv* "förenar ett ryskt hushålls andliga grace med den finaste av europeiska kulturskatter". De påminde mig om aristokratiska kusiner till de illustrationer som förekommer i korsord – du vet: de där bilderna från vilka läsaren förväntas avleda en mer eller mindre intetsägande mening som måste skrivas ned och skickas in. Nyfiket frågade jag min tillfälliga Beatrice om vilken rebus fönstren föreställde. Men hon skakade bara på huvudet. Att det intrikata mönstret av vinrankor och spaljéer, buketter och girlanger skulle innehålla något förborgat meddelande hade hon aldrig hört talas om. Förläget blev vi stående en stund på översta trappavsatsen, skrapade med fötterna och betraktade hur det glåmiga förmiddagsljuset fångades i glasskivorna, mognade och mörknade till en blyertspennas tunga gula färg.

....

Efter att ha lämnat museet samtidigt som väkterskan nere i hallen bredde ut sin medhavda lunch på sitt uppslagna korsordshäfte och vinkade adjö med en gaffel i handen promenerade jag bort mot

Kunstkammer på andra sidan Neva. Man hade berättat för mig att tsarens berömda kuriosakabinett skulle innehålla en säregen samling missfoster. Som du förstår var jag intresserad av att se den med egna ögon. Dessvärre kan jag inte säga att det var någon uppmuntrande syn. I sobert ljussatta tablåer, ömsint arrangerade med förseglade glaskärl placerade på sammetsklädda piedestaler, svävade dödfödda varelser i spritlösningens eviga viktlöshet. De flesta anatomiska besynnerligheter tycktes möjliga. Så förekom en rad huvuden utan kropp; en liten pojke med dubbla uppsättningar extremiteter och näsan närsynt tryckt mot glaset; en skalle som slutade tvärt ovan ögonbrynen, med ett häpet leende ännu dröjande över de tunna läpparna; krumma ben som övergick i händer i stället för fötter... Poserna påminde om de som förlorade själar intar på altartavlor, bönande eller uppgivna, fräcka eller bestörta – visioner av ett limbo utanför den mänskliga tideräkningen, existentiella variabler i förtappelsens alfabet.

Särskilt föll mig en buddhaliknande varelse i ögonen. Han tycktes lugn, nästan seren där han halvsatt i sitt kärl och skylde könet med spensliga fingrar. Kroppen var kraftig, som en liten boxares, vig och välskapt – så när som på huvudet, vill säga, som var dubbelt så stort som det borde vara, liknade ett uppsvullet äpple och hade två fullt utvecklade ansikten. Eller var det tre? Ett par av ögonen hade glidit ihop och bildade ett tredje anlete i mitten, mellan hårfäste och hakspets, med en stor, rund kind där näsa och mun borde ha suttit. Den vaxartade huden var gul som bara tidlösheten kan vara. Sakta började jag ana att detta var gränsen för all inlevelsekonst. Eller vad säger du? Går inte skiljelinjen där: utmed kraniets tunna skal? Skrämd till medvetenhet om mig själv, halvt blind, halvt förfärad, lämnade jag Kunstkammer med oroligt hjärta.

....

Jag tog min tillflykt till ett kafé, drack ett glas te, åt några piroger och bläddrade i en lokaltidning. Bara serierna gick hjälpligt att förstå (något om kärleken i en tid av atomubåtar). På genvägar som blev

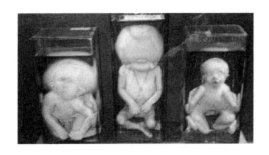

senvägar återvände jag till hotellet. Det hade blivit eftermiddag och jag ville vila en stund inför kvällen. Därför drog jag för de tjocka gardinerna och skruvade ned ljudet på TV-apparaten. Så lade jag mig på sängen och bläddrade i Conrads *Mörkrets hjärta* som jag packat ned som reselektyr. Intrycken från tidigare på dagen fick vissa scener att framstå i relief. Som denna i början av boken: Marlow berättar hur han besöker sin uppdragsgivare för att underteckna några papper. När han träder in på huvudkontoret möter han två stickande kvinnor – sentida släktingar, tycks det, till mytologins gracer – och noterar "en stor karta på ena kortväggen, lysande i regnbågens alla färger". Conrad uppehåller sig märkvärdigt länge vid denna abstraherade värld – som om mer stod på spel än en osminkad återgivning av den vite mannens exploatering av en okänd kontinent: "Där fanns mycket rött – alltid en ögonfägnad eftersom man vet att det uträttas en del verkligt gott arbete där, en förbaskad massa blått, lite grönt, ett och annat penseldrag orange och, på ostkusten, en gredelin fläck för att markera var de famösa kulturapostlarna dricker det famösa lagerölet. Men jag skulle inte till något av allt detta. Jag skulle till det gula. Rakt in i hjärtat."

Till det gula, rakt in i hjärtat ... Jag rös faktiskt när jag läste raderna. Och inte blev det bättre när jag fortsatte. Efter att ha skrivit på anställningskontraktet ombeds Marlow att uppsöka företagsläkaren. Man försäkrar honom om att det bara rör sig om en formalitet som alla måste underkasta sig: "Den gamle doktorn tog min puls. 'Nog duger han därute', muttrade han, så frågade han med viss iver om han fick ta mått av mitt huvud. Litet förvånad svarade jag ja, varpå han tog fram ett instrument som såg ut som en krumcirkel och mätte mitt huvud framtill och baktill och härs och tvärs medan han hela tiden förde noggranna anteckningar. [...] 'Jag ber alltid om tillåtelse att för vetenskapliga ändamål mäta kraniet på dem som ger sig ut dit', sade han. 'Också när de kommer tillbaka?' undrade jag. 'O, nej, då träffar jag dem aldrig', svarade han. 'Och förresten sker förändringarna inuti.'"

Där har du den: skillnaden som det kommer an på, tunn som ett skallben. Nästan alltid sägs litteraturens uppgift bestå i att göra de inre förändringarna tillgängliga, att översätta själen till tecken. Men Conrad verkar vara inne på en annan, kusligare möjlighet: "Sjömäns historier utmärker sig för en rättfram enkelhet vars hela mening är tillfinnandes inom ett knäckt nötskal. Men Marlow var inte typtrogen (om man bortser från hans fallenhet för att berätta historier), och för honom stod en händelses mening inte att söka inuti, som en kärna, utan utanför, som ett hölje kring historien som gör den synlig på samma sätt som ett ljussken får en dimma att framträda; likt en av de töckniga regnbågsringar man ibland ser vid månsken." Är detta, undrade jag illa till mods, den "kalla" litteraturens framställningssätt – en inlevelsekonst vänd utochin? Och är det därför som dess berättande så ofta sker i tablåer, inte sällan platta som serietidningsrutor? Trots att allt äger rum i samma plan stammar de olika elementen ur de skilda tider. En samtidighet uppstår, lik minnets, men i det yttre. Kanske härrör fascinationen man kan uppleva inför sådana bilder ur den omständighet att de förblir omöjliga att tillägna sig, präglade av avstånd och främlingsskap? Vad menar du, min vän, min bror? Är det inte *det* som inger läsaren känslan av att själv bli "sedd", "läst" och, ja, kanske även det, komprometterad?

....

Ett par timmar senare vaknade jag, drog undan gardinerna och skruvade upp volymen på TV:n. Sen eftermiddag, *gangsta rap*. Strax följde den sedvanliga ritualen: rakning, tandborstning och en kam genom håret, ren skjorta, cigaretter, plånbok och identitetshandlingar. Efter att ha putsat skorna med en av frottéhanddukarna tog jag hissen ned till lobbyn.

Knappt hade metalldörrarna glidit upp förrän jag förstod att den värld jag lämnat några timmar tidigare förändrats. Kanske var jag ännu groggy efter sömnen, men i lobbyn verkade gäster och personal röra sig som i trans. Ingen sade något, eller så viskade man tyst och obegripligt bakom kupade händer. Först trodde jag att det var mig det var fel på. Men sedan lade jag märke till en äldre dam som satt i en rokokostol, frenetiskt fläktande med en broschyr, och himlade med uppspärrade ögon. Den annars så svala kvinnan bakom informationsdisken skruvade nervöst av och på hylsan på sin reservoarpenna och undvek min blick. Ett svenskt resesällskap sprang rastlöst fram och tillbaka mellan soffgrupp och fönster, som barn på första skolutflykten. Förundrad gick jag mot utgången. Men jag hade inte hunnit många meter förrän vägen spärrades av säkerhetsvakten. Det var tydligt att han inte hade några planer på att låta mig lämna hotellet. Han hade den där på en gång beslutsamma och frånvarande blick som människor av hans slag verkar få när de avser att följa anvisningar till punkt och pricka, komma vad som komma skall. Men så måste han ha fått en order genom hörsnäckan. Hastigt vände han bort blicken och tryckte handflatan mot örat. Efter en stund vände han sig åter mot mig, knyckte med nacken och nickade stumt mot den bakre utgången. Ådrorna i pannan hade svällt upp, svett glittrade i det millimeterkorta blonda håret. Mannen rättade till slipsknuten, nickade än en gång i vilken riktning han tyckte att jag borde ställa kosan och spärrade åter ut händerna. Och det var exakt i detta ögonblick som jag såg dem, mellan hans fingrar: de båda livlösa kropparna ute på gatan, vända mot varandra likt teskedar, vilande framför en slarvigt parkerad Range Rover i vilken en man låg över ratten.

Jag kan inte förneka att scenen hade en teatral karaktär. Under den närmaste halvtimmen stod jag i likhet med övriga hotellgäster med näsan tryckt mot fönstret och följde de civilklädda polismännens arbete. Först motade de bort föribipasserande, sedan säkrade de brottsplatsen och lade hotellakan över de döda. Det rörde sig om en man och en kvinna, mellan 35 och 40 år gamla. Båda låg på sidan, likt älskande på en säng. Några dignitärer anlände, utdelade ett par korthuggna order och körde åter iväg. Med en kulspetspenna inspekterade en man skotthålen i hotellshopens fönster medan han oavbrutet talade i en mobiltelefon. Till slut trädde två personer fram, iförda vita rockar och kondomliknande handskar på händerna. Metodiskt undersökte de kropparna. Ur sina väskor plockade de av och till fram instrument. Med en pincett placerade den ena av dem några hylsor på asfalten som den andra stoppade i vad som såg ut som en fryspåse. När de slutligen var klara drog de av sig handskarna, stängde väskorna och nickade stumt till avsked. Allt tycktes försiggå som i ett akvarium.

Du undrar kanske hur länge jag stod där, hur länge följde jag förloppet innan jag insåg att jag kände mig komprometterad? Lika länge som det tar för en människa som skjutits till döds att blöda igenom ett hotellakan.

När jag till slut vände mig om och gick mot den bakre utgången, både lättad och förlägen, hörde jag säckpipsmusik. Framför tidningsståndet i andra änden av lobbyn hade ett dussintal tonårsflickor just börjat dansa. De var klädda i folkdräkter från skotska höglandet och verkade inte ha den blekaste aning om vad som inträffat ute på gatan. Muntert klappade de i händerna, slog handflatorna mot knän och klackar och verkade på det hela taget hysteriskt förtjusta – alltmedan hotellets kypare serverade ett asiatiskt resesällskap kyld champagne på stora silverfat. Tro mig: det fanns inget annat att göra än att lägga benen på ryggen.

....

Först en bra bit efter midnatt vågade jag mig tillbaka till hotellet. Avspärrningarna hade avlägsnats och Range Rovern fraktats bort.

De gåtfulla lindarna vajade tyst på andra sidan gatan. Bara säkerhetsvakten var uppe, lika vaken som alltid. Stående mitt i gatan med en vattenslang i handen berättade han på korthuggen engelska att den mördade mannen hade varit en georgisk maffiaboss, kvinnan hans älskarinna och mannen i bilen deras chaufför. Sedan önskade han mig god natt och fortsatte att spola gatan ren från blod.

....

Käre vän, det var Sankt Petersburg eller jag. Nästa morgon satt jag på första flyget ut ur staden. Innan planet trängde genom molntäcket och vi steg upp i de övre luftlagrens rena glömska kunde jag se en hel del blått, ett och annat stråk av vitt, mycket grått och så rader av gula fläckar, vaga som strålkastare i dimma. Men när jag slöt ögonlocken och vi for rakt in i framtiden kände jag morgonsolen värma ansiktet, och där fanns bara rött, mycket rött ... Jag sänder dig hjärtliga hälsningar, ännu 37° varma, *from Russia with love,*

Nattens industri

Till Jan Håfström

Trasor, kvistar, fläckar av olja,
En sprucken sko och feta flugor
Surrande i skummet strax intill
  Något brunt och spolformat,
Glimmande likt en förkommen statyett ...
Kring mig guppar framstegets soptunna.
  Liggande på bryggan ute i floden,
    Med näven knuten under nacken,
Betraktar jag drivved ur ett krankt Arkadien.
  Från lägret hörs rop och slag
    – Stål mot bambu, bambu i mark.
    En efter en drivs pålarna ned
    Som innan morgonen är över
Ska prydas av knoppar, små och skrumpna,
  Fyllda av tygellöst mörker.
Det vet jag, trots att jag intet ser.
Redan höljer solen stranden i sitt sjuka dis
  Och ljuden når mig fördröjda,
    Som de avlånga pulsslagen i min arm.
Hettan sänker sig, världen domnar.
Nu kan vad som helst ske.
    Vem det är som talar?
Detta trubbnästa väsen klätt i lappar,

．．．．．．．．Så skägglöst och blekt?
．．．．．．．．．．Denna grå figur
Så lik en misskött marionett?
Det frågar jag mig själv ibland
– Och var jag varit och vart jag ska.
．．．．．．．．Sanningen är jag intet vet!
．．．．．．．．．．Mitt nu är en enda vacklan.
．．．．．．．．．．．．Den ryske prästson
．．．．．Ni ska blicka i ert synglas,
Långt och känsligt som ett insektssprööt,
Deserterade från den rena läran
Och mönstrade på under främmande flagg.
．．．．．．．．Han ville bort, bara bort,
．．．．．．．．．．Ty han sökte rum att andas
Och en vildhet som var hans egen.
．．．．．．．．Vandrande ut i världen
Gick han in i sin egen förhärjning,
．．．．．．．．．．Så tanklöst vid liv
Att han visste mindre om skapelsen
Än ett nyfött barn. En sådan existensform
．．．．．．．．Må vara otäck för vissa,
．．．．．．．．．．Otrolig för andra
– Har det någon betydelse? Livet är ju bävan.
"Människan är inget mästerverk",
．．．．．．．．Sade herr K.
När han mönstrade äventyraren på stationen
Med ögon varma av återhållet skratt.
．．．．．．．．Ensam och trasig,
Stammande efter så mycken tystnad,
Visste nykomlingen med ens: färden var slut.
Sedan dess har många mansåldrar hunnit förgå,
Trots att jag inte är mer än några och tjugo.

Skulle den biologi ni kommer att skåda
 Alltså vara samma person?
  Jag tillåter mig att tvivla!
Vad är väl huvud och armar, bål och ben
 Mot det överdådiga kaos
Som inrättats i mitt hjärta?
"Vi föds utan skrankor", förklarade K.,
 "Sedan följer alla helvetets kval.
Tillvaron är form, och form: begränsning.
Livet är dock som vatten, ett flytande material.
 Allt det bär är ballast.
Endast den som avbördar sig jagets gods,
  Likt natten,
 Ska skifta form och vinna perspektiv.
Sådant är vågspelet mellan Sällan och Aldrig.
– Betrakta dessa knoppar", tillade han
 När han såg min undran,
Svepande med handen över ett fält av pålar:
"Nu blommar de i gränslöst mörker
  När de kunde ha varit ett hav av ljus."
 Och därefter, sakligt och stilla:
"Den som inte söker det omåttliga
Förtjänar varken under eller val."
Å, han var omutlig, han var fabulös,
 Allt annat än protektionist,
  När han till välkomst
Tryckte handen mot mitt hjärta:
"Tiden är hämmad, min vän,
  Ett spel i hets,
 Men livet är din trumf.
Du kan vara allt eller inget!
 Ta pulsen till exempel och du ska se:

    I en gränslös geometri
      Blir bävan alltid glädje."
"Och glädjen?" frågade jag.
"Den är nattens industri."
Sedan dess har jag vistats på stationen,
  Räknat dagarna, räknat slagen,
Och hört vattnet klucka under bryggan,
  Så lent och obscent
  Att jag ibland nästan hädat i tro:
Tänk om livet inte är vad det är, utan bär?
  Snart ska jag veta,
Ty nu hörs er båt komma uppför floden,
Stånkande likt en havande kvinna.
Bär den terror, bär den förlösning?
  En böj till, en klippa att runda,
Sedan ska ni lyfta kikaren till ögat
  Och se mig veva med armarna
    Likt en korrupt elegi.

Hälsningar från höglandet

Den 13 augusti häromåret hittades ett kuvert i baksätet på en taxi i Berlin. Levan Petrov hade just avslutat sitt skift när han upptäckte den skrynkliga försändelsen på golvet, intill en äppelskrutt. Det bar påskriften "Diana" och spår av skosulor. I ena hörnet fanns en förtryckt avsändare; "Holiday Inn Glasgow Airport" stod där i kursiverad skrift. Nästa morgon lämnade han in kuvertet på bolagets huvudkontor. Under de följande veckorna hörde ingen dock av sig. I brist på alternativ returnerades försändelsen till avsändaren. Vad som följer är det brev som den skotske hotellchefen skulle bli den första men inte sista personen att läsa. Ett fåtal partier har trots upprepade försök inte gått att dechiffrera. I enlighet med vedertagen praktik framställs dessa med en rad punkter. Annars återges skrivelsen i oförändrat skick. Till och med förkortningar av orts- och personnamn har bibehållits – av ren solidaritet. Likväl vill vi inte förtiga ett par iakttagelser. Så tycks det som om besöket i Edinburgh föranleddes av något så ofarligt som en bokfestival. Den hotbild som tecknas kan alltså lugnt betraktas som en poetisk frihet. Detsamma gäller porträtten av olycksbröder (litteratörer, jägare). Och slutligen: granskningar av pikturen har uppenbarat likheter med den "ryska" rapport som hittades på ett morgonflyg från Sankt Petersburg för sex år sedan. Kan det verkligen stämma? Har vi återigen med den okände författaren att göra? Det skulle förklara en del ... I väntan på slutgiltigt besked tar utgivaren chansen att betrakta även denna rapport som ett fritt umgänge med fakta. Tanken att den skrivande vore något annat än en fiktiv gestalt är på något sätt alltför tröstlös.

Käraste,

Jag skriver dessa rader halvsex på morgonen, efter ytterligare en katastrof. Denna gång var den mindre, men även kall spenat och gamla prinskorvar kan räcka för att ge en ovälkomna minnen av gårdagen. Nyss sköljde jag ned maten med en näve aspirin upplöst i mjölk. Strax ska jag betala och gå över till terminalen. Om jag bara visste hur jag ska klara hemresan. Med denna mage, med detta huvud.

....

Jag blev tvungen att göra ett avbrott. Nu finns det inget mer att bli av med, om du förstår vad jag menar.

Egentligen ville jag bara skicka en hälsning och inte gå in på det där du sade om att en observatör alltid bör agera jägare och följa sin instinkt. Men den nyvunna lättheten får mig att tro att jag faktiskt skulle orka svara. Jag stoppade i alla fall på mig lite brevpapper på hotellrummet och tänker be om ett glas vatten, sedan får vi se. Jag sitter intill ett repigt kabinfönster (plats 3a, om du vill veta det) och lovar att göra mitt bästa för att dissekera tankarna. Genom fönstret skymtar män i neongröna västar som lastar in bagage i buken på ett annat plan. De ser ut som rörliga leksaker. Klockan har hunnit bli halvåtta och...
Vänta. *Boarding* är just *completed*. Det verkar som om man glömt vattnet. Förbannat. Jag tröstar mig med att jag slipper en granne och har tio tomma ark att fylla – med hjärteblod eller vad det ska kallas.

....

Det har gått en kvart och vi befinner oss på jag vet inte hur många tusen meters höjd. Allt är gnistrande rent här uppe. Som i en operationssal. Svidande vitt och stålblått så långt ögat kan nå. Solen måste befinna sig till höger om oss. Om jag böjer mig fram kan jag se planets skugga glida över de rödkantade molnen därnere. Den påminner mig om en silverfisk. Ibland skjuter den iväg, som en pil i vatten, men för det mesta skälver den vid vår sida. Trofast. Trofast som ett dåligt samvete.

Som du vet var syftet med min resa rena rutinen. Jag hade kallats till Edinburgh för att avlägga rapport. Edinburgh! Blotta namnet framkallade bilder för mitt inre – av fasader i tusentals blyertsgrå nyanser, av ångbåtsvisslor och vit, fuktig dimma, av människor med robusta fritidsintressen och *fish and chips* inslagna i flottigt tidningspapper. Av täta, introspektiva ögonblick i trånga, boaserade lokaler. Av nikotingula fingrar och plötsliga utbrott av uppdämd vrede. Av brunsvart, ljummen lager. Döm om min förvåning när jag istället möttes av solglitter, leende varelser med joggingskor så långt ögat kunde nå och gräsmattor så gröna att jag blev övertygad om att de måste färga av sig. På sängen i det pensionat där jag inkvarterats låg en karta, en turistbroschyr med sightseeingtips och mitt program för det kommande dygnet. Det visade sig att vi var två som inkallats i samma ärende. En kollega som jag aldrig träffat skulle anlända från Göteborg. Det ligger väl i Sverige, eller? Jag hade hört talas om honom – inte direkt i smickrande ordalag, måste jag erkänna. Men jag är inte den som dömer någon på förhand bara för att han sägs ha en olycklig dragning till manlighetsritualer och annat som fallit ur mode (revolverkalibrar, Baldessarini-kostymer). Det pratas alldeles för mycket i vår bransch.

Upplägget till trots var jag nervös. De senaste månadernas ansträngningar med en redogörelse som inte ville arta sig hade gjort att jag inte fått tid att förbereda mig. "Estetiska problem" – om det vore så enkelt! Jag ville ju inget mindre än att visa hur verkligheten kan tala med oförminskad kraft, trots att det inte sker i oförmedlad form. Idag tycks man tro att det räcker att visa oredigerade utsnitt ur världen omkring oss, utan förklaring eller kommentar, för att häpnad eller eftertanke ska inställa sig. Det kallas dokumentarism … Huvudsaken verkar vara att man inte ska dikta till något. Men även ett urval är ju ett ingrepp. Och att inte lägga sig i är knappast ett tecken på oskuld. För övrigt har jag inget emot fiktioner – de är faktiskt inget skämt – så länge de står i verklighetssökandets tjänst.

Kanske är det inte så konstigt att jag började drömma om en person som fanns "därute", som kollegerna säger, och som kunde rädda mig från spekulationer genom sin gåtfulla oskuld. Den som tenderar till tvivel inbillar sig lätt att räddningen kommer utifrån. Men när jag väl fann henne, under en natt med oförklarliga drömmar, oförbrukad som på skapelsens första dag, drabbades jag av skrupler. Faktiskt kände jag mig som Aktaion, du vet, jägaren som av en slump råkar se Artemis naken och förbjuds att yppa ett ord till någon. Om han berättar om visionen kommer han att förvandlas till en hjort och slitas i stycken av sina egna hundar. För mig varslade denna mytologiska scen om att det faktiskt går att förråda sin ingivelse. Då förgörs man av de otyglade drifterna. Hur skulle jag alltså redogöra för vad jag ville och ändå förbli gåtan trogen? Du kunde inte veta det, men det var under brottningarna med detta dilemma som du förklarade: "En observatör bör följa sin instinkt – likt en jägare. Han är ju på jakt efter verkligheten. Vet du vad engelsmännen säger? Det gäller att 'ta sig under skinnet' på folk. Då ger sig saken." Vad betydde det? Att jag skulle satsa allt på min hägring och riskera att ertappas utan trumf? Eller låta bli att spela ut min hjärter dam och se drömmarnas slott falla ihop likt ett korthus?

Jag tvättade ansiktet, bytte skjorta och gav mig av. På hotellrummet hade jag undvikt de elektriska apparaterna. Tekanna, brödrost, hårtork, lampor, fjärrkontroll ... Jag förstår inte hur man får plats med så mycket på så begränsat utrymme. Men en sak vet jag: det är alltid något fel med kontakterna på pensionat. Först måste jag alltså ordna rakhyvlar. Jag fann vad jag behövde i en jourbutik. En förpackning med orangea hyvlar av märket Bic. De duger så länge man bara använder dem en gång. När jag åter trädde ut i eftermiddagsljuset, på en gång varmt och sprött, satte ödet dock krokben för mig. Möjligen borde jag ha förstått vinken. Men jag var övertygad om att jag befann mig på rätt väg, inåt staden och händelsernas centrum, och bockade belåtet av hållpunkterna på den rutt jag memorerat. Likväl glesnade butikerna. Trånga och inte särskilt välskötta bostadskvarter tog vid. Omgivningen blev allt mindre polerad. Jag passerade en indisk kemtvätt och ett vadslagningskontor med nervöst blinkande ölreklam. Men det var inte förrän jag nådde de slitna hyreskasernerna i utkanten av staden som jag insåg att något var på tok. Till slut bad jag om råd av bartendern på den pub på vars toalett jag rakade mig. Det visade sig förstås att jag gått i motsatta riktningen. En snabb titt på hans handled förvissade mig dessutom om att jag hade bråttom. Efter en dåraktig språngmarsch tillbaka genom staden hittade jag slutligen rätt, mer än en timme försenad.

Jag vet inte om asfalten är annorlunda i Skottland, men det är fullt möjligt. Mina fötter kändes märkvärdigt tunga, som om jag sprungit över tjära, när jag trädde in i möteslokalen. Med mjölksyra upp till knäskålarna banade jag mig fram till min kortvuxne, kompakte kollega som stod bredbent likt en cowboy vid ett utskänkningsbord. Varför jag presenterade mig som "Walker, mister Walker", vet jag inte. Förmodligen var det ett skämt på egen bekostnad som jag hoppades skulle lätta upp förstämningen en smula. Svensken var omkring femtio, blond och snaggad. Jag kan inte avgöra om det förklarar varför han inte såg något lustigt i förseningen, eller för den delen inte tog min utsträckta hand. I alla fall svarade han bara: "Ja, du undrar förstås vad det här beror på." Han pekade på sin haka, där jag först nu upptäckte ett plåster. Jag måste ha sett oförstående ut, för han fortfor som om han just räddat världen: "Tyvärr. Jag är förhindrad att säga något." Därefter vände han sig om mot flaskorna. Jag gissar att den livserfarenhet som ett plåster antyder ger en privilegier i provinsen. Lättad över att förseningen inte ställt till med större skada slog även jag upp en drink.

Oavsett vad djungeltrumman förtäljer, vill jag framhålla att ryktena som föregår min kollega åtminstone på en punkt är osanna. Kanske är han en deckarförfattare med omotiverat gott självförtroende; det undandrar sig min bedömning. Jag har inte läst hans böcker, men man kan ju misstänka avundsjuka bland yrkesvännerna. När han skakade hand med personer som han betraktade som viktiga förstod jag dock att han faktiskt bryr sig om andra varelser. (Samt att ett uttryck som *"Howdy"* inte bara används i västernfilmer från förr.) Strax innan vi gemensamt blev föremål för uppmärksamheten upptäckte han mig nämligen åter. Jag var just inbegripen i ett samtal med en av de ansvariga. Med ett brett grin sällade han sig till oss. Oförskräckt lade han armen om mig, tryckte mig till sig och förkunnade vänskapligt: "Grabben..." Det lät nästan som om vi lossat båtar tillsammans. Gesten var ett så uppenbart prov på nordisk hjärtlighet att jag sökte återgälda den med en lekfull knytnäve i mellangärdet. Men nu var det min tur att bli självupptagen: svensken såg på mig med ohöljd förundran. Personen jag talat med gjorde det enda rätta och lämnade oss ifred.

När hon gått slocknade kollegans leende; han förklarade att han tänkte börja. Jag ryckte på axlarna. Betydelsen av vad vi hade att säga satt knappast i turordningen. Så tystnade vi. Medan vi båda letade efter något mer att säga drabbades jag av dåligt samvete. Jag kunde ju se att han led av att behöva tala om annat än sig själv och en blick runtom räckte för att inse att åhörarna uppskattade den mest brittiska av konstformer: underdriften. Jag skulle just påtala denna misstanke när vi ombads ta plats. För sent. Som uppgjort talade svensken först, länge och utan paus. En imponerande prestation! Ändå tog det inte lång tid att förstå att utredningen var ett par storlekar för stor för just detta sammanhang. Publiken skiftade ställning och lät efter ytterligare några minuter blicken vandra mot klockan på väggen. Ryktesspridarna skulle säkert hävda att min kollega tillhör den typ som förväxlar tystnad med uppmuntran – eller för den delen framgång med betydelse. Men jag föredrar att tro att han, som tvingas uttala sig om det mesta mellan himmel och jord i sitt hemland, antog att åhörarnas allt vitare ögonglober bara kunde betyda vad han var van vid: begeistring.

För egen del såg jag inga skäl att beklaga mig. När det blev min tur hade luften gått ur tillställningen, så min rapport blev rena formsaken. En kvart, kanske tjugo minuter, sedan var saken ur världen. Efter seansen var det meningen att vi skulle umgås lite grand – "bröder emellan", som man sade. Det var ett välkommet initiativ. Likväl föredrog jag att göra mig osynlig. En titt i programmet och en annan på svensken hade underrättat mig om två saker. Dels att man planerade mer av samma vara under morgondagen, dels att chanserna för att min person skulle skänka andra förnöjelse säkert skulle öka om jag vilade upp mig. Skönhetssömn har faktiskt aldrig skadat någon. Inte heller en stunds ostört TV-tittande på hotellrummet. Kort sagt: jag dröp av.

Märkligt nog återvände vigören under promenaden hem. Vederkvickelsen är åtminstone den enda förklaringen jag kan ge till varför jag dagen därpå hastigt – men, som det skulle visa sig, mindre lustigt – bestämde mig för att ringa ett par vänner. Det är lätt att vara efterklok. Garanterat hade det varit bättre att tillbringa sista dagen som programmet föreskrev. Man ses ju så sällan i detta yrke, och för övrigt är jag övertygad om att det finns mycket spännande att berätta om Göteborg. I alla händelser borde jag ha anat oråd. Ty tanken att avvika från det uppgjorda programmet kom för mig under ett besök på Royal Scottish Academy, dit jag gått nästa morgon efter att ha bläddrat i broschyren på rummet. Man visade skulpturer av en australiensare med tyskt påbrå. Kanske har du hört talas om honom? Ron Mueck heter han, och figurerna han visade vara alla antingen för stora eller för små. Ingenting befann sig i 1:1-storlek. Ur proportion med världen: det skulle snart bli även min lott.

....

När jag erlagt inträde gick jag rakt in i ett jättelikt ansikte med vemodiga ögon och markant haka. Tydligen rörde det sig om ett självporträtt av konstnären sådan han antog att han såg ut i sina döttrars ögon. Den vattniga men uppmärksamma blicken följde mig genom salarna. I ett av rummen satt en naken figur med armarna i kors i fören på en eka, med huvudet lätt på sned. Han var inte mer än en tvärhand hög. Blicken var nyfiken men misstrogen, de sensuella läpparna liknade ett nyligen slutet sår. Om detta var en sinnebild för själens ranka farkost, var mannen knappast herre över sitt öde. Eller ens införstådd med det. Jag bugade mig lätt; nu var vi åtminstone två.

På utställningen fanns även ett par sinistra damer. Den ena sneglade över axeln på den andra, så det var svårt att avgöra om hon just anförtrodde väninnan en otäck sanning eller tvärtom befarade det värsta av henne. Båda var tunnhåriga och reserverade. Klädda i noppiga kappor, bruna nylonstrumpor och billiga skor tycktes de på en gång härjade och härdade. Ungefär så föreställer jag mig ödesgudinnor som lever på blygsam pension och kattmat i någon förort. I en annan sal vilade en jättelik kvinna i en säng med vitt duntäcke och ena handen höjd till kinden, försjunken i den sorts uppmärksamma fundering som gör en så extravagant medveten om allt utom sin egen kropp. Håret var stripigt, kanske hade hon färgat det. Vid närmare betraktande föreföll hon till åren kommen. Hållningen var inte precis den bästa, huden spröd, nästan förbrukad. Pannan hade rynkats för gott strax intill näsroten, blicken var mild men försagd. Jag tog ett steg tillbaka, granskade ögonen som inte ville möta mina och undrade om kvinnan var tillgänglig för omvärlden eller hade dragit sig undan den, förskansad i den bädd som väl bara ett barn förmår betrakta som fredad.

Denna känsla av försakelse, så gripbar i utställningen, gjorde mig långsamt osäker. Jag hade hoppats att resan skulle innebära lite välkommen avkoppling, men istället fann jag mina grubblerier omformulerade i tre dimensioner. Med en sista blick på kvinnan i sängen sökte jag förvissa mig om att Muecks motiv åtminstone inte var mina egna. Hans varelser hade något hyperverkligt över sig, vilket jag knappast kunde säga om de som förekom hos mig. Kombinationen av fysisk närvaro och en tankarnas – nej, inte frånvaro utan frånvändhet, om du förstår vad jag menar, gjorde att de framstod som inkarnationer av lika delar ond dröm och dokumentär. När jag bläddrade i katalogen såg jag att han börjat sin karriär som dockmakare för barnprogram på TV. Det förvånade inte. Under en tid tillverkade han figurer för "Sesame Street" och "Muppet Show". Och för några år sedan, innan han helt kunde ägna sig åt konsten, ansvarade han för specialeffekterna i ett par filmer. Det förklarade något litet den kombination av kroppslighet och ogripbarhet som jag tyckte mig bevittna och som tilltalade mig på sådant sällsamt sätt. Ännu är Muecks *body of work* begränsat. Ett fyrtiotal skulpturer på tio år antyder en verksamhet där ambition och kunnande håller varandra i schack. Jag måste erkänna att även det gjorde det sympatiskt i mina ögon. Det var svårt att inte tänka på devisen av mästaren i Prag: "I kampen mellan dig och världen, sekundera världen."

I alla händelser blev jag lockad, men även bekymrad av skulpturerna. Ta till exempel den nästan onaturliga omsorgen om detaljer. Gulnade naglar, besvärliga finnar, hårstrån som sticker fram ur näsborrar, ihopsjunkna axlar med senor och vener under blek hy, skrumpnade pungar och svullna bröstvårtor, gåshud, feberrosor, gravida kvinnors spända magtrummor, hjulbenta och plattfotade individer, vårtor, kattlika kindknotor, linjerna som badplagg efterlämnar på solbränd hud, en sovande mans tillplattade ansiktshalva med svullen överläpp och rödlätta ögonlock under vilka okända dramer just utspelas ... Muecks katalog över mänskliga egenheter tycktes lika oroväckande varierad som kärleksfullt bokförd. Ett uttryck kom för mig, jag vet inte varför: *containment*. Och sedan ett till, nästan direkt därpå: *human cargo*. Kanske föresvävade mig de sorger som varje människa bär på. Jag insåg i alla fall att det var deras yttringar jag var ute efter. På utställningen tycktes de ge varelser av glasfiber och silikon en tyngd många gånger större än deras reella vikt.

Uppenbarligen var Mueck en konstnär som mixtrade med gravitationen. Trots att vissa figurer bara var en tvärhand höga tycktes de många ton tunga. De bar på en last som de inte ville eller kunde prisge, utelämnade åt ett gränslöst inre. Medan jag vandrade genom salarna fick jag allt starkare intryck av att han intresserade sig för individer i ordets egentliga bemärkelse, som den sortens "odelbar" men också "avskild" varelse, inklusive alla dess lyten och under, som är outbytbar och aldrig kommer igen. I likhet med de flesta realisters verk, till vilka jag för övrigt räknar Kafkas, andades även hans förgänglighet. Men det uppfriskande var att Mueck inte gav sig hän åt den självbespeglande, inte sällan självgoda uppmärksamhet som kan känneteckna melankoliker. Hans figurer saknade sentimentalitet utan att för den skull göra avkall på sentiment. Här fanns ömhet men ingen självömkan. Den blick som frambringat dessa över- eller underdimensionerade varelser förblev lugn, nyfiken, omsorgsfull. Den dömde inte, trots att den genomskådat allt.

Med andra ord: det rörde sig om realism, fast inte av den sort som månar om att öka förtrogenheten med tillvarons påtagliga beståndsdelar – som när man står öga mot öga med en skottkärra kanske, eller en glänsande körsbärskärna. Inte heller var det enbart fråga om att så noga som möjligt återskapa ett öra eller ett fotvalv. Jag vet inte vad du anser, men personligen tror jag att en realism av Muecks art mindre består i den exakta återgivningen av en infekterad nagelbädd, saggande höftpartier eller ett slappt manskön (även om den också kan göra det), än ett särskilt sätt att se på, en förnimmelsernas realism. Varelsernas förbluffande proportioner, vilket väl är det första som slår betraktaren, motsvarade känslornas egen realitet. Vad säger att en affekt måste vara lika stor eller liten som våra kroppar? En människas lekamen innehåller så mycket mer än bara organ. Kanske uttrycker jag mig dåligt; kanske finner du tanken fantasilös. Men när jag betraktade den gigantiska varelse som stod lutad mot kortväggen i en av salarna, till synes övergiven av alla men likafullt hotad, tänkte jag att det var precis så här som en plågsamt självmedveten flicka i puberteten måste känna sig: två storlekar för stor, med förvirrande kast mellan jubel och förstämning och lemmar som ständigt tycktes en för många. Avståndet till en viss insekt instängd i en trea i Prag var ingalunda oöverstigligt.

Eller ta det foster som vilade på en sockel i en annan sal. Detta var ingen skrikande rymdvarelse som just trätt ut ur sin omloppsbana kring Moder jord för att anlända till livet med all den charm till vilken endast mycket små, mycket efterlängtade människor är mäktiga. En kosmonaut? Knappast. Snarare en kamikazepilot, glänsande av blod och fostervatten. Det gigantiska barnet var skrynkligt som ett sviskon och sträckte på kroppen med svullna, spretiga tår. Det höll armarna i den spända ställning som jag förmodar att en ande intar ögonblicket innan den lyckas ta sig upp ur flaskhalsen. Mungiporna förblev neddragna, nästan bittra, i det uppåtvridna ansiktet. Pannan var fårad; vad annars? Detta var en inkarnation av existensen förstådd som bekymmer. Varelsen som stirrade på mig med frågande blick, detta massiva foster med oredigt hår, en navel liknande en diskpropp och ett silvrigt blänk i ena ögonglipan, visade framför allt en sak: vilken oerhörd ansträngning, på intet sätt sökt eller självförvållad, som fordrades för att bli till.

Jag kom att tänka på Lucien Freuds målningar, Diane Arbus fotografier, men kanske främst Duan Hansons skulpturer, där man i välgarderade ögonblick tycks bli vittne till olägenheten i att vara född. En sällsam, nästan lättsam misströstan kom över mig. Var vår första reaktion på skapelsen verkligen så självklar: otacksamhet? Medan jag vandrade runt det väldiga spädbarnet, oförmögen att komma tillrätta med mitt hjärta, funderade jag på om detta var ett exempel på vad Bacon en gång utnämnde till *the brutality of fact*. Även hos Mueck igenkände jag det ointresse för skönmåleri som ger konsten dess egenvärde. Men till skillnad från Bacon förekom ingen hysteri i hans verk, ingen vald pina, inga skapade kval. Skulpturerna tycktes nästan blida vid en jämförelse. Hans förhållningssätt hade mindre att göra med det extrema i tillvaron än med det alldagliga, mindre med bru-

talitet än med ömhet, ja, rentav kärleksfullhet. Här åskådliggjordes inga eviga sanningar, utan gavs prov på det förgängligas evidens.
Vänta. Skrev jag just "kärleksfullhet"? Gah. Jag antar att du ler på det där "Vad var det jag sade?"-sättet du har när jag efter tusen ord mer än nödvändigt lyckas kämpa mig fram till det självklara. Förlåt mig i så fall, och förlåt mig om jag funderar vidare i en riktning vars mål du möjligen känner. När jag besinnar förmiddagen som jag tillbringade på National Art Gallery inser jag att det måste ha varit kärleksfullhet som uppfyllde mig. Ur Muecks kreatur med alla deras men, avoghet och skavanker talade gränslös tillgivenhet. Tyst tänkte jag att det måste ha att göra med exaktheten i hans tillvägagångssätt, denna blandning av konstnärlig svalka och precision, inlevelse och understatement. Utan att höja volymen, utan att bli sökt eller sensationslysten återskapade han chocken över att vara människa.

....

I dessa funderingar trädde jag in i sista salen och fann dem liggande på en sockel förvillande lik en bädd utan kuddar och täcken: en man och kvinna, till storleken större än soppslevar men mindre än paraplyer. Jag gissar att paret var ungefär en halvmeter i längd, knappast mycket mer. De verkade glömska om världen och vilade i den ställning som på engelska kallas *spooning*: likt skedar i en bestickslåda

– han bakom henne, hon med armarna böjda och händerna förda till ansiktet. Mannen bar en t-tröja, skrynklig och urblekt efter alltför många tvättar; kvinnan ett par missfärgade grålila trosor. Han var naken nedtill, hon upptill. Det första jag överväldigades av var intimiteten. Tanken gick osökt till den kärleksfullhet som så lätt kommer över en efter samlag. Men när jag trädde närmare inpå insåg jag mitt misstag. Här var allt ingalunda som det skulle. Paret rörde knappt vid varandra, trots att han kilat in knäna i hennes knäveck och bägge intagit samma fosterliknande ställning. Hans arm låg inte om hennes midja, inte heller hade han försänkt mun och näsa i hennes hår. Tvärtom höll båda ögonen öppna, men saknade kontakt och riktade inte heller blicken åt samma håll. Uppenbarligen funderade de, utelämnade åt sig själva, så seende oseende som man bara blir när man vänder sig inåt egna bekymmer.

Du undrar kanske varför just en sådan skulptur får mig att tala om kärleksfullhet? Möjligen för att jag kom att tänka på dig, på oss, och att jag lovat att koppla av så fort det gick. ("Du måste koppla av", sade du sista kvällen tillsammans. Minns du det? "Du måste koppla av, annars slutar det illa." Och efter en paus, lika lång som tyst: "För oss båda.") Muecks diminutiva par var på en gång nära och fjärran varandra. Mellan hans lår täckta av krusiga hårstrån och hennes släta rumpa passade inte ett pappersark. Likväl tror jag att de trots den intima ställningen återgav något annat: det ögonblick när samklangen mellan två människor upplöses. Förmodligen invänder du att *det* åtminstone har föga med kärleksfullhet att göra. Men i så fall kan jag inte instämma. Trots att varelserna höll ögonen öppna illustrerade de sanningen i att inget blir mer rättvist bara för att båda blundar. Stående vid sockeln likt en bekymrad demiurg fick jag för mig att skulpturen förvaltade just denna insikt, samt den övergivenhet som uppstår ur den, men med en sådan ömsint brist på illusion att åskådarens reaktion bara kunde bli tacksamhet. Du ser: måste man inte tala om kärleksfullhet?

Aningen fick mig att fatta ett oöverlagt beslut. När jag åter trädde ut i den klara men kyliga augustidagen bestämde jag mig för att ringa till L. och P. i C. (Det känns tafatt att reducera namnen till initialer, som om jag inte visste vad de heter, men i likhet med andra personer uppskattar de diskretion och vem kan säga i vems händer dessa rader råkar?) Jag hade plötsligt fått en intensiv lust att vara nära vänner och vila upp mig. Möjligen blev de förvånade när de hörde rösten i luren, men omtänksamma som de är bjöd de in mig. Redan ett par timmar senare satt jag på pendeltåget till Glasgow. Efter en trekvarts färd genom förorter och industrilandskap bytte jag tåg och under färden upp i höglandet, medan vyerna blev allt kargare, allt vildare och vackrare, fick jag äntligen tid att fundera över varför morgonens galleribesök framkallat sådana intima känslor. Visst hade Muecks kärleksfulla saklighet berört mig. Men fanns där inte även något annat? En uppdämd oro, kanske? Något som hade att göra med dilemmat jag nämnde? Blandat med en vilja att för en gångs skull nå ända fram?

För att kunna svara på det måste jag först berätta vad som skedde uppe i bergen.

....

När jag anlände till C. – orten ligger 400 meter över havet och är enligt guideboken jag bläddrade i på stationen "den mest isolerade järnvägsknuten i Storbritannien" – visade det sig att jag stigit av mitt i ingenstans. Runtom bredde steniga myrar och berg ut sig. Förutom den pittoreska stationsbyggnaden med örtträdgård och parkeringsplats fanns inte en boning så långt ögat kunde nå. En signal ljöd, oväntat lång och klar, så lämnade tåget den grustäckta perrongen. Jag hälsade på den kvinna som förestår en *bed & breakfast* som just öppnat i stationshuset. Senare skulle jag få veta att hon är före detta sjuksköterska och nyligen gift om sig med en Londonbo som skulle spela en viss roll dagen därpå. Medan kvinnan berättade att en scen ur filmen *Trainspotting* spelats in på stationen kom L. och P. gående från parkeringen. Tillsammans spekulerade vi över morgondagens

väder, därefter körde vi till den *lodge* där mina vänner tillbringar en del av sommaren. Det hade hunnit bli sen eftermiddag och solen blänkte matt i det myggrika diset. Genom bilfönstret tog jag några foton med mobiltelefonen – bland annat av ett berg som skymtade mellan träden. Efter ett iskallt bad i Loch Ossian (nej, sjön heter faktiskt så; inte en grad över +6) åt vi middag. Samtalet fortsatte framför brasan, medan barnen lade pussel. Maten, vinet och whiskyn gjorde mig nog dåsigare än vanligt. Jag kände den behagfulla tröttheten breda ut sig i lemmarna och gick till sängs redan före tio på kvällen. Strax därpå föll jag i drömlös sömn, dock inte utan att först ha funderat över morgondagen. Under ett obevakat ögonblick hade jag tackat ja till att följa med på hjortjakt.

....

Klockan var sju när jag vaknade. Halvåtta hade jag proppat magen full med vändstekta ägg, blodkorv, vita bönor, juice och kaffe. Trekvart senare satt jag, iförd lånad jägarmundering och gummistövlar, i någon sorts militärfordon med släp som rattades av S., en lokal *mountain ranger* – eller *stalker*, som de kallas däruppe. Han skulle föra mig och L.:s son B. till stationen, där den förre Londonbon väntade på oss. För att testa om mitt blod verkligen var så kallt som jag påstod övningssköt vi ute på ett fält. Jag vet inte om det var gårdagens dopp, forna tiders tivolibesök eller bara det italienska geväret. Men tryggt förskansad bakom en mosse och utan knott i luften hade jag inga svårigheter att träffa mitt i prick. Förmodligen berodde min konstgjorda jaktlycka på geväret. Det var häpnadsväckande lätt och av sådan utomordentlig kvalité att det absorberade så gott som all rekyl. Antagligen skulle kikarsiktet ha tillåtit även mer närsynta amatörer än jag att träffa ett blomkålshuvud på hundra meters håll. Gång på gång hörde jag kulorna slå mot de hjortformade metalltavlor som ställts upp i fjärran – en klang som gav ifrån sig ett trumpet, plåtliknande eko. Något johnwayneskt gevärsdån hördes inte mullra över bergen denna morgon.

Efter att ha kontrollerat utrustningen körde rangern upp en argocat på släpet. Det är ett amfibiskt fordon som ser ut som en korsning mellan pansarvagn och golfbil. Två rader med fyra kompakta gummihjul vardera får farkosten att rulla; motorn ska tydligen vara något i hästväg. På det sittbrunnsliknande flaket syntes insmort blod från tidigare utflykter i naturen. Så fort vi tagit oss över järnvägen fällde S. ned rampen och körde av fordonet. Framför oss försvann just ett par vandrare bakom utskjutande klippor. B. satte sig i förarhytten, medan jag hämtade min keps som jag glömt under jägarens väska i bilen. Assistenten hjälpte mig upp därbak. När jag satt mig tillrätta förstod jag varför man behöver en argocat i dessa trakter. Marken var på en gång stenig och sumpig. På sina ställen kunde man säkert gå ned sig till midjan om man bara ville, och framför oss reste sig en oländig bergsformation. För den som önskade jaga skulle det möjligen vara uppfriskande att springa efter vandrarna som just givit sig av. Men hur skulle han kunna släpa hem ett byte över sådan kuperad terräng? S. vred om tändnyckeln och äventyret kunde börja – med en hastighet av fem kilometer i timmen.

Målet var sydöstra sidan av Beinn a Bhric, det berg på 876 meter över havet som jag skymtat under gårdagen. Tydligen var chanserna att träffa på vilt bäst där denna dag. En infernalisk timme senare steg jag av med värkande underrede. Färden hade visat sig bra mycket värre än en berg-och-dal-bana i helvetet. Visserligen absorberade de tjocka gummihjulen stötarna. Men det steniga, sliriga underlaget gjorde att man tvingades hålla fast sig i allt som överhuvudtaget gick att greppa. I mitt fall blev det den nedblodade sitsen i glasfiber, det klibbiga metallstaget och den förre Londonbon, i nu nämnd ordning. Kroppen var mörbultad. När jag sträckte på den kändes det som om mina inre organ just förhandlade om att återfå sina ursprungliga platser. S. hoppade ned, vig som en argonaut, och mumlade något om skrivbordshjältar. Efter att ha svept med kikaren över bergskammen axlade han geväret och gav sig av. Bara så där; utan förvarning. Vi andra lommade efter.

Jag önskar att jag kunde berätta om hur spännande det är att jaga. Men sanningen är att man tillbringar större delen av dagen liggande på rygg eller ålande över våta myrar. På varje minut av spänning går en timmes sysslolöshet. Ena stunden vilar man med huvudet mot en sten och beundrar himlen i brist på annat. I den andra kryper man med kurrande buk huvudstupa nedför en brant och drömmer om den goda lunch man skulle ha kunnat ta igen sig efter om man inte bestämt sig för att tillbringa dagen i höglandet. Visst finns det ögonblick av välkommen lättnad däruppe, som när man lägger sig på sidan och tömmer blåsan, och av och till utbyter man råa skämt eller visdomar med varandra. Vid ett sådant tillfälle anförtrodde mig S. något av den senare sorten som jag inte kan undanhålla dig. I höglandet lever *stalkers* tydligen enligt ordspråket: *"What happens in the mountains, stays in the mountains."* Du förstår kanske att det slog an en sträng hos någon som fantiserat om Aktaion? Medan jägaren förkunnade ordspråket prövade han eggen på sin kniv och gjorde en min som lät förstå att bara yrkeshedern förbjöd honom att kontra på min skröna om skottlossning på öppen rysk gata. På detta sätt fortsatte vi, med ett fridfullt utbyte av lärdomar, upp över berget och in i eftermiddagen. Enstaka gånger hettade det till. Då höjde S. hastigt handen, drog ned kapuschongen över ansiktet och försvann ljudlöst bakom ett stenblock. När vi ålat fram till honom kunde vi se en hjortflock beta i en ravin. Men de var alltför långt borta, och varje gång vi lyckades slå en lov för att en halvtimme senare dyka upp i deras förmodade närhet var de som bortblåsta.

S. måste ha anat varför. Ändå hann klockan bli närmare tre innan han bekräftade farhågorna för oss. När man jagar bjuder sunt förnuft att man rör sig mot vinden, så att djuren inte ska få upp vittringen. Till och med en gröngöling som jag kunde förstå att det var med lukten som med ryktet: den föregick en. Följaktligen agerar en framsynt *stalker* alltid mot förväntningarna, om jag kan uttrycka mig så. Vill man däremot vandra behöver man naturligtvis inte följa några sådana regler. Dystert pekade S. uppåt berget och nu kunde vi urskilja två färggranna gestalter uppe på toppen. Det var inte svårt att se att det rörde sig om vandrarna som givit sig av strax före oss – eller begripa att lukten av dem fått djuren att fly undan oss. Rangern tog en pinne och ritade en karta i gruset. Med tanke på vindriktningen återstod bara en möjlighet, och den var inte särskilt god. Om vi hade tur skulle vi finna villebråd på bortre sidan av bergsmassivet, i en dalgång som kallades Bhric a Mhor. (Jag älskar dessa namn. De låter som våta löv och kvistar.) Tyvärr skulle det ta oss en halvtimme att nå dit, och om vi lyckades fälla ett djur kunde vi inte räkna med att vara tillbaka på stationen förrän vid skymningen. Han såg undrande på mig. Jag förklarade att mitt flyg gick från Glasgow klockan sju nästa morgon. Eftersom jag inte skulle hinna med första morgontåget hade ett rum reserverats på ett hotell vid flygplatsen. Vad jag visste var jag tvungen att... "Så bra", avbröt han mig. "Om du klarar dig på några timmars sömn, som en äkta *stalker*, kan du alltid ta nattåget." Det avgjorde saken. D. körde ett nikotinfärgat finger i luften, grinade tandlöst och tillkännagav att jaktlyckan just vänt.

Vi gav oss av och en halvtimme senare upptäckte vi faktiskt ett par hjortar, stillsamt betande i en ravin. Först hade jag svårt att urskilja dem i den steniga terrängen. Men när S. lånade mig sin kikare stirrade jag med ens in en grovkornig, fridfullt tuggande mule. D. fick order om att ta ena walkie-talkien, kravla tillbaka till fordonet och köra runt berget. Om tjugo minuter var det tänkt att han skulle möta oss nere i dalen, eftersom bergssidan på vilken vi befann oss var alltför brant för en argocat. Försiktigt drog S. ned huvan och tecknade åt B. och mig att göra detsamma med våra rutiga kepsar. Avslutningsvis förde han tummen och pekfingret längsmed läpparna – som om han just slöt ett blixtlås. Nu härskade tystnad. En efter en ålade vi efter honom, nedför branten. Efter ett femtiotal meter lade vi oss tillrätta bakom en klippa. S. osäkrade geväret och räckte det till mig: som nybörjare hade jag äran att avlossa första skottet. När han såg mitt frågetecken till ansikte fällde han upp ena öronskyddet på min keps och väste: *"Five seconds. Just do it."*

Så här i efterhand tror jag att jag gjorde det mesta rätt – intuitivt eller bara för att jag blev alltför överrumplad för att känna mig nervös. Men strax efteråt tvivlade jag. Det kändes ju som om jag förgått mig mot det oskyldigaste offer. Intet ont anande betade hjorten några stenkast bort, upptäckt av mitt maligna öga. Jag tryckte geväret mot skuldran, letade med kikarsiktet efter den rätta platsen på villebrådet och andades lugnt och regelbundet. Inte ett enda av de symptom som man berättat om uppträdde. Blodet dunkade inte hetsigt i mina ögon, jag flämtade inte som om syret just tagit slut, inte heller darrade händerna som på en alkoholist. Tre, fem, sju sekunder gick. Tio. Tolv. Sedan kände jag den mjuka rekylen mot skuldran och förstod att skottet avfyrats utan att viljan hunnit omvandlas till avsikt. Djuret sjönk samman som en sufflé. Snabbt och oåterkalleligt. Innan jag ens tagit blicken från hårkorset ryckte S. åt sig vapnet, laddade om och tryckte det i händerna på B. Rutinerat lade pojken sig tillrätta och siktade på hjort nummer två. Det andra djuret hade inte kunnat avgöra varifrån skottet kommit, utan stannat kvar, stelt av skräck eller instinkt. B. träffade det i buken. Hjorten vacklade till, men föll inte. Istället slant de smala benen olyckligt mot stenarna. Av någon anledning kom jag att tänka på en konståkerska. Omedelbart tog S. geväret ifrån honom. I en lång, följsam rörelse laddade han om, reste sig upp på knä, siktade och fällde hjorten med en dov träff strax under manken. Det var det det, tänkte jag. Nu skulle jag hinna med femtåget.

Som jag bedrog mig.

....

Ledsen. Åter blev jag tvungen att göra ett avbrott, denna gång för att avvärja frukostbrickan.

När jag begrundar vad som skedde när vi klättrat ned till djuren är det inte utan att jag önskar att jag hunnit med eftermiddagståget. Förmodligen rör det sig verkligen om en yrkesskada. Jag börjar tro att jag trots allt tillhör den kategori av observatörer som du avsåg: de som samlar på upplevelser som på troféer, hur illa de än kan verka. "Någon nytta tror man alltid att det ska göra", som min svenske kollega sade när han gåtfullt strök sig över sitt plåster. För vem är möjligen oklart, men se på Mueck. Jag har svårt att föreställa mig att hans skulpturer är sprungna ur ren, saklig fantasi. Sannolikheten är väl större för att dessa varelser inte vore tänkbara utan förlaga? Nej, jag syftar inte på personer ur det egna livet eller historien, utan på upplevelsen av dem. De förvrängda proportionerna visar ju att det inte finns något direkt original. Tvärtom tänker jag på det där jag kallade *cargo*. Det kan röra sig om intryck man bär med sig under ett liv, men även om affekter som man inte förmår skaka av sig fort nog. Det kan handla om undran, grusade förhoppningar eller en nyfikenhet len som bladet på en kniv. De mest olikartade kopplingar är tänkbara så länge det gäller hjärtats umgänge med en börda som vi inte förmår formulera i ord. Likväl kvarstår känslans verklighet.

Eller snarare: omutlighet. Som jag ser det kommer det för realister av Muecks sort inte an på att fira skaparens föreställningskraft eller den avbildades personlighet, utan på något tredje: förtroende för den obeveklighet med vilken världen gör sig gällande. Och det är väl bara möjligt om man betraktar känslan som form? Något annat tror jag är försumbar subjektivitet eller missledd objektivitet. Jag erinrar mig ett ställe hos Henry James: "Alltså, du har ett hjärta i kroppen. Är det ett formens element eller ett känslans?" Ligger inte konstens komplikation i denna undran, så lockande, så oroande?

Djuren var grå, svettiga och varma. S. böjde sig ned och kontrollerade att det inte fanns något liv i ögonen. Sedan vred han den första hjorten, som råkade bli den jag skjutit, så att huvudet pekade nedåt sluttningen. Kvickt satte han kniven strax ovanför bröstbenet, med spetsen mot hjärtat, och tryckte till. När bladet trängt genom bröstkorgen, vred han runt det så att blodet forsade ut. Lugnt och metodiskt skar han längs halsen, frilade luftröret och kapade matstrupen så högt upp som möjligt, för att hindra köttet från att förgiftas av uppkastningar ur magsäcken. ("Kött?" undrar du. Faktiskt. På bara några minuter hade djuren förvandlats till charkuteri.) När han åter vridit hjorten, denna gång så att den låg på rygg med benen utsträckta, satte han kniven framför genitalierna och skar upp mot bröstbenet. Därefter lade han kroppen på höger sida så att mjälten kunde lossna från magsäcken, lirkade ut matstrupen och drog den hela vägen bakåt. Magsäcken gled ut likt en fet, glänsande pudding. Under den elastiska hinnan syntes allt gräs som inte hunnit smälta. Nu skulle inälvorna – *the gralloch* – avlägsnas.

Kunde jag göra det? Ursäkta? S. stoppade undan kniven. Jo, jag hörde rätt. Det var tydligen tradition: första gången man fäller ett djur i höglandet måste man själv avlägsna inälvorna. Tvehågset förde jag in mina porslinsfingrar i det fuktiga inre. Blodet ångade stilla, mjälten var förvånansvärt varm och klibbig. Det kändes som att dra på sig handskar av ljummet klister. Lukten av smutsig päls ingav mig

367

yrsel. Skrattande sänkte S. handflatorna i den bubblande blodpölen vid våra fötter och innan jag hunnit reagera torkade han av sig på mina kinder. Det kallas *bleeding*, och även det hör uppenbarligen till ritualet. Efter första jaktlyckan är det meningen att man ska se ut som en indian. Medan B. gjorde sitt bästa för att inte låtsas illamående sökte jag leva upp till förväntningarna. Jag kan inte säga hur länge jag grävde runt i kadavrets buk, men blodet på kinderna hann torka och fick huden att strama åt. Det kändes som om jag avlägsnat kilovis med inälvor och organ, kanske rentav ett foster eller två, innan S. blev nöjd. Myggorna dansade deliriska i sensommarluften, gyttjan vid fötterna kväkte varje gång jag skiftade ställning. I näsborrarna satt stanken av ond bråd död. Naturligtvis tänkte jag på Aktaion.

När jag fem minuter senare äntligen kunde andas ut – vid det här laget hade solen, chockad eller bara uttråkad, sjunkit bakom bergen – blev det B.:s tur. Men han mådde så pass illa att S. visade medlidande. Trots sin unga år har L.:s son redan skjutit ett antal hjortar, varför rangern erbjöd sig att slutföra arbetet. Likväl kunde jag se oro blänka i hans ögon när han böjde sig ned för att öppna det andra djuret. B. hade träffat det i magen, vilket förmodligen trasat de inre organen och förgiftat köttet. Jag stod strax intill och skulle just säga något om den puré av blod, gräs och inälvor som vällde ut, då S. vände sig om och ropade något till B. som kräktes bakom en sten – och i detta ögonblick inträffade olyckan: den kladdiga kniven gled ur fåran, for genom luften och skar rakt över jägarens vänstra handled. Ingen tvekan om saken: en jaktkniv är vassare än en Bic-hyvel. Snittet var djupt och nästan blårött. Utan att tänka mig för kastade jag mig över handen, pressade underarmen mot såret och försökte med den andra handen samtidigt att kränga av mig jackan. Medan S. stönade, blek och lite förvånad, tror jag, lindade jag ena jackärmen kring hans handled och höll strax därpå upp den likt en sjuk trofé. Jag kunde känna pulsen pumpa under knuten, se blodet droppa från armbågen. Han kved och vacklade, så satte han sig som om han aldrig tänkte resa sig igen.

Nu blev det min tur att utdela örfilar. Medan jag återgäldade de tidigare hedersbetygelserna ömsom kräktes, ömsom jämrade B. om att vi måste göra något, nu genast, vad som helst. Uppståndelsen förde åtminstone det goda med sig att S. kvicknade till. När vi konstaterat att pulsådern och senorna klarat sig, såg han sig om efter

sin väska. Strax förstod han att han glömt den, och därmed första hjälpen-utrustningen, nere i bilen. Jag erinrade mig väskan som min keps legat under och insåg att de goda råden åter blivit lite dyrare. Situationen var knappast livshotande, men om D. inte dök upp nere i dalen kunde den bli det. I bästa fall tog det en timme att återvända till den före detta sköterskan på järnvägsstationen. Vem visste vad som hann ske under tiden, utan bandage och stelkrampsspruta? Och för övrigt: var höll D. hus? Snart hade det gått en timme sedan han givit sig av och ännu kunde vi inte se röken av någon argocat. Hade han kört vilse? Kanske råkat ut för en olycka? Medan B. torkade sig om munnen och tryckte kikaren mot ögonen letade S. rätt på den andra walkie-talkien. Därefter följde fem minuter som var betydligt längre än normala – typ tre gånger så långa. Men det var som förgjort: antingen var D. döv eller så hade vi sagolik otur. S. förklarade att någon som inte var förtrogen med bergen lätt förirrade sig i dalgångarna. För assistentens skull borde vi hoppas att han kört fel och nu befann sig bakom ett så massivt hinder att det inte gick att upprätta förbindelse.

Jag vet inte vad du skulle ha gjort i min situation. Jag vet inte vad *någon* skulle ha gjort i min situation. Men där stod jag med en stoisk jägare och en tapper pojke, båda bleka som lakan. Frågan om realismens betydelse för konsten var nog det sista jag tänkte på. Mina mytologiska fantasier hade lösts upp i tomma men friska höglandssluften. Medan jag sökte bevara fattningen började S. åter oroa sig – fast inte över sig själv, utan för hjortarna. Visserligen hade inälvorna avlägsnats ur det ena kadavret, men det andra återstod ännu. På hans tonfall kunde jag höra att det inte gick an att lämna djuret åt sitt öde. Yrkesheder, förstår sig. Naturligtvis fanns inget värre en *stalker* kunde göra än att inte slutföra arbetet. Kosta vad det kosta ville. Till och med jag förstod vinken. Motvilligt kavlade jag upp ärmarna och förklarade att, visst, jag var sysslolös tills D. kom. Varför skulle jag inte fördriva tiden med något så sedelärande som *gralloching*? Så kom det sig att jag, bredbent och framåtlutad, försökte leka oberörd medan jag skyfflade grön, blodig röra ur djurets inre. Samtidigt knappade S. in ett nummer på sin mobiltelefon som han lirkat upp ur bröstfickan. Jag kunde höra honom svära över de små, allt blodigare tangenterna. Stillsamt tänkte jag att hoppet var det sista som övergav människan även i denna del av världen. Inte fanns det väl någon satellittäckning här? Döm om min förvåning när jag hörde S. höja rösten. Fråga mig inte hur, men han hade fått kontakt med kvinnan i stationshuset.

Efter rådslag bestämdes att ett par andra jägare, som befann sig på ett närliggande berg, skulle larmas. Jag tillfrågades om S.:s hälsa och intygade att han skulle klara sig. Men, erkände jag, någon större lust att ta ansvar för den tid det skulle ta innan vi alla befann oss i säkerhet hade jag inte. Den före detta sjuksköterskan var vänlig nog att göra processen kort och tillkallade en ambulanshelikopter från närmaste samhälle – Fort William, ett par timmars bilfärd bort. Medan vi väntade på att se om D. eller helikoptern skulle hinna först slutförde jag arbetet. När jag stoppat undan kniven fattade B. och jag tag i den ena hjorten och försökte släpa ned den för branten. Om inte annat skulle vi vinna tid om kadavren redan låg i dalgången då D. behagade anlända. Det visade sig lättare sagt än gjort. Den 150 kilo tunga kroppen vred sig, kasade ett tiotal meter med uppfläkt buk över klipporna och fastnade med bålen mellan några stenar. När vi äntligen lyckades lirka loss den vreds halsen i en så onaturlig ställning att vi av rent pietet, och möjligen en smula vördnad inför gudarna, gjorde uppehåll och lade djuret i en ställning som påminde om bruklig anatomi, åter osäkra på om vi handlade rätt. Särskilt den fina pälsen som täckte hornen ingav mig olust. På vissa ställen hade den kasat ned likt strumpor utan resårer. Hornen kändes både döda och alltför levande. Det hjälpte dock att jag inte tvättat mig: mina klibbiga händer gav mig utmärkt grepp. En halvtimme senare blev vi klara. Jag behöver kanske inte nämna att kadavren hamnade intill varandra som skedar i en låda?

Ännu lyste D. bara med sin frånvaro. Men vi hade knappt hunnit tvätta oss i en rännil och klättra upp till S. igen förrän vi hörde det avlägsna smattret från en helikopter som närmade sig. Någon minut gick, sedan svepte farkosten in över dalgången på jakt efter tre kamouflageklädda personer. De senare visade sig inte vara den lättaste sak ens om man har tillgång till högteknologisk utrustning. Jag hade givit S. min tröja, som nu viftade frenetiskt med den i sin friska hand. Men förgäves. Helikoptern svepte upp och bort över bergskammen. Fel dalgång? Kanske trodde de att vi befann oss på andra sidan? Man hade inte upptäckt oss.

Det tog ytterligare en kvart och en del koordination via mobiltelefoner, sedan sänkte sig maskinen ned över våra huvuden. Gräs och kvistar piskades upp. Det var svårt att röra sig, omöjligt att göra sig hörd. En dörr sköts åt sidan och en man firades ned i en wire. Så fort han nått S. fäste han honom i en sele. Därefter gjorde han en roterande rörelse med ena handen och, alltså, jag kan inte uttrycka det på något annat sätt: *the human cargo* drogs upp i luften. Knappt hade lasten försvunnit in i buken och helikoptern givit sig av förrän vi urskilde det trilskande ljudet av en argocat. Kort därefter ljöd ännu en. Så upptäckte vi D., åtföljd av S.:s kolleger.

Jag vill inte plåga dig med beskrivningar av hemfärden, av hjorten som gled ur ett av fordonen vid en kraftig gir eller hur vi efter några minuters gyttjebrottning lyckades få upp den igen. Inte heller tänker jag trötta dig med hur svårt det är att stilla ett hjärta efter en dag i höglandet eller hur förvånansvärt efterhängset blod under naglar kan vara. Men när jag nu lutar pannan mot kabinfönstret och blickar ut över dessa flata, rödstrimmade moln som inte påminner mig om något mer än flådda stycken hud, kan jag inte undgå att undra över vad som fick mig att påbörja detta brev. Nej, jag är rätt säker på att det inte räcker att följa sin instinkt som observatör. Förr eller senare står man med händerna instuckna i ett kadaver. Och om det finns något som det senaste dygnet lärt mig, så är det hur försumbar den erfarenheten är. Men möjligen handlar det om att förläna känslan av verklighet en sådan laddning att det som ska förmedlas säger sig självt? I så fall har dessa rader åtminstone lärt mig att jag befunnit mig på fel väg. Som Mueck visar klarar man sig inte utan avstånd. Faktiskt, en människa behöver inte älska livet mindre bara för att hon går på distans till det.

När vi återvänt till *the lodge* hade jag en kvart på mig att bli av med stanken i hår och näsa, på hud och kläder. Jag hade ännu schampo bakom öronen då P. skjutsade mig till stationen. Strax innan vi tog farväl – klockan var tio på kvällen, min mage tom – rådde mig den före detta sjuksköterskan att inte stiga av inne i Glasgow utan på stationen före, eftersom den låg närmare flygplatsen. Tro det eller ej, men tre timmars händelselös färd genom ett mörkt högland var nog för att lugna pulsen. När tåget stannade vid perrongen i Westerton en timme efter midnatt skakade konduktören dock på huvudet. Holiday Inn? Härifrån? Om jag ville gå till fots, så. "Gör dig själv en tjänst, *mate*", sade han när han märkte att jag inte tänkte ge mig. Han pekade. "Korsa spåren och gå ett kvarter i den där riktningen."

Där fanns en genomfartsled. Om jag hade "tur", nej, om jag var "välsignad", han log skevt, skulle jag få tag på en taxi. Mannen skakade fortfarande på huvudet när han rättade till skärmmössan och blåste i pipan.

Naturligtvis hade jag inte tur, men jag var välsignad. Under en kvarts tid vandrade jag fram och tillbaka på en trottoar i utkanten av Glasgow, dragande på min väska med sina larviga små hjul, och funderade på vad jag skulle ta mig till utan nummer till vare sig taxibolag eller nummerupplysning. Klockan var halvtvå på natten. Eftersom jag inte ville väcka vännerna i C. fanns inte mycket att göra än att lita på försynen. Den uppenbarade sig en stund senare, i form av en kortvuxen, bredaxlad herre. Nej, det var inte svensken. Men plötsligt öppnades en dörr längre ned för gatan. Någon tog högljutt farväl och började gå i min riktning. När mannen passerade under en gatlykta blänkte hjässan och jag förstod att han var berusad. För säkerhets skull slöt jag fingrarna kring nyckelknippan i fickan. Men min oväntade räddare i nöden var ingen hulligan. Tvärtom visade han sig vara polis. Han hette Nicky och hade vuxit upp i denna namnlösa del av världen, fast bodde och arbetade numera i Luton. Under helgen hade han firat sin sons födelsedag. Nu skulle han hem till föräldrarna, sova ruset av sig och sedan ta tåget tillbaka till Luton. Vänligt sluddrande upplyste han mig om att det endast fanns få taxibilar i denna stadsdel, och aldrig så här dags på dygnet. Men om jag ville kunde han ringa kollegerna på det lokala poliskontoret och höra om de hade tid att skjutsa mig. Vilket han gjorde. Vilket de gjorde.

För säkerhets skull tog vi med Nicky. Så kom det sig att jag för första gången fick tillfälle att utbyta åsikter om utländska fotbollsspelare i baksätet på en skotsk polisbil. Med jämna mellanrum sprakade radion, men natten verkade lugn. Det visade sig att min samtalspartner hade höga tankar om spelarna i Celtic och till och med mindes en viss Örjan Persson. Personligen har jag för mig att svensken spelade för Rangers, men vad gör man inte för att stärka känslan av förbrödring? Jag sade i alla fall inget. När Nicky stigit av framför några hyreskaserner där varje offentlig glödlampa tålmodigt avlägsnats, satte konstaplarna gasen i botten. Själv försjönk jag i tystnad – eller huvudvärk; för ögonblicket kunde det göra detsamma. Fem minuter senare kom vi fram. Poliserna gjorde slarvig honnör. Medan bilen for iväg till nästa brottsplats hörde jag hur de sjöng, oroväckande muntert: "*Follow, follow, we will follow Rangers – everywhere, anywhere...*"

Vid det här laget kunde inget längre förvåna, så när man på hotellet meddelade att man aldrig hört talas om mig kändes allt som det skulle. Jag måste dock erkänna att jag inte blev förtjust över nästa upplysning: hotellet var fullbelagt. Receptionisten ryckte trött på axlarna. Det fanns inget hon kunde göra. För att demonstrera sin välvilja klickade hon ändå runt bland dokumenten i datorn. Ingenstans fann hon mitt namn. Jag bad henne att leta även bland pappren bakom disken – och till slut hittade hon ett fax. Nu kunde hon åtminstone förvissa sig om att jag inte fantiserade. Men tyvärr, inte heller det hjälpte. Klockan var mycket och hotellet endast tvunget att bevara reservationer fram till midnatt. För närvarande lekte en annan gäst som bäst tesked i min säng.

Kanhända tog det längre tid än jag räknat med, men till slut förlorade jag vad en god observatör väl aldrig tappar: fattningen. Jag klappade mig för fickorna, fann passet och placerade det med en ljudlig klatsch på disken. Så började jag, möjligen mer högljutt än nödvändigt med tanke på att vi var ensamma i lobbyn, att understryka vikten av goda bilaterala förbindelser. Till slut fattade kvinnan poängen och ringde hotellchefen. Av ren välvilja, eller därför att han ville somna om, bad han henne att ge mig bröllopssviten till samma pris som rummet som reserverats. Halvfyra på morgonen sjönk jag äntligen ned i glömskan, bland gräddfärgade kuddar i en säng stor som en swimmingpool, med den misshandlades behov av frid.

Resten är en smula platt och livlöst. Telefonen väckte mig två timmar senare. Efter kall spenat med korv och en näve aspirin gick jag över till terminalen. Medan vi väntade på att stiga på ringde jag till C. för att höra hur det gått för rangern. Det visade sig att en okänd man samma dag hotat en kvinna med kniv och försökt våldta henne i en park i Fort William. Jag kan inte svära på att skotska kvinnor är gjorda av annat material än systrar i andra länder. Men kvinnan hade vridit vapnet ur handen på mannen och nu letade polisen efter en blödande 35-åring. Så fort S. satte foten på sjukhuset greps han. Trots att han var *stalker* hade han inget annat val än att berätta vad som skett uppe i bergen. För den som är sitt eget största hinder hjälper bara att sekundera världen.

....

Käraste, nyss bad man oss att fälla upp borden och spänna fast säkerhetsbältena. Det gör inget. Jag är ändå klar med denna redogörelse. Visserligen vet jag inte om du kommer att få den. Kanske plågar dig bara mina missförstånd? Men numera vet jag åtminstone att en observatör inte är någon jägare. Vem var det som sade att vissa saker framgår ändå, bara känslan har den rätta laddningen? Jag tänker hålla mig till det framöver. Även om jag är lite osäker på instinktens roll i det hela, är livet trots allt en fråga om behållning. Mina tankar är med dig. Farväl. Eller som de säger i höglandet: *ceud mile failte* – "hundratusen hälsningar",

Sen eftermiddag i evolutionen

Det var samma dag som antalet människor på jordens yta översteg det sammanlagda antalet människor under den. Evolutionen, "denna blamerande episod på en av de mindre planeterna" med Mark Twains ord, hade gjort det igen: överträffat sig själv. Statistiker kunde visa att de levande blivit fler än alla döda i det förflutna. Hädanefter skulle det rymliga dået innehålla färre själar än det flacka nuet. Aldrig förr hade människans tillvaro tett sig lika relativ. Algoritmerna visade att livets bana gick brant uppåt, medan döden följde en jämnare kurva. Om vektorerna någonsin skulle närma sig varandra igen? Osannolikt. Livet hade fått ett försprång som döden inte hämtade in så lätt – trots att föga förändrats i den enskilda individens livsbana. Fortfarande tog det en man ett sjuttital år att ta sig från början av livslinjen till dess slut, och en kvinna några år längre. I tidernas begynnelse hade människan lyft näsan från marken och börjat använda de övre extremiteterna till mer än enbart transporttjänst. Hon hade utväxlat grymtningar med stamfränder och, för några miljoner år sedan, brutit upp ur Afrikas inre. Varsågoda, det här var resultatet av hennes rastlöshet: tilltagande trängsel och sex miljarder olika viljor. Om minimidefinitionen på ett metafysiskt djur var en varelse som insett att ingen annan kan befinna sig på samma plats som hon själv, hade evolutionen fått problem. Från och med nu var den boven i sitt eget biologiska drama.

Ur hjärtats historia

Ett par veckor före invasionen av Polen 1939 invigdes en björngrop i centrala Berlin. Sedan dess har ett antal exemplar av ursus arctos *bott på ett utrymme inte större än hundra kvadratmeter, delat i två partier av en tegelstensbyggnad och omgivet dels av en simbassängsliknande vallgrav, dels av ett armerat skyddsräcke. Under den kaotiska vintern 1944–45 försvann djuren. Något år senare flyttade fjärran släktingar in. Från myndigheternas sida ansågs det viktigt att bevara traditionen, även om den instiftats under brunare dagar. Trots allt rörde det sig om stadens vapendjur. De nya invånarna var en gåva från ett land som hade sin egen tradition. Den store brodern i öst skänkte tre brunbjörnar som symboliskt stöd till utvidgningen av det socialistiska riket på tysk mark. Under åren har invånarna i parken kommit och gått, medan femårsplanerna lagts till handlingarna och skrankor av skilda slag raserats. Under dessa år, som motsvarar ett och ett halvt björnliv, uppfördes även det byggnadsverk, unikt i sitt slag, som länge löpte bara några gator längre bort.*

En vinter för inte särskilt länge sedan spelade vädergudarna galna. Det milda klimatet gav björnarna ingen ro. Att gå i ide var inte att tänka på. En natt fick de besök av en granne från kvarteret. Han kände igen sig i djurens situation, ty även han tillhörde de sömnlösas släkte. Under de följande nätterna nedtecknade han ett antal variationer på temat: historien som mardröm. Av medkänsla? Som tidsfördriv? På dessa fables nocturnes *passar nog bara den gamla slagdängan in: "Ängsliga hjärta, upp ur din dvala! Glömmer du alldeles bort vad du har?"*

I tryggt förvar

Walther F. hade sökt skydd i det låga huset, undan larmet. Mer än så mindes han inte. Nu stack och sved det i ögonen. Inte underligt, tänkte han och trevade med fingrarna över de kladdiga kinderna. Granaten hade exploderat alldeles i närheten. Han försökte kisa, därefter blunda. När smärtan inte försvann bestämde han sig för att låtsas som om det vore inte morgon utan natt. Det var ett knep han lärt sig som barn: när något gjorde honom ängslig gällde det att tänka på motsatsen. Trots utmattningen trollade hans hjärna snabbt fram vad som hörde dagens frånsida till: det gnisslande ljudet av pansarvagnar som rullade längs leriga vägar, fjärran dån, kamraternas sanslösa snarkningar eller värnlösa gnyenden i bäddarna. Som vanligt fungerade tricket. Snart skänkte den loja svärtan tröst. Walther F. tillhörde åter de övergivnas gränslösa sammansvärjning. Äntligen slapp han det elakartade sken som var det sista han kunde erinra sig. För att förvissa sig om att han befann sig i tryggt förvar kröp han närmare intill väggen. Oväntat stötte han på något mjukt. Det kändes som en kall, fuktig päls. Trots att den luktade skit upplevde han förtröstan. Walther F. hade nämligen överlevnadsinstinkt: han besatt FÖRMÅGAN ATT SKÄNKA DET OKÄNDA FÖRTROENDE. Fortfarande var allt mörkt. Inte ens de fingrar som han tryckte mot sina ögonhålor kunde han se. Men han var vid liv. Till sin dotter skulle han senare säga att det räckte.

Om hanteringen av andras rädsla

Vladimir P. kallades aldrig annat än Harkranken. Öknamnet hade sina grunder. Under kriget hade han inte precis utmärkt sig genom tapperhet. Han höll sig alltid i trossen, där han ansvarade för antingen soppan och brödet eller latrinerna, och när de ryckte fram genom

stadens gator på våren 1945 såg han till att hålla sig gömd bakom kamraterna. Bara en gång hade han visat mod, och det var under en av de sista dagarna i april. Så när hade det KOSTAT FEL LIV.

Säg den dumhet som inte går igen, tänkte Harkranken tre år senare och blickade med rödsprängda ögon bort mot huset. Åter befann han sig i den park där han kastat granaten som nästan dödat Ilja Rentzing och Bagrat Giglashvili. Istället för att göra slut på krypskytten som de förföljt under flera timmars tid, från det ena huset till nästa, och som säkert hållit sig gömd i byggnaden därborta, hade han släpat de sårade kamraterna till en trappuppgång. Än idag undrade han varför tysken inte skjutit honom. Under några minuter måste han ha varit den lättaste måltavlan i världen. Kanske hade fienden insett att han föredragit att rädda vännerna framför att döda honom? Harkranken lade ifrån sig tygbyltet som innehöll några få tillhörigheter jämte en halv limpa bröd från gårdagen. Han skulle aldrig få veta sanningen. Historien fick vara: nuet var gåtfullt nog.

Med ett "Häpp!" hissade han upp de smutsiga sammetsbyxorna på höfterna och höjde piskan. När han märkte att han fått åskådarnas uppmärksamhet förde han ett pekfinger till läpparna. Han hyschade så lågt och löftesrikt att människorna som samlats började skruva på sig. Till slut förstod de varför och några av dem lade förläget en slant i konservburken på marken. När Harkranken märkte att det inte skulle bli fler donationer ryckte han i kättingen. Djuret som låg vid hans fötter rörde sig inte. Han satte ena stöveln i dess sida, strax under örat, och vred på foten – nu fick björnen plötsligt liv. "Titta, mamma, titta! Den är kittlig!" skrek en förtjust flicka i rutig klänning. En kvinna, även hon i rutig klänning, tryckte barnet närmare intill sig. Björnen lyfte huvudet och utstötte en sorgsen suck. Knappt hade Harkranken ropat *"En garde!"* förrän den med omständliga, men förvånansvärt snabba rörelser kom på fötter. Strax därpå reste den sig på bakbenen och sträckte på kroppen. Flera personer i publiken drog efter andan. Djuret var verkligen jättelikt. Nu kunde de se att en munkorg fästs kring nosen och även att en metallstav placerats mellan framtassarna. Den toviga pälsen på undersidan var betydligt ljusare, nästan gul. Björnen visade upp sina fängsel till allmän beskådan innan den förde tassarna bakom huvudet och inväntade nästa kommando. Harkranken blinkade ett par gånger med ögonen. Det var det givna tecknet. Omedelbart vred djuret huvudet åt sidan och utstötte ett ilsket men kvävt ljud. "Ååå ..." utbrast åskådarna och tog några steg tillbaka. Bara Harkranken visste att munkorgen var för liten och klämde. Det var, tänkte han och höjde piskan till upptuktelse, MYCKET SVÅRT ATT INTE VISA MEDLIDANDE.

En formidabel aning

Ivan Alexandrovitj Klug hade ett kontor i den fabriksliknande byggnad som bara några veckor tidigare upplåtits åt partiskolan "Karl Marx". (Hans efternamn stammade från modern, som var dotter till en protestantisk präst från Halberstadt med vilken hon brutit på grund av sina kommunistiska sympatier.) Trots att det mesta ännu inte fungerade i fastigheten – det nya elektriska ljuset flimrade misstänkt; det fanns bara kallt vatten i kranarna – var det inget fel på hans förstånd. Efter en tids religiösa anfäktelser under puberteten hade Klug blivit övertygad om att världen gick att förklara på materialistisk väg och låtit sig värvas av säkerhetspolisen. Fem år i Moskva och en stationering i Polen hade fört honom till moderns hemland. Här bodde han med sin gravida hustru. Om det blev en pojke skulle även han heta Ivan; blev det en flicka, vilket Klug betraktade som osannolikt, skulle hon uppkallas efter modern Karla. Som tyskkunnig ryss bestod hans uppgift i att rapportera om lärarkåren. Den förutseende modern, vars stora dröm var att "fostra även kommande generationer av tyska socialister", hade skäl att känna sig hoppfull. Året var 1955 och Sovjetunionen hade just förklarat kriget mot Tyskland avslutat.

Bara i vetenskapliga frågor förblev Klug autodidakt. Hans särskilda lidelse gällde arternas uppkomst i urhavens djup. Visserligen hade han aldrig skådat dessa avgrunder med egna ögon. Inte heller hade han under sitt hittills enda besök vid Svarta havet lyckats förvärva konkreta intryck av vad de väldiga vattenmängderna möjligen rymt för mer än 600 miljoner år sedan. Men som han i ett sällsynt ögonblick av tankspriddhet viskade för sig själv denna kväll, alltmedan han bläddrade i akterna: "Man måste föreställa sig att det finns dunkla grunder." Klug drog på läpparna. Som materialist var det inte rimligt att utgå från annat än faktiska omständigheter. Havsdjupet var ett konkret historiskt faktum, lika påtagligt som det barn som hustrun bar på och som han senare i livet tänkte inviga i sina mysterier. Frågan var bara hur man fastställde mörkrets yttersta grund; ingen hade ännu lyckats sänka en dykarklocka ned i de absoluta djupen. Vid denna tanke överväldigades Krug av en "formidabel aning". Om ljus bestod av fotoner och dessa i större mängder var så smärtsamma att ingen människa kunde se på dem med blotta ögat, vore det inte rimligt att anta att något liknande gällde mörker? Dialektiken hade lärt Krug att allt krävde sin motsats. Bara så fanns fortskridande. Följaktligen bestod riktig svärta inte av frånvaron av ljus, utan av oerhört täta, ytterst konkreta partiklar. Dykarnas svårigheter berodde inte så mycket på utrustningens otillräcklighet, som på att vattnet INTE LÄNGRE VAR NÅGOT på dessa absoluta djup. Ja, mörkret var en substans.

Denna aning kan knappast te sig oväntad för någon vars föreställningskraft förmådde skänka dialektisk mening åt urhaven. Men att upptäcka hur självklar den var – därtill krävdes en historisk process. Vilka fördelar som materialismen skulle dra av hans aning kunde Klug ännu inte avgöra. Men han visste att han befann sig på evolutionens sida. Tänk bara på hur olika de mörka augustinätterna strax norr om Rostov där han vuxit upp hade varit jämfört med de fuktiga decembernätter som han upplevde i den östtyska huvudstaden. Detta måste bero på att svärtan blandades med olika mängder ljus. När han lämnade skolan och sneddade genom parken, på väg hem till Elena, var han således mer än vanligt mottaglig för björnarna. Även hans hemstad bar djuret i sitt vapen, och i det undermedvetna bör han ha befunnit sig halvt hos barnet i hustruns mage. Nu slog det honom att det mörker som han ännu bara anade antagligen tedde sig SOM EN DVALA LIKA LÅNG OCH TÄT SOM DET OSEDDA FÖRFLUTNA.

Ett halmstrå

De hade hållit till bland sanddynerna vid Nerosjön sista sommaren före kriget. Hon mindes fanorna som smattrat på promenaden. Tre män i badbyxor och linnen hade utfört gymnastiska övningar i vattenbrynet. Deras miner hade varit målmedvetna, rörelserna säkra och lugna. Av och till hade de kontrollerat att konsterna väckt intresse. En kvinna hade skrattande sprungit efter en sjal som tumlat iväg över stranden. Tyst och målmedvetet hade hon och kamraterna grävt en grop. När den blivit tillräckligt djup drog de lott om vem som skulle lägga sig i den. Det blev en pojke som hon aldrig träffat tidigare. Han lade sig ned utan att säga ett ord. De täckte honom med en handduk och föste sand över kroppen. Till slut stack bara huvudet upp. I detta ögonblick insåg hon hur ensamt det måste kännas att ligga där och blev osäker. Hon släppte sanden som hon ännu höll i händerna. Men någon lade en handduk över pojkens ögon och uppmanade henne att hjälpa till: även huvudet måste täckas. Medan de höll på stack någon ned ett sugrör i munnen på pojken. Egentligen ville hon gå därifrån, men i skräckblandad trans fortsatte hon tills huvudet var täckt. När de jämnat ut sanden med händerna skrattade de förläget åt varandra. De kunde se hur den släta ytan skälvde och sprack på sina ställen. Plötsligt visste hon att pojken bara skulle klara sig om han spelade med. Annars skulle någon av kamraterna hälla sand i sugröret. Efteråt kunde hon inte se honom i ögonen. Hon skämdes över vad de gjort, men ännu mer över att pojken gått med på att låta det ske. Nästa sommar besökte hennes familj inte byn. När de återvände året därpå fann hon ingen av sina forna kamrater.

Dessa händelser hade utspelats mer än tjugo år tidigare, på ett så långt avstånd i tiden att filosofer hävdar att en människa hinner genomgå upp till tre NYA LIVSFORMER. Det är alltså långtifrån säkert att man har att göra med samma person 1958 bara för att hon råkar ha samma namn och födelsedatum som en varelse man träffat 1939. Av detta följer att straff och belöningar bör ske så snabbt som möjligt efter de handlingar som de avser. Ändå kände sig Olga Kemner, född Titanova, övertygad där hon satt i sin rullstol i skuggan av träden: mannen som just pekade ut de sovande björnarna för sin dotter var pojken i sandgraven. Vad han gjorde tusentals mil från byn utanför Rostov kunde hon inte säga. Men hon log när hon upptäckte hinken och spaden som han höll i handen. Man kan säga att den lättnad hon upplevde var en BEFRIELSE från det förflutna.

En otypisk dröm

Den 62-årige bildredaktör på *Neues Deutschland* som tillbringat natten i baksätet på sin bil – det var en augustimorgon 1961 och bilen en Trabant med ljusblå kaross – vaknade inte utan svårigheter. När han äntligen fått upp ögonen förstod att han att han gråtit. En vecka tidigare hade hans hustru, som arbetat som restauratör på stadsmuseet, avlidit till följd av en gammal amputation. Sedan dess drack Jens Dieter K. med det uttalade syftet att dränka sitt hjärta. Kläderna luktade dålig sprit och f6. Han försökte få tillbaka känseln i armen som han använt till kudde. Medan han vande sig vid ljuset insåg han att han faktiskt haft drömmen tidigare. Kanske borde han skriva ned den? Om inte annat skulle det fördriva känslan av olycka som uppfyllde honom. Han visste att han befann sig vid en park i centrala delen av staden och att endast tur hade räddat honom från att bli gripen. Men Jens Dieter K. var ännu alltför omtöcknad för att fatta övervägda beslut. Man kunde också säga: han var LIVSTRÖTT. Istället intalade han sig att det värsta av natten var över och somnade om. Under nästa timme sov han drömlöst. När han åter vaknade förundrades han – inte så mycket över att ingen stört honom, som över att han fortfarande kunde minnas drömmen. Mest av allt förundrades han dock över att han till skillnad från tidigare var övertygad om att drömmen varit ny. Inget av de element som ingått var "likt honom", och Jens Dieter K. tillhörde kategorin VANEDJUR som betraktade alla drömmar som "typiska".

Medan han letade efter sina cigaretter försökte han rekonstruera drömmen. Till en början hade där funnits en stor, tredelad varelse. Varje parti av kroppen bestod av fyllda säckar: den i mitten, med vilken varelsen rört sig framåt, hade sett ut som en kolsäck proppfull med kattungar. Armarna utgjordes av påsar från Konsum; också de var fyllda med något som rörde på sig. Varelsen hade tagit sig fram med grotesk värdighet – mot honom, hela tiden mot honom, i korta och hasande, men envetna, nästan enträgna steg. Mer än så mindes han inte, endast att den strax innan den nått honom ändrat karaktär. Inte bara hade den fått något hotfullt över sig, utan dessutom hade kroppsdelarna skiftat plats. Extremiteterna hade förvandlats till kolsäckar, medan bålen blivit en visserligen fullproppad, men liten Konsumpåse. Under den mödosamma vandringen hade varelsen slukat allt i dess väg – aluminiumfolie, papyrosser, ett bildäck, en kartong med övermogna päron. Den var en stinkande babusjka som... Vid det ryska ordet slog det honom plötsligt hur drömmen måste ha uppstått. Under gårdagen hade någon på redaktionen använt uttrycket. Han hade inte lyssnat särskilt noga och frågat vad man talat om, men aldrig fått något svar. Med hjälp av ledtrådar i samtalet hade han konstruerat ett skäl. I drömmen hade det verkat som om varelsen velat TILLBAKAVANDLA EXISTENSEN OCH UPPHÄVA FÖDELSEN. Vid denna tanke överväldigades Jens Dieter K. av att inte ha haft drömmen tidigare – trots att han, om han var uppriktig, måste tillstå att han känt igen påsarna, den nödtorftiga handlingen, ja, rentav fasan han upplevt.

När han några minuter senare fastnade i en vägspärr kunde han se hur man längre nedåt gatan tycktes bygga något. Han ertappade sig själv med att hoppas att drömmen skulle återkomma. Även om han inte haft den tidigare, ville han ha den igen. Bara så skulle han kunna ta reda på vem varelsen var; bara så skulle han kunna stilla sin oro. Som det nu var visste Jens Dieter K. endast en sak: någon ängel hade det inte varit.

The Dumpster of History

Som de flesta Texasbor bar Don Jaeger Jr. cowboyhatt och stövlar. Något mindre väntat var att han tyckte om att resa med sin hustru och dessutom älskade böcker i historia. Enligt Pam "slukade" maken allt som kom i hans väg. Själv visste han dock att endast litteratur om förlorare verkligen intresserade honom. Varför kunde han inte säga. Men de böcker om Cesar, Churchill eller Kennedyklanen som han fick av barnbarnen ställdes olästa i hyllan, medan skrifter om Mayafolket, ärkehertigen Franz Ferdinand eller Michael Dukakis inte bara lästes från första sidan till den sista, utan ofta även försåddes med neongula överstrykningar. Sin första förmögenhet hade Don Jaeger Jr. gjort på uttjänta bilar som han köpt upp av uthyrningsfirmor och sålt vidare på andra sidan gränsen. Numera bestod hans firma Rent-a-Truck av 34 filialer spridda över delstaten och över 700 fordon i olika viktklasser, grävskopor, ångvältar och bulldozers, ja, till och med gräsklippare. Genom en holdingfirma ägde han containerföretag i hemstaden San Antonio, i El Paso och Galveston, hade en mindre aktiepost i Texas Seaport Consortium och förvaltade stora arealer oljerik mark främst i östra delstaten. På senare tid hade han börjat köpa upp mindre, lokalt förankrade restaurangkedjor som Steaks'R'Us och Ribs'n'All, och för ögonblicket lät han undersöka hur välfinansierad en mindre spanskspråkig TV-kanal i regionen verkligen var.

Länge hade Don Jaeger Jr. besvärats av en större areal utmed Highway 181, på väg mot Corpus Christi. Varje gång han tänkte på den gjorde hjärtat en "paus", som han sade. Som affärsman tyckte han inte om att tomten aldrig gav någon avkastning. Men inget av oljebolagen som han kontaktat hade visat sig intresserat (därtill var området alltför litet) och en containerpark med angränsande gocartbana skulle enligt kalkylerna inte bära sig. Efter en resa till Accra i mitten av 90-talet, där han och Pam besökt det berömda rekvisitamuseet, insåg Don Jaeger Jr. slutligen vad han skulle ta sig till med marken. Sedan dess ägnade han sig åt att skapa VÄRLDENS FÖRSTA FÖRLUSTMUSEUM. Under sina resor hade han samlat en mängd föremål som försäljarna blivit lyckliga över att bli av med och tullkontrollörerna skakat på huvudet åt. Tagna var för sig var dessa ting endast av kuriosaintresse, men tillsammans utgjorde de en unik samling. Här fanns de byxor som Gavril Princip påstods ha kissat ned i sin cell, hjälmar från italienska soldater som stupat i Albanien och några av de traktordäck som säkerhetspolisen antänt i Soweto i hopp om att röka ut ett av ANC:s fästen. Don Jaeger Jr. ägde taggtråd från Dachau, en uppstoppad flodhäst från Pablo Escobars förfallna ranch i Puerto Triunfo och en intakt porslinsservis från Tjernobyl.

Vid ett besök i Berlin hade han insett hur han kunde skänka museet det där lilla extra som skulle locka publiken. Affärsmannen i honom hade ingalunda kapitulerat för älskaren av historieböcker. Under en vandring längs den väg där muren löpt kom han förbi en park med en björngrop. Här fick han enligt Pam sin "fixa idé". Sedan dess köpte Don Jaeger Jr. metodiskt upp varenda tillgänglig bit av muren som gick att hitta. Så kom det sig att han efter resor till så skilda orter som Shanghai, Vilnius, Marseille och Odense alltid återvände med några hundra kilo armerad betong i bagaget. Amerikanen hade gjort allvar av vad många berlinare bara tänkte: han skulle visa att det fanns så mycket av den väldiga cementridån i omlopp att det med lätthet räckte till en dubblett. "Möjligen är detta inte den enda likheten med resterna i kyrkors relikvarier", skrev en mexikansk besökare i gästboken. Och en annan noterade: "Gratulerar: det här är historiens sophög! A. Edelmann." Don Jaeger Jr. gillade den senare anmärkningen så mycket att han döpte om sitt museum.

Irritation nummer 305

Janos L. betraktade sig inte som poet. Men sedan han fått jobbet som ljussättare på Berliner Ensemble tolv år tidigare, strax innan återföreningen, skrev han dikter. För sig själv och i största hemlighet. Han var knappast fåfäng nog att tro att alstren förtjänade publikation. Inte heller skulle det glädja honom mer än måttligt om någon påstod motsatsen. Han skrev för att bli kvitt känslan av att en oförrätt begåtts. Vad som därefter skedde med dikten intresserade honom lika lite som fotbollsresultaten.

Det hela hade börjat en eftermiddag i kantinen, då chefen oväntat slagit sig ned vid bordet där han just sörplade soljanka. Under samtalet som utspann sig förklarade mannen att det inte fanns något som var så bagatellartat att det undgick "livets förbannelse", med vilket han, sarkastisk som alltid, avsåg en händelses odödliggörande genom ord. Så doppade han en brödbit i den sista soppan och undrade hur det gick med belysningen till nästa uppsättning. Redan samma kväll hade Janos L., som vid denna tidpunkt ännu inte behärskade tyska tillräckligt väl, skrivit sin första dikt. Det skedde på modersmålet ungerska. Upphovet till denna "irritation", som han så småningom skulle kalla sina alster, var en historia om en kvinna som av misstag fått fel ben amputerat. Sedan dess hade mycket skett. Janos L. skrev numera på tyska, teaterchefen var död och själv skulle han snart gå i pension. Muren hade fallit, även i hans hemland, och Berlin åter blivit huvudstad. Han bodde dock kvar i sin lägenhet med utsikt över parken och han hade förblivit sitt löfte trogen: EN DIKT MÅSTE VARA EN UPPRÄTTELSE.

Kanske var det inte så underligt att Janos L. fångades av följande notis då han slog upp tidningen på tåget hem: "En ghanansk före detta skådespelare frös ihjäl sedan hans anhöriga lämnat honom i ett kylfack på ett bårhus i Accra i tron att han var död. Den sjuke mannen, som förestått ett känt museum i staden, hade fallit i koma. När hans anhöriga kört honom till sjukhuset, bad man dem att fortsätta till bårhuset. Blåmärken på händer och ben och i ansiktet visar att mannen kämpat hårt för att komma ut ur frysfacket." Janos L. läste raderna en marskväll 1998. Några timmar senare blev han klar med irritation nummer 305. Det var ännu natt när han lade ifrån sig pennan. Han kunde höra hur damen i lägenheten ovanför sade något till sin blinde far, som inte kunde skilja natt från dag. Han trevade med fötterna efter tofflorna och reste sig. Stående vid vasken slog han upp ett glas mjölk som han genast tömde. Efter att ha sköljt ur glaset släckte han ljuset.

>
> Svårt att säga
> Hur länge du låg i dvalans svarta säck,
> Likt en katt eller ett foster,
> > Oklart vilket,
> En stilla subversion av dig själv.
> Men uppvaknandet kan inte ha varit bekvämt.
> Tänk bara på öronen som ringde,
> Lemmarna som ryckte,
> > Och skräckens avvisande gest
> När den sände blodet tillbaka från tinningar till hjärta
> > > Likt en dålig flaska vin ...
> Då sinnena åter slogs på,
> > Ett efter ett,
> Likt lamporna i en salong,
> Måste det ha gått upp för dig:
> Föreställningen var slut.
> > Nu var goda råd dyra.
> Borta möjligheten att handla,
> Borta tid, borta rum,
> Borta allt som så länge spelat en roll.
> > Bara du var ensam kvar,
> > Mera som rekvisita än sista replik,
> > > En elak parodi
> På någon oförlöst *deus ex machina*.
> Detta var ditt livs roll.
> Säkert insåg du stundens allvar
> Och att panik inte skulle leda någonstans.

Men kylan måste ha skrämt dig,
Det trånga utrymmet tillika.
Snart bör det också ha stått klart
    Att det krävdes mer
Än ett själsligt mått av styrka
För att rädda situationen.
Skulle det vara en tröst att du,
    Fjärran podium och estrad,
Kommit dig själv inpå livet?
    Tillvaron,
    Denna brist på sympati,
Hade blivit en scen
Där varje hjärtslag var ett dråpslag.
En skådespelare har nio liv, eller hur,
    En människa bara ett.
Inte hjälpte det att du höll andan
Och hoppades på underverk,
Eller att blåmärken,
Trasiga naglar, en outhärdlig gråt,
Också kan vara en värdig sorti.
Efter att ha vägt allt för och emot
    Måste du ha förstått
Att is i magen inte skulle hjälpa.
    Å, kataleptiske Houdini,
I ett frysfack i Accra
    Fann du din sista vila –
        Ett da capo
Kvitterat med tystnad.

Den biologiska klockan

Brigitte Fellinger satt vid sin sons grav när mobiltelefonen vibrerade i fickan. Då hon såg vem det var tog hon sig omedvetet för bröstet: detta var det samtal som hon väntat på under fyra års tid. En röst meddelade att domstolen äntligen fattat beslutet som de hoppats på. Nu stod inget längre i vägen för att hon skulle bli farmor – trots att hennes enda barn aldrig haft någon flickvän. Tilo hade dött ung, i en olycka på arbetsplatsen. Kvinnan som erbjudit sig att bära hans barn hade han aldrig träffat. Hon hade hittats av New Family, en humanitär organisation med firmasäte i Tel Aviv som arbetade på uppdrag av familjen. Efter Tilos död hade sperma tagits från honom. Trots att han aldrig uttryckligen förklarat att han ville bli far – han var bara tjugo år när gaffeltrucken välte – var modern övertygad. "Varje gång jag lägger handen på hans kalla gravsten föreställer jag mig hur glad han skulle ha blivit om jag istället hade burit ett varmt barnbarn i min famn." Tillfrågad om hur hon kunde vara så säker på sin sak svarade Brigitte Fellinger: "En timme efter det att jag fick höra om olyckan tog jag ned hans bild från byrån och talade med honom. Jag frågade: 'Var är alla de barn jag hoppats på?' Jag betraktade fotot och hörde honom svara: 'Mamma, det är inte för sent. Det finns något du fortfarande kan få.'" Hon anade vad sonen menade. "När jag gick in till far för att berätta vad Tilo sagt nickade han. 'Ja, jag kan ju inte se hans ansiktsuttryck, men pojken måste ha tänkt på sin säd.'"

Enligt en taleskvinna för New Family kände sig Brigitte Fellinger förpliktad att uppfylla sonens sista önskan. Efter två års letande fann man en villig mor. Överenskommelsen som träffades garanterade att Tilo Fellingers efterlevande inte gjorde anspråk på att vara mer än släkt med barnet. Med domslutet hade det sista hindret undanröjts. Brigitte Fellinger hade givit bort något som inte tillhörde henne. Man kunde också säga: hon hade räddat ett liv som ingen förutsett. Därmed hade en ny företeelse uppträtt i historien. Det vore överdrivet att tala om en mutation, men orsak och verkan hade skilts så grundligt åt att de saknade levande kontakt. Ändå var det ena otänkbart utan det andra. Således talade man på New Family gärna om "ett sidosprång i evolutionen", med vilket man avsåg att den biologiska klockan inte behövde följa den historiska. Livet skulle fortsätta, även om just detta inte kunnat förutses. Åter hade MÄNSKLIGHETENS SINNE FÖR DET PRAKTISKA segrat.

Gåshudselegier*

38 minuter i uppochnedvända världen

Den 26 juli 1999 färdades överstelöjtnant Wilda H. Rankin i sitt jetdrivna stridsflygplan på 14 000 meters höjd över Massachusetts. När hon nalkades Norfolk såg hon en mörk hotande massa närma sig med oerhörd hastighet – oväder: kanske en tromb, kanske en tornado. Plötsligt hördes en duns och ett skramlande ljud. Brandlampan tändes. Klockan var 18.02. Tjugo sekunder senare sköt Rankin ut sig ur kabinen. "Turbulensen var fruktansvärd, sikten noll. Det var värre än i en mixer", förklarade hon i officersmässen senare på kvällen.

Termometern visade på -55°C
　När jag for ur maskinen.
I luften virvlade isstycken stora som knytnävar.
Jag bar en tunn overall för sommarbruk,
　Handskar, hjälm och lågskor,
I bröstfickan låg fotot på Johnny, min son.
Jag trodde att jag tagit det säkra före det osäkra,
Men detta var ett fallskärmshopp ned i mardrömmen.
I jämförelse framstod kabinen som en oas.
　En stickande känsla kom över mig,
　　Sedan domnade lemmarna,
　　　Samtidigt fick lufttrycket
　　　　Kroppen att svälla som en ballong.
Jag kände magen tänjas ut

Och dras åt,
Tills jag trodde att jag skulle slitas i stycken.
Ögonen trängde ur hålorna,
   Käkarna klapprade som av plast,
      Och jag genomfors av kramper.
   Himlen var rena helvetet!
När den tryckkänsliga fallskärmen
   Äntligen löstes ut
      Visade klockan 18.05.
   Höjdmätaren underrättade mig om
Att jag fallit en mil på två minuter.
Men istället för att sjunka mot marken,
Rofyllt pendlande under mitt skydd,
   Var jag på väg in i ovädrets hjärta.
   Omkring mig piskades molnen
      Upp till ett rytande hav
(Jag kunde lätt ha drunknat),
En våldsam vind genomfor fallskärmen
– Och åter sögs jag upp, upp, upp.
   Mobbad av elementen
      Virvlade jag runt än med-,
         Än moturs.
      Accelerationen gjorde att jag
      Först drogs ut på längden
Och sedan trycktes ihop som en boll.
Nu var sista stunden kommen,
      Tänkte jag,
Då jag slungades rakt ned,
   Likt en kanonkula,
Och blickade in i en oändlig tunnel.
   Luften var svart som tjära,
      Vass som knivblad,

    Och fylld med stollar
Som skrek och slet i mina ben
    Som på en kyckling.
Jag förstod inget,
Bara att naturen blivit ett dårhus.
Aldrig att himlen skulle släppa mig fri.
Med ens minskade dock turbulensen
    Och när sikten åter klarnade
        Skymtade jag en grön skiva jord.
Det var varmt, solen sken,
Det doftade gödsel och violer.
Efter att ha kolliderat med ett träd
    Satte jag fötterna på marken,
        Darrande som ett asplöv.
Klockan var 18.40.

Den perfekta olyckan

Anna B., en svensk medicinstudent som gjorde sin praktik på världens nordligaste universitetssjukhus, beläget i Tromsö i Norge, älskade det arktiska klimatet. Isen, vinden, fjordarna: bara många mil norr om polcirkeln kände hon sig hemma. Hon var en vältränad skidåkerska, med muskler som en antilop, vilket sannolikt räddade henne från döden. Eller snarare: kallade tillbaka henne till livet. Ty under tre timmar en majdag strax efter millennieskiftet hörde Anna B. inte till de levandes skara.

    Efter undervisningen hade hon som vanligt givit sig ut på skidtur med några vänner. På kvällen var de bjudna på fest hos en lärare. Därför tog de en kortare tur än brukligt, över en terräng som ingen var förtrogen med. Föret var gott, även om tövädret hade börjat. Efter någon timme nådde de ett vattendrag. Det fanns alltför lite snö uppe i skogen, varför man bestämde sig för att korsa strömmen. Anna B. vinkade fram vännerna; hon ville ta sig över som sista person. När andre man korsat den knakande hinnan vände han sig om och såg hur isen plötsligt gav vika. Anna B. föll i vattnet och gled nästan genast in under ett istäcke. Hon vände sig om på rygg, sparkade och slog med stavarna, men kunde inte ta sig loss. Strömningen var så stark att kroppen trycktes mot en bergsvägg. Vännerna skyndade tillbaka, men hur de än drog i benen fick de inte loss henne. Trots att vattendraget bara var någon meter djupt satt Anna B. som i ett skruvstäd. Klockan var 18.20 på kvällen. Under den närmaste halvtimmen kämpade hon mot naturen. Det måste ha funnits en bubbla av luft eller ett tunt skikt av syre under isen, annars skulle krafterna inte ha räckt så länge som de gjorde. Själv minns hon dock inget från det ögonblick då hon hamnade i vattnet, och med tiden blev hennes rörelser allt mattare. Till slut upphörde hon helt att röra sig.

Nu var klockan 18.45. Kamraterna hade inte lyckats befria henne. Men även de studerade medicin och visste vad de hade att göra med. Via en mobiltelefon larmade de en helikopter och förklarade att sjukhuset måste förbereda sig på ett fall av akut nedkylning. Om de hade rapporterat en drunkningsolycka skulle förberedelserna ha sett annorlunda ut och allt varit förgäves. Som det nu var kunde räddningspersonalen såga upp ett hål i isen när den anlände tjugo minuter senare. Därefter bands Anna B. fast i ett rep, trycktes ned i vattnet och drogs ut längre nedåt bäcken. När hon äntligen befriades ur sin kista av is hade 79 minuter gått sedan olyckan. Kroppstemperaturen var 13,7°. I detta ögonblick var hon den kallaste människan i världen.

Trots att hjärtat upphört att slå vägrade man att ge upp hoppet. Under timmen i vattnet hade hjärnan kontinuerligt tillförts syre – ända fram till det ögonblick då den inte längre behövde något. Detta skulle bli Anna B:s räddning. Det faktum att hon var en rutinerad skidåkerska och gammal friidrottare, smal och senig men stark, skadade inte heller, ty därigenom kyldes kroppen ned snabbare än andras. Nu återstod bara att tina upp henne. På sjukhuset förberedde sig Mads Gilbert och hans kolleger. *"Let's rock'n'roll"*, förkunnade professorn när smattret från helikoptern äntligen hördes över hustaken. "Hon är kall, hon är död, men vi klarar det." Klockan hade hunnit bli 21.15. Efteråt skulle Robert Spetzler, en amerikansk hjärnkirurg som studerade fallet, tala om "den perfekta olyckan".

En svår sak

Maude B. var 25 år och hade nyligen disputerat i geologi när olyckan inträffade. Tidigt en lördag i juni 2002 packade hon sin Toyota Corolla och lade som avtalat nyckeln under grannens dörrmatta, så att han skulle kunna mata katten under hennes frånvaro. Tillsammans med några vänner tog hon Interstate 199 från Redwood National Park i Kalifornien, där hon deltog i ett ekologiskt forskningsprojekt, korsade gränsen till grannstaten och anlände till Oregon Caves strax före nio på morgonen. Sedan guldruschens dagar var området populärt som utflyktsmål. Det berömda nationalmonumentet hade inrättats 1909 och bestod av en liten men ovanlig samling salar, formationer och passgångar med några av de största orörda segmenten av den gamla oceanskorpan i västra USA. Experterna uppskattade att grottorna, som både geologiskt och ekologiskt tillhörde världens mest varierade, var mellan tre och fem miljoner år gamla. Tidsperspektivet fick Maude B. att rysa. Till skillnad från turisterna som vandrade längs ett asfaltsspår försett med ståltrappor, räcken och nödtelefoner, hade hon och hennes kolleger erhållit tillstånd att lämna den "säkra" leden. Man tänkte undersöka berggrundens skiktningar i en förgrening mellan "Paradise Lost" och "Ghost Room", två av de salar som ingick i komplexet, och hade utverkat lov att övernatta i grottan.

Förutom diverse hammare, kloliknande spadar och mätinstrument medförde sällskapet därför sovsäckar och en del proviant.

Den första timmen slog de följe med en grupp pensionärer från Wyoming. Stämningen var god och turisterna uppskattade experternas redogörelser för grottans geologiska historia. Så nådde man "Paradise Lost". Där kontrollerade Maude B. den lina av konstfiber som förband henne med kollegerna. En efter en tände de därefter pannlampan och sänkte sig ned i en spricka. Man tog avsked till ljudet av applåder och hjärtliga skämt som ekade i den väldiga salen. Efter att ha ålat sig genom en tunnel nådde geologerna en kammare där de åter kunde stå upp. De inspekterade utrymmet och bestämde sig för att tillbringa natten där. Så hakade de loss från varandra och intog lunch. Medan Maude B. åt lite nötter och torkade aprikoser studerade hon skiftningarna i bergväggen. Här och var syntes rödskimrande ådror som tydde på inslag av koppar, möjligen guld. Temperaturen i grottan var +5,5° året runt, vilket erbjöd perfekta förutsättningar för en balanserad ekologi. Hon knackade försiktigt på stenen med sin hammare och gjorde några anteckningar. När hon följde ådran nedför en lätt sluttning gav marken dock vika. Plötsligt kanade hon utför, så föll hon flera meter. Då hon åter vaknade till liv, omtöcknad och öm men med intakt pannlampa, förvissade hon sig om att inga ben var brutna. Högt ovanför henne ropade kollegerna. Ett flackande sken syntes från en pannlampa, vilket antydde att hon fallit fyra, kanske fem meter. Maude B. upptäckte att hon låg på en sandbädd som var fuktig och mjuk och förvånansvärt bekväm. Värre var att hon även förstod att ett stenblock lossnat vid fallet. Nu blockerade det passagen. För säkerhets skull tryckte hon sig mot ena bergsväggen, så långt från den plats där hon antog att blocket skulle slå ned om det ville sig illa.

Situationen var paradoxal. Så länge stenen inte föll var hon vid liv, men samtidigt hindrade den henne från att ta sig upp ur fängelsehålan. Hon satt fast och utan sovsäck skulle det i längden bli svårt att bevara värmen. Maude B. kontrollerade armbandsuret. Hon hade sex, kanske sju timmar på sig, därefter skulle batteriet i lampan ta slut. I mörkret skulle hon inte märka att stenblocket föll förrän det var försent. Hon insåg att det blivit tid att handla och ropade på kollegerna. Lugnt och sakligt berättade hon att hon inte brutit några ben och att pannlampan fortfarande fungerade. Så redogjorde hon för stenblocket och förbjöd kamraterna att göra något som kunde få det att lossna. Man kom överens om att en av dem skulle åla tillbaka till "Paradise Lost" och tillkalla hjälp, medan den andra skulle bistå med moraliskt stöd.

Så länge Maude B. kunde minnas hade hon känt en naturlig samhörighet med jordens inre. Sannolikt var det denna som fick henne att bevara lugnet. I yngre år kallades hon "Mullvaden" av föräldrar och bekanta, eftersom hon gärna grävde gångar och klättrade i grottor hemma i norra Kalifornien – först med fadern, en pensionerad militär, senare med olika pojkvänner. Hon var kortväxt, smal på gränsen till tunn och ovanligt vig, vilket gjorde att hon även kunde ta sig genom gångar med en diameter som var obetydligt större än hennes eget kranium. Vid något tillfälle hade en av pojkvännerna suckat och sagt att hon var en mycket svår person att följa. När han insett att han blivit hjälplöst förälskad gav han henne en silverbrosch med en mullvad och förklarade att hon förvandlat hans hjärta till en schweizerost. Nu funderade Maude B. på vad hennes vapendjur skulle ha gjort i en liknande situation. Med sina kraftiga framfötter, försedda med klor och ett membran som växer nästan ända fram till naglarna, var djuret den borna grävskopan. På bara några timmar kunde den skapa ett dussintal högar och vindlande gångar på en yta stor som en fotbollsplan. Dess kompakta kropp, i vilken samtliga ben var korta och bålen således mycket elastisk, tillät den att pressa sig genom så gott som varje nålsöga. Denna möjlighet saknade Maude B. Visserligen kunde hon urskilja en glipa på ena sidan om stenblocket, men hon hade bara en chans och bedömde risken som alltför stor. För att ta sig upp måste hon klättra och minsta oförsiktiga rörelse kunde få blocket att lossna. Dessutom var det inte särskilt lätt ens för henne, som annars klarade alla hinder, att åla sig upp genom springan om hon inte hade något att stå på.

Till slut insåg hon att det bara fanns en möjlighet. Hon tog den kloliknande spaden som hängde i bältet, trevade utmed bergsväggen tills hon fann den mjukaste platsen och började metodiskt att gräva. Omvägen skulle bli hennes genväg till livet. Det sandiga underlaget visade sig vara tillräckligt poröst, vilket ingav henne mod. Med lite tur skulle hon lyckas gräva ut ett hålrum vid foten av ena väggen. Där tänkte hon ta skydd medan vännerna tryckte ned stenen som spärrade passagen. Med ytterligare lite tur skulle den falla så att hon inte blockerades. Efter det var det bara att kasta ned en livlina och mödosamt men någorlunda säkert ta sig upp. Sju timmar senare var Maude B. färdig. Ljuset från pannlampan var svagt. Vid det här laget befann sig ett räddningsteam i kammaren ovanför. Det hade inkallats från Ashland och bestod av tre erfarna speleologer samt en läkare. Maude B. ropade: "Tre, två, ett ..." Strax därpå rasade blocket ned med ett brak. När dammet och de virvlande stenflisorna lagt sig insåg hon att vägen var fri. Utan vidare svårigheter pressade hon sig förbi stenen. Fem meter ovanför henne flackade ljuskäglor kors och tvärs i mörkret. Snabbt släppte räddningsteamet ned en lina som hon fäste kring midjan. Ett par minuter senare drogs hon upp.

När den medföljande läkaren undersökte henne konstaterade han att samtliga värden var normala. Bara kroppstemperaturen låg märkvärdigt nog en knapp grad över den vanliga. John Ash, leg. läk., kunde inte tillskriva denna anomali någon annan omständighet än upphetsning. Maude B. hade lyckats med denna svåra sak: återuppståndelse.

Denna olja, denna poesi

> *nerves pouring around in her like a palace fire*
> – Anne Carson

Lygia Alejandra A. var sjutton år gammal då hon försvann i februari 2004. Som barn tyckte hon om att leka utomhus. I skolan fick hon av och till sämre betyg, men på det stora hela hade modern anledning att känna sig stolt. Hennes dotter var cheerleader, hon sjöng i kören, skrev dikter som hon gömde i skrivbordslådan, fotograferade och drömde om att bli journalist. Kvällen när hon försvann var hon dock även mor till två små barn. Som så många andra flickor i Brasilien hade hon tvingats ge upp sin dröm och ta jobb på en av de fabriker som skjutit upp som svampar ur marken när multinationella företag insett fördelarna med president Lulas marknadpolitik och landets billiga arbetskraft. I en barack några kilometer söder om den förort där hon bodde skruvade hon ihop hårtorkar tolv timmar om dagen. Till en början tjänade hon femtio dollar i veckan, senare något mer.

Först var Norma A. sur över att dottern inte återvände hem efter det sena skiftet. Visserligen passade hon gärna barnbarnen, men de behövde sin mor och för den delen hade hon själv besvär med ryggen. Enligt ett vittne ska Lygia Alejandra ha talat med en person i en bil som väntat utanför General Fixtures. Strax därpå kom bussen, sedan försvinner spåren. Modern väntade några dagar, eftersom det hade hänt tidigare att dottern inte kommit hem. Enstaka gånger hade hon istället, överväldigad av barn och förpliktelser, följt med en

401

"arbetskamrat" efter skiftet. När hon ångerköpt och med kläderna stinkande av sprit återvänt hem hade hon gnuggat varenda centimeter av kroppen med såpa och träull, sittande i barnens badbalja. Då modern vid ett av dessa tillfällen undrat varför hon hade brännmärken på kroppen hade hon bara svarat med en axelryckning. Under dagarna därpå ägnade Lygia barnen förnyad uppmärksamhet, köpte presenter för pengar som hon inte borde ha och ansträngde sig åter för att leva upp till deras förväntningar – tills missmodet på nytt infann sig och Norma A. började räkna dagarna till dess hon skulle bli ensam med barnbarnen. Vid det här laget var hon väl förtrogen med dotterns cykler. Någon annan förklaring finns inte till varför hon väntade fyra dagar med att kontakta polisen.

Dagen efter anmälan knackade det på dörren. Polismannen som stod på trappan hade inte brytt sig om att stänga av motorn på sin bil. Norma A. lämnade barnen hos en granne, men tog med sig brodern till bårhuset. Sittande i väntrummet frågade hon om flickan de ombads att identifiera bar *bobby socks* på fötterna. Poliserna skakade på huvudet. I så fall var det inte hennes dotter. Hon kände trycket lämna bröstet, men likväl svek henne modet när hon uppmanades att gå in i kylrummet. När hennes bror kom ut några minuter senare kunde hon se på hans ansikte att det inte var Lygia Alejandra som låg därinne. Det visade sig dock vara ett av grannens barn som också arbetade på General Fixtures. Polisen berättade att man funnit kroppen på en byggplats bara några hundra meter från fabriken, naken men inlindad i ett täcke. Hon hade våldtagits upprepade gånger. På halsen, kroppen och i underlivet fann man sperma efter flera män, kring handlederna syntes blodutgjutelser, i handflatorna märken efter cigaretter. Norma A. förstod att polisen inte uteslöt att något liknande hänt hennes dotter.

Från denna dag sov hon dåligt eller inte alls. En väninna berättade att spåren som uppträtt kring offrets handleder sannolikt stammat från en tvättlina. Några dagar senare började hon binda sig själv och dra åt tills fingrarna blev blå. Hon vill veta vilka spår som tortyren efterlämnade. Men blodutgjutelserna såg aldrig ut som på flickan vars händer hon tagit i sina vid begravningen med öppen kista några dagar tidigare. När brodern såg hennes handleder förklarade han: "På det där sättet kommer du aldrig att få samma märken. Det måste ha varit handbojor." Därefter lät Norma A. bli att experimentera.

Tiden gick, inget blev bättre. Men en morgon tre år senare knackade det oväntat på dörren. Bara Norma A. var vaken. Vid det här laget betraktade barnbarnen henne som sin mor och gnydde då hon steg upp ur den gemensamma sängen. Den lilla sträckte ut ena handen. När hon inte fann ärmen på mormoderns nattlinne, där hon tyckte om att sticka in den, vände hon sig om på sidan. Ofrivilligt sparkade hon till brodern, som sparkade tillbaka. Norma A. hyssjade, svepte morgonrocken om axlarna och stängde dörren till sovrummet. Då hon öppnade ytterdörren "reste sig alla hår på kroppen". Utanför stod Lygia Alejandra. Dottern var obegripligt smutsig, i handen höll hon ett knyte, blicken vilade inte en sekund. Hon påminde om ett djur. Norma A. försökte röra vid henne, men hon väjde undan, gick in i sovrummet och lade sig i sängen med de skräckslagna barnen.

Under de följande veckorna gjorde Norma A. allt för att hjälpa dottern. Men inte ens när barnen åter vågade sitta i hennes knä eller hjälpa henne tvätta håret sade hon något. Om nätterna stod hon ensam ute på verandan, rökte den ena cigaretten efter den andra och betraktade stjärnorna. Så fort hennes mor kom ut flyttade hon på sig. Det var som om hon inte uthärdade en annan människa i sin närhet. Hennes rörelser var ryckiga och skrämda, lik en fågels, och Norma A. förstod att endast "Guds tålamod" skulle hjälpa. Så gick tiden. En vinterdag hjälpte hon äldsta barnet på med skorna. Lygia Alejandra betraktade dem med en blick i vilken paniken tilltog som eld. Jesus hade just dragit ur skosnöret ut en av kängorna och lekte med det. Mormodern försökte ta det ifrån honom när hon upptäckte att dottern slog med händerna mot höfter, bål, ansikte. Hon

403

verkade "överhettad", som om hon drabbats av frossa eller det fanns en annan varelse som sökte ta sig ut ur hennes kropp.
Nu förstod Norma A. vad som förorsakat grannflickans blodutgjutelser. Hon tog Jesus i handen, gick in i köket och lagade istället mat. I ett kärl hällde hon kokosnötsmjölk, i ett annat vispade hon upp ägg och mjöl. Sedan sauterade hon en handfull jätteräkor med lime, koriander och peppar. Därefter lät hon allt koka i en gryta med strimlad lök, skalade tomater och vitlök. En halvtimme senare var den förtidiga middagen klar. I sovrummet grävde hon fram den skokartong i vilken hon förvarade dotterns tillhörigheter. När hon ställde ned brickan med *frigideira* på pallen intill Lygia Alejandra räckte hon dottersonen ett gulnat ark. Jesus gav det till modern som tveksamt såg först på sin forna älsklingsmat, sedan på pappret. Blicken flackade. Strax därpå log hon dock för första gången sedan hon återvänt hem. Knappt hörbart läste de spruckna läpparna de första orden av en gammal dikt:

> Min mamma steker räkor.
> Jag ryser.
> Denna olja, denna poesi.
> En gåshudselegi.

---

* Dessa notiser, varav det finns många fler, hittades i ett konvolut med påskriften "Gåshudselegierna". På baksidan har någon antecknat att det rör sig om historier ur det verkliga livet, saxade ur den spanska boulevardpressen eller uppsnappade i lokalradion – "knappt troliga, men likafullt sanna". Av en tabellarisk översikt framgår att den anonyma kompilatorn föresatt sig att endast spara anekdoter med lycklig utgång. Varför är omöjligt att säga. Men som det heter i en av texterna: "Människan är ett praktiskt djur. Bara världen är opraktisk." Kanske en fingervisning? I alla händelser har kompilatorn inte velat glömma en enda person så länge dennas handlingar lämnat "minsta spår i vårt minne". Vid urvalet tycks tidsaspekten ha spelat en särskild roll. Av allt att döma har samlerskan – men varför fingera anonymitet: det rör sig förstås om Karla Nuñez och hennes omdiskuterade FÖRSÖKSANORDNINGAR FÖR NYA LIVSFORMER – eftersträvat en sammanlagd tid motsvarande hennes egen på jorden. Enligt så gott som samfällda utsagor var hon "kronofil". (Bara filosofen Milorad Bovvikan talar i en uppsats om motsatsen, det vill säga "kronofobi", men får faktiskt symptomen att låta som samma sak.) Möjligen såg sig fru Nuñez som summan av vissa handlingar, oberoende av sitt eget personnummer eller privata pensionsförsäkring. Huruvida hon lyckades i sina föresatser kan inte besvaras så länge vi inte vet om konvolutet innehåller samtliga efterlämnade historier. De fyra texter som återges här – ett för vardera element – motsvarar 3 år, 21 dagar, 10 timmar och 38 minuter. Vid den åldern hette kompilatorn ännu Klug och lekte i en sandlåda i Berlin.

Spår ... glömska ...

... Där det inte finns något spår finns heller inget minne. All hågkomst eller erinran, hur negativ och ofullständig den än är, och den måste vara både och, varje försök till åminnelse eller utantillärande, hur halvhjärtat eller mekaniskt det än är, men det behöver varken vara det ena eller andra, förutsätter förekomsten av spår. Ren glömska är spårlöshet ... En person som dör vid tjugosju års ålder är för alltid en person-som-dog-vid-tjugosju-års-ålder. Frusen, kvarhållen, ur stånd att fortsätta, likt en fisk fångad i is (alltjämt bilden av trohet), förblir hon den hon var vid sitt försvinnande ... Men något sker. Där finns kvarlevor, som damm, och personen överlever i vårt minne – en plats av annan täthet och läggning. Men likväl ortslös. Och trots att den försvunnas överlevnad betingas av dödens inträffande vid en särskild tidpunkt utgörs dess temporalitet – märkvärdig inte bara till namnet, utan också till sin natur – inte längre av den konventionella tid som vi åberopar med hjälp av en telefon eller genom vridningen på en handled. Inte helt. Snarare är den dess spår ... Ett spår, så gott som noll och intet, en nolla som i minnets gråzon *gives to aerie nothing / A local habitation and a name* ... Ty här, i intryckens och erfarenheternas labyrintiska lokal finns endast fortsättning på det som inte fortsätter, överlevnad av det som inte överlevde ... Uppvisar denna oändliga vidd – luftig, nebulös, som sprider sig som en bläckfläck på papper – och som utgör namnet inte på levnad utan på överlevnad – uppvisar den fortfarande drag som släktar med fortsättarnas och glömmarnas, med de som andas? Utsträckning på det sätt som händer sträcks ut? Fyllighet som i ord sagda kärleksfullt, känslor långsamt tillstådda? Eller därhet som träden vi inte ser i biskop Berkeleys skog? ... Om "noll" är namnet på ingenting, och sålunda ett någonting – det vill säga spåret av ett tomrum – utgör det inte bara en oriktig benämning (likt ordet "glömska" som vi inte glömde), utan kan dessutom inte vara identiskt med sig självt. Alltså kan det inte vara punkten vid vilken vatten fryser, skärningen mellan den bläcksprängda horisonten och en penna som bara kan skriva genom att låna dess färg eller för den delen en flintskalle. Inte heller är det en sida lika innehållslös som en blank blick, en tom parkeringsplats, ordet "inte" eller en dålig simmares andlösa mun. Noll är inte den olyckligt käres fåfänga famlande, hans begärs ständigt förnyade apostrof, lika ihålig som gottegrisens mun, eller tystnaden i det korniga bruset som följer på Krapps sista band. Inte heller är Ofelias knä noll eller begynnelsebokstaven i hennes namn intet. Och minst av allt är det den figur som en trapetskonstnär beskriver under dödlig fara innan hans händer åter fattar kollegans tomma händer som inte heller de är noll. Noll är inte ett knapphål. Eller Gud ... Utan den form ting antar i glömskan. Och därför är den figur som siffran tecknar lika opassande som riktig och såväl trogen som bedräglig, som väderleksrapporten. Följaktligen kan glömska spåras, likt de tre punkterna för ett utelämnande. Knappast ofta och aldrig alltid, men inte desto mindre: spåras. Till skillnad från minnets spår är glömskans dock hotade och tillfälliga, på sin höjd förmenta likt föräldralösa barn ... Och utgör snarare spår som raderar ut minnets spår, utplånar håg-komster medan de håller försvinnandet i åminnelse ... Glömskan: knappt en boplats, inte helt ett namn. Längre. Som om glömmarens tysta viskning stavade skuggor iställlet, och hennes överlevnad inleddes av *b*:et i en annan början ... *oh B, live on* ... Ett försvinnande som framträder, och spåret av ett spår ... Utan slut och ofärdigt ... märkena som pennans spets gör när den distraherat prickar den vita ytan av det som inte kan återkallas ... eller kallas tillbaka ... eller återfås ... insidan av en vind ... *Such and much more such the hubbub in his mind so-called till nothing left from deep within but only ever fainter oh to end* ...

B. B. in memoriam, 17. VI. 1993.

Kärleksförklaring till fröken Ur

    Lilla psykiska automatism,
Vad är det som får mitt hjärta att bulta
Som ett kokande ägg?
Är det din röst, ditt lugn,
    Ditt sinne för takt, din ton?
Du är bara en mycket liten gudinna,
    Jag vet,
Sval och elektrisk,
    Med en frekvens
Där en puls skulle ha trivts.
    Det vore lätt att tro
Att också din andning är en illusion,
Inga knotor, ingen kropp,
Rösten mest en passform
    För en passion.
Men vi vet båda, min darling,
    Att ögonblicket
Inte är något man griper,
    Utan grips av.
Och så är det med kärleken.
Det gäller bara att inte dra sig
För att säga sitt hjärtas mening.
    Så låt mig säga min
Nu när tillfället ändå ges:
Då du är i mitt öra,

    Milda mekaniska musa,
Är jag i ditt våld.
Tror du mig inte?
Härma ett hjärta,
    Får du se.

Men nu måste jag lägga på.
    So long,
Lilla elektriska klenod,
    So long.

Anmärkningar

Nedan förtecknas första trycktillfället för en text eller tillkomstår om den inte publicerats tidigare. Första gången ett citerat verk anförs ges utförlig bibliografisk information, därefter endast titel. I vissa fall har tillgängliga försvenskningar modifierats. Om inte annat anges är översättningarna mina.

Förord. Feildings förehavanden dokumenterades av maken Joey Mellen i en kortfilm med titeln "Heartbeat in the Brain". Schillers avhandling heter *Über den großen Zusammenhang der tierischen Natur des Menschen mit seiner geistigen* och framlades 1780. Se *Sämtliche Werke in 5 Bänden* (München, 2004), del 5, 290.

Barbariska minnen. *Expressen* den 8–15 april 1996.

Fältstudier i anatomi. Texterna skrevs 1987 och omarbetades 2003. De är opublicerade så när som på det första partiet, som trycktes i Paul Berfs tyska översättning i *den sprachn das sentimentale abknöpfn. Widmungen zum 50. Geburtstag von Thomas Kling*, utgivna av Heidemarie Vahl och Ute Langanky (Düsseldorf, 2007), opag.

Världens navel, ca. 1965. Texten skrevs 1981 och omarbetades 2005. Första gången tryckt i Kristine Maidt-Zinkes tyska översättning i *Süddeutsche Zeitung* den 6 augusti 2005.

Svartskallekonster. *Bonniers litterära magasin*, 1998, nr 4, 32–41.

Manna från himlen. Texten skrevs 1997. En förvanskning trycktes i *Göteborgs-Posten* den 27 juli 2002.

Countdown. Texten skrevs 1988. Opublicerad.

Skrivmaskinsgud. *Expressen* den 14 november 2002.

Oh, Vienna. Texten skrevs 2003. Opublicerad.

Scener ur ett skakigt liv. Vissa texter publicerades i *Bonniers litterära magasin*, 1998, nr 4, 32–41.

Veka intervaller. *Lyrikvännen*, 1997, nr 1–2, 37–40. Brodsky citeras ur *Less Than One* (New York, 1986) och *On Grief and Reason* (New York, 1996).

Bengt Jangfeldt har översatt två urval till svenska: *Att behaga en skugga* (Stockholm, 1987) och *Sorg och förnuft* (Stockholm, 1997). Benjamins "Essen" finns i *Gesammelte Schriften* (Frankfurt am Main, 1980–89), band 4:1. Jakobson citeras ur Calvin Watkins uppsats "What Is Philology?", *Comparative Literature Studies*, 1990, årg. 27. De Man anför Pascal som motto till *Allegories of Reading* (New Haven, 1979). Nabokovs *Ada, or Ador*, citeras ur originalutgåvan (New York, 1971).

Mitt febrila bibliotek. Föredrag vid Arkitekturhögskolan i Stockholm den 25 september 2000. Det citerade avsnittet i Frances text heter "De l'entretien que j'eus cette nuit avec un fantôme sur les origines de l'alphabet" och finns i *Le Jardin d'Épicure*, *Œuvres complètes* (Paris, 1927), del 9. För Nabokov, se novellen "In Memory of L.I. Shigaev", *The Stories of Nabokov* (New York, 1995). Benjamins uppsats "Ich packe meine Bibliothek aus" finns i *Gesammelte Schriften*, del 4:1. Hofmannsthals "Der Tisch mit den Büchern" kan konsulteras i *Gesammelte Werke* (Frankfurt am Main, 1959), del 2. För Borges, se "La Biblioteca de Babel", *Obras completas* (Buenos Aires, 1974). I Sun Axelssons svenska översättning heter texten "Biblioteket i Babel" och finns i boken med samma titel (Stockholm, 1963). I sin räkning utgår Borges från de tjugotvå bokstäver som den feniciske kungen Kadmos enligt myten ska ha medfört till det grekiska fastlandet. Om siffror och stora bokstäver inte får förekomma, interpunktionen begränsas till komma och punkt, samt endast mellanslagets vita markör tillkommer är det svårt att resa invändningar mot resonemanget. För Burroughs, se "The Inferential Kid", *The Burroughs File* (San Fransisco, 1984). På ett ställe lånar jag en iakttagelse som William H. Gass gör i essän "Imaginary Borges and His Books", *Fiction and the Figures of Life* (Boston, 1971). För Roses Joyce-utgåva, se *Ulysses* (London, 1997). Schlegel citeras ur "Über die Unverständlichkeit", *Kritische Friedrich-Schlegel-Ausgabe* (Paderborn, 1958–80), del 2. I Horace Engdahls svenska översättning heter texten "Om oförståeligheten" och trycktes i *Obegripligheten* (Lund, 1992). För Jean Paul, se "Von der Dummheit", *Sämtliche Werke* (München, 1974), del 2:1. Uttrycket "svarta döttrar" (om bokstäver) kommer från Ausonius. Se *Decemi Magni Ausonii Burdigalensis* (Stuttgart, 1976). Benjamins essä "Zum Bilde Prousts" finns i *Gesammelte Schriften*, del 2:1. I Carl-Henning Wijkmarks svenska översättning heter den "Till bilden av Proust", *Bild och dialektik* (Staffanstorp, 1969). Lindqvists uppsats bär titeln "Att gå in i tavlan" och trycktes i *Själv-*

klara saker (Stockholm, 1969). Wilhelm Odelberg citeras ur sitt "Företal" till E. W. Dahlbergs *Min lefnad* (Stockholm, 1994).

Osorterat. De flesta texterna trycktes i *Expressen* mellan mars och november 1998. Vykortet från Babel skrevs för "Weltklang – Nacht der Poesie" i Berlin i juni 2004, reflektionen över eterns betydelse hos Hölderlin hölls som anförande vid Stockholm New Music Festival i Tyska kyrkan den 21 februari 2006, texten om Nabokovs blyertspenna publicerades i *Artes*, 2001, nr 1, 69–70, och reflektionen om kamrat Zeitgeist tillkom som svar på en recension av en essäbok som publicerades med Katarina Frostenson för några år sedan. Musils *Der Mann ohne Eigenschaften* kan konsulteras i *Gesammelte Werke*, utgivna av Adolf Frisé (Hamburg, 1978), del 1. Irma Norvangs översättning av verket återutgavs 1999, med ytterligare material ur kvarlåtenskapen översatt av Lars W. Freij. Lukács reflektioner över essän finns i *A lélek és a formák* (1910). Den engelska översättningen av boken, signerad Anna Bostock, som använts här bär titeln *Soul and Form* (Cambridge, Mass., 1971). Thomas Harrison har skrivit en studie i sammanhanget, varur flera insikter hämtats: *Essayism* (Baltimore, 1992). Baudelaires kladdböcker finns i *Œuvres complètes* (Paris, 1975), del 1. Cioran citeras ur *Cahiers* (Paris, 1998). Plaths dikt heter "Insomniac" och trycktes i *Crossing the Water* (New York, 1971). Södergrans anmärkning finns i "Brokiga iakttagelser" (1919). Se *Samlade dikter* (Stockholm, 1985). Seneca kan konsulteras i *Epistulae moralis* (Cambridge, Mass., 1917). Benns sena fragment finns i *Gesammelte Werke* (Frankfurt am Main, 1982), Gedichte. Brechts "Fatzer"-fragment hittas i *Gesammelte Werke* (Frankfurt am Main, 1967), del 7. Beckett citeras ur *The Complete Short Prose 1929–1989* (New York, 1995), *Murphy* (1938) och *Molloy* (1955). Christopher Ricks gör intressanta iakttagelser i *Beckett's Dying Words* (Oxford, 1993). Kleists anekdot hittas i *Sämtliche Erzählungen und Anekdoten* (München, 1978). Poes "The Premature Burial" finns i *Complete Tales and Poems* (New York, 1975). Theogenis funderar lånas ur Gregory Nagys *Pindar's Homer* (Baltimore, 1990). *Odysséen* citeras ur femte sången, raderna 432–433. Nabokov talar om att "smeka" detaljen på många ställen, till exempel i *Lectures on Literature* (New York, 1980). Novellen "Christmas" står i *The Stories of Nabokov*. Franks dikt heter "Den andra och sista" och har översatts av Jörgen Gassilewski i *Tabernakel* (Stockholm, 1999). Originalet trycktes i *Tabernakel* (Köpenhamn, 1996). Boken i vilken Müller hittade exemplet med grodan och det kokande vattnet är Dirk Baeckers *Postheroisches Management* (Berlin, 1994). Lautréamonts *Les Chants de*

Maldoror finns i *Œuvres complètes* (Paris, 1938). Hans Levander har översatt sångerna till svenska (Stockholm, 1968). Hölderlins *Hyperion* utkom i svensk översättning av Gösta Oswald 2002. Arne Melberg har översatt "Bröd och vin" i *Några vändningar hos Hölderlin* (Stehag, 1995). De båda breven till Böhlendorff (daterade den 4 december 1801 och i november 1802) finns på svenska i *Kris*, 1990, nr 39-40. *Transparent Things* utkom 1972. Nabokov fantiserar om att äga tiden i en av intervjuerna i *Strong Opinions* (New York, 1973). Müller talar om Chaplin i "Jag hade hellre varit Goliath", översatt av Lars Bjurman i *Hamletmaskinen och andra texter* (Stockholm, 1986). Kafkas brev återges i Max Brod och Franz Kafka, *Eine Freundschaft* (Frankfurt am Main, 1982), del 2. Novellen om sångerskan Josefine citeras ur *Ein Hungerkünstler* (Leipzig, 1924). Novalis "Monolog" finns i *Schriften* (Stuttgart, 1960), del 2. Klopstock citeras ur odet "Delphi" (1771). Schrebers skrift bär titeln *Denkwürdigkeiten eines Nervenkranken* (1903). Kleists uppsats om marionetteatern finns i Lisa Matthias och Egon Jonssons översättning i det "extranummer" av *Kris* som utkom 1979. Originalet kan konsulteras i *Sämtliche Erzählungen und Anekdoten*. Sacks berättar om Christina i *The Man Who Mistook His Wife for a Hat* (London, 1985). På svenska finns texten i Boo Cassells översättning i *Mannen som förväxlade sin hustru med en hatt* (Stockholm, 1998). Freuds *Das Unbehagen in der Kultur* kan konsulteras i *Studienausgabe* (Frankfurt am Main, 1969–1975), del 9. Jones biografi i tre delar, *The Life and Work of Sigmund Freud*, utkom 1957 i New York. Pappenheim är bättre känd som "Anna O." och citeras av Freuds kollega Joseph Breuer i deras gemensamma *Studien über Hysterie* (1895). Se del 6 av *Studienausgabe*. Benjamins reflektioner om historiens ängel ingår i "Über den Begriff der Geschichte". Se *Gesammelte Schriften*, del 2:1. Wijkmarks översättning har titeln "Historiefilosofiska teser" och finns i *Bild och dialektik*. Den berömda etnologiska definitionen gjordes av Mary Douglas i *Purity and Danger* (London, 1966).

Daniel Paul Schreber nr 2 anhåller om audiens. Texten skrevs för en utställningskatalog av Thomas Florschuetz, *Multiple Entry* (Zwickau, 1998).

Urmakarens kärlek till fladdermusen. Föredrag vid en konferens om "Intuition und Kalkül" på Zentrum für Literaturforschung, Berlin, den 29 oktober 2005. En svensk version trycktes i *Aiolos*, 2007, nr 29, 67–69. Engdahl citeras ur uppsatsen *Om uppmärksamheten* (Lund, 1988). Oppenheimer fällde de berykade orden under en utfrågning på U.S. Atomic Energy

Commission våren 1954. De citeras exempelvis av Isabel Paterson i "The Oracles Are Dumb", *National Review*, den 23 maj 1956.

Under hundstjärnan. Texten skrevs 1997; enstaka aforismer förekommer i *Lyrikvännen*, 1999, nr 2, passim. Andra finns i en tysk översättning av Paul Berf i *Lose Blätter*, 2006, nr 37, 1105–1107.

Plaidoyer för kyla. Föredrag på engelska vid den internationella författarkonferensen på Haus der Kulturen der Welt, Berlin, den 5 december 1998. Originalet finns i *Ars-Interpres*, 2003, nr 1, 142–148. Vissa uppgifter har hämtats ur Malcolm Gladwells reportage "The Dead Zone" i *The New Yorker* den 29 september 1997. Burnsides diktsamling utkom 1997.

Inkubation. *Expressen* den 29 juli 2002.

"Hallå-å?" Texten trycktes i Paul Berfs tyska översättning i *Der Tagesspiegel* den 14 april 2001. Vissa passager går tillbaka på en kommentar till Rathenau i *Kris*, 1996, nr 49–50, 36–37. Där finns även en svensk översättning av hans novell; originalet står i *Gesammelte Schriften* (Berlin, 1918), del 4. Talet om en "människopark" anspelar på Peter Sloterdijks *Regeln für den Menschenpark* (Frankfurt am Main, 1999). Pynchons roman, ursprungligen publicerad 1973, utkom i svensk översättning 1996.

Litet försök att bevisa själens existens. Texten skrevs till den målning av Jan Svenungsson som avbildas på bokens innerpärmar. Den trycktes i *Bild & ord*, utgiven av Börge Kamras (Borgholm, 1998).

Associationer kring en möbel. *Dagens Nyheter* den 7 oktober 2006. Roland Barthes diskuterar "marinaden" i förhållande till Flauberts besatthet av frasen: se avsnittet om "Flaubert et la phrase" i *Nouveaux essais critiques*, *Œuvres complètes* (Paris, 1994), del 2. I *Meteorer* (Stockholm, 1999) tar Horace Engdahl upp ämnet. Freuds uppsats om behandlingsteknik, "Psychische Behandlung", kan konsulteras i supplementet till *Studienausgabe*. Uppsatsen från 1898 heter "Die Sexualität in der Ätiologie der Neurosen" och finns i del 5 av samma utgåva.

Noter till en fot. Föredrag på Zentrum für Literaturforschung, Berlin, den 17 maj 2006. En översättning av Paul Berf finns i *Heine und die Folgen*, utgiven av Sigrid Weigel (München, 2008). Mottot hämtas ur Grünbeins "Denkmal für einen Fuß", *Nach den Satiren* (Frankfurt am Main, 1999). Freud citeras ur "Fetischismus" och *Drei Abhandlungen zur Sexualtheorie*, som kan konsulteras i *Studienausgabe*, del 3 respektive 5. Ställena hos Homeros finns i *Odysséen*, 19:450 och 19:468–471. Herakleitos återges i Håkan Rehnbergs och Hans Ruins tolkning: *Fragment* (Stockholm, 1997).

Litteraturens biologi. Texten skrevs 2003; det avslutande partiet tillkom 2006. Publicerad i *OEI*, 2007, nr 31–33, 99–113. *Nalle Puhs hörna* citeras i Brita af Geijerstams översättning (Stockholm, 1933). Barthes talar om "verklighetseffekten" i uppsatsen "L'Effet de réel" från 1968. Se *Œuvres complètes*, del 2. Hirschfelds studie bär titeln *Die Transvestiten* (Berlin, 1910). Det rara supplementet till boken utgavs två år senare. Morecks skrift heter *Führer durch das 'lasterhafte' Berlin* (Leipzig, 1931). Steinachs *Künstliche Verjüngung – künstliche Geschlechtsumwandlung* (Berlin, 1920) är egentligen en kort framställning av Hirschfeld, gjord till den allmänne läsarens uppbyggelse. Isherwoods roman utkom första gången 1939. Singers novell heter "Yentl the Yeshiva Boy" och finns i *Short Friday and Other Stories*, översatta av Marion Magid och Elizabeth Pollet (New York, 1978).

Utanför. Föredrag vid universitetet i Marburg våren 2001. En svensk version trycktes i essäboken *Bokstäverna jag färdas i*, utgiven av Anders Olsson (Stockholm, 2001), 15–33. Citat av Sachs hämtas ur *Fahrt ins Staublose* (Frankfurt am Main, 1961), *Die Suchende* (Frankfurt am Main, 1966) och *Suche nach Lebenden* (Frankfurt am Main, 1971). Uppsatsen "Leben unter Bedrohung" återges av Walter A. Berendsohn i dennes *Nelly Sachs* (Darmstadt, 1974). Om inte annat anges är de svenska översättningarna mina. Lindegrens tolkning förekommer i *Än hyllar döden livet* (Stockholm, 1964). Sachs egna översättningar finns i följande volymer: *Von Welle und Granit* (Berlin, 1947); *Aber auch diese Sonne ist heimatlos* (Darmstadt, 1957); Johannes Edfelt, *Der Schattenfischer* (Düsseldorf, 1958); Gunnar Ekelöf, *Poesie* (Frankfurt am Main, 1962); Erik Lindegren, *Weil unser einziges Nest unsere Flügel sind* (Neuwied, 1963); Karl Vennberg, *Poesie* (Frankfurt am Main, 1965); samt *Schwedische Gedichte* (Berlin, 1965). Hennes brev citeras ur *Briefe der Nelly Sachs* (Frankfurt am Main, 1984) och Paul Celan och Nelly Sachs, *Briefwechsel* (Frankfurt am Main, 1993). För Celan, se "Gespräch im Gebirg", *Gesammelte Werke* (Frankfurt am Main, 1983), del 3, samt *Der Meridian*, Tübinger Ausgabe (Frankfurt am Main, 1999). För Enzensberger, se "Die Steine der Freiheit", *Nelly Sachs zu Ehren*, I (Frankfurt am Main, 1961). För Holmquist, se "Die Sprache der Sehnsucht", *Das Buch der Nelly Sachs* (Frankfurt am Main, 1968). Till den sekundärlitteratur som konsulterats hör: Beda Allemann, "Hinweis auf einen Gedicht-Raum" i *Das Buch der Nelly Sachs*; Erhard Bahr, *Nelly Sachs* (Frankfurt am Main, 1980); Gisela Bezzel-Dischner, *Poetik des modernen Gedichts* (Bad Homburg, 1970); *Nelly Sachs – Neue Interpretationen*, utgivna av Michael Kessler och Jürgen Wertheimer (Tübingen, 1994); samt William West, "The Poetics of Inadequacy: Nelly Sachs and the Resurrection of the Dead", *Jewish Writers, German Literature*, utgiven av Timothy Bahti och Marilyn Sibley Fries (Ann Arbor, 1995).

Celans fraktur. Anförande på Forum, Stockholm, den 23 november 2000. En tidigare version trycktes som kommentar till en översättning av Celans "Samtal i bergen" i *Ord & Bild*, 1993, nr 2. Derridas bok heter *Schibboleth* (Paris, 1986) och utkom i en svensk översättning 1990. *Zarathustra* finns i del 2 av Nietzsches *Werke*. Den svenska översättningen av Tage Thiel – *Sålunda talade Zarathustra* – utkom 1950. Celans prosatext finns i *Gesammelte Werke*, utgivna av Beda Allemann et alii (Frankfurt am Main, 1983), del 3. "Der Meridian" har redigerats textkritiskt av Benhard Böschenstein och Heino Schmull i den så kallade "Tübingen-utgåvan" av Celans *Werke* (Frankfurt am Main, 1999). En översättning av Daniel Birnbaum och Sven-Olov Wallenstein finns i *Kris*, 1987, nr 34–35. Den omtalade intervjun gjordes av Hugo Huppert och kan lättast läsas i uppsatsboken *Paul Celan*, utgiven av Winfried Menninghaus och Werner Hamacher (Frankfurt am Main, 1988). Jean Pauls *Der Titan* finns i *Sämtliche Werke*, utgivna av Norbert Miller (München, 1961), del 3.

Poesins x. Föredrag på ABF i Stockholm den 31 januari 2004. Tryckt i *Röster om Per Wästberg* (Stockholm, 2004), 26–38. Samlingsvolymen *Tillbaka i tid* utkom 2004. Ahlgrens recension publicerades i *Vecko-Journalen* 1949, nr 43. Rydbergs sammanställning – *Pär Wästbergs skrifter 1943–1973* – utgavs som festskrift 1973.

Frostensons mun. En tidig version trycktes i *Montage*, 1987, nr 3, 85–92, en senare i essäsamlingen *Att skriva sin tid*, utgiven av Madeleine Grive och Claes Wahlin (Stockholm, 1993), 86–114. Det första och de båda sista styckena har saxats ur ett anförande som hölls i samband med att Frostenson mottog Henrik-Steffens-priset i Lübeck i juni 2004. Essän som nämns inledningsvis heter "Stycken om huvudsaken" och ingår i *Skallarna* (Stockholm, 2001). Dikten "Svalget" trycktes första gången i *Kris*, 1991, nr 42. Uppsatsen "Balladens rader" finns i *Halifax*, 1992, nr 6. Platons *Kratylos* konsulteras i en utgåva från 1926 i Loeb-serien. *Timaios* har översatts av Claes Lidskog (Lund, 1985). Antonin Artaud citeras i Percivals översättning av *Artaud av Artaud* (Stockholm, 1982), och Jean-Luc Nancy ur *Ego sum* (Paris, 1979). Hans Ruins uppsats "Tal till en rygg" publicerades i *Bonniers litterära magasin*, 1992, nr 4.

Efterord till Durs Grünbein. Efterskrift till dikturvalet *Biologisk vals*, i svensk översättning av Ulrika Wallenström (Stockholm, 1999), 142–156. Müller citeras ur det "Laudatio" som han höll när Grünbein mottog Büchnerpriset. Det trycktes i Grünbeins *Rede zur Entgegennahme des Georg-Büchner-Preises 1995* (Frankfurt am Main, 1995). Juvenalis citeras ur *Satirae*, 5:11. Kafkas novell om "den sanningssökande hunden" finns i den textkritiska utgåvan *Schriften, Tagebücher* (Frankfurt am Main, 2002), Nachgelassene Schriften und Fragmente II. Caleb J. Anderson och Karl Vennberg har översatt texten till svenska (Stockholm, 1967).

Kl!ng. *OEI*, 2005, nr 24, 5–10. Alla böcker av Kling som citeras nämns i texten. Den svenska översättningen av *Ur det första världskriget* gjordes av Malte Persson och utkom 2003. Kritikern som omnämns är Hans-Jürgen Balmes. Hans samtal med Kling trycktes i *Neue Rundschau*, 2004, nr 4. Klaus-Jürgen Liedtkes tyska översättningar av Ekelöf utgavs på Kleinheinrich Verlag i Münster mellan 1991 och 2004.

Min orkidéhiskliga manlighet. Efterord till Nabokovs *Lolita* (Stockholm, 2007), 431–453. Vissa informationer har hämtats ur Girodias självbiografi *Une Journée sur la terre* (Paris, 1977) och Patrick J. Kearneys *The Paris Olympia Press* (London, 1987). Maars *Lolita und der deutsche Leutenant* utkom 2005. Alexander Dolinins uppsats heter "Whatever Happened to Sally Horner?" och trycktes i *Times Literary Supplement* den 9 september 2005.

Rader från Ryssland. Katalogtext till Jan Håfströms utställning *Walker* (Stockholm, 2001), 53–73. Joseph Conrads *Heart of Darkness* (1902) citeras i Margaretha Odelbergs översättning: *Mörkrets hjärta* (Stockholm, 1983). Nabokov citeras ur de böcker som nämns i texten: *Speak, Memory* (New York, 1967), *Invitation to a Beheading* (New York, 1959 [1938]) och *The Real Life of Sebastian Knight* (New York, 1941). Böckerna finns även i svensk översättning. 1844 publicerade Talbot *The Pencil of Nature*, den första kommersiella boken med fotografiska illustrationer.

Nattens industri. Katalogbidrag till Jan Håfströms utställning *Nattens industri* (Helsingborg, 2002), 1–4. I texten förekommer en del ekon ur Conrads *Heart of Darkness*. Även Giorgio Agambens *Homo sacer* (Turin, 1995) spelar en roll.

Hälsningar från höglandet. Texten skrevs 2006. Opublicerad. James citeras ur "The Figure in the Carpet" som finns i *Complete Stories 1892–1898* (New York, 2006). Kafkas anmärkning om att sekundera världen förekommer i "Betrachtungen über Sünde, Leid, Hoffnung und den wahren Weg", som kan konsulteras i den del av den textkritiska utgåvan som innehåller Nachgelassene Schriften und Fragmente II. En inte helt lyckosam svensk översättning finns i "Betraktelser om synd, lidande, hopp och den sanna vägen", *Framför lagen och andra prosastycken* (Stockholm, 1975).

Sen eftermiddag i evolutionen. *Expressen* den 5 juli 2000.

Ur hjärtats historia. Texten skrevs 2003. Opublicerad. "Slagdängan" som citeras är psalm 572, skriven av Carl Olof Rosenius 1847.

Gåshudselegier. Texten skrev 2000 och omarbetades några år senare. Opublicerad. Anne Carson citeras ur dikten "Apostle Town", *Plainwater* (New York, 1995).

Spår ... glömska ... Texten skrevs på engelska på femårsdagen efter den händelse som skildras i *Delandets bok* (Stockholm, 1991). Ursprungligen tjänade den som katalogtext till utställningen "Traces ... Oblivion ..." på Thomas Nordanstad Gallery, New York, i juni 1993. En översättning finns i *Kris*, 1993, nr 48, 52. Citaten stammar ur Shakespeares *A Midsummer Night's Dream* (1600), akt 5, scen 1, och Becketts *Stirrings Still* (New York, 1989).

Kärleksförklaring till fröken Ur. Ett samarbete med Carl Michael von Hausswolff för "ArkipelagTV", en serie konstnärliga videofilmer kuraterad av Hans Ulrich Obrist för SVT:s kanal 1 och 2 i oktober 1998. Den svenska texten publicerades i *Moderna tider*, 1998, nr 93-94, 63.

Bildhänvisningar

Sidan 10, 12, 14, 16, 18, 20 och 23: Snapshots ur ett barbariskt liv. Teckningar av Dan Backman, 1996.

40: På kant med universum, våren 1966.

47: Ofrivilligt vapendjur. Teckning av huvudet på en *coptotermes formosanus*.

76: Bondegloria med trycksak. Foto: H. Osti, "Läsande man", 1880-tal. Uppsala universitetsbiblioteks samlingar.

82: Finsmakaren en tidig eftermiddag i det förflutna. Vilhelm Hammershøi, "Interiør med ung laesende man", 1898. Den Hirschsprungske Samling, Köpenhamn.

85: Ord värre än handbojor. René Magritte, "La Lectrice soumise", 1928. I privat ägo.

108: Kadmos sår drakens tänder. Målning av Maxfield Parrish, 1908.

146: Själen som aggregat. Thomas Florschuetz, "Wendung II", 1986. I privat ägo.

169: Patent för den som absolut måste ligga stilla. Susan O. Grovers "Coffin Attachment" (Granville, OH, den 6 juli 1886).

203: Preussisk ballerina. Ur supplementet till Magnus Hirschfeld, *Die Transvestiten* (Berlin, 1912).

209: Dito.

302: Thomas Kling (1957-2005), 2005. Foto: Katharina Hinsberg (© Katharina Hinsberg Bild und Kunst).

324: Molntäcke över Ryssland. Foto: Mathias Johansson, Utan titel, 2000.

337: Containrar. Kunstkammer, Sankt Petersburg, i september 2000.

341: I den ryska offentligheten. Foto: Mathias Johansson, Utan titel, 2000.

342: Det finns nätter då Fantomen lämnar djungeln och går på stadens gator som en vanlig man. Jan Håfström, "Bengal", 2002. I privat ägo.

358: Mänskligt bestick. Ron Mueck, "Spooning Couple", 2005. I privat ägo.

361: Berg som inte bådar gott. Beinn a Bhric, sommaren 2006.

369: Den rätta platsen för en jaktkniv.

379: Rädsla hanterad som en dans. Teckning från 1899.

400: Kalifornisk mullvad.

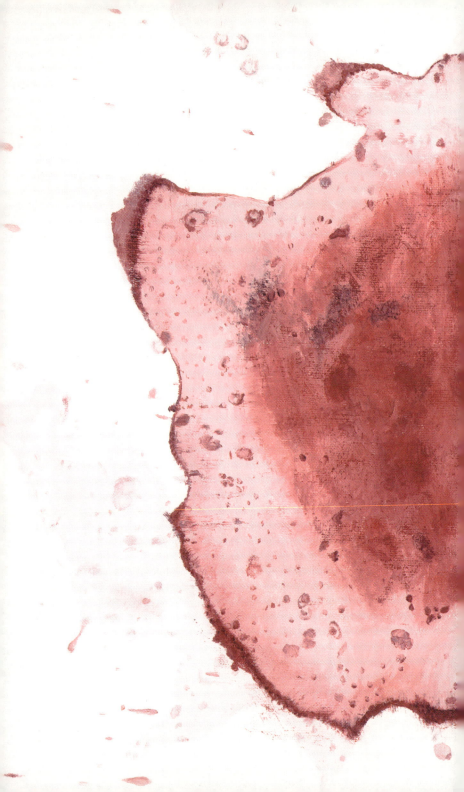